COLLECTION

PRESSES

LAURENT LAPIERRE

COAUTEURS
**ELIZABETH C. ALTMAN, GILLES AMADO,
ANTHONY W. ARTUSO, MASSIMO BUSETTI,
ANTHONY CLARE, SUDHIR KAKAR,
MANFRED F.R. KETS DE VRIES,
MELANIE KLEIN, DANNY MILLER, GÉRARD PETIT,
ROLAND REITTER, GENEVIÈVE SICOTTE,
SYLVAIN ST-JEAN, ABRAHAM ZALEZNIK**

PRÉFACE
ABRAHAM ZALEZNIK

IMAGINAIRE ET LEADERSHIP

FANTASMES INCONSCIENTS ET PRATIQUES DE DIRECTION

TOME I

LA MÉTHODE SUBJECTIVE ET LES NARRATIONS
•
L'AGRESSIVITÉ, LA CULPABILITÉ ET LE LEADERSHIP
•
L'IDÉALISATION, LE NARCISSISME ET LE LEADERSHIP

**PRESSES
HEC**

ÉDITIONS QUÉBEC/AMÉRIQUE
425, RUE SAINT-JEAN-BAPTISTE, MONTRÉAL, QUÉBEC H2Y 2Z7
TÉLÉPHONE : (514) 393-1450 • TÉLÉCOPIEUR : (514) 866-2430

Données de catalogage avant publication (Canada)

Lapierre, Laurent, 1940-

   Imaginaire et leadership : fantasmes inconscients et pratiques de direction

   (Collection HEC)

   L'ouvrage complet comprendra 3 v.
   Comprend des références bibliographiques et des index.
   Sommaire : t. 1. La méthode subjective et les narrations. L'agressivité, la culpabilité et le leadership. L'idéalisation, le narcissisme et le leadership.
   1. Lapierre, Laurent, 1940-.

BF637.L4142 1992   158',4   C92-096356-0
ISBN 2-89037-557-9

Cet ouvrage est le premier à paraître dans la collection Presses HEC des Éditions Québec/Amérique.

La forme grammaticale masculine utilisée dans ce livre désigne aussi bien les femmes que les hommes.

Dépôt légal : 2ᵉ trimestre 1992
Bibliothèque nationale du Québec
Bibliothèque nationale du Canada
Réimpression : octobre 1993

Diffusion :
Québec Livres
4435, boul. des Grandes-Prairies
Saint-Léonard (Québec)
H1R 3N4
(514) 327-6900 – région métropolitaine
1-800-361-3946 – extérieur
(514) 329-1148 – télécopieur

à Renée et Danielle

Préface

Le professeur Laurent Lapierre et les coauteurs de cet ouvrage sont engagés dans une audacieuse aventure intellectuelle. En cette ère où les études organisationnelles cherchent à unir l'utopisme au pragmatisme, la notion de leadership semble captiver autant le milieu universitaire que le monde des affaires. Si l'on se fie à ces impressions, on pourrait imaginer que pour comprendre le leadership, il faille se tourner vers l'étude de l'individu. Qu'y a-t-il en effet de plus absolument individualiste que le désir d'obtenir et d'exercer le pouvoir ?

Mais les impressions sont parfois trompeuses. Ce nouvel intérêt pour le leadership, tenace jusqu'à l'obsession, attribue ce qui pourrait être unique au leadership à un système, à une culture, à un programme, ou à une structure et à une idéologie organisationnelles.

Ce que le professeur Lapierre et ses collègues ont accompli fait suite à l'appel du regretté George C. Homan, éminent sociologue, qui enjoignait aux chercheurs de « redonner son importance à l'être humain ». En redonnant à l'individu la place qui lui est due, c'est-à-dire le centre de la scène, les auteurs ont affirmé le premier principe de l'individualité : la capacité, pour les individus exerçant un leadership, de faire preuve de fantaisie et d'imagination. C'est ce que le président George Bush, avec une désarmante perplexité, a appelé « the vision thing », laissant à d'autres le soin de définir ce qu'il admettait avec une certaine tristesse être la variable x, la force inconnue, et peut-être inconnaissable, séparant les performances médiocres des performances exceptionnelles.

Cette aventure dans l'inconnu explore la vie mentale inconsciente, qui est la source des fantasmes et de l'imagination. C'est une contribution à la psychanalyse appliquée autant qu'à l'étude du leadership et des organisations.

Les études de cas et les textes théoriques qui composent cet ouvrage ont une dette intellectuelle avant tout envers Sigmund Freud, qui a découvert les mécanismes de l'inconscient dans les névroses, le comportement de groupe et la psychologie collective. D'autres chercheurs se sont appuyés sur les travaux de Freud pour étudier le leadership. Dès les années 20, le politicologue Harold Lasswell a avancé l'hypothèse que des conflits individuels, manifestement de nature névrotique, sont aisément déplacés dans l'arène publique ; cela amènerait l'individu à accomplir des actes qui, bien que provoqués par des motivations internes, s'appliquent à des sujets d'intérêt public indépendants de lui. Son livre, *Psychopathology and Politics*, tenta d'établir un lien entre les pathologies individuelles et le comportement des leaders. Il y a, dans les pathologies, des motivations inconscientes qui, bien que prenant racine dans le développement précoce, sont très présentes dans les manifestations quotidiennes de l'inconscient.

Erik H. Erikson changea le cours des études sur le leadership à partir des années 50 avec ses biographies psychanalytiques de Martin Luther et du mahatma Gandhi. Erikson eut l'ingéniosité de rehausser le statut de la biographie psychanalytique, la faisant passer de la description des pathologies au domaine de la psychologie du moi. Il montra que les conflits privés ne faisaient pas seulement l'objet d'un déplacement défensif dans l'arène publique de la politique, mais qu'ils pouvaient aussi devenir des expériences transformationnelles pour l'individu. Le fait que l'individu utilise son ambivalence envers l'autorité, ou ses pulsions érotiques conflictuelles, pour provoquer le changement dans les institutions ou dans les relations internationales n'était plus simplement une pathologie. Cela pouvait aussi être l'expression de ce que Freud avait le premier identifié comme étant la sublimation, processus qui est bien plus qu'un simple mécanisme de défense, et sur lequel les travaux d'Anna Freud, le professeur d'Erikson, avaient jeté un nouvel éclairage.

Erikson apparenta ces fascinantes expériences transformationnelles à des crises d'identité, puissants événements intrapsychiques qui sont plus communément observés durant les stades de développement de l'adolescence. En résolvant sa crise d'identité, le « grand homme » apportait des solutions à des conflits sociaux contemporains. Ainsi, l'ambivalence de Luther envers l'autorité parentale trouva de nouvelles cibles dans la hiérarchie catholique et dans la personne du pape. La résolution de cette crise d'identité — qui consistait à devenir une personne séparée de son père et de la hiérarchie de l'Église — joua un grand rôle dans la formation d'une nouvelle théologie et d'une nouvelle Église, à l'époque de la Renaissance. Dans son étude sur Gandhi, Erikson établit un lien entre les luttes intérieures de Gandhi face à la sexualité et aux pulsions agressives, et la formation d'un mouvement politique centré sur la résistance non violente à l'autorité coloniale.

Le fait que les sujets étudiés par Erikson aient appartenu à ce cercle restreint d'êtres humains appelés les « grands hommes », ou les leaders charismatiques, pourrait mener à la conclusion que les études sur le leadership sont en fait une branche particulière de la psychologie de la créativité. Mais alors qu'en est-il des leaders et du leadership dans le nombre infini d'organisations existant dans tant de sociétés différentes ? La problématique des transformations de l'individu pourrait-elle avoir des liens avec l'étude du leadership en général, et pas uniquement avec les grandes figures de l'histoire ?

Ce livre est l'étape suivante dans l'application de la psychanalyse « au-delà du divan ». C'est un pas en avant par son approche audacieuse de la théorie psychanalytique. Le professeur Lapierre a été formé en profondeur à la méthode de Melanie Klein, une analyste pour enfants qui, dans son approche du développement psychique, a porté une attention particulière aux premières années de l'enfance. Appliquant son imagination aux observations qu'elle avait pu faire dans son travail, elle avança l'existence d'un processus de développement qui a lieu pendant la période préverbale. Ce processus correspondrait à un déplacement dans l'attachement aux objets. Les objets existent dans le « monde réel » ; mais plus encore, comme le suggérait Melanie Klein, ils existent dans la vie fantasmatique du nourrisson. C'est cette présence des objets dans la vie fantasmatique qui permettra l'élaboration des fantasmes bien après le stade de la petite enfance.

Les chapitres de ce livre ne portent pas tous l'empreinte des travaux de Melanie Klein, mais à l'évidence, sa contribution a stimulé l'imagination du professeur Lapierre. En faisant des fantasmes leur objet central, les études de cas de cet ouvrage transcendent les questions soulevées par l'intérêt exclusif accordé soit à la description des pathologies ou encore aux expériences transformationnelles des hommes et des femmes hors du commun. Comme les cas présentés ici le démontrent, les fantasmes imprègnent le monde intérieur des individus talentueux, et non seulement celui des gens exceptionnellement doués ou charismatiques. Ainsi, les biographies d'un banquier, d'une designer de mode et d'un ingénieur industriel illustrent la place des fantasmes dans les réalisations de ces leaders. Cette démarche ouvre la voie à de nouvelles recherches sur les motivations des hommes et des femmes attirés par le pouvoir sous toutes ses formes.

L'étude des fantasmes ainsi que d'autres aspects de la structure psychique et de la vie mentale inconsciente soulève plusieurs grandes questions méthodologiques. Ces questions se posaient déjà dans l'œuvre d'Erik Erikson. Il utilisait essentiellement une méthode d'introspection appliquée aux données, parfois fragmentaires, concernant la vie des individus étudiés. La méthode introspective, dans laquelle Erikson utilisa son imagination pour donner un sens et une cohérence à des expériences en apparence disparates, dérange les historiens pour qui la maîtrise de la recherche demande avant tout une collecte consciencieuse de faits nombreux et variés. Plutôt que sur l'interprétation directe, l'intégrité du récit repose sur les liens que l'on établit entre les faits, sans se laisser submerger par la pléthore de renseignements que produit une recherche exhaustive.

Qu'il s'agisse d'écrire des études de cas sur des organisations ou sur des individus, le talent psychanalytique du chercheur réside dans son habileté à poser les bonnes questions à partir des données recueillies. Le chercheur recherche les thèmes communs à des expériences en apparence dissemblables, mais plus encore, il est à l'affût des anomalies que recèlent les faits rassemblés. Il est primordial qu'il soit capable de formuler des hypothèses « de l'intérieur du cas », pour ensuite les tester à la lumière de nouvelles données.

Une des faiblesses de la recherche psychanalytique en général est sa tendance à partir d'une prémisse basée sur une théorie, et d'utiliser cette prémisse pour interpréter les faits. Cette erreur, bien que compréhensible, n'en reste pas moins une erreur. Il n'y a en soi rien de mal à partir de ce que nous savons ou croyons savoir. Nous ne devons cependant pas être aveuglé par cette compréhension théorique. Ici, il n'existe pas de substitut à l'imagination psychologique, à la capacité de voir le matériel avec des yeux neufs, et à une naïveté presque enfantine. Même si l'on ne découvre rien de neuf dans une étude de cas, le fait de redécouvrir ce que nous savions ajoute une puissante dimension au fait de « raconter une histoire », à l'intégrité du récit.

Ce recueil d'études de cas et de textes théoriques sur les fantasmes et l'imagination constitue un apport substantiel aux études sur le leadership. Il démontre l'effet puissant et omniprésent des fantasmes dans la quête du pouvoir et dans son exercice. Cet effet des fantasmes ne se manifeste pas uniquement chez les « grands hommes ». La notion de fantasme nous est familière ; l'idée d'imagination est quant à elle plus subtile et met à l'épreuve notre compréhension de ce qui entre dans les idées, ou les visions, qui guident les actes des leaders et de ceux qui les suivent. Le fantasme est profondément personnel ; l'imagination est à la fois personnelle et publique. Elle est ce qui nous pousse à reconnaître comme possible ce qui auparavant avait été tenu pour acquis ou considéré comme en dehors du champ de l'intervention humaine. Beaucoup des phénomènes de la modernité, dont l'industrialisation et le développement technologique, se sont développés grâce à des individus capables de relier leurs fantasmes, tout à fait privés, à une nouvelle imagination partagée par des individus de leur époque.

L'ampleur et la profondeur des idées développées dans ce livre pourront amener le lecteur à établir des liens entre la psychanalyse et les théories concernant les structures sociales et les organisations. C'est par ces liens que cet ouvrage contribue le plus au développement futur des recherches sur le leadership dans la perspective de l'individu.

Abraham Zaleznik
Palm Beach, Floride
27 décembre 1990

Table des matières

TROISIÈME PARTIE
L'idéalisation, le narcissisme et le leadership

TOME II

QUATRIÈME PARTIE
Le contrôle, les affects et le leadership

TOME III

CINQUIÈME PARTIE
Le deuil, la création et le leadership

POSTFACE

Connaître, c'est briser l'écorce
pour atteindre le noyau.
                              Anzieu

Introduction

L'imaginaire et le leadership[1]
par Laurent Lapierre

Le mot « imaginaire » a gagné beaucoup de visibilité et de crédibilité dans la langue française au cours des deux dernières décennies. L'utilisation de ce mot par des intellectuels comme Jean-Paul Sartre (1936 et 1940), André Malraux (1947), Jacques Lacan (1949), Edgar Morin (1956), Eugène Enriquez (1972), Henri Laborit (1974 et 1976) et Jean E. Charron (1985) n'est sans doute pas étrangère à son acception élargie, voire à son ennoblissement. On parle volontiers aujourd'hui de l'imaginaire d'un auteur, d'un artiste, d'un chercheur, d'un gestionnaire, d'un leader ou même d'une collectivité. Nous définissons l'imaginaire comme étant l'univers fantasmatique sous-jacent à la pensée et à l'action d'un sujet, et qui structure aussi bien son rapport à son monde intérieur qu'au monde extérieur. Le mot[2] renvoie au processus et au produit de l'imagination, aussi bien dans sa dimension cognitive (les idées, les pensées, les conceptions, la vision, etc.) que dans sa dimension affective (les affects, les désirs, les défenses psychologiques, les ambitions, les engagements profonds, etc.), les deux dimensions étant indissolublement liées.

L'imaginaire est à la base des processus mentaux. Il prend sa source dans les fantasmes (nous reviendrons sur le concept de fantasme) et les images intérieures que nous gardons des personnes significatives de notre histoire personnelle, mais aussi des souvenirs et des informations conservés dans notre mémoire (cette faculté qui n'oublie pas)[3], des idées, des abstractions, des concepts, des visions, des explications ou des rationalisations que nous échafaudons et entretenons, tant au sujet de ces informations mémorisées qu'au sujet de la réalité extérieure. Par son étymologie, le mot « imaginaire » s'apparente aux termes image et

imagination ; par sa sonorité, il évoque la magie. Ces multiples connotations viennent éclairer le sens que nous donnons à ce concept.

L'imaginaire implique un travail intérieur (plus ou moins conscient)
de transformation, de changement et de création. Même si les produits
de l'imagination s'élaborent à partir d'informations stockées dans la
mémoire, ils sont aussi et surtout le résultat des projections ou des
constructions intellectuelles que le sujet élabore à partir de ces contenus
mémorisés. L'imaginaire est donc essentiellement une réalité subjective.
Il concerne à la fois l'ensemble des représentations que le sujet se fait ou
se donne de sa réalité objectale interne[4] et de la réalité objective
externe. Il représente, à ce titre, l'élément qualitatif le plus important de
la personnalité d'un individu.

Le titre de cet ouvrage associe l'imaginaire au leadership, un phénomène mystérieux et complexe. Au-delà des capacités analytiques, des
connaissances techniques, du sens politique et des habiletés de direction
dont peut faire preuve un dirigeant (s'informer, communiquer, persuader, charmer, séduire, manipuler, exiger, etc.), son leadership est attribuable à sa vie intérieure. Il se manifeste dans ses façons d'être et d'agir.
La vision créatrice, les désirs et les mobiles profonds, la passion et la
détermination obstinée pour une idée, une cause ou un projet, les
dispositions, les qualités et les attributs personnels, l'assurance et l'enthousiasme sont quelques-uns des éléments qui font qu'on adhère au
leader et que, sous sa gouverne, se réalisent des visions nouvelles, des
innovations osées ou des changements majeurs. Si le leadership est,
comme nous le prétendons, une direction qui provient de la personnalité du dirigeant, on comprend alors le lien que nous voulons établir entre
l'imaginaire et le leadership.

Le leadership n'est pas seulement le fait du leader. Il n'y a pas de
leadership s'il n'y a pas adhésion au leader. Il doit donc y avoir une
correspondance entre la vision et les actions qu'il propose et les désirs
ou les besoins d'une communauté et d'une époque données. C'est dans
cette correspondance qu'un leadership se trouve confirmé. Si la vision
et les actions proposées par le mahatma Gandhi, Adolf Hitler, Saddam
Hussein, J. Edgar Hoover ou Boris Eltsine n'avaient pas respectivement
correspondu aux désirs et aux attentes des Indiens, des Allemands, des
Irakiens, des Américains ou des Russes de leur époque, ces hommes
n'auraient pu émerger en tant que leaders dans leur société.

J. Edgar Hoover, par exemple, a été à la tête du Federal Bureau of
Investigation (FBI) pendant près de 50 ans. Malgré le secret qu'il a

entretenu autour de son existence, nous savons qu'il était très méfiant, porté à voir des ennemis partout et qu'il s'entourait de collaborateurs d'une loyauté indéfectible. Hoover s'est fait le défenseur de la « pureté américaine ». Comme le « pur » a tendance à voir de l'impureté partout, l'existence entière de Hoover a été dominée par un imaginaire de la vigilance, dirigé contre les ennemis du système dont il voulait préserver la pureté. Hoover lui-même s'identifiait au FBI et il soignait son image. Il était obsédé par le besoin d'entretenir la croyance qu'il était capable de tout contrôler personnellement autour de lui, tant à l'extérieur qu'à l'intérieur de l'organisation. En conséquence, tous devaient entretenir son narcissisme, sa mégalomanie, son sentiment de toute-puissance et d'infaillibilité. Dans cette logique, il a mis sur pied une organisation vigilante et très efficace, où la structure était fortement centralisée autour de sa personne. Il a doté son organisation d'un personnel professionnellement formé, aveuglément dévoué et minutieusement contrôlé et réglementé.

S'il est indéniable que son univers fantasmatique (narcissisme, méfiance, obsessionnalité) a permis à Hoover de connaître une réussite et une longévité remarquables à la tête de ce service public qu'il avait façonné à son image (« le FBI, c'était Hoover » pourra-t-on lire dans l'étude de cas présentée au tome II), ce succès a été possible parce que sa vision correspondait à l'imaginaire des agents qui acceptaient de servir sous sa direction et correspondait à l'imaginaire collectif américain de l'époque. S'il a pu se donner la mission de défendre la Constitution contre tous ses ennemis éventuels, et parvenir, en agissant comme s'il était au-dessus des simples mortels qu'étaient les procureurs généraux (il servit sous 16 d'entre eux) ou même au-dessus des présidents des États-Unis (il en connut 8 alors qu'il était à la tête du FBI), c'est qu'au fond on acceptait (ou même on souhaitait inconsciemment) qu'il joue ce rôle. En rétrospective, il est intéressant de constater que son attitude envers l'autorité n'était pas sans rappeler celle des ennemis subversifs qu'il pourchassait et que la projection pourrait l'avoir bien servi dans son travail. La projection, comme on le verra dans cet ouvrage, est un mécanisme psychologique central à la compréhension du leadership. C'est à cause de la projection que les grands leaders fascinent les êtres humains qui en perdent parfois leur sens critique. Dans les dernières années de son règne, malgré les excès de plus en plus connus auxquels son leadership donnait lieu, on continuait de suivre Hoover. Il est resté en poste jusqu'à sa mort. Il semble que les leaders puissent faire ressortir ce qu'il y a de meilleur et de pire chez leurs adhérents, parce que le leadership fait appel à ce qu'il y a de meilleur et de pire en eux-mêmes. À cause de cette résonance du leadership avec les désirs et les fantasmes inconscients, et de la fascination qu'il exerce, on comprend la crainte et l'ambivalence suscitées par la recherche et par les programmes de formation qui en font leur objet.

Nous venons de parler de la résonance du leadership avec les fantasmes inconscients du leader et de ses partisans, et nous avons indiqué précédemment que l'imaginaire prend sa source dans les fantasmes associés aux images intérieures que nous gardons des personnes significatives de notre histoire personnelle. Le lien que nous établissons dans cet ouvrage entre l'imaginaire et le leadership se fera par le biais de ce concept de fantasme inconscient. Les écrits spécialisés apportent une distinction entre les fantasmes conscients (les images mentales, les visions, les rêveries, les rêves éveillés ou rêves diurnes...) et les fantasmes inconscients qu'on écrit parfois avec la graphie « phantasmes » pour les distinguer des fantasmes conscients. On parle de fantasmes inconscients quand on veut signifier le scénario à la base de la vie d'une personne, la trame ou le drame qui semblent donner le sens à toute son existence, que ce soit sous la forme d'une grande passion, d'une grande obsession ou d'une grande défense. Ce fantasme inconscient est la structure profonde de sa personnalité qui donne le sens ou la direction à sa façon de penser et à son action. Il y a un lien très étroit entre les premiers et les deuxièmes. C'est dans le fantasme inconscient que les fantasmes conscients trouvent tout leur sens. C'est dans cette dimension inconsciente du fantasme que nous tenterons d'établir des liens entre l'imaginaire des leaders et leur leadership. Sauf pour quelques rares exceptions (en cinquième partie), tout au long de cet ouvrage, nous utiliserons la graphie « fantasmes » pour signifier tant les fantasmes inconscients que les fantasmes conscients.

Plusieurs perspectives peuvent être adoptées pour l'étude du leadership. On pourrait l'étudier du point de vue des personnes qui suivent le leader. On apprendrait beaucoup en effet sur le leadership en essayant de comprendre ce qui se passe chez ces personnes. Pourquoi adhèrent-elles à la vision et aux actions proposées par le leader ? Que représente-t-il pour elles ? Que font-elles et que sont-elles prêtes à faire pour lui ? En tentant de comprendre leur fascination et leur mobilisation, on saisirait un aspect crucial de la nature du leadership et probablement de la nature humaine. On pourrait aussi étudier le leadership en examinant comment s'établit et se maintient la relation entre le leader et ses adhérents. Que se passe-t-il entre les partenaires de cette relation ? Qu'est-ce qui explique les liens puissants qu'on observe entre eux ? Sous cet angle de la dynamique de ces interrelations, on apprendrait aussi beaucoup sur le leadership. Dans le cadre de cet ouvrage, nous avons plutôt choisi d'étudier le leadership à son origine, c'est-à-dire dans la personne même du leader. Cependant, peu importe l'angle sous lequel on aborde l'étude d'une réalité complexe, on est toujours forcé de la considérer dans son ensemble. Nous serons donc nécessairement amenés à nous demander ce qui se passe chez les adhérents du leader et à examiner la nature et la dynamique des interactions entre les deux. Tout en reconnaissant que les faits psychiques et les faits sociaux ont un caractère total et indivisible, notre perspective de recherche demeure clairement celle de la personne du leader. Nous nous en tiendrons enfin au leadership des personnes qui sont en poste d'autorité, c'est-à-dire qui sont à la tête d'organisations (mouvements, gouvernements, organismes publics ou entreprises privées). La plupart des leaders étudiés occupent ou ont occupé des postes de chefs politiques, de hauts fonctionnaires, d'administrateurs, d'entrepreneurs ou de gestionnaires.

Les craintes et l'ambivalence que suscite le leadership tiennent à la question du pouvoir que détient un individu sur d'autres et plus particulièrement à l'actualisation possible des désirs et des besoins de puissance du leader dans une situation donnée. Il ne s'agit donc pas du pouvoir dans son acception politique, concernant l'organisation du gouvernement dans une société donnée, mais bien du pouvoir dans son acception psychologique, c'est-à-dire de la capacité d'agir sur les personnes ou sur les choses.

Les questions de pouvoir sont des questions qui troublent profondément les êtres humains et ce n'est pas par hasard que les leaders et les gestionnaires s'y intéressent. Le trouble provoqué par les réalités du pouvoir est de nature émotive. Le pouvoir semble, en effet, davantage une affaire d'affectivité, de désir et de besoins qu'une affaire de connaissance et d'intelligence, même si, sur ce point, il convient d'être prudent ; l'affectivité et l'intelligence ne sont pas deux dimensions orthogonales ou indépendantes. On éprouve des émotions et des affects (amour et haine) pour ses objets de connaissance (on connaît et on comprend bien ce qu'on aime, ce qu'on déteste ou ce qui nous trouble, parce qu'on y investit les énergies requises), comme on éprouve des affects à l'égard de ce qu'on fait ou de ce qu'on pratique.

L'exercice du pouvoir active ou réactive les fantasmes les plus primitifs ou archaïques. Ce sont les fondements mêmes de notre imaginaire, dans sa dimension cognitive certes, mais surtout dans sa dimension affective, qui sont touchés : le désir d'être aimé, d'être admiré, la peur d'être insuffisant ou indigne (la peur de l'échec), la peur d'aller trop loin dans l'utilisation du pouvoir (les peurs associées au succès), l'anxiété face à la compétition, l'anxiété face à des changements de statut, l'envie associée aux inévitables inégalités, les désirs d'égalité et de dépendance, le désir d'être exceptionnel, unique, seul, le désir de créer son univers, son monde, sa niche, sa compétence distinctive, etc. Même si les réalités du pouvoir sont vieilles comme l'humanité et même si, de façon intuitive, on a toujours reconnu l'influence de l'imaginaire des leaders, ce n'est que tout récemment que des études systématiques ont été consacrées à ces questions.

Le terme même d'imaginaire a déjà été utilisé par un certain nombre de théoriciens des organisations. Enriquez (1972) a employé l'expression « imaginaire social » pour comprendre les phénomènes de refoulement et de répression dans les organisations. Larçon et Reitter (1979) ont utilisé l'expression « imaginaire organisationnel », signifiant par là les fantasmes partagés par une équipe de gestion ou par l'ensemble des employés d'une organisation, pour montrer l'influence de cet imaginaire sur l'identité de l'entreprise (un concept très proche de ce qu'on appelle aujourd'hui la culture d'entreprise). Dans ces deux cas, les auteurs ont utilisé le terme « imaginaire » dans la perspective de la psychologie psychanalytique, faisant particulièrement référence à l'aspect fantasmatique de l'imaginaire, mais en lui conférant surtout un contenu collectif. Dans une recherche antérieure (Lapierre, 1984), nous avons utilisé le concept d'imaginaire dans sa connotation individuelle pour décrire la façon plus ou moins subjective des metteurs en scène de théâtre de concevoir les spectacles qu'ils montent.

Ce n'est que tout récemment qu'on a utilisé le concept de personnalité pour étudier l'influence des dirigeants sur les orientations et le fonctionnement de leurs entreprises. Un certain nombre de chercheurs nord-américains d'orientation psychanalytique, sans utiliser l'acception française du concept d'imaginaire qui n'a pas la même signification en langue anglaise, ont consacré leurs recherches à établir des liens entre certains aspects inconscients de la personnalité des leaders et des gestionnaires, qu'il s'agisse des angoisses, des désirs, des besoins ou des fantasmes sous-jacents à l'exercice de la direction, de l'influence du caractère ou du style personnel du dirigeant sur son leadership ou des défenses psychologiques qui peuvent inhiber son action [5].

C'est dans cette veine que, en 1984, nous avons lancé une invitation à des chercheurs de plusieurs pays préoccupés de comprendre l'influence des forces inconscientes dans la direction et le fonctionnement des organisations. Nous les conviions à un symposium international ayant pour thème « L'imaginaire et le leadership ». Le titre anglais du symposium, « Fantasies and Leadership », indiquait encore plus clairement l'acception fantasmatique que nous donnions au concept d'imaginaire. Ce symposium s'est tenu en 1986, à l'École des Hautes Études Commerciales de Montréal. Les chercheurs étaient invités à présenter des histoires [6] de cas de leaders. Aucun texte théorique ne fut alors présenté, ce qui était en rupture avec les colloques universitaires habituels. C'est de ce symposium qu'est né le projet de ce livre [7].

Cet ouvrage est d'abord une entreprise de recherche. Nous essayons d'y comprendre le phénomène du leadership en collant à la réalité subjective des personnes qui l'exercent, c'est-à-dire à leurs pratiques extérieures telles qu'elles les racontent ou telles qu'on peut les observer et à leur réalité intérieure telle qu'on peut la sentir et l'inférer. En définissant l'imaginaire comme l'univers fantasmatique (la réalité intérieure subjective) à la base des processus mentaux, nous avons établi la perspective de recherche retenue. La subjectivité a été surtout l'objet d'investigation de la phénoménologie et les processus mentaux ont été l'objet d'investigation de la psychanalyse. C'est donc à la phénoménologie et à la psychanalyse que nous aurons recours dans notre démarche pour mieux comprendre l'imaginaire et le leadership, et c'est par le biais des histoires de cas que nous tenterons d'établir la relation entre les deux.

Comme c'est le cas pour toute entreprise de recherche, des mises en garde doivent être apportées. Les histoires de cas ont été réalisées par des chercheurs différents. Leur expérience de la psychanalyse et du travail clinique diffère beaucoup. Cependant, on ne fait pas et on ne prétend pas faire de psychanalyse dans cet ouvrage. On applique, *mutatis mutandis*, ce que la phénoménologie nous propose pour accéder à la richesse de la subjectivité et ce que la psychanalyse nous a appris sur le plan de la méthode et de la compréhension des forces inconscientes de la personnalité. On présente des applications de l'approche clinique et des applications des enseignements de la psychanalyse à la recherche et à la compréhension du phénomène du leadership tel qu'il se manifeste dans les organisations. Même si nous présentons une orientation théorique précise (la théorie des relations d'objet) et une position méthodologique bien arrêtée (des histoires de cas présentées généralement sans interprétation), étant donné le caractère exploratoire de notre démarche, nous avons laissé beaucoup de latitude aux chercheurs de façon à ce qu'ils exploitent et expriment toute la richesse de leur subjectivité. Quelques-uns des cas présentés étaient en fait des études de cas contenant l'interprétation de leur auteur. Nous n'avons pas cherché à rassembler des histoires de cas ayant une présentation uniforme et un contenu correspondant à une grille théorique restrictive. Le mouvement psychanalytique, comme toutes les communautés scientifiques, connaît plusieurs écoles de pensée qui ont leurs particularités théoriques. Le contenu des histoires de cas peut donc varier selon l'orientation théorique du chercheur, les particularités de l'histoire personnelle du leader et du contexte dans lequel s'est exercé son leadership, et surtout, de l'accessibilité du matériel de recherche pertinent à la préparation de l'histoire de cas.

Cependant, la ligne directrice est la même pour l'ensemble des chercheurs qui ont collaboré à la préparation de cet ouvrage. Malgré la diversité de leur formation et de leurs références théoriques, tous sont à la recherche du sens profond des pratiques du leadership. Ce qui pourrait être vu comme une faiblesse de l'ouvrage constitue aussi sa force. Chaque chercheur tente de coller le plus possible à la pratique du leader et essaie de nous livrer les indices des forces inconscientes de sa personnalité. Nous avons choisi des histoires de cas dont le récit permet de connaître la personne derrière l'action extérieure, des histoires qui, par leurs particularités, permettent au lecteur de se faire sa propre idée du scénario qui sous-tend l'existence du leader ou mieux, qui lui permettent de s'en remettre à la théorie de son choix et d'imaginer le ou les fantasmes inconscients structurant l'ensemble de la pratique du leader.

Avec toutes les limites et tous les risques qu'une telle entreprise implique, nous avons tenté, dans le sous-titre de chacune des histoires de cas, de traduire par un mot, une expression ou une phrase, ce qui nous est apparu comme étant le sens profond ou la trame de l'action de chacun des leaders. L'imaginaire ou le fantasme inconscient qui structure la pratique d'un leader est déduit, inféré à partir de ce qui est donné dans le texte. Traduire les fantasmes en mots est une entreprise périlleuse. C'est le fruit de notre imagination de chercheur, de nos fantasmes et de notre subjectivité que nous soumettons à l'imaginaire du lecteur, à son propre jugement subjectif.

Certaines histoires de cas portent sur des leaders disparus depuis plusieurs décennies. Elles présentent néanmoins des individus qui ont marqué l'histoire et qui forment toujours le cœur de notre héritage collectif. Coco Chanel, Frederick Winslow Taylor, Gandhi, Mackenzie King et J. Edgar Hoover sont toujours présents dans notre univers (intérieur et extérieur). Ce sont des personnages qui, encore aujourd'hui, inspirent une réflexion riche sur le leadership. L'éloignement dans l'espace et le temps permet parfois de prendre conscience de certains enjeux et de certaines forces qui nous aveuglent quand on est trop près.

Quant aux leaders contemporains, il ne faut pas s'attendre à ce qu'ils exposent candidement leurs limites ou les conflits intérieurs avec lesquels ils ont parfois de la difficulté à vivre. Le lecteur doit donc « lire entre les lignes » et imaginer ce qu'il peut y avoir en dessous de ce qui est avancé parfois avec trop d'insistance ou en dessous de ce qui est présenté de façon trop bien organisée. Même une histoire de cas qui peut ressembler à une hagiographie par certains aspects, nous en dit long sur le besoin du leader et du rédacteur à présenter d'eux-mêmes une image parfaite ou bien contrôlée. En lisant, il faut donc garder l'esprit ouvert, réceptif à ce qu'un rédacteur écrit (ou n'écrit pas) par pudeur, par insécurité, par maladresse, par délicatesse ou par savoir-vivre. Un lecteur qui serait incapable de faire ce type de lecture comprendrait probablement peu de chose au leadership. Notre capacité de sentir et d'imaginer, notre compréhension subjective sont des atouts précieux et indispensables pour saisir ce type de phénomène.

Cet ouvrage, en plus d'être une entreprise de recherche, se veut un outil de formation. Il s'adresse à toute personne qui s'intéresse au leadership par expérience, par désir de l'exercer, par curiosité intellectuelle, et qui croit qu'elle a déjà en elle la capacité de le comprendre et de le pratiquer. Comme ouvrage de formation, il offre des outils de compréhension, mais, à dessein, la discussion n'est jamais fermée ou finie. Les textes théoriques ne sont pas des explications toutes faites. Ils sont présentés comme des pistes ouvertes qui laissent au lecteur la poursuite de sa propre investigation et de sa propre compréhension. Les histoires de cas permettent au lecteur d'adopter une attitude clinique et d'utiliser sa capacité d'empathie pour comprendre. On peut donc lire ce livre pour ce qu'il donne et on y trouvera une information riche sur le leadership et sur les leaders. On peut aussi le lire pour ce qu'il suggère [8] et ce qu'il évoque. L'ouvrage prend alors toute la richesse de la compréhension subjective du lecteur, lui permettant de découvrir en lui-même des aspects de la nature humaine que lui révèlent les êtres exceptionnels que sont les leaders.

Imaginaire et Leadership est divisé en cinq parties. Chacune d'elles faisant l'objet d'une présentation spécifique, nous nous contenterons donc, dans cette introduction, d'en tracer les grandes lignes. La première partie, « La méthode subjective et les narrations », traite des questions épistémologiques et méthodologiques relatives à cette entreprise de recherche. Les fantasmes inconscients y sont présentés comme les structures profondes sous-jacentes aux pratiques du leadership qu'on peut interpréter comme s'il s'agissait de « textes vivants ». Le leader nous dit inévitablement, par son action, des choses de lui qu'on peut comprendre. Une partie importante de la recherche clinique consiste à décrire ces pratiques dans des textes présentés sous forme d'histoires ou d'études de cas. C'est une partie qui intéressera non seulement les chercheurs mais tous les lecteurs. On ne peut en effet réfléchir sur sa pratique sans un minimum de considérations épistémologiques et méthodologiques.

En poussant jusqu'au bout la logique de notre méthode, nous avions pensé placer cette partie à la fin du livre. Étant donné que l'ouvrage est publié en trois tomes, nous n'avons pas osé le faire. Même si on comprend facilement que le réflexe normal serait de lire la partie méthodologique pour ensuite passer aux « résultats » (où l'auteur veut-il aller et quel chemin va-t-il emprunter ?), nous invitons néanmoins les lecteurs désireux de vivre une expérience différente, à commencer leur lecture directement par les parties qui présentent des histoires de cas, et de réserver la lecture des textes de « La méthode subjective et les narrations » pour la fin. Les gens à l'esprit pratique ou intéressés au matériel empirique et clinique se sentiront à l'aise dans cette démarche inductive. Quant à ceux déjà familiarisés avec le raisonnement déductif ou démonstratif, nous pouvons seulement leur suggérer qu'en suivant à rebours l'itinéraire de la recherche, le dépaysement ne pourrait leur être que bénéfique.

Les quatre parties suivantes sont consacrées à des histoires de cas de leaders regroupées sous des thèmes correspondant à des dimensions profondes de la personnalité, qui sont déterminantes dans le leadership.

Ces quatre thèmes sont : l'agressivité, l'idéalisation, le contrôle et le deuil. En plus de correspondre à des dimensions profondes de la personnalité qui s'actualisent dans l'exercice du leadership, l'ordre des thèmes peut être vu comme étant parallèle au développement de la vie psychique. Au début de la vie, sous les inévitables frustrations de la réalité extérieure, l'univers intérieur du sujet est dominé par le fantasme de destruction et par l'agressivité. L'idéalisation des premiers objets significatifs devient un moyen de ne pas voir leurs limites ni l'agressivité que le sujet ressent à leur endroit. Il entretient ensuite des velléités d'un contrôle plus ou moins total de ces objets (intérieurs et extérieurs) et des affects qu'il éprouve, pour enfin accéder au nécessaire deuil de la toute-puissance. On peut donc parler de l'acceptation, par le sujet, de son univers fantasmatique (avec ses composantes destructrices et créatrices), de l'acceptation de ses limites personnelles et de l'acceptation des contraintes extérieures, acceptation qui débouche normalement sur le désir de réparer, sur la capacité de travailler de façon constructive et enfin sur la capacité de créer et d'aimer. Cette théorie du développement psychique et ses liens avec le leadership seront graduellement explicités plus loin dans les textes théoriques qui accompagnent chacune des parties.

La deuxième partie présente trois histoires de cas regroupées sous le thème « L'agressivité, la culpabilité et le leadership ». Qu'il s'agisse de résister, de mener ou de construire, le leadership suppose l'exercice du pouvoir. On y présentera le leader d'un mouvement politique (Gandhi), un chef d'État (Mackenzie King) et un leader du monde industriel et financier (De Benedetti). Un texte théorique de Melanie Klein offre des bases de réflexion et de compréhension des phénomènes fondamentaux de l'agressivité et de la culpabilité. La troisième partie regroupe cinq études de cas sous le thème de « L'idéalisation, le narcissisme et le leadership ». Il n'y a pas de leadership sans une certaine idéalisation de soi par le leader et sans une idéalisation mutuelle de la part du leader et de ses adhérents. Le dirigeant d'une entreprise de publicité (Marsh), une designer révolutionnaire (Chanel), le chef d'un conglomérat dans le secteur de la communication écrite (Péladeau), un entraîneur d'équipe sportive (Hidalgo) et le leader d'une coopérative financière (Pfeiffer) font l'objet de ces études de cas. Un texte de Kets de Vries et Miller sur le narcissisme complète cette partie. Ces trois parties constituent le tome I de l'ouvrage.

La quatrième partie occupe à elle seule le tome II. On y trouve, regroupées sous le thème « Le contrôle, les affects et le leadership », cinq histoires de cas de leaders pour qui le contrôle interne de leur organisation a été un facteur important de succès. Tout le domaine des affects demeure objet de fascination et d'inquiétude pour les êtres humains. On craint les excès. La peur de succomber à l'amour fou, ou de tomber en haine destructrice, milite en faveur du contrôle. Si le contrôle est un mécanisme de défense du psychisme humain, il occupe aussi une fonction importante dans le succès ou l'échec des leaders. Comment trouver la mesure entre un contrôle qui assure l'atteinte des objectifs d'une organisation et un contrôle qui coupe toute spontanéité et initiative chez le leader et ses adhérents ? Un spécialiste du renseignement (Hoover), le père de l'organisation scientifique du travail (Taylor), un des premiers hommes d'affaires québécois à diriger une entreprise pancanadienne (Fortier), un dirigeant de prison (Oswald) et un propriétaire immobilier (Cohen) sont les leaders qui nous aideront à réfléchir à cette question du contrôle dans l'exercice du leadership. Un texte de Kisfalvi et Lapierre traite de l'affectivité et des défenses que les êtres humains se donnent pour composer avec leurs pulsions et leurs émotions.

Le tome III est consacré à la cinquième partie dont le thème est « Le deuil, la création et le leadership ». Cinq histoires de cas y sont présentées. Pour les grands leaders, il semble parfois difficile d'accepter la réalité humaine avec ses imperfections et surtout le caractère inévitable de la mort. Le pouvoir grise et peut intoxiquer. Il peut être utilisé par le leader pour nier certaines réalités inexorables de la vie. Le leadership humaniste suppose la capacité, pour le leader, d'accepter ses « vérités » personnelles et d'accepter le caractère inévitable de certaines situations. Un journaliste et cinéaste socialement engagé qui découvre dans son intériorité la source de son inspiration et de son bonheur (Dansereau), une auteure dramatique très connue (Laberge) qui canalise dans l'écriture sa force vitale, un réformateur devenu administrateur (Desbiens), un gestionnaire d'entreprise artistique qui semble s'amuser (Mehta) et un gestionnaire de portefeuilles prudent (Jarislowsky) nous serviront de cas de réflexion sur la problématique du deuil et de la création dans le leadership. Un texte de Lapierre sur le deuil et de Segal sur la liberté de pensée aident à jeter un éclairage sur ces histoires de cas. Enfin, en postface, nous reviendrons sur la nécessité de conserver la capacité de sentir, au sens physique et psychologique, pour s'assurer un esprit éveillé, capable de conserver le sens critique et la capacité de jugement.

Il n'est pas nécessaire de lire dans l'ordre les différentes sections ; aux lecteurs qui désireraient procéder différemment, nous suggérons de lire d'abord les histoires de cas. Il y en a 18, réparties dans les trois tomes. Elles constituent l'essence même de cet ouvrage et intéresseront aussi bien les praticiens que les chercheurs. Nous suggérons ensuite de lire les textes théoriques, en commençant par ceux qui accompagnent les études de cas qui ont particulièrement intéressé ou touché le lecteur. Il vaut mieux, selon nous, relire un texte qui nous touche, et nous rejoint donc profondément, que de lire plusieurs textes qui nous concernent moins, par souci d'érudition ou pour le simple plaisir d'avoir tout lu. Enfin, nous suggérons au lecteur de lire les textes traitant de la méthode subjective. Ce sont des textes très importants qui devraient lui donner l'occasion de réfléchir sur sa façon de connaître, d'apprendre, de se développer et de voir en quoi sa méthode propre correspond à celle choisie par l'auteur pour organiser cette recherche sur le phénomène du leadership. Cet ouvrage expose une façon inhabituelle de mener la recherche sur le leadership et d'en communiquer les résultats. On ne sera donc pas surpris que l'auteur termine cette introduction d'une manière inhabituelle en demandant aux lecteurs intéressés de lui faire parvenir leurs impressions sur les histoires de cas présentées et sur la méthode exposée.

Laurent Lapierre

École des Hautes Études Commerciales
Montréal
H3T 1V6
CANADA
Téléphone : (514) 340-6352
Télécopieur : (514) 340-5635

NOTES

1. Ce texte utilise quelques extraits d'articles de l'auteur paru dans *Gestion* en février 1987, vol. 12, n° 1, p. 6-14 et en septembre 1991, vol. 16, n° 3, p. 8-14. L'auteur a été responsable du numéro spécial de *Gestion* portant sur « le leadership » et publié en septembre 1991.

2. Nous n'utiliserons pas le mot « imaginaire » dans le sens restrictif donné par Lacan (1949), mais plutôt dans le sens qu'il a acquis dans le langage courant. Pour Lacan, le moi du sujet se constitue à partir de l'image de son semblable. Du point de vue intrasubjectif, cet imaginaire fonde le rapport du sujet fondamentalement narcissique à son moi et du point de vue intersubjectif, cet imaginaire fonde la relation dite duelle du sujet à l'image d'un semblable (d'après Laplanche et Pontalis, 1967, p. 195).

   Comme nous l'avons écrit, nous donnons plutôt à l'imaginaire une acception plus large : c'est l'univers fantasmatique (en partie inconscient) sous-jacent à la pensée et à l'action d'un sujet et qui structure aussi bien son rapport à son monde intérieur qu'au monde extérieur.

3. Il arrive qu'on ne se souvienne pas de faits ou d'événements passés de notre vie, soit parce qu'ils n'étaient pas importants, qu'ils ne nous touchaient pas ou qu'ils nous touchaient trop. On en refoule alors le souvenir qui continue de vivre dans l'inconscient. On « choisit » donc (consciemment ou inconsciemment) de (ne pas) se souvenir.

4. La réalité subjective (ou le monde intérieur) de l'individu n'est pas vide d'objets. Ces objets (représentation de personnes, idées, obsessions, images...) sont de nature fantasmatique, mais ils ont une réalité propre, ce qui explique la fascination, et la peur parfois, exercées par ce monde intérieur. « Le monde intérieur m'appartient en quelque sorte plus que le monde extérieur. Il est si familier, si intime — on voudrait y vivre tout entier — c'est une vraie patrie. Dommage qu'il soit si imprécis, si pareil au rêve. Faut-il donc que ce qui est le plus vrai, le meilleur ait l'air si irréel, et que ce qui est irréel paraisse si vrai ? » (Novalis, cité par Kaufman, p. 777).

5. Sans donner ici leurs contributions spécifiques, que nous verrons dans la première partie, les auteurs suivants ont fait œuvre de pionniers sous ce rapport : Jaques, 1951 ; Erikson, 1958 et 1969 ; Kakar, 1970 ; Kernberg, 1979 ; Zaleznik et Kets de Vries, 1975 ; McClelland, 1975 ; Maccoby, 1976 ; Larçon et Reitter, 1979 ; Kets de Vries, 1980, 1984, 1989 a et b, 1990 a et b ; Miller, Kets de Vries et Toulouse, 1982 ; Kets de Vries et Miller, 1984 a et b, 1986, 1987 a et b et 1988 ; Lapierre, 1984 ; Lapierre et Toulouse, 1984 ; Miller et Toulouse, 1986 ; et Lapierre, 1989 et 1990.

6. Dans cet ouvrage, nous utilisons les expressions « histoire de cas » et « étude de cas ». L'appellation « histoire de cas » sera réservée à une narration, c'est-à-dire un récit organisé du matériel de recherche clinique ou de tout autre matériel de recherche (événements, faits, opinions) portant sur la personnalité et la pratique d'un leader et sur son organisation. L'appellation « étude de cas » sera utilisée pour désigner un texte qui prend la forme d'un rapport de recherche. En plus de

contenir des éléments d'une histoire de cas, il intègre les interprétations, les analyses ou les explications du chercheur, selon une ou plusieurs théories ou grilles d'analyse.

7. La section « Genèse et cheminement de l'idée et de la réalisation de cet ouvrage » trace l'historique du projet de ce livre.

8. La suggestion est une sorte de « gestion par-dessous », une gestion un peu subversive donc. La psychanalyse est aussi une démarche subversive. Elle est constamment en train de déstructurer et d'analyser l'apparent afin de démasquer ce qu'il cache d'inconscient pour en trouver la structure profonde et la véritable synthèse.

Bibliographie

Backès-Clément, C., « Imaginaire, symbolique et réel », *La Grande Encyclopédie*, Larousse, Paris, 1974, p. 6120-6122.

Charron, J.E., *Imaginaire et réalité* (dans la série l'Esprit de la science), Albin Michel, Paris, 1985, 294 p.

Enriquez, E., « Imaginaire social, refoulement et répression dans les organisations », *Connexions psychologiques sciences humaines*, n° 3, 1972, p. 65-93.

Erikson, E.H., *Young Man Luther : A Study in Psychoanalysis and History*, New York, Norton and Company, 1958.

Erikson, E.H., *Gandhi's Truth : On the Origins of Militant Nonviolence*, New York, Norton and Company, 1969.

Glaser, B. et Strauss, A., *The Discovery of Grounded Theory : Strategies for Qualitative Research*, Aldine Publ. Co. Chicago, 1967.

Goffman, E., *La mise en scène de la vie quotidienne 1 - la présentation de soi*, Les éditions de Minuit, Paris, 1973, 255 p.

Isaacs, S., « Nature et fonction du phantasme », in *Développements de la psychanalyse*, Presses Universitaires de France, Paris, 1966, p. 64-114.

Jaques, E., *The Changing Culture of a Factory*, Tavistock, London, 1951.

Kakar, S., *Frederick Taylor : A Study in Personality and Innovation*, Cambridge, M.I.T. Press, 1970.

Kaufmann, P., « Imaginaire et imagination », *Encyclopedia Universalis*, France, T. 3, 1984, p. 776-783.

Kernberg, O.F., « Regression in Organizational Leadership », *Psychiatry*, vol. 42, 1979, p. 24-39.

Kets de Vries, M.F.R., *Organizational Paradoxes : Clinical Approaches to Management*, London, Tavistock, 1980.

Kets de Vries, M.F.R. (éd.), *The Irrational Executive Psychoanalytic Studies in Management*, New York, International University Press, 1984.

Kets de Vries, M.F.R., *Prisoners of Leadership*, New York, John Wiley & Sons, 1989a.

Kets de Vries, M.F.R., « The leader as Mirror : Clinical Reflections », *Human Relations*, vol. 42, n° 7, 1989b, p. 607-628.

Kets de Vries, M.F.R., « The Imposter Syndrome : Developmental and Societal Issues », *Human Relations*, vol. 43, n° 7, 1990a, p. 667-686.

Kets de Vries, M.F.R., « The Organizational Fool : Balancing a Leader's Hubris », *Human Relations*, vol. 43, n° 8, 1990b, p. 751-770.

Kets de Vries, M.F.R. et Miller, D., *The Neurotic Organization*, Jossey-Bass, San Francisco, 1984a, 241 pages. Version française : *L'entreprise névrosée*, McGraw-Hill, 1985.

Kets de Vries, M.F.R. et Miller, D., « Unstable at the Top », *Psychology Today*, octobre 1984b, p. 26-34.

Kets de Vries, M.F.R. et Miller, D., « Personality, Culture and Organization », *Academy of Management Review*, vol. 11, n° 2, avril 1986, p. 266-279.

Kets de Vries, M.F.R. et Miller, D., *Unstable at the Top : Inside the Troubled Organization*, New York, New American Library, 1987a.

Kets de Vries, M.F.R. et Miller, D., « Interpreting Organizational Texts », *Journal of Management Studies*, vol. 24, n° 3, 1987b, p. 233-248.

Kets de Vries, M.F.R. et Miller, D., « Narcissisme et leadership : une perspective de relations d'objet », *Gestion*, vol. 13, n° 4, 1988, p. 41-50.

Laborit, H., *La Nouvelle Grille. Pour décoder le message humain*, Paris, Laffont, 1974.

Laborit, H., *L'Éloge de la fuite*, Paris, Laffont, 1976.

Lacan, J., « Le stade du miroir comme formateur de la fonction du Je », *Revue française de psychanalyse*, XIII, 1949, p. 449-453.

Lapierre, L., « La gestion des arts et l'art de la gestion », *Gestion*, vol. 3, n° 2, 1978, p. 16-25.

Lapierre, L., *Le metteur en scène de théâtre : un gestionnaire*, Thèse de doctorat inédite, Université McGill, Montréal, 1984 (498 pages)

Lapierre, L., « Imaginaire, gestion et leadership », *Gestion*, vol. 12, n° 1, février 1987, p. 6-14.

Lapierre, L., « Mourning, Potency and Power in Management », *Human Resource Management*, vol. 28, n° 2, été 1989, p. 177-189.

Lapierre, L., « Intériorité, gestion et organisation. De la réalité psychique comme fondement de la gestion », in Chanlat, Jean-François, *L'Individu dans l'organisation : les dimensions oubliées*, Les Presses de l'Université Laval, 1990.

Lapierre, L., « Le leadership : le meilleur et le pire », *Gestion*, vol. 16, n° 3, septembre 1991, p. 8-14.

Lapierre, L. et Toulouse, J.-M., « La Graine à Monseigneur », Research paper : 75th Anniversary Colloquium Series, Division of Research, Harvard Business School, 1984, 37 p.

Laplanche, J. et Pontalis, J.B., *Vocabulaire de la psychanalyse*, Paris, Presses Universitaires de France, 1967.

Larçon, J.-P. et Reitter, R., *Structure de pouvoir et identité de l'entreprise*, Nathan, Paris, 1979, 174 pages.

Lyotard, J.-F., *La Phénoménologie*, Coll. Que sais-je ?, Presses Universitaires de France, Paris, 1969, 128 p.

Maccoby, M., *The Gamesman*, Simon and Schuster, New York, 1976, 285 p.

Malraux, A., *Le Musée imaginaire*, Paris, Gallimard, 1947.

McClelland, D.C., *Power : the Inner Experience*, Irvington, New York, 1975.

Miller, D., Kets de Vries, M.F.R. and Toulouse, J.-M., « Top Executive Locus of Control and Its Relationship to Strategy Making, Structure, and Environment », *Academy of Management Journal*, 25, 1982, p. 237-253.

Miller, D. et Toulouse, J.-M., « Strategy, Structure, CEO Personality and Performance in Small Firms », *American Journal of Small Business*, vol. 10, n° 3, hiver, 1986, p. 47-62.

Mintzberg, H., *Power in and Around Organizations*, Prentice-Hall, Englewood Cliffs, 1983, 700 p.

Morin, E., *Le Cinéma ou l'homme imaginaire. Essai d'anthropologie*, Éditions de Minuit, 1956, 251 p.

Riesman, D., *La Foule solitaire*, Arthaud, Paris, 1964.

Sartre, J.-P., *L'Imagination*, Paris, Presses Universitaires de France, 1936, 163 p.

Sartre, J.-P., *L'Imaginaire. Psychologie phénoménologique de l'imagination*, Paris, Gallimard, 1940, 375 p.

Weik, K.E., *The Social Psychology of Organizing* (2e édition), Addison-Wesley, Philippines, 1979, 294 p.

Zaleznik, A., « Power and Politics in Organizational Life », *Harvard Business Review*, mai-juin 1970.

Zaleznik, A., « Managers and Leaders : Are they Different ? », *Harvard Business Review*, mai-juin 1977.

Zaleznik, A., *The Managerial Mystique : Resorting Leadership in Business*, New York, Harper & Row, 1989.

Zaleznik, A., « The Leadership Gap », *The Executive*, vol. IV, n° 1, février 1990, p. 7-22.

Zaleznik, A. and Kets de Vries, M.F.R., *Power and the Corporate Mind*, Boston, Houghton Mifflin, 1975.

Genèse et cheminement de l'idée
et de la réalisation de cet ouvrage

La genèse de cet ouvrage correspond à une démarche personnelle s'étendant sur plusieurs années. Au cours de cette période se sont confirmées et précisées des convictions sur la façon de connaître, sur la façon d'apprendre et sur la formation au leadership. Ces convictions sont les suivantes : dans le domaine de l'action et de la pratique, qu'il s'agisse du gouvernement des personnes, de la direction d'une organisation, de l'exercice d'une profession ou de la création artistique, une part importante de la connaissance et de l'apprentissage s'obtient par l'action et par l'expérience. Cela ne nie en rien les connaissances de base ou la maîtrise de certaines habiletés qu'on acquiert dans le cadre d'activités formelles de formation. Je veux plutôt parler ici de la connaissance et de l'apprentissage de l'exercice même de la direction, d'une profession ou d'un art. Cette connaissance et cet apprentissage nous viennent d'une part de la réflexion sur nos propres actions et expériences, mais aussi de l'expérience d'autres personnes qu'on partage et sur laquelle on réfléchit, formellement ou non. Cette conviction profonde que l'on apprend par l'action, je l'ai d'abord eue comme homme d'action, sans qu'elle dépasse véritablement le stade de l'intuition.

Premier moment

En ce qui concerne la formation à la pratique de la direction, je rattache la genèse lointaine de cet ouvrage à la découverte de la méthode des cas comme méthode pédagogique pendant mes études de maîtrise en administration des affaires (M.B.A.). La méthode des cas a été pour moi une véritable révélation. Les gestionnaires-étudiants que nous étions, devaient régulièrement faire face à des situations réelles. Toutes les études de cas que nous discutions avaient été réalisées en utilisant une approche clinique [1]. Les rédacteurs de ces histoires de cas étaient allés sur le terrain, avaient observé, avaient interviewé les principaux protagonistes de ces situations, avaient recueilli les documents qui y étaient pertinents et nous livraient des histoires de cas présentant des problèmes concrets, mettant en scène des entreprises et les personnes réelles. Sur le plan de la formation, en plus de nous informer sur des pratiques de direction, sur des situations d'entreprises et sur des secteurs industriels, cette méthode respectait la contribution de chacun lors des discussions en classe. En mettant à profit notre sensibilité et notre intelligence, elle favorisait le développement de notre capacité d'analyse et de synthèse et, par la confrontation des points de vue, la mise à l'épreuve de notre jugement. Nous devenions les premiers responsables de notre formation. Nous développions notre sens critique vis-à-vis de chacune de ces histoires de cas et aussi vis-à-vis de nos professeurs qui, à quelques exceptions près, étaient des pédagogues respectueux.

La méthode des cas nous permettait, comme étudiants, de distinguer d'une part les véritables maîtres, c'est-à-dire les professeurs qui étaient capables de mettre leur savoir à l'épreuve de la réalité, capables d'utiliser toute la richesse de leur connaissance, de leur sensibilité et de leur intelligence pour aider les étudiants à atteindre des niveaux de compréhension qui dépassaient les modèles et les théories, et d'autre part les professeurs jouant aux savants, préférant le terrain des abstractions complexes ou des modèles normatifs, incapables de la clairvoyance et de l'humilité nécessaires pour reconnaître l'inévitable aspect délirant des théories et des modèles, qu'ils soient sophistiqués ou simplistes.

Pendant mes études de maîtrise, il s'est trouvé un cours en particulier où cette méthode des cas a été pour moi l'objet d'une révélation plus marquée. Le cours « Administration, leadership et personnalité », donné par Pierre Laurin, et que j'ai suivi à l'automne de 1974, nous offrait l'occasion d'étudier la personnalité des leaders. En adoptant une perspective psychanalytique, nous tentions de découvrir les forces inconscientes qui pouvaient influencer les pratiques d'êtres exceptionnels et expliquer la dynamique sous-jacente à leurs actions, à leur créativité, aux crises et aux déséquilibres passagers ou permanents auxquels ils devaient faire face au cours de leur vie. Ce mode d'investigation de la personnalité souleva chez moi un intérêt qui n'allait que s'accroître par la suite. Ce premier contact avec la méthode des cas et avec la perspective de la psychanalyse pour expliquer le phénomène de la direction et du leadership constitue donc la bougie d'allumage de ce projet.

Deuxième moment

Le deuxième stade dans le cheminement de l'idée de cet ouvrage a été celui de mes études de doctorat dirigées par Henry Mintzberg. En insistant sur l'importance, voire sur la nécessité d'aller sur le terrain et d'observer directement ce qui s'y passe, fidèlement et méticuleusement, et de le décrire le plus complètement possible, affranchi des théories et des modèles existants, Mintzberg a ajouté à ma conviction qu'on apprend « de » la pratique et « par » l'observation de la réalité. C'est ce qu'il avait fait lui-même lors de sa thèse de doctorat au Massachusetts Institute of Technology. Sa thèse portait sur le travail du dirigeant[2]. Pour Mintzberg, dont la formation première était en génie, le chercheur doit faire confiance à sa capacité de voir, de noter et de calculer les fréquences de ce qu'il observe et de moduler ces données pour en dégager des patterns de conduites et les pointes significatives dans la fréquence des actions réellement posées par les gestionnaires. Le chercheur utilise ensuite toute sa sensibilité et sa capacité d'analyse et de synthèse pour dégager le sens de ce qu'il a observé. La réalisation de cette recherche et, plus tard, sa publication ont été une véritable révolution dans notre compréhension de la gestion et ont marqué aussi le début de la carrière fulgurante de Mintzberg comme théoricien des organisations. Par ailleurs, s'il s'intéresse à ce qui se passe dans la tête des gestionnaires, Mintzberg ne s'intéresse pas à la psychanalyse. En véritable universitaire, toutefois, c'est-à-dire ouvert à toutes les perspectives scientifiques, il a toujours accepté l'utilisation et les contributions d'autres voies d'exploration.

Un autre membre de mon comité de thèse devait jouer un rôle de plus en plus grand dans mon cheminement intellectuel et dans mon approche de chercheur et de pédagogue. Manfred F.R. Kets de Vries avait acquis une formation de psychanalyste à Montréal en plus de sa première formation d'économiste à Amsterdam et de théoricien des organisations à Harvard. Après une première découverte dans le cours de Pierre Laurin, il m'a initié, pendant mes études de doctorat, à l'utilisation de la psychanalyse appliquée à la gestion. Il m'a sensibilisé aux approches et aux attitudes qui permettent de voir ce qui se passe sous ce qui est apparent dans le comportement si on veut vraiment comprendre l'action humaine. C'est donc un peu sur ses traces que j'ai entrepris une psychanalyse de formation. On fait d'abord une psychanalyse pour se connaître et pour s'accepter, mais je voulais aussi vivre l'expérience de la psychanalyse pour mettre à profit cette connaissance personnelle dans la compréhension de la dynamique de l'autorité, de la direction et du leadership. Si on ne maîtrise pas son propre trouble vis-à-vis de ces réalités universelles, on ne peut y jeter de la lumière pour les autres. C'est aussi pour connaître par la pratique et pour me former à l'investigation en profondeur que j'ai fait des stages cliniques en psychothérapie à l'Institut Albert-Prévost et au Centre communautaire de psychiatrie de l'Hôpital du Sacré-Cœur de Montréal.

Ces expériences personnelles, cette formation formelle, la pratique de la psychothérapie et la participation à une dizaine de colloques et de conférences portant sur la clinique m'ont renforcé dans ma conviction que l'approche clinique est la plus riche pour connaître en profondeur la complexité des pulsions et des défenses humaines et leurs manifestations multiples dans l'action, et que les histoires de cas sont le meilleur véhicule pour communiquer les résultats de ces investigations. Encore une fois, j'avais appris par l'expérience personnelle et par le partage intersubjectif d'expériences avec d'autres personnes, comme je l'avais toujours fait dans ma vie, mais j'avais maintenant une méthode appropriée et un outil qui me permettait de mettre mon intuition à l'épreuve. L'expérience et la formation cliniques étaient devenues plus qu'une conviction. J'avais la certitude que l'on pouvait s'en servir pour la recherche et la formation, ce qui m'amène au troisième stade dans la genèse de l'idée de ce livre et au début de sa réalisation.

Troisième moment

C'est dans cette veine qu'en mai 1986 j'ai réuni à l'École des Hautes Études Commerciales de Montréal, les chercheurs de diverses facultés d'administration universitaires, intéressés au leadership et utilisant les histoires de cas comme méthode de recherche et comme méthode pédagogique. Invités dès 1984 à s'y préparer, plusieurs chercheurs, venus de différents pays, ont participé au « Symposium international sur les pratiques du leadership en gestion ». Sous le thème « L'imaginaire et le leadership » (*Fantasies and Leadership* [3]), notre dessein était d'établir des liens entre les fantasmes des leaders et leurs pratiques. Ce symposium privilégiait les histoires de cas, mais aussi les œuvres de fiction (films, pièces de théâtre, romans) comme matériel et méthode de recherche. La perspective de recherche proposée se voulait phénoménologique. Aucun texte théorique ne fut présenté lors de ce symposium, ce qui était en rupture avec les colloques universitaires habituels. On visait à présenter des cas de leaders en collant le plus près possible au phénomène même du leadership, que ce soit en contexte politique, en contexte administratif ou en contexte de gestion. Le symposium adoptait aussi une perspective de recherche psychodynamique, avec une orientation principalement psychanalytique. Les cas présentés tentaient donc non seulement de montrer les intentions et les comportements externes, mais également de comprendre et de révéler l'univers intérieur des leaders, de sentir la finalité sous-jacente à leurs actions et d'en saisir le sens profond à travers leur imaginaire et les fantasmes sous-jacents à leurs pratiques. Le symposium connut un grand succès. Les histoires de cas présentées ont intéressé aussi bien les praticiens présents que les chercheurs. Un élan collectif s'est créé au cours du symposium. Il s'est en effet développé chez les participants l'impression d'avoir participé à un moment privilégié, ce qui n'est pas non plus usuel dans les colloques universitaires.

Ce symposium fut un des colloques qui ont précédé la création officielle de l'International Society for the Psychoanalytic Study of Organizations (ISPSO), organisation qui regroupe une cinquantaine de chercheurs universitaires de plus de 10 pays, intéressés à l'étude des organisations dans une perspective psychanalytique. C'est dans la poursuite de la rencontre de 1986 que l'École des Hautes Études Commerciales de Montréal était aussi l'hôte du quatrième symposium de l'ISPSO, en 1990. Le symposium de 1986 n'avait abordé qu'indirectement la question de la méthode, même si elle était implicitement soulevée dans le choix des histoires de cas comme moyens de communiquer les résultats de recherche et qu'elle était sous-jacente à toutes les discussions. Le symposium de 1990 venait combler les attentes manifestées en 1986. Sous le titre « Symposium on Clinical Approaches to the Study of Managerial and Organizational Dynamics », on y a discuté exclusivement de la recherche en milieu organisationnel inspirée de la clinique. En plus d'y présenter des histoires de cas qui mettaient l'accent sur la démarche de recherche, on y a présenté des communications traitant d'aspects méthodologiques de l'approche clinique. Ce symposium, en amenant les chercheurs à se pencher sur la question cruciale de l'approche clinique appliquée à la recherche et à l'intervention dans les organisations, complétait celui de 1986. Le texte sur l'approche clinique comme méthode de recherche que nous présentons en première partie de cet ouvrage a été produit à la suite de la réflexion engagée lors de la préparation et de la réalisation du symposium de 1990[4].

Le symposium de 1986 a donc été l'amorce de la réalisation du présent ouvrage. Comme nous l'avons écrit, c'est dès 1984 que nous avions invité des chercheurs à préparer des histoires de cas portant sur des leaders. De ce symposium, nous avons retenu 5 histoires de cas auxquelles nous avons ajouté 13 autres histoires inédites en français ou qui ont été réalisées dans cette perspective de recherche. Nous étions à la recherche d'histoires de cas susceptibles d'illustrer différentes facettes de la problématique du leadership. Dans ce livre, nous les faisons précéder de textes méthodologiques sur l'approche clinique et de textes théoriques sur les thèmes de l'agressivité et de la culpabilité, de l'idéalisation et du narcissisme, de l'affectivité et du contrôle, de l'acceptation et du deuil, thèmes qui nous ont permis de regrouper les histoires de cas traitant du lien entre l'imaginaire et le leadership. Cet ouvrage constitue donc une innovation et une entreprise de longue haleine que nous avons l'intention de poursuivre. Nous sommes toujours à la recherche d'histoires de cas de leaders et nous continuons d'en produire afin de documenter les problématiques actuelles du leadership. En marge et en dépit des modes que des gourous modernes ou apprentis sorciers ne manqueront pas de présenter comme le meilleur management ou la solution à tous les problèmes de la direction des entreprises, nous persistons à croire que la direction est l'affaire de personnes et que les histoires de cas présentant de façon détaillée et profonde ce que sont et ce que font les leaders, sont la voie royale vers la connaissance du phénomène du leadership et un puissant outil de connaissance et de développement du potentiel des leaders.

Par cette méthode simple et riche de l'histoire de cas, qui veut traduire en un « texte écrit » le « texte vivant » de la pratique d'un leader, nous sommes un certain nombre de chercheurs, réunis dans ce livre, à avoir adopté l'approche clinique comme méthode de recherche. L'histoire de cas comme élément du compte rendu de recherche est l'élément central de cette science interprétative, s'inspirant de la compréhension que la psychanalyse nous a donnée de l'inconscient pour inférer les structures psychiques sous-jacentes à l'action. Cette investigation suppose un travail de création qui ne sera jamais terminé.

NOTES

1. Le lecteur intéressé pourra consulter les deux ouvrages suivants :
    a) Andrews Kenneth R. (éd.), *The Case Method of Teaching Human Relations and Administration*, Cambridge, Harvard University Press, 1960. Particulièrement les articles suivants : « Because Wisdom can't be told » (p. 3 à 12) par Charles I. Cragg ; « The Preparation of Case Material », (p. 215 à 224) par Paul R. Lawrence ; « Clinical Research and Research Report in Human Relations » (p. 225 à 230) ; « Self Awareness and Scientific Method » (p. 231 à 240) par George F.F. Lombard et ;
    b) C. Roland Christensen, *Teaching and the Case Method*, Boston, Harvard University Press, 1981.

2. Une version courte de sa thèse de doctorat a été publiée sous le titre *The Nature of Managerial Works*, New York, Harper and Row, 1973. Cet ouvrage, traduit en plusieurs langues, est devenu un classique du management moderne. Des résumés ont été publiés dans les grandes revues professionnelles consacrées à la gestion.

3. En anglais, le mot *fantasy* peut signifier « fantaisie », comme en français, mais dans les textes d'inspiration psychanalytique, *fantasy* désigne généralement un fantasme, conscient ou inconscient.

4. Lapierre, Laurent (éd.), « Clinical Approaches to the Study of Managerial and Organizational Dynamics », *Proceedings of the Fourth Symposium of the International Society for the Psychoanalytic Study of Organizations*, Montréal, École des Hautes Études Commerciales, 1992, 411 p.

Remerciements

Ma gratitude va d'abord aux leaders qui sont l'objet des histoires de cas de cet ouvrage. Je pense en premier lieu à Frederick Winslow Taylor, à Coco Chanel, au mahatma Gandhi et à Mackenzie King, figures historiques dont on trouvera de courtes biographies. Par leur leadership intellectuel, esthétique ou politique, et par les luttes qu'ils ont dû livrer, tant externes qu'internes, ils nous ont beaucoup appris sur la nature du leadership et sur la nature humaine. Si nous dévoilons certains aspects cachés de leur existence, ce n'est pas pour juger ; c'est pour comprendre. La compréhension de soi passe par la compréhension des autres, et réciproquement. Nous sommes tous solidaires de l'aventure humaine et des vicissitudes du leadership. Même si nous ne pouvons pas leur exprimer nos remerciements, cela ne nous empêche pas de garder beaucoup de gratitude envers ces personnes qui font maintenant partie de notre mémoire et qui ont enrichi à jamais notre imaginaire.

Quant aux leaders toujours vivants, je voudrais les remercier d'avoir accepté de se prêter d'aussi bonne grâce à la réalisation d'histoires de cas portant sur leurs pratiques et leurs œuvres, où sont révélées parfois des dimensions très intimes de leur personnalité. Plusieurs nous ont dit avoir beaucoup appris de cette expérience et ils nous ont aussi permis d'apprendre sur nous. En nous autorisant à publier ces histoires de cas, ils contribuent grandement à notre connaissance du leadership. Se livrer ainsi demande un courage qui n'est pas étranger à la nécessité de s'afficher qui caractérise le leadership.

Les auteurs qui ont accepté de livrer leur pensée sur la méthode subjective, sur les narrations comme produits de la recherche et sur des dimensions fondamentales de la personnalité qui sous-tendent notre imaginaire méritent aussi notre gratitude. Écrire dans une perspective subjective, même des textes méthodologiques et théoriques, c'est se révéler. Avancer des pistes de compréhension sur le phénomène mystérieux du leadership, c'est afficher sa vision du monde, sa façon de penser, sa conception de la recherche et de la connaissance, ses préoccupations et sa propre façon d'exercer le leadership. Le courage ne porte pas sur le même objet, mais il est de même nature.

J'ai indiqué précédemment que le symposium de 1986 avait été le véritable déclencheur de ce projet de livre. Au sein du comité organisateur de ce symposium ayant pour thème « L'imaginaire et le leadership » (*Fantasies and Leadership*), j'étais entouré des professeurs Taïeb Hafsi, Francine Harel Giasson, Manfred F.R. Kets de Vries, Alain Noël et Jean-Marie Toulouse. J'ai bénéficié de leurs conseils, mais surtout de leurs encouragements à oser, à sortir du sentier battu des colloques universitaires. Nous avons choisi ensemble les personnes qui ont alors présenté des histoires de cas lors de cet événement. Gilles Amado, Manfred F.R. Kets de Vries et Roland Reitter de la France ; Lars Bergquist, Lars Erik Norbäck et Jan Erik Rendahl de la Suède ; Michaël Hofmann de l'Autriche ; Sudhir Kakar de l'Inde ; Elizabeth C. Altman, Wildred H. Drath, Robert E. Kaplan, Joan Kofodimos et Abraham Zaleznik des États-Unis ; Paul Beaulieu et Pierre Laurin du Québec. La richesse des histoires de cas et la présentation vivante qui en fut faite lors du symposium a grandement contribué à son succès. Je les en remercie.

Un symposium comme celui-là donne aussi l'occasion aux participants d'échanger et de participer à une réflexion destinée à notre enrichissement intellectuel et affectif. Les échanges sur chacune des histoires de cas étaient lancés par deux commentaires formels qui, de l'avis de tous les participants, étaient d'une qualité exceptionnelle, ce qui a contribué à maintenir la discussion à un très haut niveau d'intérêt. Ces commentaires étaient faits par des gestionnaires ou des professionnels, d'une part, et par des chercheurs ou des cliniciens, d'autre part. Je veux donc remercier sincèrement les docteurs Sydney Perzow de l'Hôpital général de Montréal ; W. Clifford M. Scott du Canadian Institute of Psychoanalysis ; Arthur Amyot de la faculté de médecine de l'Université de Montréal ; le juge Gilbert Morier de la Cour des sessions de la paix ; Pauline Marois, ex-ministre dans le gouvernement du Québec ; Anne-Claire Poirier, réalisatrice à l'Office national du film (ONF) ; Gérard Poirier, comédien ; Olivier Reichenbach, directeur artistique du Théâtre du Nouveau Monde (TNM) ; Marcel Brisebois, directeur général du Musée d'art contemporain de Montréal; Hélène Dumas, directrice générale du Centre des auteurs dramatiques de Montréal; Louis Bernard, ex-secrétaire exécutif du gouvernement du Québec; Gérard Plourde, président du conseil de UAP inc.; les professeurs Gilles Amado du Centre HEC-ISA de Jouy-en-Josas; Sudhir Kakar du Centre for the Study of Developing Societies de Delhi; Michaël Hofmann du Wirtschaftuniversität de Vienne; Pierre-Gilles Gueguen de l'ESSEC à Cergy Pontoise; Frances Westley et Blema S. Steinberg de l'Université McGill; Jacques H. Derome de l'Université de Montréal; Alain Chanlat, Jean-Guy Desforges, Taïeb Hafsi, Francine Harel Giasson, Robert La Tour, Alain Noël et Jean-Marie Toulouse de l'École des HEC de Montréal. Toutes ces personnes ont apporté à la préparation de ces commentaires le soin et l'attention qu'on apporte aux causes ou aux projets qui nous tiennent le plus à cœur. Je ne saurais assez leur exprimer toute ma gratitude.

L'allocution synthèse a été prononcée par le professeur Abraham Zaleznik, pionnier de l'utilisation de l'approche clinique et des histoires de cas comme méthode de recherche et de formation au leadership. Il a bien voulu accepter d'écrire la préface de l'ouvrage actuel; cette contribution indique bien à qui revient la paternité de ce mouvement dans les écoles d'administration. Avec Eliott Jaques au Tavistock Institute for Human Relations à Londres, le professeur Zaleznik à la Harvard Business School a lancé un mouvement et formé des chercheurs qui poursuivent son travail dans divers pays. Je le remercie pour les propos qu'il tient à l'endroit de l'équipe de chercheurs réunis dans ce livre. Ils s'inscrivent dans l'esprit de continuité qui en a animé la réalisation.

L'approche clinique est la pierre angulaire de cet ouvrage. C'est un mode d'investigation psychique qui vise la prise de conscience, l'acceptation et le développement de soi. Ce mode d'investigation s'acquiert par la clinique même, par une formation pratique. Il sied donc que je dise un mot de mon expérience clinique. Je garde bien vivante dans ma mémoire la psychanalyse que j'ai poursuivie de 1980 à 1988 avec le Dr Jean-Baptiste Boulanger. Cette relation très spéciale qu'est une psychanalyse a été pour moi l'occasion d'une prise de conscience qui se poursuit. La base de toute formation clinique est la psychanalyse didactique au cours de laquelle on développe une compréhension profonde et personnelle de soi et de la nature humaine et une attitude d'écoute à ce qui arrive et à ce qui se dit. Refaire le cheminement de son développement psychique est la voie royale vers une meilleure compréhension de sa subjectivité. La personne qui nous accompagne dans ce cheminement demeure chère à jamais.

Les deux superviseurs de mes stages en psychothérapie clinique, le Dr Jean A. Leblanc du pavillon Albert-Prévost et le Dr Pierre Lefebvre du Centre communautaire de psychiatrie de l'Hôpital du Sacré-Cœur de Montréal m'ont sensibilisé à la complexité de la signification de la relation thérapeutique pour les patients, pour le thérapeute et surtout à voir et à mettre à profit la réaction intérieure du thérapeute au psychisme de son patient dans le travail clinique. En réfléchissant après coup à ce que j'ai appris de cette expérience clinique, j'ai réalisé que la véritable compréhension d'un chercheur pour un phénomène complexe comme le leadership prend sa source dans la signification profonde, pour lui, du leadership. Ce qu'il dira d'intéressant et de pertinent sur le leadership ne dépassera jamais cette signification profonde.

La relation pédagogique avec les étudiants est la raison d'être d'un professeur, du moins d'un professeur qui se définit d'abord comme un pédagogue. Pour lui, sa recherche est très liée à ses enseignements et l'enseignement même, sa relation pédagogique, devient aussi objet de recherche pour lui. L'intérêt de mes étudiants pour les histoires de cas de leaders et pour l'approche clinique a joué un rôle d'épreuve de la réalité comme méthode pédagogique. Leurs réactions a toujours été un encouragement à poursuivre, à aller jusqu'au bout des possibilités de cette démarche.

Les étudiants de 3e année du programme de baccalauréat en administration des affaires (B.A.A.) et ceux du programme de maîtrise en administration des affaires (M.B.A.) qui s'intéressent à mieux comprendre l'exercice du leadership et les étudiants de la maîtrise en sciences de la gestion (M.Sc.) et du programme de doctorat en administration qui s'intéressent davantage aux aspects méthodologiques de l'étude du leadership nous ont apporté des témoignages éloquents sur l'utilité et la pertinence de cette démarche. La jeunesse progresse et force toujours la génération qui l'a précédée à évoluer. Je veux remercier ces étudiants de leur sens critique et de leurs suggestions qui nous conduisent à écrire et à choisir du matériel clinique et des textes théoriques plus proches des préoccupations actuelles. Je sais que ces remarques sont partagées par les professeurs Veronika Kisfalvi et Patricia Pitcher et les chargés de cours Jacques Baronet et Normand Laurence que je voudrais aussi remercier. Ils m'ont communiqué leur enthousiasme, leur plaisir renouvelé et ils m'ont fait partager les commentaires des étudiants en me communiquant leurs suggestions.

Trois personnes ont travaillé étroitement à la réalisation de ce livre : Veronika Kisfalvi, Geneviève Sicotte et Sylvain St-Jean. Il y a des personnes sur qui on peut compter comme les piliers qui soutiennent un édifice. Ce sont des personnes avec qui la complicité s'établit rapidement. On arrive à se comprendre à demi-mot. La longueur d'onde est la même et, après un certain temps, des rencontres moins fréquentes n'altèrent pas la qualité de la collaboration. On imagine que le leadership suppose de telles collaborations. Peu d'œuvres importantes sont réalisées sans de telles collaborations. Veronika Kisfalvi a été une fidèle collaboratrice, principalement pour l'enseignement. Geneviève Sicotte et Sylvain St-Jean ont été des collaborateurs réguliers pour la rédaction d'histoires de cas. À titre d'assistante de recherche, Geneviève Sicotte a, la première, patiemment et méticuleusement revu tout le matériel de cet ouvrage. La qualité de sa collaboration a toujours été soutenue.

Mon expérience de directeur de théâtre m'a appris que la réalisation de manifestations ou de projets importants nécessite un soutien logistique et un travail de coulisse efficaces. Lors du symposium de 1986, Céline Bilodeau, Yannick Portebois et Micheline Trudeau se sont acquittées généreusement de cette tâche. La supervision des versions française et anglaise des recueils de cas remis aux participants était sous la responsabilité respective de Christine Lajeunesse et de Veronika Kisfalvi. Le travail de secrétariat nécessaire à la préparation de ce livre (dactylographie des manuscrits, corrections nombreuses, correspondance) a été assumé par Martine A. Lefebvre. Je les remercie du soin qu'elles ont apporté à ces tâches cachées, mais combien importantes.

J'ai trouvé à l'École des Hautes Études Commerciales de Montréal une ouverture et un soutien indéfectible. Une institution peut avoir une âme quand elle est animée par des êtres réels. Je veux nommer les trois directeurs que j'ai connus au cours de ma formation et de mes débuts dans la carrière : Pierre Laurin, Pierre Harvey et Jean Guertin. De la part de ces trois personnes, j'ai toujours reçu un accueil très grand, j'ai été encouragé à innover, à aller au bout de mes projets dans un esprit d'excellence. Ces trois directeurs, malgré leurs nombreuses occupations, ont toujours su indiquer régulièrement leur appréciation des contributions intellectuelles, des énergies et du dévouement qui sont consacrés à notre école. Il en est de même des directeurs de mon service qui se donnent généreusement à la gestion pédagogique et à la gestion des

45

carrières professorales. Francine Séguin, André Thibaudeau, Jean-Marie Toulouse, Jean-Guy Desforges et Raymond Chaussé ont toute mon admiration. Le coût de ce travail est surtout compensé par des bénéfices intangibles dont notre gratitude n'est pas le moindre.

Je voudrais souligner le soutien du service de la recherche et de sa directrice, madame Suzanne Rivard. Déceler l'intérêt véritable au-delà des responsabilités officielles est une des plus grandes sources de gratification dans les organisations. Madame Marie-Éva de Villers, de la Direction de la qualité de la communication, a joué un rôle central dans le projet de relance des Presses de l'École des Hautes Études Commerciales et dans la décision d'associer la maison Québec/Amérique à cette publication. Son enthousiasme et sa ténacité ne connaissent pas de relâche. Étant donné sa réputation et celle de son PDG, Jacques Fortin, je suis particulièrement fier de cette association. Le leadership est l'affaire des meilleurs. Je voudrais aussi mentionner les nombreux collègues de travail des différents services de l'École avec qui j'échange et je partage amicalement sur la recherche et la pédagogie : Guy Archambault, Jacques Bourgeois, Alain Chanlat, Jean-François Chanlat, François Colbert, Marcel Côté, Richard Déry, Isabelle Deschamps, Mattio O. Diorio, Jean Guertin, Taïeb Hafsi, Francine Harel Giasson, Veronika Kisfalvi, Carmine Nappi, Jean Nollet, Patricia Pitcher, Alain Rondeau et plusieurs autres.

Je voudrais remercier Michel Audet de la Faculté des sciences administratives de l'Université Laval pour l'intérêt qu'il a manifesté dès le début pour ce projet et les deux évaluateurs anonymes des Presses de l'Université Laval qui ont jugé très favorablement cet ouvrage. Tous les trois m'ont fait des suggestions constructives dont j'ai tenu compte. Maurice Lemelin m'a aussi grandement rendu service par ses suggestions et par ses commentaires très francs. On peut ne pas partager une perspective de recherche tout en la respectant. Enfin, Liliane Michaud a apporté les dernières corrections et la mise en forme finale du texte pour les Presses de l'École des Hautes Études Commerciales et les éditions Québec/Amérique. Elle a de plus réalisé les index et préparé le glossaire. Au-delà d'une lecture attentive et d'une recherche méticuleuse, ces tâches exigent un intérêt soutenu et une intelligence du texte et du sujet qui permettent de construire des outils servant à faciliter la lecture et à assurer un bon usage de l'ouvrage. Je la remercie sincèrement.

Laurent Lapierre

Notices biographiques de l'auteur et des coauteurs

Laurent Lapierre, baccalauréat ès arts, baccalauréat en pédagogie et baccalauréat en histoire (Université Laval), M.B.A. (HEC de Montréal) et Ph.D. (Université McGill). Après avoir assuré la direction générale de la Société artistique de l'Université Laval, il est le premier directeur administratif du Théâtre du Trident, puis est coresponsable du Groupe de recherche et de formation en gestion des arts de l'École des Hautes Études Commerciales. Il a été rédacteur en chef de *Gestion, Revue internationale de gestion.*

De 1980 à 1988, parallèlement à ses études de doctorat et à sa carrière de professeur, il s'engage dans une psychanalyse de formation qu'il poursuit, de 1986 à 1990, par une formation clinique en psychothérapie au Pavillon Albert-Prévost et au Centre communautaire de psychiatrie de l'Hôpital du Sacré-Cœur de Montréal. Il fait partie du comité directeur de l'International Society for the Psychoanalytic Study of Organizations dont il a été un des membres fondateurs.

Actuellement professeur de direction et de leadership à l'École des Hautes Études Commerciales de Montréal, il s'intéresse particulièrement à l'influence de la personnalité des gestionnaires sur leurs pratiques de direction et de leadership. Spécialisé dans l'utilisation des méthodes de recherche dites qualitatives (entretien, observation, écriture et méthode des cas) pour étudier les phénomènes du leadership en milieu organisationnel, il agit fréquemment à titre de conseiller personnel en gestion (direction et leadership). Ses articles et travaux sont publiés en français, en anglais, en portugais et en espagnol. Il est aussi membre du conseil d'administration de diverses entreprises artistiques.

Elizabeth C. Altman détient un diplôme en Histoire des Idées de l'Université Brandeis, où elle a travaillé sur les origines étroitement associées de l'émergence de la conscience de classe en France et de la doctrine féministe. Après avoir obtenu son diplôme, elle a enseigné l'histoire comparative des révolutions, l'histoire des femmes en Europe et d'autres cours en histoire des idées au Massachusetts Institute of Technology et à l'Université du Rhode Island. Elle a ensuite travaillé pendant 10 ans à la Harvard Business School en tant qu'associée de recherche du professeur Abraham Zaleznik. Elle est actuellement consultante dans les domaines de l'histoire et de la gestion.

Gilles Amado est professeur à l'École des Hautes Études Commerciales et à l'Institut Supérieur des Affaires de Jouy-en-Josas (France), coordonnateur du Département Sciences Humaines et Organisation. Il a obtenu à l'Université de Paris sa licence et sa maîtrise de psychologie, sa licence de sociologie, son diplôme de psychologue clinicien ainsi qu'un Diplôme d'études approfondies en gestion. Il est l'auteur et le coauteur de plusieurs ouvrages et de nombreux articles publiés en plusieurs langues dans le domaine de la dynamique des groupes, du changement organisationnel, du leadership et du management des ressources humaines. Ses travaux de recherche actuels portent sur les applications de la psychanalyse à l'organisation. Psychothérapeute, membre de la Société Française de Psychothérapie Psychanalytique de Groupe, Gilles Amado est aussi consultant auprès de nombreuses organisations dans le domaine industriel, sportif, hospitalier, éducatif en France, en Angleterre, en Afrique de l'Ouest et en Amérique Latine.

Anthony Clare est professeur de psychiatrie au Trinity College, à Dublin, et directeur médical de l'hôpital Saint Patrick dans cette même ville. Il a préparé et animé plusieurs séries pour la radio et la télévision britanniques. Il a publié des ouvrages de recherche en médecine et en psychiatrie clinique : *Psychosocial Disorders in General Practice* (en collaboration avec P. Williams), *Social Work and Primary Health Care* (en collaboration avec R. Corney), *Psychiatry and General Practice* (en collaboration avec M. Lader). Il est aussi l'auteur d'ouvrages de vulgarisation : *Let's Talk About Me, In the Psychiatrist's Chair, Lovelaw.*

Sudhir Kakar est titulaire de la chaire Nehru au Centre for Study of Developing Societies, à Delhi. Après avoir obtenu son doctorat à Vienne en 1967, il a séjourné à la Harvard Business School à titre de chercheur. Il a ensuite été professeur de comportement organisationnel à l'Indian Institute of Management, Ahmedabad. Il a également enseigné aux universités Harvard, McGill, de Vienne et de Melbourne, et été membre de l'Institute of Advanced Study, de Princeton. C'est à l'Institut Sigmund-Freud de Francfort qu'il a complété sa formation de psychanalyste. Il est présentement analyste didacticien à l'Indian

Psychoanalytic Society. Il est l'auteur de sept ouvrages, dont les deux derniers, *The Inner World* et *Shamans, Mystics and Doctors* ont été traduits en français, en allemand et en espagnol.

Manfred F.R. Kets de Vries est titulaire de la Chaire Raoul de Vitry d'Avancourt en gestion des ressources humaines à l'Institut européen d'administration (INSEAD), à Fontainebleau, en France. Il est aussi psychanalyste, membre de la Société canadienne de psychanalyse et membre correspondant de la Société psychanalytique de Paris. Il a été professeur à l'Université McGill, à l'École des Hautes Études Commerciales de Montréal et à la Harvard Business School. En tant qu'auteur ou coauteur, il a publié huit ouvrages dont *The Neurotic Organization*, *Unstable at the Top* et *Prisoners of Leadership*. Il est aussi l'auteur de plus de 80 articles ou chapitres de recueils. Dans ses recherches, il s'intéresse tout particulièrement aux liens entre la psychanalyse, la psychiatrie dynamique et la gestion. Il a souvent agi à titre de consultant pour des sociétés américaines, canadiennes et européennes dans le domaine du design organisationnel et de la gestion stratégique des ressources humaines. Il tient aussi une chronique dans un important quotidien hollandais.

Melanie Klein (1882-1960) a commencé sa formation de psychanalyste à Budapest sous la direction de Ferenczi, puis à Berlin où elle est fortement influencée par les idées de Karl Abraham. Mais c'est à Londres où elle s'installe à partir de 1926, sur l'invitation d'Ernest Jones qui fut un des premiers à reconnaître son génie, que se déploie toute son activité de clinicienne, de théoricienne et de chef d'école. Melanie Klein fut d'abord célèbre pour son œuvre de pionnier dans le domaine de la psychanalyse des enfants où elle s'oppose aux vues d'Anna Freud. Mais, progressivement, son exploration des fantasmes et des mécanismes mentaux les plus archaïques l'amène à élaborer une conception de l'inconscient absolument originale.

Danny Miller est professeur en administration des affaires à l'École des Hautes Études Commerciales de Montréal. Il est aussi professeur invité à l'Université McGill et à l'Université d'Alberta. Il s'intéresse tout particulièrement au changement organisationnel. Il est auteur et coauteur de nombreux articles et livres, dont *Organizations : A Quantum View* et *The Icarus Paradox*.

Roland Reitter détient une licence de l'École des Hautes Études Commerciales (Paris) de même qu'un M.B.A. et un doctorat de l'Université Harvard. Professeur au département stratégie et politique d'entreprise du groupe HEC, il a aussi été responsable pédagogique de l'Institut Supérieur des Affaires à sa création (1967-1970), puis directeur du programme doctoral d'HEC de 1979 à 1984. Il est coauteur de *Structure de pouvoir et identité de l'entreprise*, *Pouvoir et politique*. *Au-delà de la culture d'entreprise*, *Strategor-stratégie*, *structure*, *décision*, *identité*, et *Cultures d'entreprises*.

Geneviève Sicotte travaille depuis plusieurs années à l'École des Hautes Études Commerciales de Montréal en tant qu'assistante de recherche du professeur Laurent Lapierre. À ce titre, elle a contribué à la rédaction de nombreuses études de cas dans le domaine de la gestion des arts, secteur qu'elle connaît pour y avoir travaillé, et dans le domaine du leadership. Parallèlement, elle poursuit la rédaction d'un mémoire de maîtrise en littérature française sur Émile Zola.

Sylvain St-Jean détient un baccalauréat en philosophie de l'Université du Québec à Montréal. Il a aussi obtenu à l'École des Hautes Études Commerciales un diplôme en sciences administrative et une maîtrise en sciences de la gestion, option management. Son mémoire de maîtrise a porté sur l'interaction entre le développement de l'adulte et le phénomène du leadership. Deux domaines retiennent particulièrement son attention en administration : le comportement des leaders et le secteur de la gestion des arts. Il a collaboré à la rédaction d'une série de cas dans ces deux secteurs. Il s'intéresse aussi à la pédagogie, tout particulièrement à la méthode des cas en administration au niveau collégial, à la problématique de l'aide à l'apprentissage. Il est coauteur d'un manuel de méthodologie du travail intellectuel, *L'Art d'apprendre*.

Abraham Zaleznik est, aux États-Unis, un des rares psychanalystes certifiés à n'être pas médecin. Il a entrepris l'étude de la psychanalyse en 1960, plus de 12 ans après son entrée dans le corps professoral de la Harvard Business School, afin de profiter des acquis de cette discipline pour mieux comprendre les problèmes des entreprises, et spécialement ceux qui influencent les comportements individuels et collectifs. Après avoir terminé ses études à l'Institut de psychanalyse de Boston en 1968, il a été certifié pour l'exercice de la psychanalyse en 1971 par l'Association de psychanalyse américaine. En plus de la recherche, de la publication de nombreux ouvrages et de l'enseignement, il a mené un travail considérable de consultation auprès de différentes entreprises. Il est actuellement professeur titulaire émérite de la Chaire Konosuke Matsuchita en leadership à la Harvard Business School. Il a publié 13 livres et de nombreux articles dont plusieurs ont été primés.

PREMIÈRE PARTIE

La méthode subjective et les narrations

Les fantasmes et leurs textes
par Laurent Lapierre

Cet ouvrage est une entreprise de recherche. On y propose une perspective relativement nouvelle pour dégager le sens sous-jacent aux pratiques de leadership. On y fait l'hypothèse qu'un fantasme inconscient constitue le scénario, la trame ou le drame de la vie d'un leader, et que ce fantasme permet de saisir le sens de sa vision du monde, de ses obsessions, de ses façons d'envisager la réalité, de ses façons d'interagir avec les autres, de concevoir les problèmes, de proposer des solutions, etc. Pour reprendre les termes du sous-titre de l'ouvrage, on fait l'hypothèse qu'un fantasme inconscient détermine le sens profond de l'imaginaire qui oriente la pratique du leader.

Toute entreprise visant à connaître un phénomène et à proposer des explications qui collent à sa réalité suppose des considérations de nature épistémologique et une discussion sur la méthode utilisée pour en arriver aux explications proposées. Au plan épistémologique, il est postulé que la connaissance est elle-même un imaginaire. La connaissance qu'on a du réel est toujours une construction mentale. Elle repose sur une « projection organisatrice » du sujet connaissant, ce qui suppose qu'il y a une base fantasmatique à toute connaissance. Sans l'appréhension et la compréhension suffisantes par le sujet de l'inévitable projection sous-jacente à la connaissance qu'il a de la réalité, les risques d'idéalisme et de délires, de nature intellectualisante ou simplificatrice, sont très grands.

Dans le cadre de cet ouvrage, la théorie des relations d'objet élaborée en psychanalyse nous servira de grille de compréhension de la dynamique de la réalité intérieure du sujet et de l'influence de cette dynamique sur sa façon de connaître et d'interagir avec la réalité extérieure. La théorie des relations d'objet fait appel aux mécanismes psychologiques de la projection et de l'introjection pour expliquer la constitution et le fonctionnement de notre réalité intérieure et notre relation à la réalité extérieure. La grille de compréhension qu'elle offre englobe les aspects aussi bien affectifs que cognitifs de la connaissance.

Quant au leadership, nous postulons qu'il est une direction donnée à une organisation, qui tire son origine de la vie intérieure du leader. Malgré les manifestations extérieures évidentes du leadership, la définition que nous en donnons implique que la connaissance de la réalité intérieure est nécessaire à la compréhension en profondeur de ce phénomène. De plus, comme construction mentale, la connaissance est aussi un phénomène où la réalité intérieure joue un très grand rôle. Que la connaissance ait pour objet la réalité extérieure ou la réalité intérieure, c'est toujours un sujet qui (se) connaît. Connaître, c'est donc inévitablement chercher comment on connaît. C'est encore plus vrai quand l'objet de sa connaissance est, par nature, la manifestation d'un aspect profond de cette réalité intérieure. La connaissance du leadership passe donc nécessairement par cette connaissance de la réalité intérieure et c'est par la prise de conscience de sa propre réalité intérieure que le chercheur ou le lecteur pourra comprendre celle du leader. La recherche en leadership est donc doublement subjective. On tente, d'une part, de comprendre la réalité subjective du leader telle qu'elle se manifeste dans sa pratique et telle qu'il en prend conscience lui-même. D'autre part, c'est en grande partie par la compréhension de sa propre subjectivité que le chercheur ou le lecteur sera capable de comprendre de façon empathique les pratiques des leaders et d'avoir accès à la connaissance subjective qu'ils en ont eux-mêmes.

Cette importance de la subjectivité dans notre démarche explique pourquoi nous avons adopté une perspective de recherche qui s'inspire de la phénoménologie. La phénoménologie, en misant sur la description des phénomènes eux-mêmes et sur la compréhension subjective qu'on en a, complète l'apport de la psychanalyse aux fondements épistémologiques de notre recherche. Dans cet ouvrage, elles sont les deux voies royales de la connaissance de la subjectivité que nous allons emprunter sur les chemins de la découverte du sens profond des pratiques du leadership.

La méthode que nous avons retenue pour tenter d'appréhender les pratiques subjectives des leaders est à la fois simple et puissante. Elle consiste à recueillir le matériel significatif de l'histoire et de la pratique d'un leader et à l'organiser de façon cohérente dans un récit, une narration ou une histoire de cas visant à en faire saisir le sens, à amener le lecteur à imaginer de façon empathique le fantasme inconscient qui peut constituer la structure profonde sous-jacente à cette pratique.

Cette méthode de recherche, s'inspirant de l'approche clinique, suppose que le chercheur utilise sa compréhension subjective pour retenir un matériel de recherche suffisant pour, à la fois, coller à la réalité de la pratique du leader et pour en comprendre la complexité, tout en gardant à l'esprit sa quête d'une « vérité » dont la puissance explicative soit la plus grande. En même temps qu'on veut comprendre la complexité, on recherche aussi la simplicité. Dans l'entreprise de recherche, si on veut éviter l'éparpillement, il faut savoir ce que l'on cherche. Le choix d'un cadre théorique comme celui des relations d'objet et du concept de fantasmes inconscients comme structures sous-jacentes aux pratiques de leadership était indispensable à l'atteinte de l'objectif de simplicité. Les histoires de cas sont écrites dans un langage simple, visant à communiquer au lecteur non seulement « ce qui arrive » dans la vie extérieure du leader, mais aussi « ce qui se passe » dans sa vie intérieure. L'écriture fait partie de la méthode de recherche. On n'a jamais accès directement à ce qui se passe dans la tête du leader. Les fantasmes inconscients ne peuvent s'observer. C'est toujours à partir d'indices, plus ou moins riches et explicites, qu'il nous faudra les inférer.

Cette première partie consacrée à la réflexion épistémologique et méthodologique comprend trois textes. Nous donnons d'abord une vision et une définition du leadership. Nous explicitons les fondements de la personnalité qui en permettent une compréhension en profondeur. Après avoir présenté ensuite les principales caractéristiques de l'approche clinique qui est à la base de la méthode des cas comme méthode de recherche, ce texte se termine par une réflexion sur la contribution des œuvres de fiction à la compréhension du leadership. Les œuvres de fiction, qui sont des projections de l'univers intérieur d'auteurs ou de créateurs de talent, nous apprennent beaucoup, non seulement sur la création elle-même et sur la réalité intérieure qui est à la source du leadership, mais aussi sur l'imaginaire, sur les fantasmes actualisés. Les leaders sont aussi, à leur façon, des créateurs et des artistes.

Elizabeth Altman rappelle l'importance du fantasme et de l'image dans la quête de la connaissance. Après avoir fait état de différentes acceptions du concept d'imagination dans l'histoire de l'humanité, elle s'appuie sur Vico pour affirmer que le fantasme est le moteur donnant toute sa force à la pensée créatrice et à l'action. Si l'histoire du concept d'imagination a été marquée par les efforts de domestication de la

« folle du logis », Altman parle d'un retour au pouvoir de l'image et de l'imagination, d'une réhabilitation du fantasme nécessaire non seulement à la connaissance, mais aussi à toute création et, pourrions-nous ajouter, à tout leadership.

Enfin, le texte de Zaleznik et Kets de Vries, après avoir donné un survol historique de la recherche en leadership réalisée par des chercheurs en théorie des organisations, en science politique et en psychologie, nous propose de concevoir le leadership comme un « texte » dont il faut faire l'exégèse. Une « interprétation textuelle », s'inspirant des apports de la sociologie, de l'anthropologie, de la linguistique générale et de la psychanalyse permet de construire le récit cohérent de ce texte vivant en en dégageant les significations cachées. Cette interprétation consiste à entrer dans un dialogue entre l'expérience subjective du narrateur et son texte. Il s'agit, en fait, de « trouver » la personne et son drame derrière le texte qu'elle crée. Le travail qu'on aura à faire sur les histoires de cas ne sera pas tellement différent.

Ces trois textes constituent un aperçu de la réflexion épistémologique et méthodologique sur laquelle repose cet ouvrage. Avant de passer aux parties suivantes, où nous présenterons des histoires de cas et des textes théoriques qui nous seront utiles pour dégager quelques-uns des fantasmes inconscients sous-jacents aux pratiques du leadership, ils explicitent certains des fondements de notre recherche.

L'approche clinique, la fiction et la recherche sur le leadership
par Laurent Lapierre

Pour les individus qui occupent des postes d'autorité dans les organisations, la vie et les pratiques des grands leaders présentent beaucoup d'intérêt. Dans un contexte social, politique et économique où le leadership semble faire de plus en plus défaut (Zaleznik, 1989 et 1991), les responsables de la destinée des organisations se tournent vers les personnes qui ont réussi à faire accepter des visions nouvelles, à réaliser des innovations osées ou à mener des changements majeurs pour tenter de trouver l'étincelle ou l'inspiration susceptibles de déclencher, de confirmer ou de développer leur propre leadership.

Pour les chercheurs qui s'intéressent au leadership, les questions qui se posent sont donc les suivantes. Comment peut-on mieux connaître le leadership ? Quelles sont les méthodes de recherche les plus appropriées à l'étude de ce phénomène complexe ? Quelle est la meilleure façon de communiquer les résultats de ces recherches, d'une part aux leaders qui veulent en tirer profit pour apprendre et développer leur potentiel et, d'autre part, à une communauté scientifique désireuse de progresser collectivement dans le sens d'une connaissance toujours plus poussée et plus profonde de ce phénomène humain ?

Dans ce texte, nous traiterons des questions épistémologiques et méthodologiques propres à l'étude du leadership. Le leadership et la personnalité étant deux réalités intimement reliées, nous donnerons, dans un premier temps, notre conception du leadership en examinant les composantes de la personnalité qui en permettent une compréhension en profondeur. Dans un deuxième temps, nous montrerons comment les histoires de cas peuvent constituer une méthode de recherche particulièrement appropriée à l'étude des pratiques du leadership. Après avoir présenté les principales caractéristiques de l'approche clinique, nous donnerons quelques exemples d'études de cas visant à faire saisir le sens profond de ce qui pousse des leaders. Des grilles d'analyse, basées sur les forces inconscientes et faisant état des structures profondes de la personnalité sous-jacentes au leadership, permettent de comprendre la fascination qu'exercent les leaders et d'expliquer quelques-uns des conflits provoqués par leurs pratiques. Dans un troisième temps, nous examinerons l'utilisation originale qui peut être faite des œuvres de fiction comme outil de recherche pour étudier le leadership. Même s'il s'agit d'un matériel de recherche moins conventionnel, certaines œuvres de fiction, fruits de la projection de créateurs de talent, permettent une compréhension en profondeur de dimensions généralement inaccessibles de la dynamique du leadership. En conclusion, la recherche en leadership ayant pour but de constituer une connaissance utile pour les praticiens, nous verrons quelques-unes des conditions qui favorisent le développement du potentiel de leadership chez les individus en poste d'autorité.

Le leadership et la personnalité

Les nombreuses études qui ont été menées sur le leadership n'ont pas conduit à un véritable consensus parmi la communauté des chercheurs qui se sont penchés sur cette question (Stogdill, 1974 ; Burns, 1978 et Bass, 1981). Cet état de fait peut être attribuable à plusieurs facteurs : à la complexité du phénomène étudié, aux méthodes qualitatives et interprétatives qui sont le plus appropriées à un tel objet d'étude, à la richesse de l'imagination, aux efforts pour intégrer les contradictions et à une certaine recherche de l'ambiguïté pratiquée par des chercheurs qui s'intéressent à ce type de phénomène. Cette ambiguïté n'est pas le fait d'esprits confus. Elle est le fait d'esprits ouverts, désireux de comprendre une réalité humaine complexe dans sa totalité et ses contradictions. L'étude des pratiques du leadership comme l'étude des pratiques artistiques nécessitent l'utilisation de définitions larges, capables de rendre compte de la complexité du phénomène, de méthodes de recherche qualitatives, capables de recueillir et d'utiliser un matériel très riche, et de comptes rendus de recherche qui soient presque des œuvres d'art. Si on n'est pas un peu leader ou artiste soi-même, comment peut-on prétendre à un minimum de compréhension et de capacité de représentation de ces phénomènes ?

La définition que nous donnons du leadership s'inscrit dans la lignée des travaux des chercheurs qui après Freud (1921) ont investigué ce phénomène dans une perspective psychanalytique (Erikson, 1958 et 1969; Zaleznik et Kets de Vries, 1975; Zaleznik, 1977, 1989 et 1990; Kernberg, 1979 ; Kets de Vries, 1980, 1984, 1989 a, b, c et d, 1991 a, b et c; Levinson, 1981; Kets de Vries et Miller, 1984 a et b et 1987 a et b). Le leadership, c'est la direction, c'est-à-dire l'orientation donnée à une organisation qui provient de la vie intérieure du leader et de ses façons de diriger les personnes. Cette direction se manifeste surtout par sa vision personnelle, par ses façons d'être et d'agir, par ses convictions profondes, par son imagination et par son univers fantasmatique. C'est une direction où la confiance en soi (affichée), les capacités d'impressionner et de persuader misent sur un certain enthousiasme. Le leadership est conçu comme la résultante de dispositions, de qualités et d'attributs personnels de la personne en poste d'autorité qui font qu'elle suscite, pour une collectivité donnée, un attrait et l'adhésion.

Le leader s'affiche et mène. Comme le mot lui-même le laisse entendre, le leadership est défini comme la part de la direction imputable à la personne même qui exerce une autorité, et plus spécifiquement à la projection de dimensions profondes de sa personnalité. Notre acception du terme « autorité » ne se limite pas ici au traditionnel droit de commander. Le concept d'autorité peut être étendu à l'ascendant qu'exerce une personne en vertu de sa formation, de sa compétence professionnelle, de son expertise, de ses mérites et de son charisme, ascendant qui impose le respect, la confiance et l'obéissance sans nécessairement reposer sur la contrainte extérieure du droit de commander. La définition que nous donnons du leadership ne nie aucunement le rôle des interactions du leader avec ses subordonnés et l'importance des forces extérieures en présence. Elle indique clairement cependant que la perspective d'étude est celle de la personne du leader et particulièrement de sa personnalité.

Cette vision du leadership ajoute à la définition plus conventionnelle du management qui conçoit que la direction donnée à une organisation est plus situationnelle, résultant plutôt d'une analyse faite par la personne en situation d'autorité des occasions et des menaces dans un environnement donné, des forces et des faiblesses de l'organisation elle-même et de ses capacités d'analyse et habiletés interpersonnelles à mobiliser des subordonnés pour atteindre de façon profitable et rentable les objectifs résultant de cette démarche rationnelle. Dans ce cas, il s'agit d'une direction résultant de transactions que la personne en autorité doit mener entre les diverses forces extérieures, l'analyse d'informations étant centrale et l'art étant celui du compromis, alors que dans notre vision du leadership, il s'agit d'une direction transformatrice (Burns, 1978) de la réalité extérieure à partir de la réalité intérieure du leader, d'une direction où la projection joue un rôle central.

Définir ainsi le leadership et le management est forcément réducteur et simplificateur. Il n'y a pas de types purs pour catégoriser les pratiques de direction comme il n'y a pas de clivage net entre le leadership et le management. Toute personne en poste d'autorité est à la fois plus ou moins leader ou plus ou moins manager professionnel. Il y a cependant des dirigeants dont on peut dire que leur direction résulte d'une vision originale, de qualités personnelles qui prennent appui sur une richesse intérieure, qu'elle soit tumultueuse, conflictuelle ou en harmonie, et d'autres dont on peut dire que la direction repose davantage sur la capacité et des habiletés à composer avec les forces extérieures. Dans le texte, nous traiterons de la richesse intérieure qui caractérise le leadership.

Le leadership et les fantasmes inconscients

Le leadership est une question qui fascine les dirigeants, mais c'est aussi une question qui les trouble profondément. Ce trouble touche non seulement les personnes qui exercent le leadership, mais aussi celles qui le subissent et qui l'étudient comme phénomène. C'est dans sa dimension affective que le leadership trouve toute sa complexité. L'exercice de l'autorité, plus particulièrement quand on arrive à imposer sa vision du monde, est inévitablement marqué par l'agressivité. Plus le leader sera investi du pouvoir, plus son autorité sera grande, plus il sera susceptible d'être affecté par la peur d'aller trop loin dans l'exercice de l'autorité (de l'agressivité) et d'être victime de conflits intérieurs liés à son succès. Chez tout individu, la dimension cognitive de la personnalité (façons de penser, de concevoir et de résoudre les problèmes) est fortement influencée par les affects (Shapiro, 1965) et il en va de même chez les dirigeants (Kets de Vries et Miller, 1984a). L'exercice du leadership active ou réactive les fantasmes les plus primitifs ou les plus archaïques qui sont à la base même de l'activité intellectuelle et des pratiques d'un individu.

Comprendre le leadership d'un individu, c'est donc tenter de saisir le noyau de sa vie intérieure. Bien sûr, il restera toujours des aspects inexpliqués de son talent, de ses capacités intellectuelles et de la pertinence de son action dans une situation ou une époque données, mais si on réussit à saisir le noyau de cette vie intérieure, on aura la trame de base ou le grand scénario qui nous permettra d'établir le « sens » de ce leadership. Les moments de crise de la vie d'un individu, alors que ses défenses sont fortement ébranlées, sont très révélateurs de ce noyau qui constitue la vérité intérieure du leader.

Freud n'a pas été le premier à découvrir l'importance et à s'être préoccupé de cette vérité intérieure. De tout temps, les philosophes se sont intéressés au sens de la vie. Dans l'Antiquité, Socrate et Platon reconnaissaient déjà l'importance de la connaissance de soi comme condition d'accès au savoir et à l'action éclairés. Plus près de nous, Altman (voir la section qui suit) situe en 1709 le début d'une réflexion mettant l'accent sur la réalité intérieure dans la recherche du savoir. Giambattista Vico contesta alors la position dominante de la raison dans la philosophie traditionnelle occidentale. Pour Vico, « la première science à apprendre devrait être la mythologie et l'interprétation des fables » parce qu'il n'y a de « vérité » que dans le fantasme (*universale fantastico*), qui est le premier mode par lequel l'être humain rend le monde intelligible. Il n'y a donc de « vérité » que dans l'esprit capable de se saisir dans sa relation à lui-même. Les langues, l'histoire, la littérature et les fables sont la base d'une interprétation humaine du monde. L'univers fantasmatique, en dépit de son apparence antiscientifique, nous renvoie en fait à la base et au fondement mêmes de la science.

Comme Vico, nous affirmons que la connaissance et la science, aussi bien que toute action ou pratique humaines, trouvent leurs fondements dans le « fantasme universel » par lequel un être humain trouve une (sa) vérité et se rend le monde intelligible. Ces fantasmes inconscients sont bien plus que les rêves, les flashs, rêveries et autres activités mentales qui accompagnent nos actions; ils sont les structures profondes qui sous-tendent toute notre existence (Isaacs, 1966).

Ce qui est vrai pour le commun des mortels l'est encore davantage pour les êtres exceptionnels que sont les leaders. Si l'on excepte les études de cas cliniques sur lesquelles nous reviendrons dans la partie suivante, très peu d'études ont tenté de dégager les fantasmes inconscients sous-jacents aux pratiques du leadership. Kets de Vries et Miller (1984a) ont jeté les bases de la recherche en ce sens en identifiant cinq fantasmes inconscients bien documentés en psychanalyse et en psychiatrie : se sentir menacé par un danger extérieur, se tenir prêt à l'attaque et défier (le dirigeant paranoïde), exercer un contrôle serré autour de soi pour n'être à la merci de personne (le dirigeant obsessif-compulsif), être sur la scène pour attirer l'attention et impressionner (le dirigeant théâtral), se sentir incapable, indigne ou impuissant (le dirigeant dépressif) et garder ses distances pour ne pas souffrir des relations avec les autres (le dirigeant schizoïde).

Dans un autre article, les mêmes auteurs (Kets de Vries et Miller, 1984b) reconnaissent d'autres fantasmes inconscients sous-jacents à l'exercice du leadership. En s'appuyant sur le fait que le mythe de Narcisse est en train de supplanter le mythe d'Œdipe pour comprendre l'inconscient, les auteurs présentent trois types de leaders narcissiques : le narcissique réactif dont le fantasme inconscient est : « On a manqué à répondre à mes besoins et ce manque me donne des droits compensatoires », le narcissique *self deceptive* dont le fantasme inconscient serait : « On m'a tellement favorisé que je dois être (ou je suis) parfait » et le narcissique constructif dont le fantasme inconscient serait : « J'ai des talents spéciaux qui me permettent de faire ma marque, mais il me faut composer avec mes limites et celles de la réalité ». Enfin, Kets de Vries (1989) utilise le terme « alexithymie » pour caractériser « la version nouvelle de l'homme de l'organisation » dont le fantasme inconscient serait : « En ne mettant pas de mots sur les affects, on peut vivre comme s'ils n'existaient pas » et l'expression « syndrome de l'imposteur » (Kets de Vries, 1990) pour signifier le sentiment d'imposture dont peuvent être affectés les entrepreneurs, les leaders et en fait tous ceux qui réussissent nonobstant leur valeur réelle. Le fantasme inconscient serait le suivant : « Je ne mérite pas le succès que j'obtiens. Si jamais on apprend d'où je viens ou qui je suis vraiment, ce sera la catastrophe et m'arrivera l'échec que je mérite au fond. »

La subjectivité, la personnalité et le leadership

Sur les questions touchant la personnalité, et donc sur les questions de leadership, qu'il s'agisse de vision, d'imagination, de création ou d'exercice de l'autorité, sur ce qui fait qu'on réussit ou qu'on échoue — la dimension F (Kets de Vries, 1989), le paradoxe d'Icare (Miller, 1990) ou le danger de l'*hubris* (Kets de Vries, 1990) —, les gens en savent plus qu'ils ne croient. Il s'agit souvent d'une connaissance qui n'est pas formelle ou explicite, d'une connaissance sentie, pratique, intuitive, cachée ou couverte, d'une connaissance en partie inconsciente, mais qu'on peut découvrir pendant toute sa vie. Il arrive aux leaders, aux artistes, aux chercheurs, comme à toute personne, d'avoir une compréhension de phénomènes qu'ils n'arrivent pas encore à expliquer de façon satisfaisante pour eux et pour les autres. Par exemple, le désir d'être comme les dieux, le désir d'être unique, de créer un univers totalement rangé et ordonné (l'ordre et le repos éternels) en y détruisant toute forme de vie, l'angoisse de la réussite, la culpabilité, le sentiment d'échec et d'imposture, bref tout ce qui relève de l'univers des affects et des fantasmes fait partie des réalités (intérieures) qu'on éprouve plus ou moins bien et qu'on explique toujours difficilement.

Sur le plan de la sensibilité, des affects et des fantasmes, les enfants exceptionnels (candidats au leadership, à l'art ou à la névrose) subissent plus qu'il n'y paraît et qu'ils ne peuvent supporter. Ils en savent trop ; c'est pourquoi ils sont obligés de refouler cette conscience intolérable. Le but de la cure psychanalytique est justement de découvrir ce qu'on a éprouvé jadis, ce qu'on savait déjà et d'arriver à expliciter, à mettre des mots sur cette connaissance. L'analysant (on utilise « analysant » plutôt qu'« analysé » pour indiquer le rôle actif du patient dans la cure) se place dans une situation où il peut régresser, transgressant ses peurs, ses défenses et ses inhibitions, et retrouver ce qu'il avait réprimé et refoulé. Dans le cours de l'analyse, il est graduellement amené, par les interprétations de l'analyste, à prendre conscience, à redécouvrir et à apprivoiser son univers fantasmatique inconscient et les affects qui en constituent la base. Cela lui permet de laisser tomber graduellement une partie de ses défenses et d'atteindre une plus grande capacité de connaître et d'agir.

Le thérapeute qui conduit de telles investigations pour traiter un patient utilise inévitablement la connaissance de son propre inconscient et de sa propre réalité psychique. Si connaître et agir sont des phénomènes éminemment subjectifs, cela est encore plus vrai quand la réalité psychique est elle-même l'objet de cette connaissance et de cet agir. La formation à la pratique de la découverte de la réalité psychique passe nécessairement par l'expérience subjective. En faisant de l'analyse personnelle la pierre angulaire de la formation psychanalytique, Freud (1937) a statué le caractère nécessairement pratique, subjectif et jamais terminé de cette formation. Il s'agit d'une recherche personnelle engagée pour la vie.

C'est le mécanisme mental de la projection, omniprésent chez les êtres humains, qui est à la base de la subjectivité. C'est ce mécanisme qui explique le transfert et le contre-transfert, le pain quotidien du travail dans la relation psychanalytique. Que ce soit pour le thérapeute analytique, pour le chercheur en quête de structures profondes des réalités individuelles ou sociales, l'analyse de son contre-transfert demeure la principale source de sa compréhension empathique de l'individu, des organisations et des sociétés qu'il investigue. Devereux fait même de la subjectivité du chercheur, donc de son contre-transfert, l'objet de toute science du comportement. « J'affirme que c'est le contre-transfert, plutôt que le transfert, qui constitue la donnée la plus cruciale de toute science de comportement, parce que l'information fournie par le transfert peut en général être obtenue par d'autres moyens, tandis que ce n'est pas le cas pour le contre-transfert » (Devereux, 1980, p. 15).

Cependant, si notre rapport au monde et la compréhension qu'on en a sont nécessairement subjectifs (la projection étant une constante de la pensée et de l'action humaines) et si la projection est sous-jacente au leadership, comme nous l'avons affirmé plus haut, il est par contre possible d'enrichir sa subjectivité, de la rendre plus objective en intériorisant ou en « introjectant » l'expérience subjective d'autres leaders, c'est-à-dire la connaissance qu'ils se font de l'action et de l'exercice de l'autorité. Il en va de même pour le chercheur qui se nourrit intersubjectivement des expériences d'investigations rapportées par une communauté scientifique donnée. Cette capacité d'introjection est un progrès sur la projection dans le développement affectif, même si la projection demeure un mécanisme présent tout le long de la vie. On peut donc tirer profit de la subjectivité des autres non seulement pour apprécier leur vérité, mais aussi pour arriver à trouver ce qui nous est original, unique, pour trouver ce qui nous est propre.

Pour ce faire, nous avons besoin du langage, d'un mode de représentation et de communication. Pour comprendre sa subjectivité, l'analysant doit trouver les mots pour dire ce qu'il a refoulé ; pour dire qui il est et ce qu'il découvre en lui (Cardinal, 1975). L'analyste aussi travaille à dire, à reconstruire et à narrer la véritable histoire de l'analysant (Schafer, 1976 et 1983). Le leader intellectuel sur le chemin de la connaissance a aussi à mettre en mots sa démarche subjective pour en arriver lui-même à comprendre le sens de son action et à nous le faire partager (Sartre, 1964). Il en est de même des leaders dont il nous faut raconter l'histoire et les pratiques afin d'avoir des « textes » à interpréter comme le suggèrent Zaleznik et Kets de Vries plus loin. Même si les pratiques de leadership ou les pratiques organisationnelles peuvent être décodées comme si elles étaient en elles-mêmes des « textes », le premier travail du chercheur clinique est de constituer des textes formels, des comptes rendus, des histoires de cas qui puissent devenir objets de communication et d'étude et être soumis à l'interprétation d'une communauté scientifique.

La projection est une arme à deux tranchants. Si elle permet de constituer un imaginaire créateur, si elle permet l'empathie et la compréhension en nous amenant à nous mettre à la place de l'autre, elle peut aussi être la source d'illusions et de mirages. Cela est aussi vrai de la relation thérapeutique, de la relation du chercheur avec son objet d'étude que de la relation leader-adhérent. Kernberg (1979) a fait ressortir le potentiel régressif de la situation de leadership, le leader étant utilisé pour combler les désirs des adhérents de s'en remettre à une figure toute-puissante. Kets de Vries (1988) montre qu'il arrive que les adhérents utilisent le leader comme un miroir où se reflète ce qu'ils attendent. Le leader devient ainsi l'écran ou le contenant où ils projettent ou déposent toutes leurs attentes. On voit donc la nécessité, pour le leader et l'adhérent, de conserver un esprit critique, une conscience éclairée indispensable au jugement. Quand on est un leader puissant ou qu'on suit un leader puissant, on ne peut impunément être innocent ou inconscient.

Tout le monde n'a pas besoin d'une analyse pour découvrir et apprivoiser sa réalité intérieure. La vie est la thérapie naturelle pour la majorité des êtres humains. Cependant, avec ou sans cure psychanalytique, tout être humain, surtout s'il occupe une position de leadership qui lui permet de projeter ses désirs et ses fantasmes, a une responsabilité très grande non seulement par rapport à lui-même, mais aussi par rapport à ses adhérents. Il a le devoir moral de prendre conscience de ce qui se passe en lui pour ne pas en être victime personnellement ou en rendre d'autres victimes. Il en va de même pour le chercheur qui veut investiguer ces phénomènes sans être victime, lui aussi, d'illusions ou de mirages (Kubie, 1953).

Comme nous l'avons signalé précédemment, à l'intérieur de la communauté scientifique des chercheurs dont l'objet d'investigation est la subjectivité, l'intersubjectivité est nécessaire ; mais cette intersubjectivité ne peut pas être celle préconisée par les canons des sciences exactes. La science de la subjectivité doit précisément se concentrer sur son difficile objet d'étude qui est celui de l'univers fantasmatique, de la réalité intérieure ou psychique, de la projection, de l'introjection, de l'intériorisation, des images mentales, etc. Cette science ne doit rien sacrifier de sa spécificité aux sciences exactes. Elle doit élaborer des canons qui lui sont propres. L'anthropologie et la psychanalyse, par exemple, sont des sciences de la subjectivité et reposent toutes deux sur un « paradigme interprétatif » (Emerson, 1981). Cette discussion dépasse cependant le cadre de ce texte et nous renvoyons le lecteur à Geertz (1973), Devereux (1980), Edelson (1985), Le Guen et coll. (1989) et au texte de Kets de Vries et Zaleznik présenté à la fin de cette première partie. L'approche clinique étant la méthode de recherche par excellence de la subjectivité, c'est ce que nous aborderons maintenant.

Les histoires de cas

Dans cette partie, nous traiterons des histoires de cas cliniques. Nous examinerons quelques caractéristiques sous-jacentes à cette démarche subjective de construction et de rédaction pour enfin en arriver à examiner comment des histoires de cas concrètes peuvent contribuer à notre compréhension du leadership.

L'approche clinique

La clinique est une approche scientifique qui vise une connaissance approfondie de cas individuels. Elle fut d'abord utilisée pour l'étude et le traitement des personnes, mais elle est maintenant étendue à l'étude des pratiques organisationnelles et sociales. Par une démarche phénoménologique et par une représentation aussi vivante que possible, le chercheur clinique s'efforce d'atteindre l'expérience subjective du sujet étudié et de saisir le sens de cette expérience (Sillamy, 1980).

Quelles que soient les techniques de collecte de matériel utilisées (relation thérapeutique, entretien non directif, observation directe prolongée, tests projectifs, autobiographies, journaux intimes, correspondance, cahiers de travail, productions littéraires et artistiques, témoignages de proches...), les méthodes cliniques supposent une relation directe et relativement longue entre l'investigateur et son objet d'investigation.

C'est une méthode où le chercheur est lui-même l'instrument de collecte et l'interprète d'un matériel brut qu'il faut organiser et auquel il faut trouver un sens. La méthode clinique s'élabore donc d'abord à la première et à la deuxième personne. Ce n'est qu'au moment de la rédaction de l'histoire de cas que le chercheur devient un auteur, créant « un texte », un récit où il utilise généralement la troisième personne pour faire l'histoire de son sujet d'étude. C'est ce récit qui sera soumis à l'interprétation intersubjective d'une communauté scientifique. L'étude de cas n'est pas un argument scientifique et ce n'est pas un compte rendu de connexions causales. C'est une histoire qui révèle le réseau cohérent et complexe des signifiants et des signifiés et qui, en psychanalyse par exemple, établit le sens des symptômes, des rêves et des actes manqués de l'analysant. Elle les traduit et les décode plutôt que de les expliquer (Edelson, 1985 p. 586).

La clinique et la théorie

On associe généralement la clinique à la démarche phénoménologique. La phénoménologie se veut une démarche qui fait abstraction de tout savoir théorique (Sillamy, 1980). Lyotard (1969) parle de la « certitude subjective » (p. 12) et d'un « désaveu de la science » (p. 7) comme constituant l'essence même de la phénoménologie. Si l'approche clinique utilisée pour faire de la recherche en leadership vise à décrire le phénomène tel qu'il se donne et à le comprendre plutôt qu'à l'expliquer, il nous semble impossible cependant de faire table rase de toute théorie dans une démarche de recherche, même phénoménologique.

L'être humain ne peut pas observer la réalité (extérieure ou intérieure) sans une certaine « projection organisatrice » de sa réflexion et de sa pensée. La projection organisatrice du chercheur n'est pas différente de la « vision » que nous avons postulée chez le leader. La projection est en quelque sorte l'hypothèse, le filet mental qui permet de saisir la réalité étudiée. C'est dans la mesure où l'on prend conscience de sa « projection organisatrice » qu'on peut mieux en voir les lacunes et la raffiner pour la rendre plus complexe et englobante. Elle fait donc nécessairement partie de la discussion méthodologique si le chercheur veut prétendre « coller au réel », de la même façon que le leader doit rester conscient de sa vision s'il ne veut pas en être victime. Il est naïf de prétendre que nous n'avons pas de préjugés, de biais perceptuels ou de convictions qui influencent notre appréhension de la réalité. Les chercheurs les plus dangereux sont probablement ceux qui se targuent d'observer la réalité, libres de toutes théories.

Préconiser « la certitude subjective » ou concevoir « l'expérience subjective » comme objet de recherche est en soi une théorie. Dans le cadre de ce livre, nous allons plus loin encore. Nous postulons que la réalité psychique est la base de la subjectivité et nous avons adopté la perspective psychanalytique comme mode de compréhension de cette réalité psychique. La psychanalyse, qui a contribué au développement de la clinique comme méthode de recherche, est non seulement un mode d'investigation et une thérapie, mais aussi un corpus théorique. On fait l'hypothèse qu'il y a dans l'inconscient de l'individu un sens latent à tout son comportement manifeste. À l'intérieur du mouvement psychanalytique, il y a plusieurs sous-théories différentes touchant l'inconscient. Le chercheur a non seulement l'obligation de connaître ses choix théoriques, mais il a même le devoir de les expliciter dans la mesure du possible. Une théorie, même à l'état d'hypothèse, est la projection organisatrice de la recherche. « Sans la théorie, il n'y a pas de récit et sans récit, il n'y a pas de texte à décoder ou à interpréter » (Zaleznik et Kets de Vries). Dans les études de cas cliniques en leadership qui se situent dans la perspective psychanalytique, on fait donc l'hypothèse qu'il y a un sens, une structure profonde sous-jacente à l'action de ces personnes qui exercent un contrôle sur les destinées d'autres personnes.

Enfin, le chercheur doit prendre position. Il ne peut pas être de toutes les théories. Il lui faut faire des deuils. Quand on se situe dans une perspective subjective, qu'on fait l'hypothèse d'un inconscient porteur du sens latent de l'action humaine et qu'on utilise le concept de fantasme inconscient comme représentant des structures profondes de la personnalité, on tourne respectueusement mais irrémédiablement le dos à une certaine communauté scientifique qui, à son tour, nous tourne le dos.

La subjectivité du chercheur-auteur

Lorsqu'on rédige des histoires de cas de leaders, on a rarement accès à un matériel aussi direct que les associations libres d'un patient dans le cadre d'une cure psychanalytique prolongée. Qu'on le fasse à partir d'entrevues directes avec le leader, à partir d'autobiographies, de mémoires, de journaux ou de documents publics ou historiques, l'esprit et la nature de la démarche restent les mêmes. Dans le cas d'une figure historique par exemple, étant donné l'impossibilité de la relation directe et prolongée avec la personne, le chercheur sait qu'il doit faire preuve d'une prudence additionnelle.

En plus d'être à l'affût de tous les faits, informations ou indices qui peuvent être significatifs, le chercheur, à défaut de pouvoir s'en remettre à « l'attention flottante » de Freud ou de pouvoir « écouter avec la troisième oreille » selon l'expression de Reik (1948), tente de « lire entre les lignes » ou d'aller voir en dessous (au sens de l'anglais *understand*) pour comprendre en profondeur ce que pourrait être « la vérité » ou « le sens » de l'existence d'une personne. Le chercheur en leadership, tout comme « l'honnête homme » issu de la Renaissance, ne se surprend de rien. Il ne juge pas, il reste ouvert au sens. On peut être étonné, sans se scandaliser, de ce qui pousse un leader. Le chercheur joue son rôle de détective (Kets de Vries et Miller, 1988) pour trouver la clé, sinon les clés qui permettent de comprendre.

On reproche souvent aux études sur le leadership dans une perspective psychanalytique de s'intéresser surtout aux cas pathologiques. Il est vrai que la clinique s'est développée dans le traitement des malades. La connaissance qu'on y a acquise nous a cependant aidé à comprendre la normalité, plusieurs maladies mentales n'étant que l'exacerbation de ce qu'on trouve de façon dosée chez les gens en santé. De plus, l'étude des êtres exceptionnels que sont les leaders, comme les artistes d'ailleurs, présente un intérêt qui dépasse la dimension de l'étude de l'exercice de l'autorité ou du pouvoir. Les leaders et les artistes sont par définition des gens dont l'œuvre repose sur la projection, qui proposent des visions nouvelles, des gens qui sortent eux-mêmes des normes. Ils sont donc « a-normaux » sans être malades pour autant. Les êtres qui sont appelés à de grandes réalisations à un moment de leur vie offrent la possibilité d'examiner ouvertement, comme à la loupe, parce que grossi, ce qui souvent reste caché et potentiel chez beaucoup d'autres. Par eux, nous explorons nos territoires inconnus. On pourrait dire qu'il y a chez tout individu, un leader, un artiste ou un malade en puissance. Ce potentiel est un atout pour le chercheur. Comment peut-on comprendre un leader, un artiste ou un malade si ce qu'ils sont ou représentent nous est totalement étranger ? Le chercheur qui s'intéresse aux leaders et aux questions de leadership fait donc nécessairement une recherche sur lui-même. Pour trouver le sens du caractère exceptionnel du leader, le chercheur doit miser sur sa capacité de sentir subjectivement ce qu'est ce phénomène.

Pour ce faire, le chercheur doit d'abord se laisser imprégner de tout le matériel disponible sur la personne étudiée. Il pratique le jugement suspendu (le doute scientifique), c'est-à-dire qu'à la projection d'une hypothèse confrontée aux données disponibles succédera la projection d'autres hypothèses au fur et à mesure que de nouveaux faits permettront de raffiner la compréhension du sens, afin d'en arriver, par saturation (Glaser et Strauss, 1967), à une conviction défendable.

Le travail de collecte et d'analyse est nécessaire, mais non suffisant, à la compréhension en profondeur. L'histoire de cas doit être communiquée de façon vivante, complète et détaillée. Un détail peut être extrêmement révélateur sans que le lecteur soit noyé pour autant dans l'anecdotique et le banal. Le matériel est présenté selon un plan choisi par l'auteur (patterns de conduites, thèmes, périodes, chronologie des événements, etc.). Cependant, si des patterns peuvent émerger d'une analyse du matériel, le sens doit être créé. L'interprète en musique ou en théâtre ne fait pas qu'apprendre, pour ensuite jouer ou réciter son rôle. Il utilise son intériorité d'artiste pour donner une âme à ce que le compositeur ou l'auteur ont écrit. De même, l'auteur de l'histoire de cas fait un travail d'interprète en essayant de nous communiquer et de nous faire partager ce que peut être « l'âme » du leader.

En plus de faire appel aux capacités du chercheur à recueillir, analyser et trier le matériel pertinent, la création du « texte » sollicite ses talents de conteur et d'écrivain. Ce travail d'écriture est donc partie intégrante des histoires de cas comme méthode de recherche. C'est dans la mise en forme du matériel que se manifeste « l'art » des histoires de cas. Il ne s'agit pas seulement de décrire, mais de faire des « descriptions en profondeur » (Geertz, 1973). Le chercheur, quant il en est conscient, peut être servi par son « talent » ou son « génie propre », s'ils se rapprochent de ceux du leader étudié. La capacité de narrateur de l'auteur de l'histoire de cas est à la mesure de sa capacité d'empathie avec l'objet de son investigation qui, à son tour, est à la mesure de sa capacité d'insight. Le style, les citations, les métaphores, les images et les procédés d'écriture utilisés sont choisis pour faire comprendre la structure sous-jacente de la personnalité étudiée, c'est-à-dire son rêve, sa vérité intérieure, son drame ou la grande obsession qui la fait agir.

Dans cette dernière section, nous avons considéré le travail de construction du « texte » qui reconstruit l'histoire ou les multiples histoires du leader (Schafer, 1983), appuyées sur des descriptions en profondeur (Geertz, 1973). Nous en sommes restés à la découverte, la compréhension et la communication. L'interprétation de ce texte, s'inspirant de l'herméneutique, et la conceptualisation, l'explication et la théorisation restent à faire, travail qui ne diffère pas de celui de toute autre entreprise de science interprétative. Cependant, nous sommes pleinement d'accord avec Zaleznik et Kets de Vries quand ils affirment qu'aucune théorie en leadership ne pourra se substituer à des histoires de cas réalisées par des chercheurs formés au travail clinique. Ces « textes » demeurent le matériel fondamental pour toute étude pertinente en leadership.

Études de cas cliniques et compréhension profonde

On a vu en première partie qu'il est possible d'identifier des fantasmes inconscients qui peuvent être sous-jacents à plusieurs pratiques de leadership. C'est cependant dans les histoires cas par cas qu'on peut le mieux arriver à saisir toutes les particularités de tels fantasmes. Avant d'examiner la contribution de quelques histoires de cas à la compréhension en profondeur du leadership, voyons comment Freud, le pionnier de l'approche clinique, a utilisé une histoire de cas pour comprendre l'inconscient.

Dans *Remarque sur un cas de névrose obsessionnelle : L'homme aux rats*, Freud (1909) rapporte l'histoire du traitement d'un jeune homme de formation universitaire, obsédé par la peur que des malheurs frappent des personnes qui lui sont chères. Il craint que ces personnes (son amie et son père) ne soient victimes de supplices par les rats. Le cas fait ressortir le rôle central du désir sexuel enfantin et de la curiosité sexuelle dans le désir et la compulsion à connaître et à comprendre. C'est ce « désir-curiosité-voyeurisme » sexuel, lié à la pulsion agressive, qui trouve un débouché sous formes de pensées et de craintes obsédantes. Pour les gens chez qui cette tendance est particulièrement présente, il est pénible de constater que cette pulsion destructrice (désirs, fantasmes, rêveries de mort...) a pour objet des personnes aimées. Le patient ici aime un homme (son père) et une femme (son amie), mais la haine perturbe, cache ou inhibe son amour.

Les rats qui l'obsèdent sont, au fond, lui-même enfant et ce qu'il en reste dans son inconscient aujourd'hui. Ils représentent sa propre pulsion agressive d'aller voir à l'intérieur de son père, de sa mère (de son amie) et de lui-même, une compulsion à connaître où agressivité et sexualité sont confondues. L'interprétation proposée par Freud tourne autour du conflit œdipien : le père s'oppose au désir du fils qui convoite une femme sans argent et ayant perdu une part importante de ses attributs (ovariectomie bilatérale). Malgré la surdétermination évidente de sa haine contre son père, on peut y voir aussi la projection de son propre ressentiment vis-à-vis de cette femme qui le fait languir. Il est symptomatique qu'il soit peu question de la mère du patient dans cette histoire de cas. Elle a été élevée par de riches parents éloignés. Le père l'a préférée à une jeune fille pauvre mais jolie. Devenue mère, elle voudrait maintenant que son fils épouse une jeune fille de famille riche plutôt que la femme qu'il aime. Pendant son traitement, le patient rêve que la mère de Freud est morte et, dans son rêve, il a peur d'être incapable de retenir son rire au moment de faire ses condoléances. Il les présente donc par écrit, mais plutôt que de transmettre ses condoléances, il transmet ses félicitations. C'est le summum de l'agressivité contre la mère (la femme) aimée.

Par cette étude de cas, Freud révèle toute la richesse des fantasmes agressifs et destructeurs dont les êtres humains sont capables, sans être des monstres pour autant. Derrière la culpabilité qui en résulte, le fantasme inconscient serait le suivant : « Même si j'abdique mes désirs profonds pour satisfaire mes parents, comment puis-je souhaiter autant de mal à ces gens qui veulent mon bien ? » À cause de la toute-puissance de la pensée, les personnes enclines à l'obsessionnalité et à la compulsivité conservent des relents de la conviction enfantine voulant que ce qui a été pensé ou fantasmé a pu ou pourrait se réaliser, du seul fait qu'il ait été pensé (une variante de la pensée magique). Il en découle une négation et un refoulement, une culpabilité (consciente et inconsciente), le besoin d'expier, de souffrir (masochisme), souffrance qui réactive à nouveau les fantasmes agressifs et destructeurs : d'où compulsion et cercle vicieux sadomasochiste. Il s'agit de l'histoire de cas la plus claire et la mieux réussie de Freud. Il tente d'interpréter, de manière obsessive-compulsive, tout le matériel clinique apporté par son patient et il y réussit. Il établit le sens profond de son obsession en établissant les liens, l'unité de sens existant dans ses idées délirantes. Même lue dans sa traduction française, l'écriture témoigne de l'obsessionnalité et de la compulsivité de Freud. Il est l'exemple typique du leader animé d'une grande obsession. Il s'est manifestement inspiré de l'expérience subjective de son auto-analyse pour comprendre aussi en profondeur le drame intérieur (œdipien) de son patient. Cette histoire de cas nous révèle comment l'agressivité et la sexualité, la haine et l'amour peuvent se fondre dans les relations entre gens qui se chérissent. Il en va de même entre leaders et adhérents.

Sudhir Kakar (1970) a poussé plus loin cette compréhension de l'obsessionnalité en tentant de toucher les fondements de la vie affective de Frederick Winslow Taylor, leader qui a marqué de façon indélébile la pensée managériale. On en a tiré une histoire de cas qui est reproduite dans le tome II. Kakar nous amène à sentir chez Taylor une immense agressivité niée envers la mère stricte, sévère et énergique qui a été idéalisée (identification à l'agresseur dont l'ingénieur Sellers sera le meilleur représentant au cours de sa vie adulte), et une agressivité manifestée envers le père doux, tendre, érudit et distant, mais faible psychologiquement dans l'esprit de Taylor, et par conséquent incapable de le protéger contre cette mère « forte ». Le financier distant, Brinley, était le représentant type de son père au cours de sa vie adulte. L'hostilité et l'agressivité qu'il a éprouvées envers sa mère contrôlante, qui lui a appris à réprimer ses émotions et qui l'a formé au travail, ont été, par réaction, transformées en admiration. La protection et la libération qu'il a vraisemblablement attendues de son père distant, s'adonnant aux loisirs et perçu comme faible ont été transformées en rejet, par dépit amoureux. Comme la fin de sa vie allait le confirmer, Frederick ressemblait profondément à son père, mais il lui fut impossible de trouver amour et protection auprès de lui et de se rendre compte de l'amour qu'il avait pour lui.

En clivant ainsi ses deux parents (admiration pour sa mère bonne et mépris pour son père distant), Taylor s'est rendu incapable de voir qu'il portait en lui à la fois son père (bon et mauvais) et sa mère (bonne et mauvaise). Il s'est empêché de voir son désir d'être aimé par ses deux parents et de les aimer. Pour en prendre conscience, il lui aurait fallu constater son agressivité (l'émotion réprimée qu'il retourne contre lui dans ses périodes dépressives) et introjecter la « douceur féminine » de son père. On sent à la fin de sa vie une tentative de restauration de la relation avec son père : retour à Germantown, adoption d'une famille identique à la sienne, occupations d'un homme de loisir (le golf) qui s'adonne à la défense (avocat) de son système. Malgré le succès professionnel, on décèle chez lui déception et amertume. Il meurt à 59 ans, ce qui correspondrait à l'âge où sa mère fut victime d'un accident cérébro-vasculaire, alors que son père a vécu au-delà de 80 ans.

Sans expliquer son niveau d'intelligence, la compréhension de son affectivité (ses conflits intérieurs) nous fait toucher ce qui a été le moteur de sa contribution scientifique : établir des contrôles extérieurs pour contrôler son univers fantasmatique et ses émotions. Le fantasme inconscient pourrait bien avoir été : « il faut établir des contrôles extérieurs stricts pour ne pas être à la merci des désirs et des émotions ». Le harnais composé de sangles et de pointes de bois qu'il construisit pour le réveiller de ses cauchemars est un exemple typique de la nécessité d'un contrôle, par l'extérieur, de ce qui se passe à l'intérieur.

Dans une autre étude de cas reproduite dans la deuxième partie, Kakar va à la recherche de « la vérité » de Gandhi, en faisant ressortir l'omniprésence du fantasme érotique tout au long de la vie du leader indien. L'érotisme ici est centré sur la bouche, un érotisme dont les premiers objets sont principalement le lait maternel, la nourriture en général et le corps (la chair !) de la mère. Il s'agit d'un érotisme rempli d'ambivalence et Kakar voit juste quand il parle de l'ironie de cette lutte, par le moyen de la privation orale, pour retrouver l'unité orale avec sa mère. Pour ne pas voir en lui l'agressivité qu'il prête à son père, Gandhi s'identifie à sa mère-victime. On peut voir une manifestation de cette composante féminine dans les soins « maternels » qu'il prend de la vie privée de ses compagnons.

Kakar connaît bien la religion hindoue, la culture et l'histoire indiennes, le gujarati et la psychanalyse. Il est donc subjectivement bien situé pour établir les nombreux liens entre les niveaux psychique, spirituel, culturel et politique. Son argument est le suivant : dans le fantasme érotique de Gandhi (sa passion sensuelle et sexuelle), la chasteté (le renoncement actif non violent aux relations sexuelles) et ses jeûnes (le renoncement actif non violent à la nourriture) lui permettent de transformer sa libido en puissance psychique, en force spirituelle, en énergie physique et en pouvoir politique (la résistance ou la désobéissance actives non violentes).

L'analyse que nous livre Kakar est principalement puisée de l'autobiographie que Gandhi a écrite en gujarati pendant une longue période dépressive au milieu de la cinquantaine. Cette période dépressive a été particulièrement propice à l'introspection et à la clairvoyance sur sa réalité intérieure. Il y livre ses conflits et ses combats intérieurs, ses tourments, ses souffrances, ses auto-accusations, ses autoreproches et son masochisme. Il lui faut expier, réparer pour le mal qu'il sent en lui (et dans la nature indienne et humaine). Kakar nous dit que c'est dans la crise intérieure provoquée par les trois périodes de dépression qu'on peut avoir accès à la « vérité » de Gandhi.

Le point central de cette étude de cas est encore une fois les multiples relations entre la sensualité-sexualité et l'agressivité. La passion de Gandhi (l'avidité de son désir de nourriture et de son désir de la chair) lui fait appréhender le danger de détruire son objet d'amour sur qui il projette son agressivité et sa destructivité. Quand il rencontre des femmes, par exemple, ce sont elles qui vont le chasser et le dévorer. Il projette aussi son agressivité sur le rival qui lui fait perdre cet objet d'amour, ce qui lui fait voir « l'amour génital [comme] une prérogative détestable et disgracieuse du père ».

Kets de Vries (1990) qui a écrit sur le narcissisme et l'imposture trace un portrait qui nous permet de lever en partie le voile sur ce qui a pu être le drame de la vie de Roberto Calvi, « le banquier de Dieu ». C'est une histoire de cas pour laquelle nous avons surtout des données secondaires, sans matériel clinique. Il nous faut donc inférer, à partir de ces données fragmentaires dont on se sert comme indices, ce qu'a pu être la réalité psychique de Calvi. De ses parents, on sait peu de choses, sinon qu'ils étaient socialement détachés et émotionnellement inadéquats (distants ?, absents ?). On a l'impression que la famille a été vécue comme froide et faible. Sa mère (Maria) est décrite comme conservatrice et peu ouverte aux besoins, aux désirs et aux émotions des autres (de son mari et de son fils). Elle refuse de favoriser l'avancement de la carrière de son mari. Son fils fréquente une école pour gens prospères, mais elle lui fait porter des vêtements « raisonnables » et simples. Résultat de ce double message : Roberto se sent déplacé, inférieur et inadapté. Son père (Giacomo) nous est présenté comme un homme ambitieux mais frustré, un comptable dont le grand désir de succès a été déçu et dont la carrière a avorté. On peut faire l'hypothèse qu'il attribue cet échec à sa femme. Il semble avoir transféré son ambition sur son fils et en avoir fait son mandataire ; ce dernier va réussir là où lui a échoué. Roberto a-t-il désiré que son père soit une personne forte, toute-puissante et détentrice d'informations secrètes et de solutions magiques ? Dans sa vie adulte, les personnes auxquelles il s'associe (Canesi, Sindona, Gelli, Marcinkus et De Benedetti) ont cette image, qu'elle soit suspecte ou irréprochable.

On décèle chez Calvi un narcissisme réactif (Kets de Vries et Miller, 1984b) marqué par le désir et le fantasme de toute-puissance. Être au-dessus des autorités et des lois (comme la mafia et l'Église, dans une certaine mesure). Être « la personne obscure qui commande et décide ». Cette réaction narcissique semble une défense contre son profond sentiment d'impuissance. Souffrir et avoir souffert lui donnent un droit divin. Ce rêve grandiose et excessif (succès irréaliste) provoque un sentiment inconscient de culpabilité et la peur de représailles. Quand on se grandit démesurément en réaction à l'impression d'être petit, on a le sentiment d'être un imposteur et on a peur : « peur de montrer ses émotions, peur de n'avoir pas les pieds sur terre, peur de divulguer ses secrets, peur pour sa sécurité physique, peur qu'on lui enlève son empire financier... » (p. 11). Sa réalité psychique pas plus que sa réalité physique ne lui appartiennent. Il n'y a que deux issues : le miracle ou la mort. Il dira : « Une chose merveilleuse et folle est sur le point d'exploser, et cela devrait m'aider dans mon appel. Cela devrait tout résoudre... Je ne fais plus confiance aux gens avec lesquels je suis. » Il s'agit de l'histoire d'un homme au destin tragique, un homme mené par des « forces extérieures » implacables, même s'il semble assez évident que ce sont des « forces intérieures » qui l'ont amené à devenir la victime de ces « forces extérieures ». La peur du succès (ou un certain désir inconscient d'échec) pourrait être le noyau de son psychisme. En effet, les gestes accomplis pour arriver au succès sont aussi les moyens les plus sûrs qu'il pouvait utiliser pour arriver à l'échec. Quand on a si peu d'indices, le travail de « détective » est difficile et délicat. Tout en tirant profit de ce qu'ont pu nous apprendre d'autres cas semblables, il faut user de sa subjectivité de façon circonspecte et pratiquer le jugement suspendu.

Ces histoires de cas visent à comprendre, non à juger. Il n'est pas non plus question de prétendre que la compréhension qu'on peut atteindre de la réalité intérieure puisse tout expliquer. Les qualités ou les habiletés extérieures (communication, sens politique, réseaux d'influence, etc.) jouent indéniablement un grand rôle dans le leadership. Sans minimiser ces aspects extérieurs, ces études de cas cliniques visent plutôt la découverte du sens, de la trame générale sous-jacente à l'existence du leader. Moins le matériel dont on dispose est obtenu par la clinique, c'est-à-dire par un contact direct et prolongé avec le leader, plus la prudence est de mise dans nos interprétations du fantasme inconscient qui sous-tend l'existence du leader. Tous ces cas individuels peuvent nous faire toucher des aspects du leadership qui peuvent être universels, mais ils contribuent surtout à nous faire saisir le fantasme inconscient porteur du sens de l'œuvre et de l'existence de chacune de ces personnes.

Les œuvres de fiction

Les œuvres de fiction ne servent pas seulement à divertir ; elles sont aussi des exutoires à l'angoisse des créateurs. Ces œuvres prennent source dans leur imaginaire, dans leur univers fantasmatique. Elles sont le produit de leurs visions et de leurs projections. On pourrait dire que ce sont des fantasmes devenus réalités, que ce soit sous forme de romans, de films ou de pièces de théâtre. Pour devenir réalité, ces créations sont non seulement le produit de visions et de projections, mais aussi d'une élaboration qui s'est faite par le jeu et le plaisir certes, mais aussi par un important travail de recherche et de mise en forme des auteurs et des artistes concepteurs et interprètes. On sous-estime souvent la recherche d'exactitude qui est à la base des œuvres de fiction, ce qui n'empêche en rien le travail de projection et de création. Pour Balzac (1831) par exemple, l'observation et l'expression sont deux conditions essentielles au talent, mais c'est « une sorte de seconde vue qui permet [aux écrivains] de deviner le vrai dans toutes les situations possibles » (p. 9). « Écrire, c'est surprendre le sens caché dans cet immense assemblage de figures, de passions et d'événements » (cité par Mitterand, 1986, p. iv). Pour Flaubert (1857), malgré les « affres du style », la recherche de la beauté ne se fait pas en dehors de la vérité. Il se veut aussi un observateur de l'âme humaine avec l'impartialité qu'on met dans les sciences physiques. « Le grand art est scientifique et impersonnel [...], la littérature arrive à la précision de résultat d'une science exacte » (p. 456). Enfin, Zola (1867) parle aussi du « but scientifique du travail consacré à la recherche du vrai » (p. 8 et 9).

C'est sous l'influence du mouvement du « naturalisme » en biologie (l'observation directe de la nature pratiquée par Darwin) et de la montée de la méthode expérimentale dans la recherche médicale (Claude Bernard) que se situe la contribution de Zola à l'élaboration d'une théorie du naturalisme littéraire. Comme chez Balzac et chez Flaubert, il s'agit toujours d'une quête de réalisme où « l'idée de vérité » est omniprésente. Mitterand présente d'ailleurs Zola comme un ethnographe. « Quel que soit l'objet, quel que soit le thème, l'heure ou le lieu,

Zola porte une attention prodigieuse au réel, en observateur boulimique, en gourmand de choses vues et entendues, accumulant des détails typiques pour comprendre comment ça se passe, comment ça marche, quelles sont les règles et les contraintes du jeu social, et comment aussi, parfois, ça se dérègle » (Zola, 1986 ; introduction de Mitterand, p. 11 et 12).

Cependant, si Zola « transfère » dans l'art l'esprit de recherche et de méthode qui a fait progresser les sciences, si on peut parler d'objectivité de la science, d'observation pure, de méthode analytique, d'analyse exacte et de quête du « vrai » dans la nature, le travail de l'écrivain demeure un travail d'artiste. « L'œuvre d'art est un coin de la nature, *vu à travers un tempérament...* où sont associés l'objectivité de la science à *la personnalité de l'art...* » (Mitterand, 1986, p. 21. C'est nous qui soulignons). Le naturalisme a surtout insisté sur l'observation de la réalité extérieure (l'objectivité), mais les naturalistes qui sont passés à l'histoire étaient aussi de vrais artistes, à l'écoute de la réalité intérieure (la subjectivité). La nature humaine a aussi une réalité et une vérité intérieures. Dans la création de leurs œuvres, ces auteurs sont aussi à la recherche de la nature subjective de la vérité. Fasciné et trop près du naturalisme naissant, Zola a pu donner l'impression, dans sa théorie, de renier son travail d'artiste au profit de la science, mais dans ses œuvres, il n'est aucunement dogmatique et il est plus nuancé. Comme toujours, dans la pratique, le talent ramène à l'équilibre.

Il y a un rapprochement à faire entre le naturalisme dans les œuvres de fiction et l'approche clinique, et les histoires de cas comme méthode et outils de recherche. Lofland et Lofland (1984) utilisent aussi le terme « naturalisme » (ou « recherche naturaliste ») pour qualifier les méthodes de recherche dites qualitatives dans les sciences sociales. Ils en attribuent la paternité à la recherche sur le terrain en biologie et à la préoccupation philosophique (épistémologique) minimisant les présupposés dans l'observation du monde empirique. « De plus, comme genre littéraire, le *naturalisme* implique une description investigatrice minutieuse des détails ordinaires de la vie quotidienne et la recherche de la signification à dégager dans le contexte des sciences sociales. Autant par sa dénomination que par sa connotation, nous considérons donc que le terme *naturalisme* est plus riche et plus significatif que celui de *recherche sociale qualitative* » (Lofland et Lofland, 1984, p. 3 et 4). Il y aurait long à écrire sur l'art et la littérature comme méthodes de recherche et sur la dimension littéraire et esthétique des méthodes de recherche. Contentons-nous d'affirmer pour conclure sous ce rapport que la recherche de la vérité intérieure, qu'elle se fasse par l'intermédiaire d'une méthode de recherche scientifique, d'une œuvre littéraire ou d'une œuvre d'art (un film, une pièce de théâtre, une sculpture...), peut être l'objet d'une science interprétative.

Si les œuvres de fiction sont le produit de la projection des créateurs, elles sont aussi objets de projection pour les lecteurs et les spectateurs, que ce soit consciemment ou inconsciemment. Ces œuvres deviennent des « objets transitionnels » ou des « espaces potentiels » (Winnicott, 1951 et 1971), des moyens pour les lecteurs et les spectateurs de se retrouver, de voir de façon relativement rassurante, parce qu'à distance, ce qu'il y a en eux de tragique, de comique, de sublime, de mesquin, de généreux, de pervers, de criminel, etc. Les auteurs et les artistes, quand ils ont du talent ou mieux du génie, tout en étant de leur siècle ou de leur époque en mettant en scène les drames qui s'y jouent, devancent aussi constamment leurs lecteurs ou leurs spectateurs à la recherche d'eux-mêmes ou à la recherche de visions ou de formes nouvelles d'expression. Ils ne font pas de la recherche scientifique, mais leur entreprise est celle de la découverte. C'est ce qui faisait dire à Jean Genet : « ... je vais au théâtre afin de me voir sur la scène (restitué en un seul personnage ou à l'aide d'un personnage multiple et sous forme de conte) tel que je ne saurais — n'oserais — me voir ou me rêver, et tel pourtant que je me sais être » (Genet, 1968, p. 269).

Les écrivains sont des êtres nourris de la réalité qui les entoure. Même si leurs créations sont des œuvres de fiction, comme on l'a vu, plusieurs ont un souci de vérité très poussé, moins pour reconstituer à partir de la réalité extérieure (ce qui serait surtout le travail de l'historien) que pour créer à partir de leur réalité intérieure. Si « la fiction dépasse la réalité » comme on en fait souvent l'expérience, c'est que les œuvres de fiction sont justement des projections de la réalité intérieure de créateurs et en ce sens, elles nous permettent d'avoir accès à notre réalité intérieure. Audet (1990) écrit : « ... la fiction a peut-être un [...] avantage sur l'histoire en ce sens qu'elle s'enfonce plus facilement dans les questions de motivation, de mentalité, de sentiment, de passion, bref dans tout ce qui fait avancer l'histoire dans la nation et, "l'histoire" dans le texte. Le discours de fiction est un discours global, qui embrasse la totalité de l'être humain, parce que son propos consiste à représenter de la façon la plus juste ceux qu'il met en scène, aussi bien dans leur extériorité et dans les conséquences de leurs actes que dans leur intériorité la plus secrète » (p. 144). Quant à la vérité que peut atteindre un personnage ou une situation fictive, elle est soumise à notre jugement subjectif. Si la vérité approchée par la méthode scientifique ne dépend pas de la méthode seulement, mais surtout du talent du chercheur, il est encore plus vrai que la vérité approchée par les œuvres de fiction ne dépend pas du procédé de la fiction lui-même, mais surtout du talent du créateur. Voyons quelques exemples d'œuvres de fiction qui contribuent à notre compréhension des fantasmes inconscients sous-jacents à certaines pratiques de leadership.

Fantasmes inconscients et leadership

Pour écrire les célèbres *Mémoires d'Hadrien*, Marguerite Yourcenar a refait les itinéraires empruntés par l'empereur romain Hadrien qui vécut de 76 à 138. Après avoir lu tout ce qui s'est écrit sur lui et sur son époque, elle a décidé de se glisser dans la peau de ce personnage historique à la fin de sa vie et de faire son testament sous forme d'une lettre à son petit-fils adoptif Marc-Aurèle. « Refaire du dedans ce que les archéologues du XIXe siècle ont fait du dehors », écrit-elle (Yourcenar, 1974, p. 327). En consacrant plusieurs années de sa vie à cette recherche, à cette reconstitution de l'âme de l'empereur Hadrien, elle a eu l'impression d'atteindre une profondeur de vérité quant à l'existence humaine, ce qui lui fait écrire : « Tout être qui a vécu l'aventure humaine est moi » (p. 342).

Vers la fin du « roman », Yourcenar y incorpore une lettre qu'Arrien adresse à Hadrien à l'occasion de son périple sur la mer Noire. Arrien y raconte son passage dans l'île d'Achille, où « l'ombre de Patrocle apparaît aux côtés d'Achille » (p. 296). Il termine sa lettre par les remarques suivantes : « Achille me semble parfois le plus grand des hommes par le courage, la force d'âme, les connaissances de l'esprit unies à l'agilité du corps, et son ardent amour pour son jeune compagnon. Et rien en lui ne me paraît plus grand que le désespoir qui lui fit mépriser la vie et désirer la mort quand il eut perdu le bien-aimé » (p. 296).

Yourcenar a compris que le drame d'Achille est exactement le drame d'Hadrien qui ne s'est jamais consolé du suicide d'Antinoüs, son jeune favori « beau comme un dieu ». Dépressif pour le reste de sa vie, il recherchera la beauté dans l'art en espérant secrètement la mort. Yourcenar lui fait dire : « Arrien sait que ce qui compte est ce qui ne figurera pas dans les biographies officielles, ce qu'on n'inscrit pas sur les tombes [...]. Vue par lui, l'aventure de mon expérience prend un sens, s'organise comme un poème » (p. 297). Yourcenar, comme Arrien, a interprété le « texte » de la vie d'Hadrien et nous en donne le sens. Ce sont souvent des observateurs extérieurs éclairés qui saisissent et révèlent la « vérité » ou le sens de la vie des leaders. Si l'on en croit Savigneau (1990), le drame personnel de Marguerite Yourcenar, blessée profondément par un amour impossible, a favorisé sa compréhension subjective du sens de la vie de l'empereur Hadrien.

Deux classiques du cinéma sont de véritables réussites qui montrent comment des créateurs de talent en arrivent à représenter le sens sous-jacent au drame d'une vie. En s'inspirant de certains aspects de la vie du magnat de la presse américaine William Randolph Hearst, Orson Welles illustre, dans *Citizen Kane*, la carrière tumultueuse d'un propriétaire de journal narcissique recherchant désespérément l'amour en dépensant sa fortune pour acheter, pour impressionner ou pour attirer l'attention. Il termine son existence seul, dans un château-monument rempli de choses, mais vide d'amour. Ce film, qui fut considéré pendant des décennies comme le plus grand film jamais réalisé, met en scène un reporter d'actualités filmées qui part à la recherche de la « vérité » de ce Charles Foster Kane dont la vie a été jalonnée de toutes sortes d'excès. On y découvre qu'enfant il avait été confié par sa mère, devenue soudainement riche, à un banquier chargé de lui donner une éducation qui lui assurerait succès et richesse. Toute sa vie, il sera sans le savoir, à la recherche de cette enfance perdue, symbolisée par le « Rosebud » de son traîneau. Orson Welles a projeté dans ce film certains éléments de sa personnalité narcissique toujours à la recherche d'attention. Au début de sa carrière, il avait semé la panique aux États-Unis en adaptant librement pour la radio *La Guerre des mondes* de Wells.

Ouragan sur le Caine (« The Caine Mutiny ») est d'abord un roman (et une pièce de théâtre) qui a valu le prix Pulitzer à Herman Wouk avant de devenir un classique du cinéma réalisé par Edward Dmytryk, dans lequel Humphrey Bogart remporte un grand succès dans le rôle du paranoïaque capitaine Queeg. Wouk a servi jusqu'à la fin de la guerre comme officier sur un dragueur de mines (coïncidence !). Il est difficile de ne pas voir une identification projective avec Keefer, l'écrivain du roman qui est officier de transmission sur le *Caine*, « le véritable auteur de la mutinerie du *Caine* ». Cet auteur (Keefer) est un familier de la paranoïa. Il indique à Maryk et à Keith les risques, *pour eux*, d'être associés à une tentative de mutinerie. Il fait la leçon aux jeunes enseignes de navire sur la nécessité de cesser d'avoir peur de l'autorité (les commandants, les patrons, les parents).

En fait, c'est lui qui a peur et qui est lâche : « Je peux découvrir 10 risques à chaque geste et 20 bonnes raisons pour ne pas le faire... Sous le sourire le plus brillant... se cache la frousse la plus intense du monde... Je suis trop malin pour être brave (sur le porte-avions)... Il commence à faire un peu chaud ici (avec l'avocat)... Oui, je savais ce que je faisais (au procès)... Je n'ai pas eu le culot de *ne pas* venir (à la fête). » Wouk lui fait dire : « Je ne "fais jamais un fou de moi" et je ne me suis jamais fait d'illusions sur mon propre compte. » Wouk aussi connaît bien la paranoïa, mais à la différence de Queeg qui projette sa peur chez tous les autres et par conséquent les trouve déloyaux, l'auteur garde ses distances par rapport à ce personnage et se projette aussi dans tous les autres personnages de son roman. C'est une œuvre d'identification projective pour l'auteur, le réalisateur et les spectateurs. Le réalisateur commence par nous prévenir que les incidents rapportés dans le film ne sont jamais arrivés. À cause des *désirs* fort répandus de renverser l'autorité ou l'ordre établi, de la *peur* des excès que cela peut occasionner (tuer) et de la *culpabilité* qui en résulte, il ne faut pas se surprendre ici de la *négation*.

Dans une autre œuvre de fiction plus récente et qui a connu un grand succès, *Mon oncle d'Amérique*, le réalisateur Alain Resnais utilise un procédé ingénieux pour illustrer les fantasmes inconscients sous-jacents à l'existence de chaque être. Les principaux personnages de son film ont comme héros ou héroïne une vedette de cinéma. Dans les moments importants de leurs vies (luttes, crises, joies, succès, échecs, etc.), il leur vient à l'esprit des scènes de film de leur héros. Pour le personnage de Janine Garnier, issue d'un milieu ouvrier et qui se cherche une scène où briller et se faire aimer, le héros est Jean Marais que l'on voit dans des scènes à grands numéros et dans des attitudes très théâtrales. Pour le personnage de René Ragueneau, issu d'un milieu paysan et qui recherche un pouvoir brut, le héros est Jean Gabin que l'on voit dans des scènes où il fait montre de sa force et de sa rage. Enfin, pour Jean Le Gall, issu d'un milieu professionnel bourgeois mais à la recherche de tendresse, l'héroïne est Danielle Darrieux qu'on voit dans des scènes où elle implore des yeux, où elle est prise et serrée dans les bras de princes charmants. Resnais nous présente ses trois personnages comme des « somnambules » (c'est le sous-titre du film), victimes de leur inconscient, d'une socioculture introjectée, attendant tous les trois que le succès ou le bonheur arrivent comme par magie, ce que signifie en français l'expression « l'oncle d'Amérique ». La liste des œuvres de fiction pouvant contribuer à notre compréhension de la réalité intérieure sous-jacente au leadership pourrait être longue. Les quelques exemples décrits ici donnent un aperçu de leur utilisation possible comme objets de recherche.

Des révélateurs

Faire de la recherche en leadership, c'est non seulement vouloir comprendre le phénomène et voir comment il se manifeste, mais c'est aussi tenter d'être utile aux leaders qui sont l'objet de ces recherches. Les leaders, comme tous les êtres humains, n'ont jamais fini de se connaître et de se développer. Cependant, l'exercice du leadership, comme on l'a vu, donne au leader la possibilité de contrôler sa destinée et celle d'autres personnes, de réaliser son potentiel créateur, mais aussi, à cause de la possibilité de donner libre cours à ses désirs, à ses caprices, à ses penchants pervers et à ses conflits intérieurs, de faire œuvre de destruction de soi et des autres.

Comment favoriser le développement du potentiel de leadership chez une personne ? Comment nourrir l'imaginaire et la vie intérieure d'un leader ? Comment favoriser chez chacun la découverte d'un leadership qui lui soit authentique ? Comment sensibiliser une personne qui mise sur la projection de visions prenant appui sur son univers fantasmatique, aux dangers du potentiel paranoïde d'une telle pratique ? Il n'y a pas de réponses faciles à ces questions. En conclusion, nous avançons quelques pistes de réflexion quant à l'utilisation qui peut être faite des histoires de cas et des œuvres de fiction dans le développement du leadership.

Nous avons comparé plus tôt les leaders aux artistes en postulant que la projection de leur réalité intérieure est à la base de leurs pratiques. Dans les écoles d'art, on choisit des candidats chez qui on détecte des aptitudes et des talents certains, mais aussi une sensibilité, une intériorité pouvant être mises à profit dans l'exercice d'un art donné. On leur donne un certain nombre de connaissances techniques, on leur fait pratiquer des habiletés de base, mais surtout, on leur demande de produire, de s'exécuter sous la direction de maîtres qui sont chargés de leur faire découvrir leur richesse intérieure et leur « génie propre » (au sens de l'anglais *genuine*).

Il y a plusieurs types d'artistes, qui demandent des approches très différentes de la part des maîtres. Il y a en effet plusieurs façons de s'adonner à la création. Il en est de même pour le leadership et le management. Si on faisait une analogie avec deux types d'interprètes qu'on rencontre au théâtre, on pourrait comparer le leader à l'acteur qui projette davantage sa personnalité dans son personnage, le transformant et le créant selon ce qu'il est. C'est le personnage qui entre dans sa peau. On pourrait par contre comparer le manager au comédien dont le talent consiste à intérioriser les exigences du rôle qu'on lui demande de jouer, en se laissant guider par les directives de l'auteur et du metteur en scène ainsi que par les analyses qui ont été faites du personnage, de son époque et de la pièce dans laquelle il joue. C'est lui qui entre dans la peau du personnage. Une approche n'est pas supérieure à l'autre, mais il est évident que celle de l'acteur-leader est plus risquée que celle du comédien-manager, même si elle peut être plus fascinante. Cet acteur-leader doit donc être très conscient des risques qu'il court.

S'il est impensable d'envisager une école de leadership qui se calquerait totalement sur le modèle des écoles d'art, on peut tout de même s'en inspirer. Sur la question des connaissances techniques et des habiletés de base (celles du manager), les programmes existants de formation à la direction sont relativement bien pourvus. Quant à la découverte de la richesse intérieure et du « génie propre » du leader, si elle demeure principalement la responsabilité personnelle de chacun, les études de cas et les œuvres de fiction, en exposant les leaders en formation à d'autres individus exceptionnels, peuvent jouer le rôle de révélateurs et développer leur potentiel de leadership.

Cela peut se produire de deux façons : par l'identification et par la révélation proprement dite. La discussion de ces histoires de cas et de ces œuvres de fiction permet à l'individu qui y est exposé de s'identifier avec le leader du cas ou de la fiction, en trouvant chez cette personne des aspects de lui-même (identification projective : « ce leader est comme moi ») ou en tentant de faire siens des aspects de l'autre qu'il désire pour lui (identification introjective : « je veux être comme ce leader »). Cela peut se faire aussi par la « révélation ». En photographie, on utilise un révélateur, c'est-à-dire un produit chimique qui sert à développer en positif, sur un papier photographique, l'image de la réalité imprimée en négatif sur le cliché. Dans la chambre noire, sous l'effet de la lumière et du révélateur, le négatif devient positif. De la même façon, les candidats au leadership peuvent avoir besoin de développer leur potentiel, de transformer en positif, sous l'effet de la lumière et du révélateur, ce qui était resté en négatif. Ce qui est resté en négatif chez le leader peut être le résultat de l'hérédité biologique, de ce qui reste des relations précoces avec les premiers objets d'amour et figures d'autorité et de tout ce qu'inconsciemment il a intériorisé de la socioculture dans laquelle il a baigné. Les histoires de cas cliniques et les œuvres de fiction peuvent être utilisées comme révélateur de ce qui a été imprimé en négatif.

Encore une fois, on pourrait établir un parallèle entre la cure psychanalytique, une démarche de développement affectif où l'expérience analytique agit comme révélateur rendant en positif ce qui jusque-là était resté en négatif chez l'analysant. Si, pour la majorité des gens, la vie, et les expériences qu'elle apporte, constitue la thérapie naturelle assurant un développement affectif adéquat, rien ne nous empêche d'enrichir ces expériences dans les domaines qui nous passionnent. De la même façon que l'expérience clinique favorise le développement affectif de l'analysant, la discussion d'histoires de cas et d'œuvres de fiction présentant des leaders (pathologiques et équilibrés) et l'interprétation de ces « textes » par l'éclairage de maîtres de clinique qui remplissent une fonction de « tuteur » accroissent chez le leader la possibilité d'interpréter le « texte » des pratiques d'autres leaders et le « texte » de sa propre pratique. Cette réflexion et cette discussion, en l'aidant à prendre conscience de ce qui est resté en négatif chez lui, favorisent son développement affectif. Le positif n'a pas ici le sens de conventionnel. Chez les leaders, comme chez les artistes, le positif englobe la prise de conscience du fantasmatique, du rêve, de la saine folie et d'une « certaine anormalité » (Mc Dougall, 1978 et 1985) qui sont à la base de l'originalité et du génie. Cette prise de conscience lui permet de se servir de façon créatrice de ce potentiel resté caché et de se prémunir contre ses aspects destructeurs. Il s'agit là du travail d'une vie.

Bibliographie

Audet, N., *Écrire de la fiction au Québec*, Montréal, Éditions Québec/Amérique, 1990.

Balzac, H. de, *La Peau de chagrin* (préface), Paris, Librairie Générale Française, 1984 (Édition originale, 1831).

Barnard, C., *The Functions of the Executive*, Cambridge, Harvard University Press, 1938.

Bass, B.M., *Stogdill's Handbook of Leadership*, New York, The Free Press, 1981.

Boncenne, P. (éd.), Pivot, B. (présentation), *La Bibliothèque idéale*, Paris, Albin Michel, 1988.

Burns, J.M., *Leadership*, New York, Harper & Row, 1978.

Cardinal, M., *Les Mots pour le dire*, Paris, Grasset, 1975.

Cohen, A., *Belle du Seigneur*, Paris, Gallimard, 1968.

Devereux, G., *De l'angoisse à la méthode dans les sciences du comportement*, (« From Anxiety to Method in the Behavioral Sciences ») Paris, Flammarion, 1980.

Edelson, M., « The Hermeneutic Turn and the Single Case Study in Psychoanalysis », *Psychoanalysis and Contemporary Thought*, vol. 8, n° 1-4, 1985, p. 567-614.

Emerson, R.M., « Observational Field Work », *Annual Review of Sociology*, New York, Norton, 1981.

Erikson, E.H., *Young Man Luther : A Study in Psychoanalysis and History*, New York, Norton, 1958.

Erikson, E.H., *Gandhi's Truth : On the Origins of Militant Nonviolence*, New York, Norton and Company, 1969.

Flaubert, G., *Madame Bovary*, Paris, Librairie Générale Française, 1983 (première édition, 1857).

Freud, S., « Analyse terminée et analyse interminable (Analysis Terminable and Interminable) », *Revue Française de Psychanalyse*, XI, n° 1, 209-253, 1939 (publication originale 1937).

Freud, S., « Remarques sur un cas de névrose obsessionnelle : l'homme aux rats (Notes upon a Case of Obsessional Neurosis) », in *Cinq psychanalyses*, Paris, Presses Universitaires de France, 1954 (première édition, 1909).

Freud, S., *L'Interprétation des rêves*, Paris, Presses Universitaires de France, 1967 (Première édition, 1900).

Freud, S., « Psychologie collective et analyse du moi (Group Psychology and the Analysis of the Ego) » in *Essais de psychanalyse*, Paris, Payot, 1970 (première édition, 1921).

Geertz, C.C., *The Interpretation of Cultures*, New York, Basic Books, 1973.

Genet, J., « Comment jouer les bonnes », in *Œuvres complètes*, tome IV, Paris, Gallimard, 1968.

Glaser, B. et Strauss, A., *The Discovery of Grounded Theory : Strategies for Qualitative Research*, Chicago, Aldine, 1967.

Goffman, I., *The Presentation of Self in Everyday Life*, New York, Anchor Books, 1959.

Isaacs, S., « Nature et fonction du phantasme », in Melanie Klein et Coll. *Développements de la psychanalyse*, Paris, Presses Universitaires de France, 1966.

Kakar, S., *Frederick Taylor : A Study in Personality and Innovation*, Cambridge, M.I.T. Press, 1970.

Kernberg, O.F., « Regression in Organizational Leadership », *Psychiatry*, vol. 42, 1979, p. 24-39.

Kets de Vries, M.F.R., *Organizational Paradoxes : Clinical Approaches to Management*, London, Tavistock, 1980.

Kets de Vries, M.F.R. (éd.), *The Irrational Executive Psychoanalytic Studies in Management*, New York, International University Press, 1984.

Kets de Vries, M.F.R., *Prisoners of Leadership*, New York, John Wiley & Sons, 1984a.

Kets de Vries, M.F.R., « The leader as Mirror : Clinical Reflections », *Human Relations*, vol. 42, n° 7, 1989b, p. 607-628.

Kets de Vries, M.F.R., « Alexithymia in Organizational Life : The Organization Man Revisited », *Human Relations*, vol. 42, n° 12, 1989c, p. 1079-1093.

Kets de Vries, M.F.R., *Carlo De Benedetti : The Builder, Case Study*, Fontainebleau, INSEAD, 1989d.

Kets de Vries, M.F.R., « The Imposter Syndrome : Developmental and Societal Issues », *Human Relations*, vol. 43, n° 7, 1990a, p. 667-686.

Kets de Vries, M.F.R., « The Organizational Fool : Balancing a Leader's Hubris », *Human Relations*, vol. 43, n° 8, 1990b, p. 751-770.

Kets de Vries, M.F.R., *Leaders on the Couch : The Case of Roberto Calvi*, Fontainebleau, INSEAD, 1990c.

Kets de Vries, M.F.R. et Miller, D., *The Neurotic Organization*, San Francisco, Jossey-Bass, 1984a.

Kets de Vries, M.F.R. et Miller, D., « Narcissism and Leadership », *Human Relations*, vol. 38, n° 6, 1984b, p. 583-601.

Kets de Vries, M.F.R. et Miller, D., *Unstable at the Top : Inside the Troubled Organization*, New York, New American Library, 1987a.

Kets de Vries, M.F.R. et Miller, D., « Interpreting Organizational Texts », *Journal of Management Studies*, vol. 24, n° 3, 1987b, p. 233-248.

Kohut, H., *The Analysis of the Self*, New York, International University Press, 1975.

Kohut, H., *The Restoration of the Self*, New York, International University Press, 1977.

Kubie, L.S., « Some Unresolved Problems of the Scientific Career », *American Scientist*, XVLI, 4, 1953.

Lapierre, L., « Imaginaire, gestion et leadership », *Gestion, Revue internationale de gestion*, vol. 12, n° 1, février 1987, p. 6-14.

Lapierre, L., « Mourning, Potency and Power in Management », *Human Resource Management*, vol. 28, n° 2, été 1989, p. 177-189.

Le Guen, C., Flournoy, O., Stengers, I. et Guillaumin, J., *La psychanalyse, une science ?*, Rencontres (VIIes) psychanalytiques d'Aix-en-Provence 1988, Paris, Les Belles Lettres, 1989.

Levinson, H., *Executive, The Guide to Responsive Management*, Cambridge, Harvard University Press, 1981.

Lofland, J. et Lofland, L.H., *Analysing Social Settings : A Guide to Qualitative Observation and Analysis*, Belmont, Wadworth, 1984.

Lyotard, J.-F., *La Phénoménologie*, Paris, Presses Universitaires de France, 1969.

Mc Dougall, J., *Plaidoyer pour une certaine anormalité*, Paris, Gallimard, 1978.

Mc Dougall, J., *Theaters of the Minds*, New York, Basic Books, 1985.

Miller, D., *The Icarus Paradox*, New York, Harper & Row, 1990.

Mitterand, H., *Zola et le naturalisme*, Coll. Que sais-je ? Paris, Presses Universitaires de France, 1986.

Moravia, A., *Le Conformiste*, Paris, Flammarion, 1985 (première édition italienne, 1951).

Reik, T., *Listening with the Third Ear*, New York, Farrar, Straus and Giroux, 1948.

Sartre, J.-P., *Les Mots*, Paris, Gallimard, 1964.

Savigneau, J., Marguerite Yourcenar, *L'Invention d'une vie*, Paris, Gallimard, 1990.

Schafer, R., *A New Language for Psychoanalysis*, New Haven, Yale, 1976.

Schafer, R., *The Analytic Attitude*, New York, Basic Books, 1983.

Shapiro, D., *Neurotic Styles*, New York, Basic Books, 1965.

Sillamy, N., *Dictionnaire de psychologie* (Tomes I et II), Paris, Bordas, 1980.

Sophocle, *Œdipe roi et Œdipe à colonne* in *Œuvres complètes*, Paris, Garnier-Flammarion, 1964.

Stogdill, R.M., *Handbook of Leadership : A Survey of Theory and Research*, New York, The Free Press, 1974.

Winnicott, D.W., *Transitional Objects and Transitional Phenomen*, London, Tavistock, 1951.

Winnicott, D.W., *Playing and Reality*, London, Tavistock, 1971.

Yourcenar, M., *Mémoires d'Hadrien*, Paris, Gallimard, 1977 (première édition, 1951).

Zaleznik, A., « Managers and Leaders : Are they Different », *Harvard Business Review*, mai-juin 1977.

Zaleznik, A., *The Managerial Mystique : Restoring Leadership in Business*, New York, Harper & Row, 1989.

Zaleznik, A., « L'absence de leadership et la mystique managériale », *Gestion*, vol. 16, n° 3, septembre 1991, p. 15-28.

Zaleznik, A., et Kets de Vries, M.F.R., *Power and the Corporate Mind*, Boston, Houghton Mifflin, 1975.

Zola, É., *Thérèse Raquin*, Préface de la seconde édition, Paris, Fasquelle, 1965 (première édition, 1867).

Zola, É., *Carnets d'enquête. Une ethnographie inédite de la France* (textes établis et présentés par Henri Mitterand), Paris, Plon, 1986.

Le concept d'imagination : une histoire inachevée[1]
par Elizabeth C. Altman

Le concept d'imagination selon Vico

L'histoire de l'imagination commence sans doute avec celle de l'humanité. J'ai pourtant choisi l'année 1709 comme point de départ de ce survol des transformations du concept d'imagination. C'est en effet cette année-là que Giambattista Vico publie à Naples un ouvrage qui, le premier, conteste la position dominante de la raison dans la tradition philosophique de l'Occident.

On attribue généralement à Platon la cassure historique qui a fait de la raison le principe directeur de la philosophie occidentale. Je n'ai pas la compétence voulue pour disserter sur les fines nuances de la définition que Platon donne de la raison ou sur l'analyse qu'il fait de sa fonction d'outil d'établissement de la vérité, mais un passage tiré du livre X de *La République* rend bien l'esprit de sa charge contre la poésie et les images. Parlant du poète, il écrit : « c'est un fabricant d'images et il est très loin de la vérité ». Il condamne même Homère, « le plus grand des poètes et le premier des auteurs de tragédies ». Car la poésie « nourrit et abreuve les passions au lieu de les assécher ; elle les laisse faire la loi alors qu'elles doivent être jugulées pour que l'humanité croisse en bonheur et en sagesse ». La loi et la raison conduisent au bonheur tandis que la « Muse voluptueuse » n'apporte que « plaisir et douleur »[2]. Platon écrivait à une époque troublée alors que la pensée d'Héraclite semblait sur le point de se répandre dans le monde entier. Selon Héraclite, l'univers, dynamisé par l'union et l'opposition continuelles des contraires, était en perpétuel devenir. Pour contrer ce courant, Platon édifia un monde statique de Formes et d'Idées. Les passions y étaient réservées aux femmes, et l'imagination, aux prophètes. Comme Platon, Aristote voyait dans la raison le moyen d'accéder à l'intelligibilité du monde sensible, mais il admettait par contre le changement et le mouvement dans un monde de substances luttant aveuglément pour réaliser leurs potentialités.

Le christianisme, avec son symbolisme foisonnant, ses éléments mythiques et son parti pris pour les passions, s'inscrivait en faux contre les revendications de la philosophie. Avec le temps toutefois, la raison projeta « une certaine couleur » (*a certain coloring*) sur la pensée chrétienne, pour reprendre l'expression de Wordsworth sur l'imagination. Avec saint Thomas d'Aquin, la raison devint même un outil permettant de prouver l'existence de Dieu, quoique de façon imparfaite parce que reposant sur l'analogie.

C'est Descartes qui, selon Vico, établit le parti pris logique, mécanique et rationaliste du monde moderne. C'est précisément à cela que Vico s'attaquait. Vico naquit un peu plus de vingt ans après la publication en 1644 des *Principes de la philosophie*, ouvrage dans lequel Descartes donne une explication logique de tous les phénomènes naturels obéissant à des principes mécaniques.

Comme Vico lui-même le soulignait, la formation de Descartes avait ironiquement inclus les disciplines que Vico considérait les plus aptes à développer les jeunes esprits : les langues, l'histoire, la littérature et l'étude des fables. Or, aux yeux de Descartes, ces disciplines encourageaient l'extravagance de la pensée et amenaient les hommes à perdre le contact avec le réel ; aux yeux de Vico, par contre, elles constituaient le fondement de l'interprétation humaine du monde. « La première science que nous devrions apprendre », écrivait-il plus tard, « devrait être la mythologie et l'interprétation des fables » [3].

Vico reprocha à Descartes de ne pas comprendre le lien entre le faire et le vrai, de ne pas « saisir la relation que l'esprit établit avec lui-même » [4].

La démonstration de Vico est complexe, mais il soutient essentiellement que la mythologie est la première des sciences parce que les mythes sont issus du pouvoir de l'esprit qu'il nomme *fantasia*. C'est par la *fantasia* que l'homme s'est primitivement rendu le monde intelligible. Selon l'argument de Vico, le mode de pensée de l'homme traverse différents stades. L'âge de la logique aristotélicienne représente le troisième stade ; il vient après le premier âge, qui est celui des dieux, et le deuxième, qui est celui des héros. Mais, contrairement à Bettelheim, comme nous le verrons plus loin, Vico ne considère pas cette évolution comme progressive. Pour lui en effet, l'*universale fantastico* constitue le principe même de la connaissance humaine — c'est la clé donnant accès à la nouvelle science. L'esprit poétique qui utilise l'*universale fantastico* pour atteindre la sagesse poétique obéit à une logique qui lui est propre. Cette logique repose sur quatre tropes : la métaphore, la métonymie, la synecdoque et l'ironie. Parmi ces tropes, la métaphore est « le plus éclairant et partant, le plus nécessaire »[5]. La métaphore est l'élément épistémologique fondamental du système de Vico. La connaissance commence avec l'image.

Dépouillée de ses complications et de son langage scolastique, la démonstration de Vico résonne d'un écho étonnamment moderne. Dans sa *Nouvelle Science*, il plaide pour une valorisation de la langue et de l'histoire. Son ouvrage permet à la philosophie de passer du statut de science de la mécanique rationnelle à celui d'une science qui serait « une démonstration de ce que la providence a pour ainsi dire façonné dans l'histoire »[6]. Pour développer la « nouvelle science », il faut avoir recours à « l'imagination du ressouvenir » (un retour aux origines de la pensée et du langage philosophique) et à « l'imagination créatrice » (la faculté qui permet à l'homme de créer la vérité plutôt que de simplement appréhender le monde).

Verene estime que les idées de Vico apportent des concepts importants pour permettre la compréhension de la société technologique telle que décrite par Jacques Ellul dans son livre *Le Système technicien*. Selon Ellul, la société technologique est caractérisée par la transformation de tous les domaines de la vie en systèmes d'ordre placés sous le principe de la technique ou de « l'ordonnancement efficient »[7]. La société technologique d'aujourd'hui est devenue « technologique de forme » parce que « la technique est le médium ». « Tous les aspects de la vie se transforment un peu en des "marches à suivre" »[8]. Ellul invite « le dormeur à se réveiller » et à reconnaître « l'importance capitale de la pensée humaniste et imaginative au lieu de la reléguer à l'ornementation "théorique" des avancées de la société »[9]. Verene attribue la création de la société technologique décrite par Ellul aux quatre préceptes de Descartes :

1) ne commencer qu'avec ce qui a été clairement démontré comme vrai ;

2) séparer les difficultés initiales en catégories ;

3) aller du plus simple au plus complexe ;

4) arriver à la perfection par la révision constante et l'énumération [10].

Au cours des dernières années, on a redécouvert Vico. Ses contemporains en faisaient peu de cas, car il allait à contre-courant de la pensée des Lumières. Ce fut néanmoins au cours du Siècle des lumières que l'idée même d'imagination fut « créée » [11] et qu'elle devint un thème majeur en littérature, dans les arts, dans la pensée sociale et politique, et même en philosophie. Quelques-uns des écrivains du XVIIIe siècle qui sont à l'origine de l'idée d'imagination avaient lu Vico (Goethe et Coleridge en parlent). Au XIXe siècle, Michelet contribua à la diffusion des écrits de Vico en France. Marx et Engels connaissaient son œuvre. On considère cependant que Vico n'a pas marqué la pensée de ces deux siècles car peu de gens l'ont compris.

L'idée d'imagination au XVIIIe siècle

James Engell soutient dans son livre *The Creative Imagination : Enlightenment to Romanticism* que bien que « le concept d'imagination soit la quintessence du romantisme », mouvement qu'il a façonné et soutenu, c'est au XVIIIe siècle qu'apparut et se développa dans presque toute son ampleur l'idée de l'imagination créatrice [12].

Pour Engell, l'histoire de l'imagination créatrice, des années 1660 à 1820, « est une pièce de théâtre dont les scènes se dévoilent les unes après les autres » [13]. Engell choisit comme point de départ de cette pièce l'année 1660 à cause de Thomas Hobbes, qui publia *Leviathan* et *Elements of Philosophy* vers 1650, soit une décennie avant la naissance de Vico. Je n'expliquerai pas par le menu chaque stade de développement de l'imagination qui, en raison de la nature même de cette faculté, est riche et varié. Je m'arrêterai toutefois à la distinction qu'établit Hobbes entre deux pouvoirs distincts qu'aurait l'imagination. Au premier niveau, l'imagination est responsable de notre perception et de nos idées, de notre expérience de la réalité. Cette notion n'était pas nouvelle, mais Hobbes y greffa l'idée d'un niveau « supérieur » d'imagination, d'un niveau qui relierait les images aux désirs, créant ainsi des « locomotives » dynamisant la pensée créatrice et l'action.

Utilisant indifféremment les termes anglais *fancy* (fantaisie) et *imagination*, Hobbes fait remarquer :

Tout ce qui est beau et utile dans les constructions, ou merveilleux dans des machines ou des instruments à mouvement, tout
avantage ou commodité que l'humanité retire de l'observation
du ciel, de la description de la terre, de la mesure du temps [...]
est l'œuvre de la fantaisie [14].

Bien que cela ne soit jamais explicitement énoncé, on peut déjà
déceler chez Hobbes le germe d'une idée qui atteindra son plein épanouissement au XVIIIe siècle : l'idée que l'imagination est mue par ce
que Freud nommera plus tard la libido. Après Hobbes, de nombreux
artistes et philosophes s'attaquèrent aux problèmes de l'imagination
créatrice. Selon Engell, le principal lien philosophique entre les idées
des Lumières et du romantisme sur l'imagination a été posé par Kant qui
« reçut l'idée d'imagination d'abord de Tetens, étonnant psychologue
familiarisé non seulement avec les ouvrages britanniques sur la critique
et la philosophie, mais encore avec plusieurs autres traditions, depuis
l'empirisme le plus pur jusqu'aux écoles de Leibniz et de Shaftesbury » [15].

Johann Nicolaus Tetens (1736-1807) intégra les idées des associa-
tionnistes britanniques à celles des transcendantalistes allemands. Il
sépara l'imagination en trois parties : 1) un niveau qui reçoit les impressions des sens et les transforme en images ; 2) un niveau créateur qui
forme des images et des idées nouvelles ; et 3) un niveau « supérieur »,
capable de créer des images qui sont plus que la somme de leurs parties.
Ce niveau supérieur possède le pouvoir de former les choses (que Vico
n'avait attribué qu'à Dieu). Il s'agit du niveau du génie (un des mots
favoris du XVIIIe siècle). Tetens affirme explicitement que « l'imagination, ou le génie, est l'"unique" source de tout ce qui est original. C'est
une force active reliant le conscient à l'inconscient, le spontané au
prémédité » [16].

Kant s'attacha à dessiner une carte précise de ce territoire nouvellement découvert. Il se mit à la recherche du mécanisme psychologique
régissant l'imagination, cette « puissance aveugle lovée dans les profondeurs de l'âme et dont l'action nous demeure imperceptible » [17]. Il vit
bien la complexité de l'imagination, de ses aspects passifs et actifs, son
pouvoir réceptif et productif. Il sépara le pouvoir productif selon deux
types : la capacité productive volontaire et la *phantaisie* ou imagination
involontaire [18].

Selon Engell, Kant « ne montre pas grand intérêt pour le côté
émotif ou passionnel de l'imagination ». C'est plutôt le côté intellec-

tuel, celui qui cherche « une appréciation esthétique du monde des phénomènes », dont Kant s'occupe [19].

Plus tard au cours du XVIIIe siècle, l'idée de sympathie fut « étroitement liée à celle d'imagination » [20]. La sympathie unit l'homme à la nature dans un tout organique et donne une dimension morale au travail de l'imagination ; cette dimension permet à l'homme de briser la « coquille du moi subjectif » par des gestes de sympathie envers ses semblables [21]. Le problème du subjectivisme et de l'égoïsme dans un monde créé par la subjectivité des individus a été constamment relevé pendant cette période.

On a décrit Shakespeare comme « l'idéal de l'écrivain doué d'une imagination empathique et de la capacité de s'identifier complètement avec ses propres créations » [22]. La philosophie de la sympathie devint une partie importante de « la science de la critique » [23]. Entre autres choses, elle suppose la capacité de donner à chaque figure littéraire d'un poème ou d'un roman le « langage naturel de la passion » [24].

Goethe, qui fit le pont entre l'époque des Lumières et celle du romantisme, n'élabora jamais à proprement parler de théorie de l'imagination. Mais comme Keats plus tard, il était profondément préoccupé des dangers de posséder le « don divin » de l'imagination — ou d'en être possédé. Il établissait une distinction entre l'imagination « réglée » et l'imagination « déréglée » ou « romantique ». L'imagination déréglée, laissée à elle-même, conduit à la tragédie. Werther finit par se suicider, et il fut imité en cela par plusieurs. D'une certaine façon, il s'agit d'une reprise de l'idée platonicienne de la raison contrôlant les passions, mais chez Goethe, l'imagination constitue une importante force créatrice, une force qu'il faut bien comprendre.

Goethe faisait remarquer que « l'imagination semble en fait ne comporter aucune règle » [25]. Par conséquent, elle doit être régie par les sentiments, les considérations morales, le besoin d'agir et le goût, « dans lesquels la raison elle-même prend en charge tout sujet et élément en cause » [26].

Marshall Berman, dans son livre sur le modernisme si justement intitulé *All That Is Solid Melts Into Air* (tout ce qui est solide s'en va en fumée) montre comment l'usage que Faust fait de son imagination mène à une tragédie particulièrement moderne. Tenté par Méphistophélès, Faust laisse son imagination battre la campagne pendant qu'il contemple les possibilités de transformer la nature. Bien que le fantasme de Faust soit réalisé par des ouvriers utilisant des outils traditionnels, sa vision est moderne : c'est celle du triomphe de la technologie sur les forces de la nature. Elle est fondée sur la conception cartésienne du monde, que Vico avait contestée.

Dans sa troisième et dernière métamorphose, Faust préfère au monde représenté par Gretchen, monde assujetti à la religion et aux allégeances familiales, celui du développement de soi et du pouvoir économique. Faust rêve de juguler et d'exploiter l'immense énergie sauvage de la mer. Son imagination est celle de l'ère de la révolution industrielle, où l'humanité se voit domptant et exploitant la nature à son profit. George Lukacs, dans *Goethe and His Age* (1968, mais écrit en 1940), décrit la deuxième partie de *Faust* comme une étude du « développement capitaliste des forces productrices » et considère ces dernières comme étroitement liées aux desseins du diable [27]. Berman, qui fait remarquer que Goethe a écrit *Faust II* entre 1825 et 1831, relie la vision faustienne au socialisme industriel des saint-simoniens. Essentiellement formés à l'École polytechnique, les saint-simoniens associaient des formes parfois étranges de vie communautaire, la libération des femmes, et des visions de vastes réseaux de chemins de fer, de canaux et de merveilles d'ingénierie qui relieraient l'Occident masculin à l'Orient féminin pour finalement amener la fraternité humaine. Leur rêve de construire le canal de Suez échoua à la suite d'une épidémie de peste et à cause des objections soulevées par leur prise de position en faveur de la libération des harems égyptiens. Certains des saint-simoniens construisirent cependant le plus grand réseau ferroviaire de France. Berman montre que Goethe connaissait le mouvement saint-simonien et ses utopiques visions prophétiques. Marx, au début de sa carrière, fut profondément influencé par les saint-simoniens. Dans le *Manifeste du Parti communiste* publié en 1848 à Londres (après son séjour à Paris), son énumération des réalisations de la bourgeoisie évoque le ton de *Faust* :

> C'est elle qui, la première, a fait voir ce dont est capable l'activité humaine. Elle a créé de tout autres merveilles que les pyramides d'Égypte, les aqueducs romains, les cathédrales gothiques ; elle a mené à bien de tout autres expéditions que les invasions et les croisades. [...]
>
> La bourgeoisie, au cours de sa domination de classe à peine séculaire, a créé des forces productives plus nombreuses et plus colossales que l'avaient fait toutes les générations passées prises ensemble. La domestication des forces de la nature, les machines,

l'application de la chimie à l'industrie et à l'agriculture, la navigation à vapeur, les chemins de fer, les télégraphes électriques, le défrichement de continents entiers, la régularisation des fleuves, des populations entières jaillies du sol — quel siècle antérieur aurait soupçonné que de pareilles forces productives dorment au sein du travail social [28] ?

Pour Marx aussi, ce surgissement extraordinaire de progrès avait un côté méphistophélique : l'exploitation des ouvriers. La deuxième partie de *Faust* annonce ces thèmes marxistes. C'est sur les sommets escarpés d'une falaise surplombant les vagues rugissantes de l'océan que Faust élabore son vaste projet de dompter la mer. Il la voit soudain d'une nouvelle façon :

Ah ! jusqu'au désespoir je me sens tourmenté
De voir agir sans but l'élément indompté.
Mon esprit ose ici, se surpassant lui-même,
Combattre et remporter la victoire suprême [29].

Conduits « jusqu'au désespoir » à la vue de ce pouvoir sauvage, Faust et le démon rendu hésitant s'apprêtent à obtenir les droits fonciers, le capital et les ouvriers nécessaires pour ériger des canaux et domestiquer la force de la mer. Les ouvriers travaillant d'arrache-pied seront aiguillonnés de toutes les façons possibles :

Prends-les par la douceur, par la manière forte
Paye ou séduis. Voire au besoin, racole-les [30] !

On les traite durement :

Le sang des victimes ruisselle,
Des plaintes sonnent dans la nuit,
Vers la mer la flamme étincelle,
Au jour un canal est construit [31].

Faust est aussi dur envers lui-même ; il se voit comme le créateur d'un monde nouveau destiné à ces ouvriers et à des millions de leurs humbles semblables, « un véritable paradis au sein » de la marée endiguée, un univers communautaire où tous seront libres d'agir à leur guise.

L'aspect tragique du projet de Faust, c'est que cette vision du progrès ne peut se réaliser qu'au prix de vies humaines. Goethe fait culminer le coût tragique et le mal inhérent au projet faustien par le meurtre de

Philémon et de Baucis, vieux couple vivant depuis des temps immémoriaux sur un terrain près de la mer, terrain que convoite Faust pour son projet. Philémon et Baucis ont amoureusement embelli leur petit coin de terre ; ils ont généreusement aidé et accueilli les naufragés et les égarés. Faust ne peut tolérer leur refus de céder leur terre à sa « possession du monde ». Il leur offre de l'argent, propose de les reloger, mais ils refusent. Furieux, Faust ordonne à Méphistophélès et à ses hommes de les chasser avant le lendemain matin. Lorsqu'il apprend que leur maison a été rasée par les flammes et qu'ils ont été tués, il est horrifié et décline toute responsabilité dans la tragédie. Alors, Faust prend presque conscience du mal qui l'habite et de sa culpabilité. Mais même aveuglé à la fin par le personnage de la compassion, qui lui apparaît sous les traits d'un spectre féminin, il conserve son éblouissante vision intérieure, et en poursuit la réalisation. Malgré sa forme poétique, *Faust* est un conte authentiquement moderne. Pouchkine l'a qualifié avec justesse d'« Iliade de la vie moderne » [32].

Cette incursion de Goethe dans les thèmes de la modernité se produisit vers la fin de sa vie, et tardivement dans l'histoire du romantisme. Les représentants de ce mouvement avaient à ce moment-là haussé l'imagination créatrice au niveau d'un pouvoir empiétant sur la force créatrice de Dieu. Une réaction s'était élevée face à la révolution industrielle naissante et à l'échec de la Révolution française à faire le mieux-être de l'humanité.

Engell décrit l'imagination romantique en termes enthousiastes :

Les « grands romantiques », recevant et développant le concept d'imagination, en font une force qui résout et unifie toutes les antithèses et toutes les contradictions. L'imagination réunit et associe l'homme à la nature, le subjectif à l'objectif, la vie intérieure au monde extérieur, le temps qui passe à l'éternité, la matière à l'esprit, le fini à l'infini, le conscient à l'inconscient et la conscience de soi à l'absence de conscience de soi. Elle relie le statique au dynamique, le passif à l'actif, l'idéal au réel, l'universel au particulier. Le répertoire homérique des opposés qui constituent l'homme et l'univers se transforme en une liste d'accords harmonieux. L'imagination devient le procédé permettant de comprendre et de voir à la fois le monde et le moi. Le poète imaginatif obtient le pouvoir qui est l'essence de l'inspiration (en grec, *enthousiasmos*). Il est la voie de la connaissance, de la sagesse et de la beauté ; c'est le créateur d'un langage méta-phorique qui associe une chose ou une essence à une autre et qui exprime l'harmonie de l'homme avec la nature [33].

Wordsworth se livra à une exploration sans entrave des forces productives de l'imagination. Comme Faust, il n'entreprenait pas le voyage seul. À la place de Méphistophélès, la muse païenne Urania servait de guide au poète, autant dans les fosses abyssales les plus profondes de l'imagination que vers ses cimes les plus élevées. Pour Wordsworth, l'imagination amène l'homme dans des contrées « plus hautes que les paradis éternels, au-delà des édens visibles », plus pro-fondes que « l'abîme le plus sombre des enfers les plus impénétrables ».

Nothing can breed such fear and awe
As fall upon us often when we look
Into our minds, into the mind of man —
My haunt, and the main region of my song [34].

Il s'agit d'une vision grandiose, dont William Blake a dit qu'elle lui avait causé « un dérangement intestinal presque mortel » (« provoqué par l'envie », commente Abrams) [35]. Wordsworth ne l'a jamais réalisée, mais en précisant son objectif, il révèle beaucoup sur ce qu'il considérait être la nature et le but de l'imagination. En réalisant l'union de l'esprit et de la nature, Wordsworth espérait arriver à la résurrection spirituelle de l'humanité, « sortir la sensualité de son sommeil de mort » [36], créer un monde nouveau. L'ambition de Wordsworth était partagée par Cole-ridge, Novalis et d'autres écrivains anglais et allemands. Elle était façonnée par les images et les thèmes de l'Apocalypse.

Selon Abrams, « il est manifeste [...] que dans le mythe tenace chez Wordsworth de l'esprit communiquant avec la nature, l'imagination joue un rôle équivalent à celui du Rédempteur dans l'intrigue providen-tielle de Milton » [37]. Dans un commentaire éclairant, Wordsworth révé-lait à Henry Crabb Robinson, son contemporain, qu'il ne pouvait pas « éprouver les mêmes sentiments que les Unitariens » parce que leur credo ne satisfaisait « aucun désir profond de l'âme ». Et il ajoutait qu'il se sentait plus en sympathie « avec le croyant orthodoxe qui a besoin d'un Rédempteur ». Il avouait cependant qu'il n'avait aucun besoin d'un Rédempteur, déclaration, commente Abrams, qui « alarma tellement l'esprit habituellement libéral de Robinson, qu'il la dissimula en toute pudeur dans l'obscurité de son écriture sténographique personnelle » [38].

Le paradis de Wordsworth est terrestre et simple. Il est peuplé de paysans ordinaires menant une vie tragiquement difficile. On s'est souvent moqué de Wordsworth et on a parodié ses portraits parfois sentimentaux de gens simples. Il rachète toutefois leurs souffrances en les transformant par son imagination. Il enseigne à son lecteur à percevoir la nature sous toutes ses formes — embellie et calme autant que laide et terrifiante. Cette idée rappelle l'importance que mettait Vico dans le *sensus communis* (le sens commun) pour appréhender la réalité, forme de connaissance qui, selon l'expression de Verene, « nous guérit de la folie du concept, de la noirceur opaque de la rationalité avec son langage simple et univoque, avec son incapacité à s'exprimer sans faire appel à un principe directeur bien défini » [39].

Parmi les romantiques anglais, Keats était le plus préoccupé des dangers de l'imagination. Il avait l'impression que l'introspection pouvait mener au plus pur égocentrisme et même au solipsisme. La beauté du langage et les rêves d'évasion pouvaient, selon lui, couper le poète de la réalité et induire des illusions et des distorsions. Dans sa tentative de préserver le passé dans toute sa pureté tout en cherchant la sagesse et la connaissance grâce à l'imagination créatrice, Keats en vint à croire à « l'imagination collective », vaste mouvement historique, « providence toute-puissante [qui] soumet les esprits les plus forts au service du temps présent » [40]. Coleridge, à qui ses expériences avec l'opium donnaient toutes les raisons de connaître les dangers décrits par Keats, nomma cette force collective « l'esprit du monde » dans son ouvrage *Philosophical Lectures of 1818-1819* [41].

Les philosophes et poètes allemands, dont Coleridge lisait avidement les écrits, étaient depuis longtemps préoccupés par cette idée d'une évolution collective de la pensée artistique et imaginative. Herder, les frères Schlegel, Schelling et Goethe en ont traité. Hegel élevait même cette idée au statut de force historique, le *Entwicklungsgeschichte* [42] qui selon lui guide l'histoire humaine.

Pour les Allemands, l'imagination collective avait un dessein plus métaphysique que celui de sauver « l'imagination de la noirceur et de la torpeur du ravissement » [43], pour employer le mot de Keats. Mais les Allemands avaient aussi conscience des dangers de l'introspection. Le suicide de Werther avait provoqué une épidémie de suicides dans la jeunesse allemande. E.T.A. Hoffmann éprouvait une telle frayeur face aux esprits forgés par son imagination (souvent avec l'aide de l'alcool) qu'il insistait pour que sa femme restât à ses côtés pendant qu'il s'adonnait à ses visions. Edgar Allan Poe, qui fut fortement influencé par Hoffmann, frôlait lui aussi souvent les mêmes gouffres.

C'est le pouvoir même de l'imagination créatrice de dépasser les limites imposées par la raison et par l'habitude qui en fait tout le danger. Pour décrire ce pouvoir, Friedrich Schlegel créa le néologisme *Entgrenzung*[44] à la fin du XVIIIᵉ siècle. Tout comme l'éducation de Descartes en rhétorique, en histoire et autres humanités avait façonné sa compréhension de la Raison, l'éducation et la formation de la plupart des écrivains romantiques les empêchaient d'aller trop loin dans les envolées de leur imagination, au-delà des limites permises. Ceux qui stimulaient les envolées de leur imagination à l'aide de drogues ou d'alcool comprenaient davantage les dangers de dépasser les frontières.

L'époque post-romantique

Après 1830, l'intérêt pour l'imagination s'étiola au fur et à mesure que s'étendait dans toute l'Europe la désillusion face aux promesses de la Révolution française. En Allemagne, la culture *Biedermeier*[45] d'une bourgeoisie repliée sur elle-même témoignait de ce qu'un auteur a nommé « l'affadissement du romantisme »[46]. En France, le règne bourgeois de Louis-Philippe fut suivi, après la révolution manquée de 1848, par le régime de Louis Napoléon. Le réalisme en littérature et un intérêt pour la nature de la conscience devinrent les tendances dominantes.

La découverte romantique du pouvoir façonnant de l'imagination s'inscrivait dans une transition capitale et tumultueuse : de la conception d'un monde créé par Dieu, on passait à celle d'un univers créé par le Moi. La connaissance de soi (expression qui était aussi le titre des fragments poétiques de Coleridge) était un aspect essentiel de cette transition. Les romantiques, trop préoccupés par les troublantes incertitudes du Moi en tant que créateur, n'avaient que peu d'énergie pour examiner la logique interne de l'imagination. Kant fut le premier à explorer la conscience d'un point de vue philosophique, mais il fallut attendre le déclin du mouvement romantique pour que l'exploration de la conscience qui sous-tend notre pensée actuelle commence pour de bon.

Le monde anglophone ne l'apprit qu'en 1927, mais Marx travaillait déjà en 1844 à Paris à l'ébauche d'un livre. Dans les *Manuscrits sur l'économie et la philosophie*, titre que l'on donne aujourd'hui à ces textes, Marx entreprenait sa longue recherche pour transformer le concept hégélien de la conscience de soi. Les idées de Marx sur les fondements bourgeois de la pensée sociopolitique et ses modifications, par les théories de Feuerbach, de l'utilisation hégélienne de la dialectique, donnèrent naissance à un des principaux courants de la pensée moderne sur les mécanismes de la conscience.

Pendant que Marx étudiait les pathologies de la vie sociale, politique et économique, les neurologues et les médecins des malades mentaux se penchaient, fascinés, sur les distorsions pathologiques des esprits de ces malades. Cette descente dans les profondeurs de l'esprit culmina avec les travaux de Freud sur l'inconscient. Comme nous l'avons vu, les romantiques qui frôlaient les sombres gouffres de l'inconscient l'avaient presque assimilé à l'imagination, du moins à certains de ses aspects.

L'histoire du concept d'imagination connut vers cette époque une série de nouveaux développements. Soulignons entre autres les travaux de J.G. Herder et Wilhelm von Humboldt sur le langage et la culture, les théories de Durkheim et de Jung sur les symboles et leurs visions respectives de « l'inconscient collectif », et enfin la fondation par Ferdinand de Saussure de la « science » de la linguistique.

Loin de moi l'idée de m'aventurer dans les labyrinthes qui ont abouti au XXe siècle à l'émergence du structuralisme, du constructivisme, du déconstructivisme, du post-constructivisme, de la sémiologie et des nombreuses autres tentatives actuelles pour comprendre le sens du sens. Leurs tenants parlent pour la plupart un langage ésotérique et obscur que seuls les initiés peuvent comprendre. Quelle ironie de voir que la pensée marxiste, née du désir d'affranchir le prolétariat de ses chaînes bourgeoises, sous-tend cette « passion métaphysique d'excavation des profondeurs », selon l'expression d'un académicien de Harvard, le professeur Donald Fleming. Quoi qu'il en soit, les phrases étranges, les expressions tordues et les formulations algébriques de ces mouvements n'en recèlent pas moins des méthodologies qui peuvent grandement enrichir notre compréhension de l'imagination.

Dans son ouvrage intitulé *Actual Minds, Possible Worlds*, Jerome Bruner propose une classification conçue dans un souci de pragmatisme pour décrire ces explorations en profondeur des structures de la pensée. Bruner s'affiche ouvertement comme un constructiviste selon qui « il n'y a pas un unique "monde réel" préexistant et indépendant de l'activité mentale et du langage symbolique humains » [47]. Le but pragmatique de Bruner est d'améliorer notre capacité d'apprendre, objectif qui structure son survol des apports des différents mouvements. Bruner utilise l'expression de Piaget, « apprendre, c'est inventer », comme texte (dans le sens ancien) dans sa recherche des façons de créer des « mondes possibles » à partir de l'éducation reçue, des façons de se dégager des concepts limitant notre capacité de trouver de nouveaux sens aux textes (dans le sens moderne) que nous rencontrons dans nos vies.

Quel rapport l'imagination a-t-elle avec tout cela ? L'imagination est une fonction appartenant à la catégorie « mathétique » des fonctions linguistiques telles que définies par Michael Halliday. La fonction imaginative, explique Bruner, « est le moyen par lequel nous créons des mondes possibles et allons au-delà des référents immédiats »[48]. Plus haut, Bruner parle de l'« imagination paradigmatique » (ou intuition). Il ne s'agit pas de l'imagination du romancier ou du poète, « il s'agit de la capacité de voir des liens formels possibles avant d'être en mesure de prouver leur existence de façon articulée »[49]. Dans son mode narratif — par opposition au mode paradigmatique — l'imagination engendre « de bonnes histoires, des drames prenants, des récits historiques vraisemblables (quoique pas toujours nécessairement "vrais"). Elle s'attache aux intentions et aux actions humaines (ou de type humain), aux transformations et aux conséquences qui marquent leur réalisation »[50]. Un récit doit être construit simultanément sur deux décors : celui de l'action et celui de la conscience. Je laisserai Bruner ici, bien qu'il ait encore beaucoup à dire, pour revenir à l'histoire du concept d'imagination. Qu'est-il advenu de l'imagination avec un grand I de l'époque romantique, pendant que se poursuivaient ces sérieuses explorations de l'esprit ?

Je l'ignore, mais j'espère le savoir un jour. Il me semble que les romanciers « réalistes » laissaient peu de place dans leur philosophie à l'imagination comme outil d'établissement de la vérité, comme moyen de répondre aux questions sur le bien et le mal ou comme façon de trouver son identité. J'ai également l'impression que l'imagination, de plus en plus coupée de ses liens intimes avec la philosophie et la théologie (sauf pour des exceptions aussi célèbres que Nietzsche et Kierkegaard), s'est développée du côté des fantasmes. Ces fantasmes s'inscrivaient dans un mouvement que l'on devait plus tard condamner pour son irrationalisme et accuser d'avoir encouragé l'idéologie nazie. Mon histoire n'est qu'à moitié terminée, mais avant de la laisser complètement, je veux mentionner deux tentatives actuelles pour redécouvrir la faculté imaginative.

Car l'imagination fait un retour. Poussés par la nécessité de survivre à une époque de concurrence féroce, les dirigeants économiques et industriels embauchent des experts-conseils afin d'entraîner leurs cadres et leurs responsables des activités de recherche et développement à échapper aux étroites contraintes de la pensée technique et industrielle pour devenir créateurs et inventifs. La formation à la sensibilité, les exercices de l'hémisphère droit du cerveau, les séances de résolution de problèmes, les projets d'équipe, les programmes de conditionnement physique et de bien-être ne sont que quelques exemples parmi de nombreuses tentatives pour augmenter le potentiel créateur des individus. La plupart des experts qui dispensent ces programmes se prennent très au sérieux. Je préfère l'approche d'une praticienne appelée « spécialiste de la créativité », Florence Vidal, qui rend compte de ses expériences dans des programmes de formation en créativité menées à la fin des années 60 aux États-Unis [51]. Avec un irrésistible sens de l'humour bien français, elle décrit sa participation à différentes sessions de formation et à un programme offerts à la Harvard Business School. Certaines de ses expériences ressemblent à des assauts désespérés contre la forteresse presque imprenable de la société technologique. D'autres paraissent réussir à secouer quelque peu son carcan. Mais à mon avis, ces expériences, étant coupées de leurs racines historiques, ne produiront probablement pas de fruits durables.

Les contes de fées et autres récits traditionnels pourraient, eux aussi, connaître un regain de popularité, après plusieurs années d'efforts consacrées à les expurger de leurs passages les plus terrifiants pour en arriver à proposer une « littérature enfantine » divertissante, éducative et moderne. Bruno Bettelheim, dans *The Uses of Enchantment*, soutient que ce mouvement de réforme va à l'encontre des besoins réels des enfants. Il en est venu à cette conclusion après avoir traité des enfants profondément perturbés qui n'avaient pas réussi à se forger une identité et à trouver un sens à leur vie.

Selon Bettelheim, les contes de fées, « à la différence de toute autre forme de littérature, dirigent l'enfant vers la découverte de son identité et de sa vocation et lui montrent aussi par quelles expériences il doit passer pour développer plus avant son caractère » [52]. Leur nature irréaliste est justement leur qualité la plus importante, car elle permet à l'enfant de comprendre ses sentiments intérieurs (qui sont souvent « mauvais »). Bettelheim cite Schiller pour étayer son argumentation.

Ce dernier écrivait : « Je trouvais plus de sens profond dans les contes de fées qu'on me racontait dans mon enfance que dans les vérités enseignées par la vie »[53].

Mais tandis que Schiller vivait au siècle du romantisme, juste avant que ne se transforme à nouveau le concept d'imagination, Bettelheim a été le contemporain d'une époque, la nôtre, qui privilégie un développementalisme fondé sur le retour à la croyance dans la raison, dans la science et dans la technologie comme moteurs de progrès. Il place son argumentation en faveur d'une repopularisation des contes de fées dans le contexte suivant :

> Il semble que l'individu désire répéter tout au long de sa vie le processus historique qui est intervenu dans la genèse de la pensée scientifique. Pendant longtemps, au cours de son histoire, l'homme a utilisé des projections affectives — les dieux, par exemple — nées de ses espoirs et de ses angoisses immatures, pour expliquer l'homme, sa société et l'univers. Ces explications lui procuraient un sentiment de sécurité. Puis, lentement, par son propre progrès social, scientifique et technologique, l'homme s'est libéré de la crainte qu'il éprouvait pour son existence même. Se sentant plus en sécurité dans le monde, et aussi à l'intérieur de lui-même, il pouvait alors commencer à s'interroger sur la validité des images qu'il avait utilisées autrefois comme outils d'exploration. À partir de là, les projections « puériles » de l'homme se sont dissipées et des explications plus rationnelles les ont remplacées. Ce processus, cependant, n'est pas sans caprices. En période de tension et de rareté, l'homme cherche de nouveau à se rassurer en se réfugiant dans la notion « puérile » qu'il est lui-même, ainsi que son site naturel, au centre de l'univers[54].

Les guillemets que Bettelheim appose au mot puéril, de même que tout l'argument de son livre, suggèrent que les contes de fées proposent aussi aux adultes une « vérité » (c'est moi qui mets les guillemets) sur le côté sombre des passions et sur le sens de la vie. Il affirme ailleurs : « Comme toute production artistique, le sens le plus profond du conte est différent pour chaque individu, et différent pour la même personne à certaines époques de sa vie »[55].

Il y a maintenant bien d'autres « utilisations de l'enchantement ». Sa commercialisation n'a pas été entravée par les théories du progrès ou par les arguments des constructivistes (ou des déconstructivistes). Les marchands de l'enchantement savent en effet qu'il exerce un fort attrait sur les gens de tous âges et de tous pays, comme l'atteste la prolifération des Disneylands dans le monde. Disneyland, ou l'enchantement soutenu par une infrastructure technologique et managériale de pointe, me servira d'image pour clore mon propos. Je livre cette image en guise de « texte » destiné à être lu par l'imagination du lecteur.

NOTES

1. Ce texte a été écrit dans le cadre de la préparation d'un livre intitulé *The Narrative Approach to Research in Leadership* qui fait partie d'un projet de recherche sur la psychanalyse appliquée. La direction de ce projet est assurée par le professeur Abraham Zaleznik attaché à la Graduate School of Business Administration de l'Université Harvard. Traduction de Jacqueline Cardinal.
2. *La République*, livre X, traduction libre.
3. *New Science*, p. 51, cité dans Verene, 1981, p. 70, traduction libre.
4. Verene, 1981, p. 43, traduction libre.
5. *New Science*, p. 404, cité dans Verene, 1981, p. 78, traduction libre.
6. *New Science*, p. 342, cité dans Verene, 1981, p. 144, traduction libre.
7. Verene, 1981, p. 198, traduction libre.
8. *Ibid.*
9. *Ibid.*, p. 199, traduction libre.
10. *Ibid.*, p. 200, traduction libre.
11. Engell, 1981, p. 3.
12. Engell, 1981, traduction libre.
13. Engell, 1981, traduction libre.
14. Réponse de Hobbes à *Preface before Gandibert* (1660) de Davenaut, cité dans Engell, 1981, p. 17, traduction libre.
15. Engell, 1981, p. 118, traduction libre.
16. *Ibid.*, p. 125, traduction libre.
17. Kant, *Critique de la raison pure*, A-121-124, cité dans Engell, p. 390, traduction libre.
18. Kant, *Critique du jugement*, sect. 47-49, cité dans Engell, p. 136, traduction libre.
19. *Ibid.*, p. 137, traduction libre.
20. *Ibid.*, p. 143, traduction libre.
21. *Ibid.*, p. 144-149, traduction libre.
22. *Ibid.*, p. 151, traduction libre.
23. James Beattie, *Essays on Poetry and Music*, cité dans Engell, p. 151, traduction libre.

24. *Ibid.*, p. 153-154, traduction libre.

25. Note datant de 1828 citée dans Engell, p. 280, traduction libre.

26. *Ibid.*

27. Lukacs, 1968, p. 216.

28. Marx, K. et Engels, F., *Manifeste du Parti communiste*, traduction de François Châtelet, Paris, éditions Pédagogie moderne, p. 21-22.

29. *Faust*, 10218-21.

30. *Faust*, 11551-54.

31. *Faust*, 11123-30.

32. Lukacs, 1968, p. 157, traduction libre.

33. Engell, 1981, p. 8, traduction libre.

34. « Rien n'égale la terreur et l'effroi
    Qui souvent nous glacent quand nous regardons
    Dans nos esprits, dans l'esprit de l'homme —
    Mon refuge, et le lieu de mon chant. »
    traduction libre, « Prospectus », annexe à « The Excursion », cité dans Abrams, 1971, p. 25.

35. Abrams, 1971, p. 25, traduction libre.

36. « Arouse the sensual from their sleep of death [...] ». *Ibid.*, p. 27, traduction libre.

37. *Ibid.*, p. 119, traduction libre.

38. *Ibid.*, p. 120, traduction libre.

39. Verene, 1981, p. 221, traduction libre.

40. Keats, *Letters*, I, p. 281, cité dans Engell, p. 297, traduction libre.

41. Engell, 1981, p. 297, traduction libre.

42. Littéralement, « Entwicklung » : évolution, développement ; « sgeschichte » : génétique, historique.

43. « Imagination from the sable chain
    And dumb enchantment [...] »

44. De « grenz » : frontière.

45. Qui est la culture de « l'honnête homme », du « bon bourgeois ».

46. Nemoianu, 1984.

47. Bruner, 1986, p. 95, traduction libre.

48. *Ibid.*, p. 125, traduction libre.

49. *Ibid.*, p. 13, traduction libre.

50. *Ibid.*, traduction libre.

51. Florence Vidal, 1980.

52. *Ibid.*, p. 24, v.f., p. 36.

53. *The Piccolomini III*, 4 ; cité par Bettelheim, p. 5, v.f., p. 16.

54. *Ibid.*

55. *Ibid.*, p. 12, v.f., p. 24.

Bibliographie

Abrams, M.H., *Natural Supernaturalism*, New York, W.W. Norton & Co., 1971.

Bettelheim, B., *The Uses of Enchantment : The Meaning and Importance of Fairy Tales*, New York : Alfred A., Knopf, 1976. Version française : *Psychanalyse des contes de fées*, traduit par Théo Carlier, Paris, Laffont, 1976.

Berman, M., *All That Is Solid Melts Into Air : The Experience of Modernity*, New York, Simon and Schuster, 1982.

Bruners, J., *Actual Minds : Possible Worlds*, Cambridge, MA, Harvard University Press, 1986.

Engell, J., *The Creative Imagination : Enlightenment to Romanticism*, Cambridge, MA, Harvard University Press, 1981.

Goethe, *Faust I et II*, traduit par Jean Malaplate, Paris, Flammarion, 1984.

Lukacs, G., *Goethe and His Age*, London, Merlin Press. Traduit par Robert Anchor, 1968.

Nemoianu, V., *The Taming of Romanticism : European Literature and the Age of Biedermeir*, Cambridge, MA, Harvard University Press, 1984.

Verene, D.P., *Vico's Science of Imagination*, Ithaca, NY, Cornell University Press, 1981.

Vidal, F., *La leçon d'imagination : une femme au pays des managers*, Paris, Ed. Robert Laffont, 1980.

Du leadership comme texte
Essai sur l'interprétation[1]
par Abraham Zaleznik et
Manfred F.R. Kets de Vries

Un fou et un sage ne voient pas le même arbre.
William Blake
The marriage of Heaven and Hell

« Le leadership est un des phénomènes les plus observés et les moins bien compris au monde. » En faisant cette remarque dans l'ouvrage qui lui a valu le prix Pulitzer, *Leadership*, James McGregor Burns laisse entendre que cet état de choses n'est pas dû au manque d'effort. Les recherches sur le leadership ont produit nombre d'études empiriques et cliniques (résumées dans l'édition de 1981 du *Stogdill's Handbook of Leadership* de Bass), ainsi que de multiples tentatives pour dégager des théories générales. De celles-ci, on doit mentionner *The Functions of the Executive* de Chester Barnard, *Presidential Power* de Richard Neustadt, et les travaux de Talcott Parsons et de ses étudiants pour développer une théorie générale des actions dans le système social (1937, 1951, 1956, 1964).

La confusion qui règne dans les théories du leadership est imputable, d'une part, à la prolifération des définitions et, d'autre part, à la variété des perspectives des chercheurs. Les intérêts des chercheurs en sciences politiques ou des théoriciens des organisations et de la gestion les ont amenés à privilégier différentes expériences, différents secteurs et différents types de leaders. Burns et Neustadt, s'intéressant aux gouvernements, ont basé leurs théories sur des expériences en politique électorale. Barnard, d'après ses expériences avec des organisations commerciales, a affirmé la primauté de la coopération sur le conflit.

Burns estime que le leadership est maintenant défini si étroitement que « le leadership en tant que concept s'est dissous en parcelles de significations discontinues » (1978, p. 2). L'atomisation du concept se révèle particulièrement insatisfaisante pour ceux qui étudient le leadership dans les grandes organisations, et qui doivent examiner ce qui motive les leaders, ce qu'ils pensent et ressentent, et leur influence sur leurs subordonnés et sur l'institution tout entière. À l'autre extrême, des travaux abstraits comme ceux de Parsons, s'ils contiennent des idées riches et originales en ce qui concerne des problèmes tels que la formation de coalitions, ne donnent pas un contact direct avec le phénomène du leadership. C'est la psychologie qui a fourni à Burns le champ théorique le plus substantiel.

La définition de Burns met l'accent sur la capacité du leader à canaliser les ressources disponibles, y compris ses propres ressources en tant que personne, pour modeler les motivations et les valeurs des gens qui l'entourent. Le leadership est « un processus réciproque de mobilisation de ressources économiques, politiques et autres, par des personnes ayant certaines motivations et valeurs, dans un contexte de coopération et de conflit, dans le but d'atteindre des objectifs poursuivis séparément ou conjointement par les leaders et leurs adhérents » (1978, p. 428, traduction libre). Cette définition amène le chercheur aux théories psychologiques. Burns a utilisé la théorie de la hiérarchie des besoins de Maslow (1954), qui postule que les variations dans les motivations et les valeurs des subordonnés dépendent de la capacité du leader à satisfaire leurs besoins de niveau inférieur pour activer leurs besoins de niveau supérieur. Burns établit une distinction entre ce qu'il nomme le leadership transformationnel et le leadership transactionnel, une distinction qui fonde sa position voulant que « l'étude du leadership en général se développera par l'étude de leaders en particulier » (1978, p. 27, traduction libre). Si certains leaders transforment la société et les organisations, c'est parce qu'ils ont trouvé en eux-mêmes les ressources pour faire face aux situations et aux gens de telle façon que cela active les motivations à changer. Certains autres leaders, entravés par les limites de leur pouvoir, doivent se résoudre à marchander et à négocier avec les autres figures d'autorité de leur milieu. La nature et les dilemmes de ce type de leadership, le leadership transactionnel, s'envisagent alors plutôt comme un calcul de profits et pertes.

On peut sans doute trouver un moyen terme dans le degré d'abstraction des théories développées. Harold Lasswell (1960) a présenté une telle théorie : pour lui, les événements politiques résultent du déplacement de motivations privées sur des objets publics, déplacement rationalisé comme étant d'intérêt public. Erik Erikson (1963, 1975) et d'autres psychohistoriens ont élargi la théorie de Lasswell sur les motivations privées extériorisées, pour s'intéresser au lien entre développement individuel et moment historique.

Pour ceux qui s'intéressent à la gestion, la formulation des objectifs et la mobilisation de l'organisation en vue d'atteindre ces objectifs sont les questions fondamentales de l'étude du leadership. Chester Barnard (1938) a assigné une position centrale aux objectifs et a souligné le rôle du dirigeant dans l'accroissement de la coopération et la diminution des conflits. Les théories de Philip Selznick (1957) sur la compétence distincte et l'infusion de valeurs complètent ce positionnement central des objectifs. Une des limites des travaux de Barnard est l'absence de toute perspective psychologique sur le leadership. Dans son optique, les organisations mènent à un bien commun supérieur par la coopération : en maîtrisant les motivations humaines, elles surmontent les dangers inhérents à la constitution psychique des individus. Les critiques ont noté un préjugé conservateur dans l'idéalisation que Barnard fait de l'équilibre et de la suppression des motivations humaines. Sa théorie pose aussi un autre dilemme : qu'est-ce qui maîtrisera les motivations du leader ? Barnard fait remarquer la position tragique et solitaire du dirigeant qui seul connaît la fragilité des liens de la coopération, et est toujours conscient des dangers qui couvent sous le calme extérieur.

Dans un effort pour dépasser les limites qui, selon eux, avaient résulté de l'attention portée aux théories abstraites sans examen direct de l'objet étudié, certains chercheurs ont eu recours à l'observation « pure ». Dans *The Nature of Managerial Work*, Henry Mintzberg a observé les activités de dirigeants pendant des périodes de temps précises : il a démontré que ces dirigeants fonctionnaient en blocs de temps courts et discontinus, dont la plupart consistaient en brèves interactions de toutes sortes. Il n'a pu conclure qu'ils planifiaient, organisaient et contrôlaient selon un modèle rationnel et linéaire d'évolution de décision en décision, comme bien des chercheurs l'avaient affirmé précédemment. Ses observations révèlent simplement que les dirigeants jouent de multiples rôles. En dépit de leur contribution à un « dialogue direct avec le leader », le défaut de ces études très particularisées est qu'elles ne renseignent pas sur ce qui se passe dans la tête d'un leader.

On raconte que Thoreau a dit : « À quoi sert-il de faire le tour du monde pour aller compter les chats à Zanzibar ? » Ce qui est essentiel pour nous dans les études sur le leadership, c'est qu'elles puissent nous montrer le leader en tant que personne dotée d'attributs humains, et qu'elles renseignent sur ce qui se passe dans sa tête. Cette interrogation peut enrichir la problématique et mener à une meilleure compréhension du leadership. De l'examen des simples comportements observables des individus à l'étude des relations entre les leaders et leurs adhérents, il y avait un pas à faire. La réflexion sur la psychologie du leader va mener à l'étude de la dynamique du pouvoir, dans laquelle les motivations des leaders et des adhérents deviennent les objets d'étude principaux, comme on peut le voir chez Burns.

Les « chercheurs qui comptent les chats à Zanzibar » ont sans doute été victimes de deux illusions. La première est que les situations observées sont auto-explicatives : les faits parlent d'eux-mêmes. La seconde est que les gens qui détiennent le pouvoir sont disposés à révéler ce qu'ils font et comment ils le font. Si une théorie est nécessaire pour trouver un sens aux faits observés, et que les figures de pouvoir répugnent à révéler leur moi profond, alors nous devons envisager, pour analyser le leadership, de le traiter comme un texte.

Le concept de texte

On appelle « texte », entre autres, les passages de la Bible sur lesquels les membres du clergé hébraïque basent leurs sermons du sabbat. Après avoir lu le texte, ils proposent une exégèse, ce qui signifie qu'ils extraient de ce texte une leçon morale destinée à instruire et à inspirer les fidèles, et à les inciter à se consacrer aux vrais buts de l'existence. Un texte peut avoir une valeur littéraire médiocre ou supérieure, l'important n'est pas là. La force du texte réside dans le pouvoir qu'il a de faire saisir à l'auditeur ou au lecteur des thèmes familiers sous un jour neuf. Le texte échappe à la banalité et transmet de l'énergie en assaillant les sens par l'excès et l'intensité de son style. Par-dessus tout, il échappe à la banalité par ses significations cachées et révélées.

Dans le contexte du leadership, qui n'implique pas nécessairement une structure de mots écrits ou imprimés, on rencontre fréquemment des situations ambiguës. Ces efforts conscients pour dissimuler ou éviter d'exprimer clairement ce qu'on veut dire deviennent une partie intégrante du texte. Le texte total contient les significations, les intentions et les motivations qui sont inconscientes. Un texte demande de l'effort pour être décodé, et pour que soit rendu intelligible ce qui, à l'observateur naïf, apparaît banal ou inintelligible. Le cas suivant en est une illustration :

> Un magnat des affaires convoqua une réunion du conseil d'administration d'une entreprise qu'il venait d'acquérir. Au beau milieu des formalités de lecture et d'approbation de propositions, qui constituent la cuisine habituelle de ces réunions, le président du conseil se mit à critiquer le président de la plus importante division de l'entreprise, la seule capable de produire des profits significatifs dans toute l'entreprise. Le président du conseil se plaignait que la division payait trop cher ses fournisseurs. Comment le savait-il ? Un des fournisseurs avait appelé le nouveau président, et dans le cours de la conversation avait tout bonnement laissé échapper qu'il réalisait un profit de 22 p. 100 sur les ventes à la division. Le président soutenait que c'était exagéré, que la division devait aller acheter ailleurs, et qu'elle devrait soumettre tous ses fournisseurs à un examen serré, car il était certain que les autres étaient aussi trop payés. La trentaine de personnes qui assistaient à cette critique incluait l'équipe du président du conseil, les autres membres du conseil, d'autres présidents de divisions et leurs équipes.

Nous pouvons caractériser de plusieurs façons cette expérience de vie corporative. S'il s'agit d'une manifestation comportementale particulière à un individu, l'épisode n'a pas de valeur interprétative nous permettant de formuler des conclusions à propos du leadership. Si nous voyons ce comportement de façon normative, nous pourrions conclure que le président du conseil a créé une situation difficile pour ses subordonnés en ignorant délibérément le contexte de sa conversation avec le fournisseur. Il a agi sans considérer la situation dans son ensemble. Nous pourrions encore penser que cet épisode était une mise en scène destinée à passer un message à ceux qui assistaient à la réunion.

La métaphore d'Erving Goffman, qui considère le comportement social en tant que jeu théâtral, fournit une structure d'interprétation pour l'analyse de cette expérience. Dans cette structure, on retrouve des acteurs, le public, et des espaces tels que l'avant-scène et les coulisses. Goffman fait remarquer que de quelque manière que l'acteur utilise une « spontanéité calculée » pour créer une définition de la situation, l'avantage reste toujours du côté du public : « L'aptitude à deviner l'effort de l'acteur pour parvenir à une spontanéité calculée semble plus développée chez les individus que l'aptitude à manipuler leur propre comportement... » (1959, p. 8, v.f., p. 17). L'acteur est inconscient du matériel dont dispose le public observateur pour l'interprétation. Dans sa définition la plus large, l'inconscient est formé de tout ce qui échappe à la conscience de l'acteur durant une performance donnée. Goffman, suivant la psychologie sociale de George Herbert Mead (1934), attribue la disparité entre l'intention et l'acte — entre ce que l'acteur tente consciemment de faire et ce que le public comprend — à l'apprentissage social. L'identité individuelle provient des rôles que les individus intègrent durant leur socialisation. L'ego appartient à la société ! Dans la métaphore du théâtre et du jeu, l'inconscient désigne ainsi plusieurs espaces qui sont le lieu de jeux de rôles, et l'incapacité de l'acteur à jouer les rôles ne correspondant pas à certains espaces ou à certaines situations.

Le genre d'analyse que pratique Goffman est appelé l'interactionnisme symbolique. Le système de symboles permettant de décoder les comportements n'est pas établi à partir des motivations et des valeurs de l'acteur, mais provient des conditions d'un groupe social, d'une appartenance, et de l'addition des différents rôles qui permettent à un individu de jouer un personnage. Un impair est commis dans la performance du président : il a oublié le scénario d'une réunion de conseil d'administration. Sa critique brutale du détail des opérations (dans une situation définie comme étant de planification corporative) était-elle intentionnelle ou inconsciente ? En disant que la performance a été marquée par un impair, on reconnaît qu'une tension existe et la question de l'intentionnalité ne se pose pas. La vérité éclate : le président est un fusil chargé dans les mains d'un aveugle ! Pour pousser l'analyse plus loin, il faudrait une enquête plus approfondie. Ainsi, une observation des interactions se poursuivant après la réunion pourrait révéler l'existence d'espaces et de rôles destinés à dissimuler l'impair, à réduire l'anxiété, et à éviter que les gens n'aggravent l'erreur du président en agissant trop rapidement ou en n'agissant pas du tout.

Pour adopter un autre point de vue, on pourrait suggérer que cette expérience requiert un décodage psychanalytique. On pourrait la comparer à un rêve, dont on doit interpréter les portions tissées et dissimulées (le contenu latent) dans le tissu visible (le contenu manifeste). Le travail de l'investigateur est ainsi de dégager la signification de ce texte et de faire une exégèse — et ultimement, d'établir des règles pour l'interprétation des textes en général. Du problème immédiat de rendre un texte intelligible, on passe alors aux questions méthodologiques, qui fourniront le cadre théorique nécessaire pour passer de situation en situation, de texte en texte. Le but de cet article est méthodologique. Nous suggérons que le problème sur lequel se penchent les recherches sur le leadership est un problème d'interprétation textuelle, où il s'agit de construire un récit cohérent à partir d'un texte chargé de significations cachées.

De ce point de vue, le texte qui s'offre à l'interprétation psychanalytique n'est pas un jeu dans le sens du théâtre, mais la mise en jeu — passage à l'acte (*acting out*) — de certaines impulsions dans un contexte social plutôt que dans le contexte isolé du rêve. Prenons un exemple. Quand des individus sont incertains de l'issue d'une situation de pouvoir inégal, la personne dominante peut apaiser son anxiété par une castration rituelle de la personne possédant le plus grand pouvoir après elle. On raconte que Lyndon B. Johnson a dit qu'il n'était pas à son aise avec un autre homme tant qu'il n'avait pas mis « la bitte de cet homme dans [sa] poche ». La peur de la castration en tant que symbole de la perte du pouvoir est inconsciente, comme le sont les mécanismes destinés à apaiser l'anxiété qui lui est reliée. En acceptant la castration symbolique, l'individu détenant moins de pouvoir permet la dominance du détenteur principal du pouvoir, ce qui assure une certaine stabilité à la situation. Le symbolisme de la castration condense de multiples significations. Beaucoup de détenteurs du pouvoir connaissent la peur de l'humiliation — la peur de passer pour des imbéciles. Dans le cas décrit plus haut, il y a une tension entre le pouvoir et la naïveté. L'événement humiliant d'entendre un fournisseur soutenir qu'il réalise un profit de 22 p. 100 sur les ventes à l'entreprise constitue un circuit incomplet, sans dénouement approprié. Le dénouement classique est la vengeance. Et quelle meilleure revanche peut-on trouver que de faire perdre à l'agresseur ses ventes lucratives ? La tension du texte est causée par le fait que le cercle est incomplet : il n'y a pas de fermeture à ce texte déjà sous tension à cause de l'état d'humiliation réel ou potentiel du détenteur du pouvoir. Le cercle sera complété quand le président de la division provoquera le licenciement du fournisseur, s'il le fait.

Ce cas fonctionne comme un texte parce que le mécanisme utilisé par le président du conseil pour faire face à son anxiété garde la tension en action. Une réaction en chaîne est en cours, mais on ignore quel en sera l'aboutissement. La stimulation émotive provoquée par l'anxiété peut être transmise, reproduisant sur un mode actif ce que l'individu vient d'expérimenter sur un mode passif. La souffrance de l'humiliation, qu'elle soit délibérée ou non, peut provoquer chez l'agresseur une réaction du type : « Je fais subir à d'autres ce que l'on m'a fait subir ». Le président du conseil attaque et humilie le président de la division. Un des mécanismes qui convertit l'expérience en un texte est la question restée ouverte : « que fera le président de la division ? » En imaginant les différents éléments de la chaîne, nous nous engageons dans le texte. Notre engagement provient non seulement de notre empathie, même réduite, à la souffrance subie, mais aussi de la prise de conscience que le récit est incomplet. La tension garde le texte vivant.

L'interactionnisme symbolique et la psychanalyse peuvent nous aider à interpréter le texte en y relevant les anomalies et en le plaçant dans un cadre référentiel compréhensible. Mais la théorie ne peut rendre un texte compréhensible que si l'observateur ou l'auditoire ont inconsciemment saisi la situation, et sont sur le point d'en donner une interprétation. Des raisons affectives ou cognitives peuvent les empêcher d'aller plus loin. Ils peuvent ignorer comment interpréter la situation, et émotivement ils peuvent avoir besoin d'éviter de connaître ce qui y est connaissable.

Il arrive, et les professeurs doués y sont sensibles, que des étudiants à la fois sachent et ne sachent pas ce qu'un texte signifie. Voyons par exemple le cas de l'entreprise Dashman, l'un des plus célèbres dans les cours d'administration, qui a été écrit par le professeur Edmund P. Learned d'après son expérience dans une grande organisation. En une page et demie, on y décrit le comportement d'un vice-président nouvellement recruté, responsable dans l'équipe de direction de la coordination des achats des divers secteurs d'activité. Le vice-président envoie une lettre à tous les acheteurs des différents secteurs leur demandant de soumettre à son bureau tous les contrats d'achat excédant 10 000 $. Il agit de son propre chef vu que le président, de qui il relève directement, lui a donné une grande latitude dans l'organisation de son travail. L'adjoint du vice-président, au service de l'entreprise depuis plusieurs années, a vu la directive et l'a approuvée, ne serait-ce que par sa passivité. L'histoire finit en queue de poisson : aucun des acheteurs des différents domaines ne soumet ses contrats à la révision.

En plus d'être un best-seller, cette étude de cas est renommée pour susciter des discussions animées en classe. Le texte a été utilisé avec un égal bonheur dans les cours de premier et de deuxième cycle universitaire et dans les programmes de formation pour cadres intermédiaires et supérieurs. Des élèves du secondaire l'ont discuté en classe avec le même résultat : une discussion de groupe vigoureuse et stimulante. Comment expliquer cela, compte tenu du peu de détails des descriptions et de l'absence d'affectivité du cas ? Personne n'est fâché contre qui que ce soit, il n'y a pas de tentative manifeste d'humiliation, et pas une tête n'est tombée.

Les histoires de cas de ce genre ont été comparées au test des taches d'encre de Rorschach. La réaction qu'elles provoquent contraste totalement avec le style affectivement dépouillé de l'écriture. Les étudiants tirent un texte de ce cas parce qu'ils connaissent inconsciemment tout ce qu'il y a à connaître sur les fantasmes d'autorité, sur les loyautés divisées, sur l'autorité bafouée, sur les manœuvres sournoises et sur les blessures narcissiques. Les structures — pas si cachées qu'on ne le croyait — de ce cas deviennent visibles à travers les réactions affectives des étudiants. Ces réactions ont en quelque sorte pour fonction de remplir les blancs, faisant d'un texte partiel un texte complet, à un niveau que la plupart des gens comprennent. Il y a encore dans le cas des structures plus profondes, auxquelles la plupart des professeurs comme des étudiants restent inconscients — et il est probable que ces structures doivent rester inconscientes pour que les discussions animées continuent. Ces structures plus profondes relèvent de modes de pensée plus primitifs, intimement liés au développement des pulsions de dominance et de soumission, à l'envie et à la fascination de ce qu'on imagine qu'il se passe dans les plus hautes sphères du pouvoir. Il y a au moins deux moyens possibles pour mettre au jour ces structures profondes : le premier est de convertir la situation d'enseignement en thérapie de groupe, et l'autre est de développer le récit à travers des descriptions en profondeur, de manière à ce que les structures profondes présentes dans le contexte puissent être détectées par les techniques de l'interprétation thématique. L'objectif de cet article n'est pas de traiter des thérapies de groupe, mais l'interprétation thématique se trouve au cœur de ce que nous tentons d'explorer.

L'interprétation thématique

Le leadership est la prestation d'individus dotés de pouvoir différentiel qui agissent dans le but d'influencer le comportement d'autrui pour arriver à des objectifs. Certains objectifs sont communs à tous, alors que d'autres sont restreints à des coalitions ou à des individus. Les recherches sur le leadership visent à tirer du contexte d'une action à la fois les formes par lesquelles le pouvoir s'exprime, et les significations des comportements exprimant des intentions, des désirs, des motivations et des valeurs.

En définissant les recherches sur le leadership de cette manière, on les relie plus étroitement aux travaux des anthropologues et des psychanalystes qui, en tentant d'éclairer le fonctionnement d'une société ou la vie d'un individu, révèlent des structures inconscientes qui ultimement fournissent une cohérence à la vie collective et individuelle. Que ce soit par les recherches sur le terrain ou par l'investigation clinique, la quête du sens dans un texte est basée sur la conviction qu'il y a, dans certaines structures profondes qui se prêtent à l'analyse systématique, des principes unificateurs de la vie collective. Certains chercheurs procèdent par l'analyse thématique, explorant les structures de la surface du conscient jusqu'aux couches successives de l'inconscient. D'autres chercheurs supposent, indépendamment de l'époque et de la spécificité des cultures, l'existence d'une unité dans la nature de l'esprit humain, unité découlant de la biologie. Mais ce qu'ont en commun ces différents chercheurs, c'est la conviction qu'on peut interpréter ces textes en examinant leurs structures profondes.

Selon Clifford Geertz, interpréter un texte c'est déchiffrer « une multiplicité de structures conceptuelles complexes, dont plusieurs sont superposées ou amalgamées l'une avec l'autre, structures qui sont parfois étranges, irrégulières, non explicites, et que nous devons continuer néanmoins d'abord à saisir, et ensuite à interpréter » (1973, p. 10, traduction libre).

Les éléments interreliés d'un texte contiennent des thèmes qui se prêtent à la systématisation. L'interprétation thématique construit un sens à partir des unités cognitives et affectives intriquées qui forment un texte. Ces unités sont des expériences avant interprétation. En étudiant le leadership dans son milieu naturel, l'organisation, nous tentons de déchiffrer les codes et d'interpréter le texte enchâssé dans les déclarations, les écrits, les comportements observables, les mythes organisationnels, le discours direct, les actions stratégiques et tactiques et, en général, l'interaction des biographies des acteurs clés dans une situation. Dans l'étude du leadership, les chercheurs sont continuellement à la recherche des structures sous-jacentes susceptibles d'expliquer comment les événements quotidiens de la vie organisationnelle peuvent agresser les sens. « L'unité [de l'interprétation thématique] ne réside ni dans son sujet ni dans son argumentation, mais dans son style analytique — dans ses objectifs et dans les questions méthodologiques que la poursuite de tels objectifs provoque » (Geertz, 1973, p. 313, traduction libre).

La méthodologie de l'interprétation thématique est l'analyse de cas particuliers dans lesquels les problèmes sont multiples, impliquant des questions de définitions, de vérification, de causalité, de représentativité, d'objectivité, de mesure, de communication. Mais à la base, ils se réduisent à une seule interrogation : comment dégager une analyse du sens — de ces structures conceptuelles que les individus utilisent pour comprendre leurs expériences — qui serait à la fois assez circonstanciée pour être convaincante, et assez abstraite pour faire avancer la théorie ? Ces deux aspects sont d'égale nécessité : choisir l'un aux dépens de l'autre mène à un descriptivisme vide de sens ou à des généralités évasives. Mais ils tirent aussi dans deux directions opposées, superficiellement du moins : plus on évoque des détails, plus on est limité aux particularités immédiates du cas ; plus on omet les détails, plus on perd le contact avec le terrain sur lequel les arguments reposent. Trouver une façon d'échapper à ce paradoxe — ou plus exactement, une façon de ne pas y entrer —, c'est ce que, sur le plan méthodologique, l'analyse thématique tente de faire (1973, p. 213, traduction libre).

Les relations entre l'observation et la théorie sont cruciales dans l'interprétation thématique. Sans la théorie, il n'y a pas de récit, et sans récit, il n'y a pas de texte à décoder ou à interpréter. Nous nous tournons maintenant vers les origines et le contenu de la théorie pour éclairer les idées qui fondent la méthode de l'interprétation thématique.

La théorie

Pour relier l'interprétation des textes à l'étude du leadership dans son milieu naturel, nous devrons faire un détour par la sociologie, l'anthropologie, la linguistique structurale et, finalement, la psychanalyse. Ces domaines de recherche pourraient en fin de compte se révéler plus riches que les domaines auxquels font traditionnellement appel les recherches sur le leadership. Dans notre quête pour comprendre les textes sociétaux, la théorie commence avec les travaux des sociologues français Émile Durkheim et Marcel Mauss. Dans son ouvrage intitulé *Le Suicide*, Durkheim démontra que l'on pouvait expliquer les penchants suicidaires d'un individu par les grands mouvements sociaux, sans faire directement référence à la psychologie de l'individu. Pour utiliser ses propres termes : « Chaque groupe social a réellement pour cet acte [le suicide] un penchant collectif qui lui est propre et dont les penchants individuels dérivent, plutôt qu'il procède de ces derniers » (Durkheim, 1973, p. 336). Il posait ainsi l'existence de l'« inconscient collectif », un ensemble de croyances ou de sentiments qui seraient présents de façon généralisée parmi les individus d'un même groupe ou société. Selon la théorie de Durkheim, cet inconscient collectif se transmet de génération en génération.

Mauss suivit les traces de Durkheim dans l'insistance mise sur le rôle des forces sociales dans le comportement individuel, mais il ajouta un concept important, celui du rôle des échanges — économiques, matrimoniaux et religieux — dans la formation de l'inconscient collectif. Les modèles généraux d'échanges sociaux, tels qu'ils sont décrits dans l'œuvre maîtresse de Mauss, *Le Don*, font partie de l'expérience de chacun des individus et sont gravés dans leur esprit, entraînant l'organisation de leur réalité en une manière particulière. Cependant, Mauss s'écarta de Durkheim en retournant l'argument phylogénique-ontogénique : au lieu de dire que l'inconscient collectif impose les modèles d'échange aux individus, il soutint que les individus nés dans une certaine société sont exposés à certains types de processus d'échange qui, grâce à la socialisation, deviennent intériorisés. Ainsi, Mauss suggérait que des phénomènes sociaux conscients et inconscients structurent la société, mais il ne tombait pas dans le piège du concept mystique de l'inconscient collectif. Il élabora sa théorie du *fait social total*, qui influencerait la vie des individus. Cette théorie demeure basée sur des modèles concrets d'interaction sociale.

Ces hypothèses parurent très stimulantes au père de l'anthropologie structurale, Claude Lévi-Strauss. Il cherchait des règles déterminant les patterns de vie des individus dans différentes cultures, des propriétés fondamentales expliquant plutôt tout esprit humain que l'organisation d'une société ou d'une classe sociale particulière. Comme Mendeleïev, qui établit une classification périodique rendant compte des propriétés de tous les éléments, Lévi-Strauss cherchait une classification qui expliquerait la société. Il écrit :

Si, comme nous le croyons, l'activité inconsciente de l'esprit consiste à imposer des formes à un contenu, et si ces formes sont fondamentalement les mêmes pour tous les esprits, anciens et modernes, primitifs et civilisés — comme l'étude de la fonction symbolique, telle qu'elle s'exprime dans le langage, le montre de façon si éclatante — il faut et il suffit d'atteindre la structure inconsciente, sous-jacente à chaque institution ou à chaque coutume, pour obtenir un principe d'interprétation valide pour d'autres institutions et d'autres coutumes, à condition, naturellement, de pousser assez loin l'analyse (Lévi-Strauss, 1958, p. 28).

Comme l'indique cette citation, Lévi-Strauss avait réalisé que le langage constitue un parfait exemple de fait social total, ce qu'avaient ignoré Durkheim et ses disciples. Il nota que les structures inconscientes régissant les échanges entre individus dans la société sont très semblables aux structures linguistiques inconscientes qui organisent le message du locuteur. On peut regarder la société comme un ensemble de signes. De l'idée de la société comme totalité de fonctions — que préconisaient les anthropologues fonctionnalistes comme Malinowski et Radcliffe-Brown — il passa alors à une vision de la société comme système de communication.

En quête d'idées sur la façon de communiquer des êtres humains, il adopta des concepts originellement utilisés par l'école de linguistique de Prague. Il fut particulièrement influencé par les idées de Roman Jakobson (1965) qui, pour sa part, avait basé plusieurs de ses ouvrages sur les travaux du linguiste suisse Ferdinand de Saussure. Ainsi, la linguistique structurale et la sémiotique, qui est l'étude des signes, commencèrent à jouer un rôle dans la recherche des structures profondes et de la signification de la culture. Elles devinrent un outil important pour la compréhension du texte.

Saussure souligna le caractère double du signe, qui est constitué d'un signifiant et d'un signifié — c'est-à-dire le son, et le concept qui s'y rattache. Le lien entre le signifiant et le signifié, le son et le sens, est selon lui très arbitraire. Ce n'est que par la convention que nous posons une unité entre le signifiant et le signifié. Ce point de vue détache le texte de son contexte ; il devient anhistorique, il se transforme en objet pouvant être étudié de façon autonome. Les signes, selon cette théorie, fonctionnent dans le langage non pas en raison de leur qualité intrinsèque, mais parce qu'ils se différencient des autres signes.

L'indice spécifique de la pensée symbolique est l'existence du langage parlé. Pour arriver à faire fonctionner les symboles, il faut savoir distinguer entre le signe et la chose qu'il désigne, et ensuite être capable de reconnaître qu'il y a une relation entre les deux. Dans ce contexte, les notions de métaphore et de métonymie deviennent importantes. La métonymie désigne le déplacement du sens d'un mot à un autre, procédé qui demande que l'on perçoive l'existence d'un lien. La métaphore garde un signifiant caché : ainsi une condensation de différents sens s'effectue, demandant la reconnaissance d'une similitude. La métonymie est un moyen de relier des choses en les juxtaposant, tandis que la métaphore est un moyen d'associer des choses par leur similitude. Par exemple, associer tête et corps est métonymique, alors qu'associer tête et leader est métaphorique. Des chaînes d'associations métaphoriques et métonymiques (des chaînes de signifiants) produiront du sens (le signifié) et construiront un code qui constituera la base du langage. Cela nous fournira des clés pour comprendre la culture.

La parole est une opération mentale et physiologique qui repose sur des règles strictes (la langue), règles qui échappent cependant à la pleine conscience. Pour arriver à jeter plus de lumière sur ce processus, Jakobson (1965) postula que la structure du langage consiste en paires d'opposés. C'est uniquement par leurs oppositions que nous arrivons à reconnaître les sons de la parole et à établir des distinctions créatrices de sens. Ainsi, c'est par la comparaison que nous arrivons à distinguer le son sourd du son sonore (par exemple, les phonèmes t et d, ou p et b). On remarque de quelle façon la linguistique structurale passe de l'étude des phénomènes linguistiques conscients à l'étude de leur infrastructure inconsciente, pour procéder ultimement à une série d'oppositions binaires. Toutes les langues peuvent ainsi être réduites à l'opposition binaire fondamentale des consonnes et des voyelles, qui leur donne leurs caractéristiques distinctives.

Lévi-Strauss étendit à la culture le concept des oppositions binaires, que l'on retrouve en phonologie, mais aussi dans les modèles numériques informatiques. Il considérait que l'établissement d'oppositions binaires était une caractéristique fondamentale de la nature humaine, un élément essentiel du texte. Selon lui, toute la structure de la pensée primitive est binaire, créant des catégories telles que le cru et le cuit, le bon et le mauvais, le permis et l'interdit. En étudiant les mythes, il trouva une opposition récurrente entre l'ordre et le désordre. Selon Lévi-Strauss, la fonction des mythes est d'exposer publiquement, quoique de façon déguisée, des paradoxes ordinairement inconscients. Même si le sens fondamental du mythe peut prendre différentes formes, ces formes auront toutes une structure commune ; le résultat sera une série de textes actualisant tous une même essence. Les unités constitutives des mythes sont des syntagmes ou phrases minimales qui, de par leur position dans le contexte, décrivent une relation importante entre différents aspects, incidents ou personnages du récit ; Lévi-Strauss nomme ces unités des *mythèmes*. Il voit ces mythèmes, groupements de relations entre des éléments, comme les unités constitutives premières du mythe. Les mythèmes sont déterminés par tous les principes de l'analyse structurale : économie d'explication, unité de solution, possibilité de restructurer le tout à partir d'un fragment. La signification du récit est le résultat de la forme et du but spécifiques des relations trouvées entre les mythèmes (Lévi-Strauss, 1955).

Lévi-Strauss voyait les peuples primitifs comme représentant ce qui était essentiel à toute l'humanité. En notant comment nous percevons la nature, en observant les valeurs que nous choisissons et la manière dont nous manipulons les catégories qui en résultent, nous devrions pouvoir déduire des faits cruciaux sur les mécanismes de la pensée. Toutes les cultures étant le produit du cerveau humain, il devrait y avoir des caractéristiques communes à toutes en dépit des différences de surface apparentes. Encore une fois, cela nous ramène à une structure profonde sous-jacente qui pourrait conférer un ordre à ce qui semble souvent incohérent au niveau manifeste. Pour mieux exprimer cette idée, Lévi-Strauss utilise l'analogie du *bricoleur*. Celui-ci résout des problèmes intellectuels en manipulant un ensemble de concepts préexistants. Lévi-Strauss avance l'hypothèse que la pensée primitive fonctionne de façon similaire, formant constamment des modèles par le réarrangement d'un ensemble relativement réduit d'éléments (Lévi-Strauss, 1966). Ce réarrangement des parties est exactement ce que l'on peut observer dans le mythe. L'objectif du mythe est d'offrir un modèle logique permettant de résoudre une contradiction. Lévi-Strauss a tenté de mettre en lumière cette dialectique de l'*opposition*, de la *médiation* et de la *transformation*, dans son étude de près de 200 mythes des Indiens d'Amérique du Sud (1969). Pour Lévi-Strauss, un texte représente une opposition entre nature et culture, une lutte entre Apollon et Dionysos : il décrit une situation dialectique où s'opposent des positions logiques, les oppositions étant médiatisées par une nouvelle formulation de l'énoncé, énoncé qui à nouveau, lorsque sa structure interne devient claire, donne naissance à un autre type d'opposition, et ainsi de suite. Le mythe semble avoir pour fonction d'illustrer des contradictions et de reconsidérer les compromis insatisfaisants. Chaque mythe, lorsque réduit à ses composantes essentielles, comporte cette caractéristique.

L'anthropologue Edmund Leach (1974) — qui n'est en aucun cas un disciple servile de Lévi-Strauss — a utilisé la méthodologie de ce dernier pour l'analyse d'un certain nombre de mythes grecs. Il conclut de son analyse que chaque récit lui semble une variation sur des thèmes relationnels. Ce qui devient alors significatif est le contraste entre ces variations. Suivant son analyse, le message de ces textes serait le suivant :

> Pour que la société se perpétue, les filles doivent être déloyales à leurs parents, et les fils doivent détruire (remplacer) leurs pères.

> Ici se trouve la contradiction insoluble et malvenue, le fait nécessaire que nous dissimulons à notre conscience parce que ses répercussions vont tout à fait à l'encontre des fondements de la morale humaine. Il n'y a pas de héros dans ces histoires ; il n'y a que les péripéties de l'inévitable désastre humain. Le désastre provient toujours du fait qu'un être humain manque à ses obligations envers un dieu ou sa famille, et cela, en partie du moins, est la conclusion dont Lévi-Strauss rend compte lorsqu'il soutient que la conséquence morale fondamentale de la mythologie est que « l'enfer, c'est nous » ; ce que je prends dans ce sens : « l'intérêt personnel est la source de tout le mal » (Leach, 1979, p. 88, traduction libre).

L'idée qu'il existe une structure implicite dans un texte est très stimulante et, sous cet aspect, les travaux de Lévi-Strauss sur la lecture du texte — dans les mythes ou les structures de parenté — ont été d'un grand apport. Mais son approche, qui utilise la linguistique structurale comme modèle pour l'interprétation de la culture, est très déficiente. En premier lieu, on peut se demander si le modèle linguistique qu'utilise Lévi-Strauss est toujours valable. Les théories linguistiques modernes suggèrent que la structure du langage est plus complexe que le modèle binaire qui soutient les théories de Jakobson et de Saussure. Dans un autre ordre d'idées, l'approche de Lévi-Strauss est synchronique (anhistorique), ce qu'on oppose à l'approche diachronique (historique). Lévi-Strauss montre peu d'intérêt pour les événements historiques qui ont mené à la création d'un texte. Il n'examine pas le texte en ayant à l'esprit la continuité entre le passé, le présent et le futur. On doit, selon lui, regarder le texte comme une chose autonome, sans tenir compte directement du contexte social et historique dans lequel il est raconté. Malheureusement, en adoptant ce point de vue, on perd une partie de la richesse de l'analyse textuelle. De plus — et c'est là une autre critique sérieuse — son modèle met l'accent sur les structures cognitives uniquement, et exclut les émotions. En général, Lévi-Strauss est mal à l'aise face aux émotions — qui font pourtant inévitablement partie du travail de terrain. Il n'aime pas le rôle d'observateur-participant, avec son incontournable rapport émotif. Il écrit dans *Tristes Tropiques* que « cette promotion des préoccupations personnelles à la dignité de problèmes philosophiques risque trop d'aboutir à une sorte de métaphysique pour midinette » (p. 50). Lévi-Strauss minimise ou ignore l'affectivité et le processus d'échange entre l'interprète et le texte. Ainsi, en dépit des lumières apportées par son modèle structural, il est nécessaire de faire appel à des approches complémentaires pour élaborer une interprétation plus riche du texte.

Freud, avant Lévi-Strauss, s'était intéressé aux structures inconscientes qui déterminent les interactions entre les membres de la société. Toutefois, il n'utilisa pas les méthodes sociologiques ou linguistiques pour dégager ces structures. Pour lui, la « sémantique du désir » était l'élément essentiel permettant de comprendre un texte. Il développa un ensemble de théories visant à révéler les messages cachés dans les énoncés manifestes : il voulait trouver quel désir était implicite dans ces messages, quelles étaient les résistances à l'expression de ces désirs, et quelle était l'identité des personnes qui étaient l'objet de ce désir.

L'origine de la sémantique du désir de Freud remontait à ses premiers travaux sur les rêves. En tentant de résoudre l'énigme des rêves, il découvrit une logique cachée dans leurs processus. Il écrivait dans son œuvre maîtresse, l'*Interprétation des rêves* : « Nous nous sommes intéressé principalement au sens secret des rêves, à la méthode permettant de découvrir ce sens, et aux moyens employés par le travail du rêve pour le cacher » (p. 510, traduction libre). La compréhension du travail du rêve ne serait cependant que le premier pas dans la compréhension du texte. Il écrivait :

Le travail du rêve n'est que le premier à être découvert d'une longue série de processus psychiques, responsables des symptômes hystériques, des phobies, obsessions et hallucinations. La condensation et, par-dessus tout, le déplacement, sont des caractéristiques invariables de tous ces processus (1900, p. 671, traduction libre).

Les chaînes de métaphores et de métonymies dans le langage semblent être équivalentes aux processus décrits par Freud, c'est-à-dire la condensation et le déplacement dans le travail du rêve, les actes manqués, ainsi que les symptômes névrotiques. La formation des symboles est tributaire de l'expérience subjective continue des individus, qui amène la formation de séries toujours renouvelées de signifiants. Aidés en cela par les processus de déplacement et de condensation et par l'impact des forces sociales, certains signifiants deviennent plus importants que d'autres. Finalement, la sélection de certains signifiants les amène à entrer dans un système de réciprocité, le groupe. Ce qui était au départ une expérience purement subjective devient un texte plus ouvert à l'interprétation par autrui. Ainsi, de même que l'anthropologue structural, le psychanalyste devient un déchiffreur du langage, un découvreur de code, un interprète. Il « écoute avec sa troisième oreille », à la recherche des significations cachées du texte. Il est à l'affût des idées inconscientes et des fantasmes qui se trouvent travestis sous l'expérience manifeste. Il identifie les résistances qui émergent dans ce processus de découverte et sait que le texte contient du sens à l'état latent.

La psychanalyse en tant que science de l'interprétation est un exemple de l'herméneutique (Ricœur, 1970 ; Apel, 1972 ; Radnitzky, 1973 ; Steele, 1979 ; Leavy, 1980). Le terme « herméneutique » provient du grec classique : le verbe *hermeneuein* signifie « interpréter ». Dans la Grèce antique, le prêtre de l'oracle de Delphes était appelé *hermeneios*. Ces mots sont associés au dieu grec Hermès, le messager de Zeus, à qui on attribuait le pouvoir de « transformer ce qui était au-delà de l'entendement humain en une forme que l'intelligence de l'homme pouvait saisir » (Palmer, 1969, p. 13, traduction libre). L'herméneutique était originellement réservée à l'analyse biblique. Elle fut plus tard appliquée à l'interprétation systématique des significations des mythes et des symboles — et ce autant pour alimenter la mémoire collective que dans un but iconoclaste. L'herméneutique moderne, quant à elle, s'intéresse à la nature de l'intelligence humaine et à l'interprétation des textes.

Le travail de l'herméneutique en psychanalyse commence par la compréhension empathique des pensées du créateur du texte. À l'opposé des sciences naturelles, il est possible dans les sciences humaines, du moins en principe, de faire dialoguer l'expérience subjective du narrateur et le texte. On ne peut pas vraiment regarder le texte comme un pur objet, ainsi que le faisait Lévi-Strauss. La personne crée le texte, alors que le dialogue l'approfondit et le rend disponible à l'interprétation. Il est impossible d'ignorer la dynamique qui survient dans ce dialogue. Autrement, nous sommes de retour à Zanzibar, cette fois pour compter des pages de texte.

Tandis que l'interprétation synchronique élargit notre compréhension du matériel tiré de l'« ici et maintenant » — permettant d'appréhender la structure profonde — l'interprétation diachronique place le matériel dans son contexte historique. Au contraire de l'anthropologue structural, le psychanalyste devient ainsi une sorte d'archéologue. Freud percevait cette analogie lorsqu'il écrivait :

> Nous pouvons voir à quel point est juste l'affirmation de Nietzsche, selon laquelle dans les rêves « sont à l'œuvre des vestiges primitifs de l'humanité que nous ne pouvons plus que rarement atteindre par un chemin direct » ; et nous pouvons espérer que l'analyse des rêves nous mènera à une connaissance de cet héritage archaïque de l'homme, et de ce qui psychiquement est inné en lui. Les rêves et les névroses semblent avoir conservé plus d'archaïsmes mentaux que nous ne l'avions imaginé ; la psychanalyse peut donc réclamer une place parmi les sciences consacrées à la reconstitution des périodes les plus reculées et les plus obscures des débuts de l'humanité (1900, p. 548-549, traduction libre).

Les anthropologues structuraux et les psychanalystes s'intéressent à la découverte de principes de la pensée universels de l'esprit humain. Le double emploi de l'analyse diachronique et de l'analyse synchronique nous éclairera, et nous rapproche du but : la description dense et en profondeur des textes.

Freud a pavé la voie à une telle orientation, comme l'illustre la variété de ses lectures de textes. Il ne se consacra pas uniquement à l'interprétation de textes spécifiques tels que les rêves, les actes manqués ou les symptômes névrotiques. L'interprétation de tous les textes l'intéressait, même si au premier coup d'œil ces textes pouvaient apparaître comme de banales expériences quotidiennes. Il était passé maître dans l'art de diriger l'attention sur des actes en apparence simples et anodins, et pour les charger de sens. Une excellente illustration de la richesse que peut contenir un simple texte est l'observation qu'il fit du comportement de l'un de ses petits-fils. Il raconte :

> Cependant ce bon petit garçon avait l'habitude, qui pouvait être gênante, de jeter loin de lui dans un coin de la pièce, sous le lit, etc., tous les petits objets dont il pouvait se saisir, si bien qu'il n'était souvent pas facile de ramasser son attirail de jeu. En même temps, il émettait avec une expression d'intérêt et de satisfaction un o-o-o-o, fort et prolongé, qui, de l'avis commun de sa mère et de l'observateur, n'était pas une interjection, mais signifiait « parti » (en allemand : *fort*). Je remarquai finalement que c'était là un jeu et que l'enfant n'utilisait tous ses jouets que pour jouer avec eux à « parti ». Un jour, je fis une observation qui confirma ma façon de voir. L'enfant avait une bobine en bois avec une ficelle attachée autour. Il ne lui venait jamais, par exemple, l'idée de la traîner par terre derrière lui pour jouer à la voiture ; mais il jetait avec une grande adresse la bobine, que retenait la ficelle, par-dessus le rebord de son petit lit à rideaux où elle disparaissait, tandis qu'il prononçait son o-o-o-o riche de sens ; il retirait ensuite la bobine hors du lit en tirant la ficelle et saluait alors sa réapparition par un joyeux « voilà » (en allemand : *da*). Tel était donc le jeu complet : disparition et retour (1920, p. 14-15, v.f., p. 16).

Le jeu de la disparition et de la réapparition était recommencé infatigablement. Freud l'interpréta comme la maîtrise symbolique par l'enfant de l'absence de sa mère. En jouant à ce jeu d'absence-présence du genre « coucou », l'enfant se créait l'illusion d'un contrôle sur autrui. Cela devint sa façon de faire face aux frustrations reliées à la disparition de sa mère. En plus de postuler un possible instinct de maîtrise, Freud avança l'hypothèse que ce comportement pouvait être à la base d'une compulsion à la répétition, une dynamique engendrée par les relations conflictuelles entre les principes de plaisir et de réalité. Mais à côté de ces questions théoriques complexes, il y a peut-être d'autres thèmes que nous pouvons lire dans cet acte simple. Prenons par exemple l'interprétation que donne Terry Eagleton de ce texte :

> *Fort-da* est peut-être l'histoire la plus courte que nous puissions imaginer : un objet perdu, puis retrouvé. Mais même le récit le plus complexe peut être lu comme une variante de ce modèle :

comme dans le schéma du récit classique, une situation initiale est dérangée, et ultimement restaurée (1983, p. 185, traduction libre).

On peut proposer une autre lecture de *fort-da*, en disant que ce texte est structuré comme un mythe primitif. Si on prend ce point de vue, en accord avec l'interprétation précédente, le message du texte est basé sur l'opposition binaire perte et retour. Tout se passe comme si le message répondait à la logique de l'inconscient. Ce point de vue est exactement celui du psychanalyste français Lacan (1978), un interprète linguistique de Freud, qui considère le jeu *fort-da* comme un bon exemple de symbolisation primaire. Les premières craintes du nourrisson face au monde entrent dans l'expérience humaine par la compréhension du langage. Le jeu est dirigé sur ce qui essentiellement n'est pas là, mais un effort est fait pour représenter, pour signifier la préoccupation de l'enfant vis-à-vis de l'absence de sa mère. Au moment où l'objet réel, la mère, disparaît de la conscience, les mots pour dire cette calamité sont transformés. Chaque signifiant est de plus en plus distant de l'autre, construisant une chaîne de transformations de nature métonymique et métaphorique. C'est cette chaîne que nous avions à l'esprit lorsque nous parlions de la manière dont les processus de déplacement et de condensation affectent le développement des chaînes de signifiants. Dans l'expérience subjective de tous se trouve l'ensemble des sens que nous accordons à ces signifiants, selon les sélections uniques qu'en font les individus et les variations qu'ils leur font subir. Ce que nous pouvons observer est la façon dont la structure sémantique propre à chaque individu cherche à se faire entendre dans le texte.

Évidemment, la voie plus traditionnelle de l'interprétation de texte par la théorie psychanalytique est celle de la psychanalyse en tant que thérapie. Les concepts psychanalytiques peuvent cependant aisément être appliqués dans d'autres cadres où le texte ne consiste pas en un dialogue psychanalytique, comme par exemple dans la recherche anthropologique. Bien que Lévi-Strauss ait ignoré la dynamique entre l'interprète et le texte, plusieurs autres anthropologues et chercheurs ont reconnu à quel point les données anthropologiques recueillies sur le terrain étaient fortement colorées par la relation entre le chercheur et l'objet de l'interprétation. Le chercheur, dans sa tentative d'interprétation, doit faire face aux réactions de transfert de son objet et à ses propres problèmes de (contre-)transfert (Watson, 1976 ; Devereux,

1978; Levine, 1980). Ainsi, les expériences passées vont colorer les relations d'aujourd'hui et permettront de comprendre profondément le comportement d'autrui. Bien entendu, c'est le degré de contact direct avec l'objet de recherche qui détermine en grande partie la force des réactions de transfert et de contre-transfert. Ces réactions ne sont pas nécessairement aussi intenses que dans la situation psychanalytique, mais cela les rend d'autant plus difficiles à déceler.

L'interprétation de texte dévoile un certain nombre de structures profondes, qui révèlent des conflits fondamentaux et les tentatives toujours imparfaites pour les résoudre. L'anthropologie structurale jette des lumières sur les structures profondes mythiques et culturelles reposant sur une dialectique d'opposition, de médiation et de transformation. La psychanalyse étudie les thèmes fondamentaux qui, s'élaborant à partir des frustrations dans le développement, sont à la base de la sémantique du désir et de ses transformations. La structure et le contenu de ces thèmes fondamentaux éclairent l'étude du leadership.

Conséquences

Il peut y avoir dans la préoccupation des structuralistes pour les éléments irréductibles de l'esprit une vérité qui vaut que l'on s'y arrête : l'intérêt individuel est la source de tout comportement rationnel. S'il n'y avait pas de vérité dans cet énoncé, il n'y aurait pas de fondements aux organisations commerciales, ou à d'autres types d'institutions. Toutefois, la contradiction que comporte le concept d'intérêt individuel menant au comportement rationnel donne aux travaux des structuralistes et des psychanalystes une place importante dans les recherches sur le leadership. L'atteinte de certains buts mène à des problèmes qui menacent l'atteinte d'autres buts : le leadership en place sème les germes de son propre déplacement. De la même façon que le jeu élémentaire *fort-da* procure une illusion de maîtrise et de contrôle, le leadership tente d'affirmer ses propres illusions sur la légitimité du pouvoir, sur la qualité transcendante des objectifs et sur la possibilité d'être juste dans les affaires humaines.

La fonction de ces illusions est d'entraîner la suppression du désir et de mettre une sourdine à l'affectivité, cela pour faire primer les objectifs de l'organisation sur les aspects irrationnels de la conduite humaine. Il peut être dans l'intérêt de tous ceux qui participent aux organisations économiques d'appuyer la rationalité, même si cette coercition entraîne une limitation de leur propre vie affective. La nature de cette coercition varie selon les cultures et les organisations. Un des sujets les plus importants qui s'offrent à la recherche sur le leadership est la relation entre l'exigence de rationalité et les coûts qu'elle entraîne en contrôle sur les réactions humaines. Une des formes généralisées de coercition est la présomption que les individus doivent s'identifier à leur organisation et à leur leader.

Le phénomène de l'identification se prête à l'analyse dans des perspectives autant cliniques qu'historiques. Le livre de Richard Sennett, *Authority*, met en lumière les idées préconçues inconscientes à propos de l'autorité qui déterminent les relations entre le leader et ses adhérents dans les organisations. Il montre que nous sommes passés du paternalisme, qui est un autoritarisme aimant, à une autorité sans passion, qui semble être exercée sans que le supérieur transmette quelque émotion intense à son subordonné. Sennett utilise comme exemple un cas où des chercheurs étudiaient de quelle façon une équipe de direction se forme et son fonctionnement selon une répartition des rôles modelée sur la structure de la famille nucléaire (Hodgson, Levinson, Zaleznik, 1965). Voici un extrait du cas en question :

Le docteur Richard Dodds, chercheur dans un laboratoire de physique, pénètre dans le bureau de son supérieur, le docteur Blackman, et lui remet une lettre. Il s'agit d'une lettre venant d'un autre institut de recherche, et qui lui offre un poste. Blackman lit la lettre.

Dodds : Qu'en pensez-vous ?

Blackman : J'étais au courant. Il m'a demandé s'il pouvait l'envoyer. Je lui ai dit qu'il pouvait faire ce qu'il voulait.

Dodds : Je ne m'y serais pas attendu, spécialement après ce que vous m'avez dit la dernière fois [un temps]. En fait, je suis très content, ici. Et je ne voudrais pas que vous croyiez que je songe à partir. Mais j'ai pensé que je devrais aller le voir — je crois qu'il s'y attend —, et je voulais que vous sachiez que, si je pense à aller le voir, cela ne signifie pas que j'aie l'intention de partir d'ici; à moins, bien sûr, qu'il ne me fasse une offre extraordinaire.

Blackman : Pourquoi me racontez-vous tout cela ?

Dodds : Parce que je ne veux pas que vous entendiez dire par quelqu'un d'autre que je songe à partir, simplement parce que je vais visiter une autre institution. Je n'ai vraiment aucune intention de partir, vous savez, à moins qu'il ne m'offre quelque chose de vraiment extraordinaire que je ne pourrais pas refuser. Je crois que je vais lui dire ça, que je veux bien visiter son laboratoire, mais que sauf s'il y a là pour moi quelque chose d'exceptionnel, je n'ai pas l'intention de partir d'ici.

Blackman : C'est vous que ça regarde.

Dodds : Mais qu'est-ce que vous en pensez ?

Blackman : Eh ! quoi ? à propos de quoi ? C'est à vous de décider.

Dodds : Je ne prends pas cette offre très au sérieux. Il ne me propose rien de vraiment extraordinaire. Mais ça m'intéresse d'entendre ce qu'il a à me dire, et j'aimerais voir son laboratoire.

Blackman : Il faudra bien, un de ces jours, que vous décidiez où vous voulez travailler.

Dodds, sèchement : Ça dépendra de ce qu'on me proposera, n'est-ce pas ?

Blackman : Non, pas vraiment ; quand on a de la valeur, on reçoit toujours des propositions. Dès que vous en aurez accepté une, vous en recevrez d'autres. Si vous deviez réfléchir à toutes, ça finirait par jeter la confusion dans votre esprit. Vous ne pensez pas que la stabilité est un facteur à considérer ?

Dodds : Mais je vous ai dit que je ne cherchais pas une autre situation. Je ne lui ai pas demandé de m'envoyer cette lettre. Tout ce que j'ai dit, c'est que j'irai le voir, et pour vous, c'est chercher un autre travail !

Blackman : Mais s'il vous offre quelque chose de mieux, vous choisirez peut-être d'abandonner les responsabilités que vous avez ici. J'ai simplement voulu dire qu'il faudra bien qu'un jour vous décidiez de rester quelque part.

Dodds [après une discussion sur l'impression que ferait, à ce moment de sa carrière, un changement de situation] : Écoutez ! Je suis venu vous voir, j'ai voulu être honnête avec vous et maintenant, grâce à vous, je me sens coupable, et je n'aime pas ça.

Blackman : Vous avez été aussi honnête qu'on peut l'être.

Dodds : Je ne suis pas venu ici pour me disputer avec vous. Et je ne veux pas vous déranger.

Blackman : Vous ne me dérangez pas. Si vous croyez qu'il est de votre intérêt d'aller travailler ailleurs, je suis tout à fait d'accord.

Dodds [après une autre longue discussion sur ce que Dodds veut réellement, et sur ce que les autres penseraient de son départ] : Je ne vous comprends pas. Je suis venu vous parler par honnêteté et vous me faites me sentir coupable. Tout ce que je voulais, c'était vous montrer cette lettre et vous faire savoir ce que j'allais faire. Qu'est-ce que j'aurais dû vous dire ?

Blackman : Que vous aviez lu la lettre et que, vu les circonstances, vous pensiez qu'il vous fallait aller voir le professeur, mais que vous étiez heureux avec nous et que vous désiriez rester au moins jusqu'à ce que vous ayez accompli quelque chose ici.

Dodds : Je n'en reviens pas ! Vous croyez qu'il n'y a pas au monde un endroit où j'aimerais mieux être qu'ici, dans ce laboratoire [...][2] ?

Sennett voit dans ce cas un exemple d'autorité sans amour, qui équivaut finalement de la part du supérieur à une manipulation des affects visant à contrôler le comportement du subordonné. Selon lui, le modèle de comportement des entreprises modernes diffère des modèles autoritaires d'avant la Première Guerre mondiale, mais il n'est pas moins coercitif et peut même être plus virulent psychologiquement, parce qu'il est difficile d'identifier l'agresseur et de se défendre contre lui.

Sennett n'établit pas de distinction explicite entre l'exercice conscient ou inconscient de l'autorité. Sa position suppose une sorte de déviance collective de la part des figures d'autorité, qui manipuleraient consciemment les gens à l'encontre de leurs intérêts. Un clinicien, en examinant ce cas, noterait pourtant que le supérieur est aussi désarmé que le subordonné dans l'échange. Supposons que le supérieur soit très en colère contre son subordonné, tandis que ce dernier démontre à propos de lui-même et de sa carrière des préoccupations puériles qui lui feront sans doute du tort à long terme. Le message est : « reste ici et accomplis un bon travail qui fasse avancer la recherche et dont tu puisses être fier ». Le problème est évidemment dans le contrôle inconscient exercé sur sa propre affectivité. Dans l'analyse du clinicien, le supérieur utilise une défense psychologique courante appelée formation réactionnelle, une défense inconsciente provoquée par l'anxiété. À l'évidence, l'anxiété du supérieur est déclenchée par le fait qu'il ressent de l'agressivité à l'égard de son subordonné. La formation réactionnelle tente de transformer cet affect en son opposé : au lieu de montrer de la colère, le supérieur fait preuve de sollicitude ; au lieu de rejeter l'objet de son agressivité, il tente de l'amener près de lui, comme pour le protéger de la colère qui couve sous la surface.

Un clinicien travaille avec un microscope. Il s'abstient de grandes théories, particulièrement de celles auxquelles nous a habitué l'histoire des idées. On peut cependant se demander s'il n'y a pas un lien entre les grands courants sociaux et intellectuels, d'une part, et les comportements microscopiques auxquels s'intéresse le clinicien, d'autre part.

Dans notre culture, des changements sont survenus dans les rapports d'autorité, et cela touche la famille autant que les organisations. Les modèles autoritaires, avec ou sans amour, ne sont plus admis sans question. Une conséquence imprévue de ce changement, qui s'ajoute aux autres changements intervenus dans la famille, a été de rendre plus problématique la façon de faire face à l'agressivité. Si la suppression de la sexualité a créé des problèmes de développement de la personnalité dans les générations précédentes, l'agressivité semble être la pulsion dangereuse d'aujourd'hui. L'agressivité est supprimée dans la famille et les organisations, tandis qu'elle est stimulée au cinéma, à la télévision, en politique et dans les affaires internationales. Il peut pourtant être crucial pour les organisations et pour le bien-être des individus de reconnaître l'importance de l'agressivité dans l'accomplissement du travail. Comme l'agressivité dirigée vers l'intérieur mène à la dépression chez les individus, la suppression de l'agressivité dans les organisations mène à l'ennui collectif. Les normes organisationnelles peuvent amplifier les mécanismes de défense du moi tels que la formation réactionnelle. Le résultat final peut être une forme d'*over-kill*, la suppression de la source d'innovation chez les individus, avec pour conséquences la perte d'énergie dans le travail et le déclin organisationnel. Tous ces processus dépendent de ce que les figures d'autorité font de leur position. Le pouvoir des leaders joue donc un rôle décisif dans l'histoire organisationnelle.

Dans bien des cas, les grandes entreprises en difficulté remettent en question la qualité de leur leadership. Des entreprises de haute technologie autant que des industries traditionnelles éprouvent actuellement des difficultés. Des sociétés telles que RCA, Eastman Kodak, Xerox, Polaroïd ou Texas Instruments semblent souffrir des effets d'un malaise général que l'on pourrait appeler la perte de dynamisme. Plusieurs raisons économiques valables peuvent expliquer cette perte de dynamisme, mais aucune n'a la portée des analyses centrées sur la question du leadership. Il n'y a pas d'hypothèse générale qui puisse se substituer aux études de cas détaillées par des chercheurs entraînés à la pratique de l'interprétation thématique. Une hypothèse générale peut cependant être utile pour délimiter le cadre de ces études.

Le succès d'une entreprise provoque un changement dans l'équilibre entre le narcissisme individuel et le narcissisme institutionnel. Dans la montée vers le succès, l'investissement narcissique se fait dans la personne du leader (comme le démontrent notamment les cas de Cyrus Curtis, Andrew Carnegie, David Sarnoff et Edwin Land). L'estime de soi du leader est tirée de ses propres ressources internes ; on peut dire de lui, comme de toutes les personnes narcissiques, qu'il « n'aime que lui-même ». Aux yeux du monde, cet état psychique du leader apparaît comme le sommet de la confiance en soi, ce qui conduit les subordonnés à s'identifier à lui et à assurer leurs propres gains narcissiques par le sentiment que leur donne la présence du leader.

La transmission du pouvoir mène inévitablement à l'institutionnalisation. La présence psychique du leader se perpétue alors sous forme d'idéaux, en tant que représentation mentale de l'institution dans l'univers psychique intérieur de la nouvelle génération de subordonnés. Les exigences du narcissisme soutiennent les croyances et idées institutionnelles, mais à un coût objectivement mesuré. L'organisation se tourne vers l'intérieur, car elle doit non seulement perpétuer la continuité de l'ancien leader dans ses idéaux, mais elle doit aussi s'assurer que le pouvoir est transmis aux individus qui semblent le plus à même de perpétuer ces idéaux.

Cet état psychologique des organisations modernes peut être métaphoriquement comparé à la communauté totémique dans les cultures primitives. L'adoration du leader idéalisé remplacerait le culte du totem. Par cette adoration, on apaise la culpabilité reliée à l'envie et à la haine du leader, tandis qu'on perpétue l'amour. Comme les anthropologues l'ont fait remarquer à propos des pratiques de magie et de science dans les sociétés primitives, les deux domaines ne doivent jamais être confondus (Malinowski, 1955). Le récit des mythes et la pratique de la magie et des rituels construisent la morale, mais la science fait croître les ignames et aide le pêcheur à prendre plus de poissons.

Dans les entreprises modernes, cette psychologie de l'institutionnalisation peut réduire la capacité d'appréhender le monde réel. Les entreprises qui souffrent des effets de la perte de dynamisme montrent peut-être l'échec de leur leadership. Les successeurs, dans le but d'affirmer leur indépendance, peuvent symboliquement accomplir le rituel du meurtre du père-leader, pour atteindre une objectivité renouvelée dans l'organisation.

Une autre manière de considérer le problème est de se demander pourquoi les gens dans une organisation dirigent vers l'intérieur leur énergie mentale, et pourquoi les organisations se referment sur elles-mêmes. Encore ici, pour parler métaphoriquement, les modèles procréationnels devraient mener à une extension des relations plutôt qu'à leur réduction, à moins que les organisations ne se consacrent à l'adoration totémique, et préfèrent leur clan à tous les autres.

Les chercheurs en gestion citent souvent IBM comme l'exemple parfait d'une organisation ayant résisté aux pathologies de l'institutionnalisation. Mais pour autant que nous sachions, l'étude de cas qui utiliserait les structures profondes pour créer et interpréter le texte n'a pas encore été écrite. Cette étude devrait être faite pour expliquer de quelle façon, si IBM constitue un cas à part, l'entreprise a pu échapper à l'entropie qui accompagne l'institutionnalisation.

Un autre riche sujet d'interprétation en leadership des entreprises est la tension entre forme et contenu, entre les pratiques administratives et la mission de l'entreprise. Un travail d'envergure doit être fait pour décrire et comprendre comment les pratiques administratives se développent et se perpétuent dans les organisations. Une contribution importante consisterait à établir des corrélations entre le type de leadership et le développement de ces pratiques, ainsi qu'à comprendre la personnalité des leaders qui semblent particulièrement préoccupés par ces pratiques administratives. L'observation du comportement des dirigeants amène à penser que ces pratiques peuvent être comparées à des psychodrames : permettant de faire l'« acting out » de différents rôles, elles fourniraient aux organisations des mécanismes de défense en cas de crise. Cette perspective ouvre un ensemble de questions concernant l'aspect pathologique des pratiques administratives, questions qui ne peuvent être étudiées que par des études de cas sur le leadership.

Il peut être difficile pour les chercheurs d'entrer en contact avec les dirigeants dans les organisations, étant donné la suppression de l'affectivité et l'occultation du moi dans le rôle de dirigeant qui font partie des aspects inconscients des relations de pouvoir. Le contenu latent n'émerge qu'en temps de stress et de crise, lorsque des chercheurs neutres sont encore moins les bienvenus dans des organisations. Les chercheurs qui travaillent comme consultants, d'un autre côté, peuvent aider à résoudre les crises tout en restant suffisamment objectifs pour satisfaire aux exigences de la recherche clinique.

L'historien dispose peut-être d'outils exceptionnels pour le type de recherches que nous exposons dans cet article. Les bénéfices de la vision rétrospective, ajoutés au fait que les gens sont plus disposés à regarder d'un œil critique le passé que le présent, constituent des avantages dans l'étude des aspects inconscients du leadership. De telles études demandent des qualités spécifiques et de l'entraînement pour déceler sous la surface les tensions et les contradictions inhérentes au leadership organisationnel. La perception de l'opposition des forces, les relations entre contenu manifeste et contenu latent, le choc entre les intentions conscientes et les motivations inconscientes, tous ces éléments peuvent approfondir les perspectives sur le leadership et produire un récit convaincant touchant les aspects universels de l'expérience humaine.

Le style interprétatif demande des dons développés et la connaissance, par le chercheur, de ses propres processus inconscients. Ce chercheur doit être capable de détecter les anomalies dans les situations humaines, il doit pouvoir déceler ce qu'il y a de bizarre dans la vie quotidienne : un interprète ne peut pas voir la vie en rose. C'est le sens du tragique qui caractériserait le mieux sa vision du monde. La tendance à se centrer sur le positif peut avoir en pratique une certaine valeur pour l'enseignement de certaines professions, mais elle ne mène pas à une meilleure compréhension du leadership.

Le type de recherche et le programme envisagés dans ce chapitre ne sont pas destinés aux gens pressés. Lorsqu'on est pressé, la primauté est accordée au futur plutôt qu'au présent et au passé. La recherche est alors conçue comme un moyen plutôt que comme un outil intrinsèquement valable, ayant sa fin en soi. Pour l'interprète de texte, le seul endroit où il vaut la peine d'aller, c'est celui où l'on est.

NOTES

1. Ce texte a été présenté pour la première fois lors d'un colloque sur le leadership soulignant le 75ᵉ anniversaire de la Harvard Business School. Traduction de Geneviève Sicotte.
    Copyright 1984 pour la version originale et copyright 1992 pour la traduction par The President and Fellows of Harvard College.
2. Sennett, trad. française, 1980.

BIBLIOGRAPHIE

Apel, K.O., « Communication and the Foundation of the Humanities », *Acta Sociologica*, 15, 17-26, 1972.

Barnard, C., *The Functions of the Executive*, Cambridge, Mass., Harvard University Press, 1938.

Bass, B.M., *Stogdill's Handbook of Leadership*, New York, The Free Press, 1981.

Burns, J.M., *Leadership*, New York, Harper & Row, 1978.

Devereux, G., *Ethnopsychoanalysis*, Berkeley and Los Angeles, University of California Press, 1978.

Durkheim, É., *Le Suicide*, PUF, 1930 (1973).

Eagleton, T., *Literary Theory*, Minneapolis, University of Minnesota Press, 1983.

Erikson, E.H., *Childhood and Society*, éd. rev., New York, The Free Press, 1963.

Erikson, E.H., *Life History and the Historical Moment*, New York, Norton, 1975.

Freud, S., *The Interpretation of Dreams*, vol. 5, The Standard Edition of the Complete Psychological Works of Sigmund Freud, London : The Hogarth Press and the Institute of Psychoanalysis, 1900.

Freud, S., *Beyond the Pleasure Principle*, vol. 18, The Standard Edition of the Complete Psychological Works of Sigmund Freud, London : The Hogarth Press and the Institute of Psychoanalysis, 1920. Version française : *Essais de psychanalyse*, Petite bibliothèque Payot, 1920 (1981).

Geertz, C., *The Interpretation of Cultures*, New York, Basic Books, 1973.

Gibb, C.A., « Leadership », in G. Lindzey and E. Aronson, *The Handbook of Social Psychology*, Reading, Mass., Addison-Wesley, 1969.

Gill, M., *Analysis of Transference*, vol. 1, Theory and Technique, New York, International Universities Press, 1982.

Goffman, E., *The Presentation of Self in Everyday Life*, New York, Anchor Books, 1959. Version française : *La mise en scène de la vie quotidienne 1. La présentation de soi*, éditions de Minuit, traduction de Alain Accardo, 1973.

Greenson, R.R., *The Technique and Practice of Psychoanalysis*, New York, International Universities Press, 1967.

Hodgson, R.C., Levinson, D.J. et Zaleznik, A., *The Executive Role Constellation*, Boston, Harvard Business School, Division of Research, 1965.

Jago, A.A., « Leadership : Perspectives in Theory and Research », *Management Science*, vol. 28, n° 3, 315-336.

Jakobson, R., *Essais de linguistique générale*, traduit par Nicolas Ruwet et A. Adler, Paris, Les éditions de Minuit, 1965.

Kets de Vries, M.F.R. et Miller, D., *The Invisible Hand : The Anatomy of Organizational Neurosis*, San Francisco, Jossey-Bass, 1984.

Lacan, J., « Les quatre concepts fondamentaux de la psychanalyse », in *Le séminaire de Jacques Lacan* (Livre XI), Paris, Seuil, 1973.

Lasswell, H., *Psychopathology and Politics*, éd. rev., New York, Viking, 1960.

Leach, E., *Claude Lévi-Strauss*, éd. rev., New York, Viking Press, 1974.

Leavy, S., *The Psychoanalytic Dialogue*, New Haven, Yale University Press, 1980.

Levine, R.A., *Culture, Behavior and Personality*, New York, Adline Publishing Co., 1980.

Lévi-Strauss, C., « The Structural Study of Myth, » *Journal of American Folklore*, vol. 18, n° 270, 1955, p. 428-444.

Lévi-Strauss, C., *Anthropologie structurale*, Paris, Plon, 1958 et 1974, p. 3-33.

Lévi-Strauss, C., *La Pensée sauvage*, Paris, Plon, 1962.

Lévi-Strauss, C., *Le Cru et le Cuit*, Paris, Plon, 1964.

Lévi-Strauss, C., *Tristes Tropiques*, Paris, Plon, 1955 (1973).

Malinowski, B., *Magic, Science, and Religion*, Garden City, N.Y., Anchor, 1955.

Maslow, A.H., *Motivation and Personality*, New York, Harper, 1954.

Mauss, M., *The Gift : Forms and Functions of Exchange in Archaic Societies*, traduit par Jan Cunnison, Glencoe, Ill., The Free Press, 1954.

Mead, G.H., *Mind, Self, and Society*, Chicago, University of Chicago Press, 1934.

Mintzberg, H., *The Nature of Managerial Work*, New York, Harper & Row, 1973.

Neustadt, R.E., *Presidential Power : The Politics of Leadership*, New York, Wiley, 1964.

Palmer, R., *Hermeneutics*, Evanston, Ill., Northwestern University Press, 1969.

Parsons, T., *The Structure of Social Action*, New York, McGraw-Hill, 1937.

Parsons, T. et Smelser, *Economy and Society*, Glencoe, Ill., The Free Press, 1956.

Parsons, T. et Shils, E.A., *Toward a General Theory of Action*, Cambridge, Mass., Harvard University Press, 1951.

Parsons, T., *Social Structure and Personality*, New York, Free Press, 1964.

Racker, H., *Transference and Countertransference*, New York, International Universities Press, 1968.

Radnitzky, G., *Contemporary Schools of Metascience*, Chicago, Henry Regnery, 1973.

Ricœur, P., *Freud and Philosophy : An Essay in Interpretation*, traduit par D. Savage, New Haven, Yale University Press, 1970.

Saussure, F. de, *Cours de linguistique générale*, Paris, Payot, 1969.

Selznick, P., *Leadership in Administration : A Sociological Interpretation*, Evanston, Ill., Row, Peterson, 1957.

Sennett, R., *Authority*, New York, Knopf, 1980. Trad. française : *Autorité*, Paris, Fayard, 1980.

Steele, R.S., « Psychoanalysis and Hermeneutics », *International Review of Hermeneutics*, 6 :389-41, 1979.

Watson, L.A., « Understanding a Life History as a Subjective Document : Hermeneutical and Penomenological Perspectives », *Ethos*, 21 :95-131, 1976.

Zaleznik, A., *Human Dilemmas of Leadership*, New York, Harper & Row, 1966.

DEUXIÈME PARTIE

L'agressivité, la culpabilité et le leadership

L'agressivité, la culpabilité
et le leadership
par Laurent Lapierre

Dans la section précédente, nous avons examiné comment les fantasmes inconscients pouvaient faire l'objet de la recherche en leadership. En reconnaissant la difficulté réelle d'une telle entreprise, nous avons proposé d'étudier les pratiques des leaders comme si elles étaient en elles-mêmes une réalité qu'on peut lire, des « textes vivants » qu'on peut interpréter. Dans cette perspective de recherche, en utilisant l'approche clinique et les histoires de cas comme méthode, une part importante du travail du chercheur consiste à créer des « textes écrits », des « narrations » qui permettent de « rendre » le fantasme inconscient sous-jacent à la pratique d'un leader et d'en comprendre le sens profond. Le défi et le risque sont grands — comment écrire et comprendre toute la complexité d'un être humain en une vingtaine de pages ? — mais c'est à ce prix que l'on peut approcher « certaines vérités » de l'existence humaine. Nous abordons maintenant cette étude des leaders, pris un à un. C'est en nous appuyant sur les histoires de cas (ces « textes écrits »), regroupés par thèmes, que nous tenterons de dégager les fantasmes inconscients qui peuvent expliquer le sens de leur action et de leurs pratiques. La « réalité écrite » de l'histoire de cas est l'outil qui nous permet de toucher la « réalité de la personne » et de sa pratique.

Dans cette deuxième partie, nous présentons trois études de cas par lesquelles nous tenterons d'inférer le fantasme inconscient, le scénario ou le drame intime sous-jacent à l'existence ou à l'œuvre des êtres exceptionnels que sont ces leaders. Nous avons choisi un texte de Melanie Klein, « Les racines infantiles du monde adulte », comme première base de notre réflexion et de notre compréhension de cette dimension inconsciente des pratiques de leadership. Dans ce texte, Melanie Klein fait part de ses découvertes et de ses théories sur le développement psychique. Comme le titre de son texte l'indique, elle soutient que le développement du sujet au cours de son enfance constitue les racines de son monde adulte et exerce une influence constante sur ses choix et ses actions.

Si Freud a surtout recherché ce qui restait dans le psychisme de l'individu de la relation père-enfant, Melanie Klein s'est surtout penchée sur l'importance primordiale de la relation mère-enfant dans le développement psychique, dans la constitution du monde intérieur qui sera à la base de la maturation affective. Compte tenu de la perspective de ce livre, il n'est pas inutile de souligner (d'imaginer) que Melanie Klein a inévitablement fait appel à l'expérience subjective de sa relation d'enfant à sa mère et de sa relation de mère à ses enfants pour proposer une compréhension nouvelle et audacieuse du développement psychique. Elle a ainsi pris le leadership d'un mouvement connu sous le nom de « théorie des relations d'objet », école de pensée dont les adeptes sont nombreux, et qui marque profondément la recherche scientifique actuelle au sein de la communauté psychanalytique.

En plus de miser sur son univers fantasmatique (sur sa projection organisatrice, pour reprendre l'expression que nous avons utilisée dans la première partie), c'est à partir de son expérience clinique avec des adultes et de sa technique du jeu utilisée dans le traitement psychanalytique des enfants que Melanie Klein a avancé et montré que les premières relations à la mère jetaient les bases de la réalité psychique de l'individu, réalité qui influencera toute sa vie sa façon d'être et son mode d'interaction avec les autres. Elle s'est penchée sur les modalités du développement affectif de l'enfant au cours de la première année de son existence (notamment des premiers jours et des premiers mois). C'est une période où la bouche, les sens et la chaleur du contact permettent à l'enfant de « sentir », de « goûter » et d'intérioriser sa mère inconsciemment. Elle est sa première épreuve de la réalité. Cette réalité intériorisée deviendra le fondement de ce qui sera, pendant toute sa vie, la vision qu'il projettera sur la réalité extérieure.

Sans reprendre ici l'argumentation qu'on trouve dans l'article de Melanie Klein, signalons qu'elle fait l'hypothèse de l'existence, dès les premières heures de la vie, d'une activité fantasmatique rudimentaire mais bien réelle. C'est là une des contributions majeures de Melanie Klein. L'enfant n'est pas un réceptacle passif, façonné par la réalité extérieure. La constitution de la vie psychique ne va pas uniquement dépendre de l'univers idyllique, des traumatismes, des « bons soins » et des « mauvais coups » des parents qui pourront affecter le développement de l'enfant. La projection existe chez le bébé, comme mécanisme psychologique, dès le début de sa vie. La réalité psychique de l'enfant va donc se constituer à la fois de la projection de sa réalité intérieure (déterminée en grande partie par ses prédispositions héréditaires) et de la réponse physique et affective de ses parents (primordialement de sa mère) à ses demandes. La théorie des relations d'objet s'attache aux interactions entre le sujet et ses premiers objets significatifs qui lui prodiguent nourriture, soins, organisation, etc. Cependant, cette théorie tente surtout d'expliquer ce qui se passe à l'intérieur de l'enfant, ce qui se passe dans son univers fantasmatique aux premiers moments de son existence.

L'enfant expérimente sa première relation à la réalité extérieure (à sa mère) d'une part comme « frustrante », ne répondant pas complètement à ses besoins, lui prêtant même des desseins de destruction et de persécution parce qu'il projette sur elle sa propre rage destructrice. D'autre part, il expérimente la réalité extérieure (sa mère toujours) comme « gratifiante », répondant de façon satisfaisante à ses besoins de nourriture et d'amour. Il l'intériorise alors comme bienfaisante, capable même de passer outre à ses impatiences envers elle, à ses rages ou à ses colères. L'enfant intériorise ses premiers objets réels non seulement en y projetant ses propres affects, mais aussi en introjectant leurs affects. L'enfant a une conscience intuitive, innée de ce qui se passe en lui, mais il sent et intériorise aussi ce qui se passe à l'intérieur de ses parents.

De ce qu'il a intériorisé de ses premières relations à sa mère dépend l'issue, dans sa vie adulte, de la lutte entre la « destructivité » (l'envie et l'avidité) et la « réparation » (la culpabilité, l'amour et le besoin de créer). Dans des conditions favorables au développement, il en résulte chez l'individu une vision réaliste du monde, une réalité extérieure perçue en partie frustrante, mais surtout gratifiante, capable de fournir des occasions de plaisir et de réalisation de soi.

La théorie du développement proposée par Melanie Klein indique dans quel sens s'effectue la maturation dans le développement psychique. Si la projection domine d'abord, le monde intérieur organisant notre vision et notre perception du monde extérieur, le sujet intériorise de façon réaliste (par le mécanisme de l'introjection) un monde extérieur plutôt bienveillant et qui devient partie intégrante de son monde intérieur en perpétuel devenir. Même si le clivage des objets et des sentiments, attribuable à la pulsion destructrice, reste toujours possible, la destructivité, l'envie et l'avidité s'atténuent, la réalité extérieure étant acceptée de façon plus réaliste. Il résulte des prédispositions à la destruction domestiquées, éduquées et civilisées par des relations gratifiantes, une « saine agressivité », un besoin de s'affranchir, de se réaliser comme personne autonome capable d'aller au bout d'une vision originale de soi et du monde, ce qui n'empêche pas de réexpérimenter l'anxiété de persécution quand cette vision est contrecarrée par les autres. Des dispositions naturelles à accepter et à réparer, renforcées par des relations sécurisantes, il résulte un désir, jamais complètement assouvi, d'être nourri, d'être protégé et d'être aimé, désir qui est aussi à la base de la capacité de nourrir, de protéger, de donner, de servir, de créer et d'aimer en retour. Dans des conditions non favorables, les dispositions à la destruction exacerbent l'anxiété de persécution et peuvent conduire à la paranoïa, alors que l'incapacité d'accepter et de réparer exacerbe l'angoisse dépressive et peut conduire à un profond sentiment de culpabilité et d'indignité et à une incapacité totale.

Par l'observation régulière, tant dans le travail clinique que dans les relations de la vie courante, de ce qu'il y a d'enfantin dans le comportement des adultes, les chercheurs d'orientation psychanalytique, en faisant eux-mêmes appel à leur imagination et à leurs fantasmes d'enfant, ont pu imaginer ce qui pouvait se passer dans le psychisme des nourrissons. Une attention méticuleuse aux comportements d'un enfant ou d'un adulte, aux multiples façons qu'il a d'exprimer ses désirs, ses besoins, ses demandes, ses intérêts et ses sentiments, permet d'avoir une bonne idée des affects qu'il éprouve et d'extrapoler les fantasmes sous-jacents à son univers intérieur. L'attention aux comportements et aux fantasmes d'adulte permet d'avoir une idée de ce qu'ont pu être les fantasmes d'enfant.

Quand on observe chez un leader une grande avidité ou une envie dévorante, on peut faire l'hypothèse que sa relation de nourrisson à sa mère, qu'il s'agisse de nourriture, de chaleur, de marques d'affection ou d'attention, a été aussi marquée d'une grande avidité ou d'une envie dévorante. Un tel individu demeure profondément avide, ambitieux et jamais satisfait. Il devra apprendre à composer avec ces fondements de sa réalité psychique s'il ne veut pas en être victime. Quand on observe que la pensée magique existe chez un adulte, il ne faut pas être grand sorcier pour imaginer la place qu'elle a pu prendre pendant son enfance. Quand un adulte reproduit de façon compulsive, avec des figures d'autorité, des comportements agressifs pareils à ceux, d'après son histoire, qu'il aurait souhaité avoir à l'égard de ses parents, il est possible d'inférer le fantasme qui inconsciemment était déjà sous-jacent pendant son enfance. On pourrait continuer longuement sur ce que nos comportements « adultes » nous apprennent de nos racines infantiles. Il s'agit seulement d'être à l'écoute de ses fantasmes d'enfant (ses racines) qu'on garde bien vivants toute sa vie. Si on poursuivait avec la métaphore des racines qu'on ne voit pas et de la plante qu'on voit à l'extérieur, on pourrait dire que plus l'arbre est extérieurement sain, plus il est grand, plus son tronc est solide, plus ses branches ont de l'envergure et plus son feuillage est fourni, plus on peut se faire une idée de la profondeur, de l'étendue et de la vitalité de ses racines. De même, quand on a affaire aux êtres exceptionnels, « plus grands que nature », que sont les leaders, il est facile d'imaginer ce que peuvent être leurs racines. De la contribution de Melanie Klein, nous retenons donc que les fantasmes inconscients restent omniprésents tout au long de la vie, non seulement dans la création artistique et les œuvres scientifiques, mais aussi dans toute activité humaine et toute pratique de direction et de leadership. L'extérieur prend toujours racine à l'intérieur et en est toujours une manifestation.

Avant de passer à la lecture du texte de Melanie Klein, les trois histoires de cas qui font l'objet de cette partie de l'ouvrage présentent trois leaders chez qui l'avidité et l'ambition laissent deviner l'ampleur de l'agressivité et les affres de la culpabilité qui a pu en découler. Le texte de Sudhir Kakar nous présente un mahatma Gandhi dévoré par le désir sexuel et le plaisir sensuel. De son autobiographie il ressort que le premier objet de son désir et de son plaisir fut (la nourriture de) sa mère. Il a éprouvé de l'agressivité envers l'intrusion de son père dans cette relation. La culpabilité qu'il en a ressentie, les particularités de son fantasme inconscient et de la situation historique qui prévalait alors, lui ont fait choisir le jeûne comme « arme » politique et la continence totale comme « nourriture psychique et spirituelle ». Le lecteur aura intérêt à confronter deux images de Gandhi dans sa recherche de la vérité du personnage. Le cinéaste Richard Attenborough a réalisé un film dans lequel il a méticuleusement reconstitué la vie (extérieure) et la carrière du Mahatma à partir de documents historiques. Cette œuvre d'art lui a valu plusieurs distinctions. Le lecteur pourra contraster « la vérité » proposée par Kakar et celle proposée par Attenborough. Sylvain St-Jean nous présente ensuite un Mackenzie King ayant pour sa mère des mots d'amoureux. Il a été incapable de reconnaître la femme dépendante qu'elle était et l'agressivité qu'il éprouvait envers elle. Les particularités de son inconscient lui ont fait cliver ses émotions et ses pensées, ce qui l'a amené à entretenir des relations ambivalentes avec les femmes (idéalisées ou méprisées) et avec la réalité extérieure (les vivants décevants et les revenants sécurisants). Son univers intérieur a déterminé en grande partie sa carrière politique et l'héritage qu'il a laissé. Il serait intéressant de nous demander quelle « vérité » nous aurions de la vie de Mackenzie King si nous n'avions pas eu accès à son volumineux journal intime. Enfin, Massimo Busetti et Manfred F.R. Kets de Vries nous présentent un Carlo De Benedetti qui bâtit avidement un empire industriel et financier pour prouver à son père et au monde qu'il n'est pas l'idiot qu'on lui a reproché d'être et pour échapper à la peur de tout perdre. L'ambition avide de sa vie publique laisse deviner la violence de ses fantasmes d'enfant à l'endroit de ses parents (en particulier envers son père qui le trouvait idiot) et la culpabilité qui a pu résulter des malheurs qui leur sont effectivement arrivés. Il est fréquent que les enfants, par l'effet de la pensée magique, croient que les malheurs qui arrivent à leurs parents résultent de leurs propres souhaits, difficilement répressibles, mais (inconsciemment) ressentis même s'ils restent secrets.

Ces trois études de cas seront pour nous l'occasion de découvrir un peu mieux, en éprouvant intersubjectivement le drame de ces trois hommes, que l'agressivité et la culpabilité sont des composantes universelles de l'humanité et du leadership. Melanie Klein écrit que l'ambitieux « trouve une satisfaction à aider les autres dans leur participation à la tâche commune, si l'avidité et l'envie ne sont pas excessives. C'est là une des attitudes sur lesquelles repose la réussite du leader ». Ce qu'elle écrit du leadership s'applique aussi à la connaissance. On trouve satisfaction à l'intersubjectivité de la connaissance, à condition que l'avidité et l'envie ne soient pas excessives.

Gandhi et le fantasme de l'érotisme
Retrouver l'union à la mère
par le jeûne et la continence

> Mais qui suis-je, même au mieux, sinon un
> enfant qui tète le lait que Tu donnes et qui
> prend de Toi la nourriture qui ne périt pas ?
> Mais quelle sorte d'homme peut être tout
> homme, quand on sait que ce n'est
> qu'un Homme ?
>
> Saint Augustin, *Confessions*

Dans son *Autobiographie*, que Gandhi écrivit vers l'âge de 55 ans, pendant une période de sombre mélancolie qui devait durer 5 ans, le leader indien fait remonter ses préoccupations sexuelles et sa lutte contre la sexualité à son mariage, c'est-à-dire à l'époque de ses 13 ans. Au Kathiawar, sur la côte ouest de l'Inde, où son père était le premier ministre d'une petite principauté indienne, les mariages d'enfants étaient monnaie courante. Décrivant la scène 40 ans plus tard, Gandhi se souvenait encore des détails des fêtes du mariage. Son frère aîné, un cousin et lui-même devaient se marier au cours de la même grande cérémonie, et le petit Gandhi était tout excité à la pensée des vêtements neufs, des somptueux banquets de noces et des nuits de musique et de danse. « Le goût du plaisir sexuel m'est venu plus tard », écrit-il. « Je pourrais raconter comment le désir s'est éveillé, mais le lecteur devra refréner sa curiosité. Je tiens à cacher ma honte »[1]. Le père de Gandhi avait eu un accident en se rendant à la cérémonie ; la voiture à

Ce cas a été préparé par Sudhir Kakar du Centre for the Study of Developing Societies, Delhi, Inde, pour le Symposium international sur les pratiques du leadership en gestion : « L'imaginaire et le leadership », tenu en mai 1986, à l'École des Hautes Études Commerciales (Montréal). Il a été traduit, avec l'autorisation de Sudhir Kakar, par Marie Thibault sous la direction du professeur Laurent Lapierre. Ce cas est destiné à servir de base à la discussion en commun et ne prétend pas présenter un exemple de solution correcte ou fautive des problèmes d'administration.

chevaux dans laquelle il prenait place avait versé, et il était finalement arrivé en retard, les bras et le dos couverts de bandages. Le jeune garçon était bien trop absorbé par tout ce qui se passait pour faire attention à son père blessé, indifférence que l'homme mûr notait maintenant avec honte : « J'avais de l'affection pour mon père, mais j'étais également attaché à la sensualité. Par sensualité, je ne veux pas désigner ici un organe particulier, mais bien toute la sphère du plaisir sensuel »[2].

Après son mariage, la sexualité devint une obsession pour l'adolescent. À l'école, il pensait constamment à sa femme et il avait hâte que le jour tombe pour pouvoir aller la rejoindre. Il était d'ailleurs consumé par une jalousie aussi furieuse qu'inexplicable. Il voulait être au courant des moindres mouvements de sa femme pendant son absence et il lui interdisait de sortir seule pour faire des courses ou rencontrer ses amies. Kasturba, la femme de Gandhi, n'était pas fille à supporter des restrictions et des accusations aussi déraisonnables, inspirées par une jalousie que rien ne justifiait. Le couple avait donc de violentes querelles, querelles vite oubliées la nuit au lit, mais reprises dès la venue du matin. Gandhi estime que seules deux circonstances l'empêchèrent de sombrer, autant sur le plan émotif que physique. La première était cette coutume qu'ont les hindous, conscients de la nature dévorante des passions adolescentes, de séparer fréquemment mari et femme pendant les premières années du mariage. C'est ainsi que Kasturba faisait de longues visites à sa famille ; Gandhi estimait que sa femme et lui n'avaient probablement pas vécu ensemble plus de la moitié du temps pendant les six premières années de leur mariage.

La deuxième cause du salut de Gandhi fut son sens du devoir. En tant que membre d'une grande famille étendue, Gandhi avait un rôle particulier à remplir et était chargé de tâches précises. Sa situation de fils impliquait aussi des devoirs, et il était particulièrement conscient de ses obligations envers son père vieillissant et malade. En rentrant de l'école, Gandhi passait d'abord un certain temps avec son père, lui massant les jambes et veillant à lui rendre d'autres services. Mais tout en s'acquittant de ces devoirs, son esprit vagabondait et il attendait avec impatience d'en avoir fini, l'imagination tout occupée de l'image de sa femme-enfant l'attendant dans une autre pièce de la maison.

Le conflit envahissant et lourd de conséquences entre le désir génital et une succession de « devoirs plus nobles » — que ce soit l'affection due à son père et le vœu qu'il allait faire plus tard à sa mère, ou encore le service à la communauté et à la nation, ou enfin les impératifs de la réalisation de soi du *moksha* — ce conflit donc, est illustré de manière tout à fait parlante par le récit que fait Gandhi de la mort de son père. Je rappellerai brièvement ce récit qui a souvent été utilisé depuis, soit sous forme de conte moral, soit comme matière à exégèse psychanalytique.

Le père de Gandhi avait été gravement malade et son frère cadet était venu le soigner, tâche qu'il partageait avec le fils. Un soir, vers dix heures et demie ou onze heures, Gandhi massait les jambes de son père, quand son oncle lui conseilla d'aller se reposer. Soulagé, le jeune Gandhi se dépêcha d'aller réveiller sa femme enceinte ; il est facile de lire entre les lignes que c'était pour faire l'amour. Quelques minutes plus tard, un domestique frappa à la porte pour lui annoncer que son père avait rendu le dernier soupir. Gandhi affirme avoir regretté toute sa vie qu'une « concupiscence aveugle » l'ait privé de rendre les derniers devoirs à son père et lui ait fait manquer la « bénédiction » du patriarche, bénédiction que l'oncle reçut à sa place. « C'est là la honte à laquelle je faisais allusion au chapitre précédent, écrit-il, une obsession sexuelle qui me tenait même au milieu de mes devoirs envers mon père. Aujourd'hui encore, je n'ai pas réussi à me laver de cette tache. Je ne peux oublier que, malgré mon affection infinie pour mes parents et même si j'étais prêt à tout leur donner, mon esprit ne pouvait se libérer du désir, même en un moment critique. J'ai commis une faute impardonnable dans mes devoirs envers mon père. C'est pourquoi, malgré ma fidélité à une même femme, je me considère comme un homme aveuglé par la sexualité. Il m'a fallu longtemps pour me libérer de la concupiscence, et j'ai dû surmonter bien des épreuves avant d'atteindre cette liberté.

« Avant de conclure ce récit de ma double honte, je voudrais ajouter que l'enfant que ma femme mit au monde ne vécut que quelques jours. Quelle autre issue tout cela pouvait-il avoir[3] ? » La passion sexuelle met en danger toutes les générations, semble dire Gandhi, non seulement les parents envers qui on est moralement et filialement obligé, mais les enfants conçus au cours de l'union sexuelle. Mais que penser de la honte de Gandhi, et de ce qui semble être son sentiment de culpabilité ? Quelles particularités culturelles rendent sa conception et sa conscience hindoues ou indiennes de la sexualité différentes de celle des saints pénitents de l'Occident, de saint Augustin à Thomas Merton ? Comment, comme eux, a-t-il pu mettre ses manquements et sa contrition au service d'une révolution tant collective que personnelle et spirituelle ? Voilà certaines des questions auxquelles nous tenterons de répondre.

Gandhi parlera de « vérité » là où les Occidentaux parlent de foi, comme du contrepoids aux tentations et aux limites de la chair. Toute sa vie adulte, Gandhi s'est senti en proie à la passion. Il conclut l'introduction de son *Autobiographie* par ces mots : « La norme [de vérité] que je me suis donnée, et selon laquelle nous devrions tous nous mesurer, me force à dire avec Surdas :

Où trouve-t-on un être
Aussi vicieux, méchant et débauché que moi ?
J'ai abandonné mon créateur
Tant je suis infidèle [4].

Car c'est une torture sans répit pour moi que d'être encore si éloigné de Celui qui préside à chacune de mes respirations. Je sais que ce sont mes passions qui sont la cause de cet éloignement. Je vois ces passions, mais je ne peux encore les arracher de moi. »

Tout au long de l'impitoyable analyse de soi qui fait la matière du reste de l'ouvrage, l'interminable lutte de Gandhi contre ses appétits sexuels et son aspiration à une vie de chasteté et de pureté ressort clairement. Pour Gandhi, la victoire dans cette bataille représentait la condition *sine qua non* du *moksha*, par lequel l'homme s'affranchit du cycle des naissances et des morts auquel est enchaînée l'âme humaine selon la religion hindoue, et dont Gandhi nous dit que la recherche a inspiré toutes ses activités, aussi bien personnelles que politiques [5]. C'est du rejet, des cendres du désir sexuel qu'a pu naître, comme le phénix, la *Satyagrapha*, c'est-à-dire cette arme de la non-violence qu'il a utilisée de manière si efficace dans sa lutte politique contre l'oppression raciale en Afrique du Sud et plus tard contre l'Empire britannique.

Bataille, armes, victoire et défaite, tous ces termes se retrouvent dans l'imagerie employée par Gandhi pour faire état du conflit de toute sa vie contre l'obscur dieu du désir, le seul adversaire qu'il n'ait pas confronté par la non-violence et le seul qu'il n'ait pas complètement soumis. Les métaphores qui servent à décrire cette lutte passionnée sont « l'invasion par un ennemi insidieux » qui doit être « implacablement repoussé », tandis que la lutte est un aussi grand péril que « marcher sur le fil de l'épée ». Le dieu même (quoique Gandhi n'eût pas concédé à Kama, le dieu de l'amour, le statut élevé que lui accorde une grande part de la mythologie hindoue) est « le serpent dont je sais qu'il me mordra », « le scorpion de la passion » dont l'écrasement, la destruction, l'annihilation, est le but suprême de tous ses efforts spirituels. En contraste frappant avec tous ses autres adversaires dont il a toujours scrupuleusement respecté l'humanité, le dieu du désir était le seul antagoniste avec qui Gandhi ne pouvait faire de compromis et dont il a toujours nié l'humanité, sans parler de la divinité.

Pour Gandhi, toute défaite dans cette guerre était l'occasion de reproches amers et d'aveux publics de son humiliation, tandis que toute victoire était joie, « fraîche beauté », accroissement de cette vigueur et de cette confiance en soi qui le rapprochait du *moksha* tant convoité. Même si ses valeurs sont à l'opposé de celles décrites ici, tout lecteur sans préjugés et conscient de la grandeur de Gandhi et de son intuition prophétique de bien des dilemmes de la vie moderne ne peut s'empêcher d'être ému par l'ampleur de la lutte personnelle du leader : héroïque dans ses proportions, formidable dans son intensité, interminable dans sa durée. Gandhi conclut son autobiographie par ces mots : « Conquérir les subtiles passions me semble bien plus difficile que la conquête du monde par la force des armes. Depuis mon retour en Inde, j'ai éprouvé par expérience les passions cachées en moi. Elles m'ont fait honte, mais je n'ai pas perdu courage. Mon expérience de la vérité m'a donné, et continue de me donner, une grande joie. Mais je sais que je dois suivre une voie périlleuse. Je dois me réduire à néant »[6]. Nul lecteur ne peut à ce moment douter de sa sincérité passionnée et de sa franchise. Sa morale n'est pas celle, réfléchie et même dénuée de passion, des fidèles plus ordinaires.

Il est évidemment impossible de savoir si Gandhi était affligé d'un tempérament érotique hypertrophié ou s'il possédait simplement une conscience d'une immense délicatesse qui faisait de chaque entorse à un inaccessible idéal de pureté une chute importante. On ne pourra jamais non plus connaître l'impact paradoxal de ses scrupules qui ont bien pu intensifier les désirs mêmes auxquels ils s'opposaient. Désirs et réticences s'alimentent mutuellement, le couvercle du contrôle de soi comprime et chauffe la marmite du désir, pour reprendre la célèbre métaphore de Freud, l'intensité croissante des sentiments nécessitant des efforts toujours plus grands. Prenant la parole lors du centenaire de la naissance de Tolstoï en 1928, Gandhi lui-même nous prévient que nous devons nous abstenir de juger. Commentant la signification de luttes semblables dans la vie de l'*homo religiosi*, il semble réclamer l'empathie, plutôt que des catégorisations faciles.

Les contradictions apparentes dans la vie de Tolstoï ne sont pas une tache sur lui ni un signe d'échec. Elles démontrent simplement l'échec de l'observateur... Seul l'individu lui-même sait à quel point il lutte dans le fond de son cœur et quelles victoires il a remportées dans la guerre entre Rama et Ravan (le bon et le mauvais protagoniste de l'épopée indienne, le *Ramayana*). Un spectateur ne peut rien savoir de tout cela[7].

Quand il s'agit de porter un jugement sur un grand homme, Gandhi nous dit ceci, et il semble parler tout autant pour lui-même que pour Tolstoï :

> Dieu seul est témoin des batailles qu'il a livrées en son cœur et des victoires qu'il a pu remporter. Lui seul détient les preuves de ses échecs et de ses succès... Si quelqu'un trouvait une faiblesse chez Tolstoï, quoique l'occasion ait dû se présenter bien rarement car il savait s'examiner lui-même sans pitié, il amplifiait cette faiblesse jusqu'à des proportions effroyables. Il aurait vu la défaillance et aurait fait pénitence de la manière qui lui aurait semblé la plus appropriée, avant même que quiconque ait pu la lui faire remarquer[8].

Voilà un avertissement que nous devons prendre au sérieux, même si nous n'en avions pas vraiment besoin. Nous n'avons en effet nullement l'intention « d'analyser » le conflit sexuel de Gandhi dans une perspective réductionniste. Bien au contraire, ce que nous tentons ici, c'est de comprendre ce conflit dans toute sa passion — et son obscurité. L'angoisse de Gandhi est aussi la nôtre, après tout, puisqu'elle découle inévitablement du long voyage qu'effectue l'être humain entre la naissance et l'âge adulte ; tous, nous devons faire la guerre à nos désirs. Nous commencerons donc par rapporter la manière dont Gandhi lui-même a expérimenté sa sexualité avant de replacer les concepts d'érotisme et de pureté sexuelle dans le contexte culturel indien. C'est seulement quand nous aurons analysé les significations *personnelles* et *traditionnelles*, sociales, du conflit de Gandhi (et des solutions qu'il a adoptées pour le résoudre) que nous en viendrons à ce qu'en tant qu'analystes nous avons été formés à reconnaître et à interpréter, soit ses dimensions *inconscientes*. À ce propos, nous pourrions ajouter que Gandhi, si authentiquement ouvert aux points de vue différents des siens, si ostensiblement attaché à la doctrine de la « multiplicité » (*anekantavad*) de la réalité, n'aurait pas fait objection à ce que nous tendions ces trois miroirs différents à son unique réalité.

Dans notre démarche, il est important que nous écoutions attentivement la voix de Gandhi décrivant ses conflits dans la langue même qu'il a utilisée pour en parler, soit le gujarati, sa langue maternelle. Étant donné la tendance à l'hagiographie que l'on retrouve parmi les disciples du grand homme, leurs traductions, surtout quand il s'agit des conflits sexuels du Maître, sont portées à déformer la voix de l'homme pour mieux laisser voir le saint. La traduction anglaise de l'*Autobiographie* de Gandhi par son fidèle secrétaire, Mahadev Desai, souffre sérieusement de cette déformation en dépit des révisions personnelles de l'auteur, et toute interprétation fondée sur cette traduction risque de passer à côté de l'expérience personnelle de Gandhi. Prenons par exemple un incident de jeunesse très connu : l'écolier Gandhi se rend pour la première fois chez une prostituée en compagnie de son ami musulman et constant tentateur, Sheikh Mehtab. La version originale en gujarati décrit l'incident comme suit :

> Je suis entré dans la maison, mais celui qui est destiné à être sauvé par Dieu reste pur, même s'il veut tomber. Je suis devenu presque aveugle dans cette pièce. Rendu muet par l'embarras, je me suis assis sur un divan avec la femme, mais je n'arrivais pas à articuler le moindre mot. La femme s'est mise en colère, et m'a lancé quelques injures choisies en me mettant à la porte[9].

La traduction anglaise est beaucoup moins factuelle. Elle est pleine d'augustianismes : le jeune Gandhi pénètre dans la « tanière du vice » et s'attarde « dans les mâchoires du péché ». Rien de tout cela dans l'original. En ajoutant à « passions » des adjectifs comme « mauvaises » et « animales », le traducteur semble interpréter ces passions dans un sens théologique chrétien qu'on ne retrouve pas dans le récit de Gandhi. Saint Augustin, par exemple, dont les *Confessions* ont beaucoup en commun avec les *Expériences* de Gandhi, était déchiré par « le péché qui habitait en moi », par « la punition d'un péché librement commis puisque je suis un fils d'Adam »[10]. Gandhi est loin de cela quand il utilise deux mots, *vishaya* et *vikara*, pour désigner respectivement la concupiscence et la passion. La racine du mot *vishaya* est « poison », et c'est comme un poison que Gandhi ressent la sexualité, comme par exemple quand il l'associe aux serpents et aux scorpions. Le sens littéral de *vikara* ou passion est « distorsion », et c'est comme distorsion que les

155

passions sont traditionnellement vues dans la pensée hindoue, comme des vagues de l'esprit qui déforment les eaux claires de l'âme. Pour Gandhi, la concupiscence n'est donc pas un péché, mais un poison qui contamine l'élixir d'immortalité. Elle est dangereuse d'elle-même et en elle-même, « déstructuralisante » en termes psychanalytiques, et non seulement immorale et en contradiction avec certaines injonctions sociales ou morales. Être passionné, ce n'est pas rompre avec un état de grâce, mais souffrir d'une distorsion de la vérité. Contrairement à ce que nous laisse entendre la version anglaise, qui fait d'un conflit tout hindou un dilemme chrétien, la lutte de Gandhi contre la sexualité n'est pas essentiellement un conflit entre le péché et la moralité, mais plutôt une lutte entre la mort et l'immortalité, et sur laquelle le débat moral vient en surimpression.

Gandhi reprend le récit de son odyssée sexuelle quand, à l'âge de 18 ans, il quitte sa femme et sa famille (un fils lui était né un peu plus tôt) pour aller en Angleterre faire son droit. Il avait dû pour cela vaincre l'opposition acharnée de sa famille et de la communauté qui professaient l'opinion orthodoxe voulant qu'on ne peut rester un bon hindou si on va à l'étranger. Gandhi avait fini par obtenir le consentement de sa famille, mais seulement après avoir solennellement juré à sa mère qu'il éviterait scrupuleusement et pendant tout son séjour dans l'île lointaine les trois grands aliments de la passion, « le vin, les femmes et la viande », cette anxieuse contrepartie indienne au joyeux « wine, women and song » anglais. La communauté ne devait pas se laisser attendrir si facilement et le rejeta en tant que paria.

Le récit que fait Gandhi de son séjour en Angleterre est curieux à bien des égards. V.S. Naipaul a fait remarquer à quel point l'intense repliement sur soi de Gandhi le rendait indifférent à tout ce qui lui était extérieur [11]. Gandhi ne fait jamais allusion au climat ou aux saisons. Il ne décrit pas les monuments ou les rues de Londres, et ne paraît pas s'être spécialement intéressé à la vie sociale, intellectuelle et politique de la capitale. Quand on sait que jusque-là, et à nouveau plus tard, Gandhi se repliait sur lui-même avant tout à cause de sa préoccupation pour la sexualité, le peu de place qu'il consacre aux remous du désir sexuel est encore plus frappant. Dans tout le feu de la jeunesse, s'initiant aux aimables conventions anglaises et, entre autres, à la danse, ce jeune homme passionné et sensuel, même si c'était à son corps défendant, nous dit fort peu de choses sur la manière dont il a fait face à ses désirs et à leur inévitable stimulation dans une société où les contacts entre les sexes étaient beaucoup plus libres que dans son Kathiawar natal. La seule exception à ce silence est la relation d'un incident qui se passa vers le fin de son séjour, alors que Gandhi était allé assister à une conférence de végétariens à Portsmouth et qu'il logeait avec un ami dans la maison d'une femme qui, « sans être une prostituée, était de mœurs légères ». Le soir, ils avaient tous trois joué aux cartes en assaisonnant la conversation de force plaisanteries à caractère sexuel à laquelle Gandhi s'était joint volontiers. Gandhi se sentait tout prêt, comme il le dit, « à descendre de la parole aux actes », mais son ami intervint pour lui rappeler son vœu. « Je me sentis gêné. Je repris mes sens. Au fond de moi-même, j'étais reconnaissant à mon ami. Je me rappelais le vœu fait à ma mère. Je tremblais au moment de rentrer dans ma chambre. Mon cœur battait à tout rompre. J'étais dans l'état de l'animal sauvage qui vient tout juste d'échapper au chasseur. Je crois que c'est là la première fois que je me suis senti "possédé" par la passion pour une femme qui n'était pas la mienne et que j'ai désiré "m'amuser" avec elle [12]. »

Dans toute cette partie « anglaise » de l'*Autobiographie* de Gandhi, c'est le seul aveu explicite de préoccupation sexuelle, et en l'occurrence le devoir plus élevé a su affronter et dominer la tentation sexuelle. On peut penser que la préoccupation antérieure pour la sexualité était passée dans une phase souterraine dont elle devait réémerger sous forme de deux courants différents qui, à la surface, semblent tout à fait indépendants de la sexualité génitale. Le premier de ces courants est la préoccupation croissante de Gandhi pour les questions religieuses et spirituelles. Il nous raconte ses visites à des théosophes, ses conversations avec des ecclésiastiques chrétiens, ses lectures d'ouvrages sur la spiritualité et la religion. Il arrive d'ailleurs que Gandhi semble parfaitement conscient du rapport entre ses luttes contre la sexualité et ses intérêts spirituels. C'est ainsi qu'il note les vers de la *Bhagavad Gita* :

Si l'on médite sur les objets des sens,
Il en sort l'attrait.
De l'attrait naît le désir,
Le désir s'enflamme en passion ardente,
La passion engendre la témérité.
Puis la mémoire — tout est trahi —
Abandonne le noble dessein, sape l'esprit,
Jusqu'à ce que dessein, esprit et homme
Soient tous perdus.

« Ces vers, écrit-il, ont fait une forte impression sur mon esprit et résonnent encore à mes oreilles » [13].

L'autre courant est son obsession pour la nourriture. Page après page, Gandhi nous raconte avec une pléthore de détails ce qu'il a mangé et ce dont il s'est abstenu, pourquoi il s'est servi de certains plats et pourquoi il n'a pas touché à d'autres, qu'un éminent végétarien lui a dit ceci et cela à propos des œufs et qu'un autre végétarien tout aussi éminent lui a dit tout le contraire. Le rapport entre sexualité et nourriture devient franchement explicite bien des années plus tard quand les méditations de Gandhi sur la chasteté sont presque inévitablement suivies de discussions exhaustives sur les aliments qui stimulent le désir et sur ceux qui l'éteignent. À nouveau, nous devons nous rappeler que dans la conscience indienne, la symbolique de la nourriture est plus étroitement ou manifestement liée à la sexualité qu'en Occident. Comme nous le rappelle A.K. Ramanujan, les mots qui désignent le fait de manger et le plaisir sexuel ont la même racine en sanscrit, *bhuj*; et de plus, on décrit souvent, en Inde, les relations sexuelles comme un acte par lequel l'homme et la femme se nourrissent l'un l'autre [14].

À son retour en Inde, Gandhi se trouva confronté à la nécessité de gagner sa vie comme avocat, tâche pour laquelle il se trouvait mal préparé tant professionnellement que personnellement. Une section de sa caste était encore hostile à son égard et ne lui avait pas pardonné d'avoir défié l'interdit de partir à l'étranger. Il avait aussi de la difficulté à s'ajuster aux normes et aux habitudes de la vie dans une famille indienne étendue, et sa famille n'avait pas moins de difficulté à s'adapter aux nouvelles habitudes et valeurs du jeune homme quelque peu anglicisé. Maintenant que les frontières culturelles sont franchies dans un sens ou dans l'autre par une multitude de gens, l'Indien éduqué est capable de sourire avec indulgence devant les aspects tragi-comiques de ce choc culturel inversé. Le thé et le café, le porridge et le chocolat furent introduits au petit déjeuner de la famille Gandhi. Des bottes, des chaussures — et des chaussettes malodorantes — devaient maintenant être portées dans la chaleur brûlante du Kathiawar.

Son séjour en Angleterre n'avait cependant pas atténué la jalousie de Gandhi, ni mis fin à ses soupçons sur la fidélité de sa femme. Le mariage était toujours agité, secoué de tempêtes causées par le désir génital incessant de Gandhi. « Je trouvais que ma femme devait apprendre à lire et à écrire et je comptais entreprendre son éducation, mais mon "attachement à la luxure" faisait obstacle à ce projet et je reportais sur elle ma colère contre ma propre faiblesse. Les choses en vinrent à un point tel qu'une fois je la renvoyai chez ses parents et ne consentit à la reprendre qu'après l'avoir fait beaucoup souffrir »[15]. Les purs peuvent être cruels, et jamais autant qu'envers ces femmes dépendantes qui menacent de dévorer leur vertu.

Indépendamment du sempiternel conflit érotique, des problèmes économiques, sociaux et familiaux semblent avoir mis Gandhi sur la voie de la spiritualité. Il avait maintenant trouvé un guide : Raichandra, un jeune joaillier. Bien plus intéressé par le *moksha* que par les pierres précieuses, Raichandra était un homme selon le cœur de Gandhi. Ils se rencontraient souvent pour discuter de sujets spirituels. La sincérité profonde de Raichandra, son zèle, sa connaissance de la pensée et des Écritures hindoues firent une forte impression sur Gandhi. Des trois hommes qui, selon Gandhi, eurent le plus d'influence sur lui, les deux autres étant Tolstoï et Ruskin, Raichandra est le seul avec qui il entretint des contacts personnels pendant une longue période. En fait, le jeune bijoutier qui savait parler avec tant d'éloquence du *moksha*, a presque tenu le rôle de gourou pour Gandhi : « Dans mes moments de crise intérieure, c'est vers Raichandra que j'allais chercher refuge »[16]. Malheureusement, en dépit de tout ce qu'on a écrit sur la vie de Gandhi (on compte plus de 400 ouvrages biographiques) et de la masse de matériaux contenus dans les 70 volumes de ses œuvres complètes, nous ne savons pas grand-chose des conversations qui eurent lieu entre les deux hommes, des lettres qu'ils échangèrent et du genre de conseils que recherchait Gandhi pour calmer ses turbulences intérieures. Si on se fie aux références accessibles, disséminées dans les écrits de Gandhi, il est évident qu'une préoccupation constante de ces conversations ferventes était la relation entre la sexualité et le « salut », et la possibilité de transformer la puissance sexuelle en puissance psychique et spirituelle, c'est-à-dire des questions qui constituent l'essence d'une grande partie de la métaphysique et de la pratique hindoues. Gandhi note que : « le fait que le lait donne naissance à la passion sexuelle est une chose que j'ai d'abord apprise de Raichandrabhai », et il attribue au joaillier un rôle prédominant dans sa décision de rester chaste[17].

La décision d'observer la continence date de 1901, l'année de la mort de Raichandra et de la naissance du troisième enfant de Gandhi (Devdas, son fils cadet, était né en 1900). Ces deux événements ont probablement contribué à sa décision de renoncer à la sexualité. Comme nous le savons par le récit de la tragique nuit de la mort de son père et de la naissance de l'enfant qui n'a pas survécu à cause de l'affreuse luxure de Gandhi, la naissance de son troisième fils lui rappelait les désirs génitaux méprisés et constituait donc un stigmate. Le renoncement à la sexualité était une offrande portée sur l'autel de l'âme disparue de Raichandra et, peut-on conjecturer, de celle de son père. Kasturba n'avait pas été consultée et Gandhi avoue que, pendant les premières années, il n'eut qu'un succès mitigé[18]. Il était rentré en Inde avec sa famille en novembre 1901, puis était retourné en Afrique du Sud l'année suivante en promettant à sa femme qu'elle pourrait le rejoindre bientôt. De retour en Afrique du Sud, il se montra cependant peu empressé de faire venir Kasturba. On peut certainement voir une explication de sa réticence dans le fait que sa résolution était encore fragile. L'argument économique dont il fait état dans ses lettres à ses parents, quand il leur demande de l'aider à persuader sa femme de rester en Inde pendant deux ou trois ans pendant que lui ferait des économies qui permettraient ensuite à toute la famille d'avoir une vie facile en Inde[19], ne convainc pas, d'abord parce qu'on sait ce qu'il en est de tenir une maison seul, et ensuite parce que cela ne correspond pas du tout au caractère ni au tempérament de Gandhi. Quelques mois plus tôt, il avait remis à une fondation tous les bijoux en or et les diamants qui lui avaient été offerts par une communauté indienne reconnaissante en expliquant : « Ni moi ni ma famille ne saurions quoi faire de cadeaux aussi coûteux », et il avait ajouté que ce qui était précieux pour lui, c'était l'affection des donateurs et non leur argent[20].

Gandhi finit enfin par prononcer le vœu de chasteté totale (brahmacharya) en 1906, au moment où, à 37 ans, il s'apprêtait à lancer en Afrique du Sud une de ses premières grandes campagnes non violentes qui devaient un jour faire de lui une personnalité connue dans le monde entier. Les cinq années précédentes de relative continence, pensait-il, ne constituaient que la préparation à une renonciation totale et irrévocable à la sexualité. L'exemple de Tolstoï raffermissait sa résolution. Comme il l'écrivait en 1905 : « Il (Tolstoï) s'adonnait à tous les plaisirs possibles, il avait des maîtresses, buvait et aimait beaucoup le tabac... Il a renoncé à tous ses vices, ne mange plus que des aliments simples et est résolu à ne jamais blesser un être vivant, pas plus en pensées qu'en paroles ou en actions »[21]. Plus encore, la chasteté en tant que fondement de la non-violence est l'un des arguments de Gandhi pour renoncer à l'amour sexuel.

Ahimsa (non-violence) signifie Amour Universel. Si un homme donne son amour à une femme, ou une femme à un homme, que reste-t-il pour le reste du monde ? Cela signifie simplement : « Nous deux d'abord, et que le diable emporte les autres ! » Comme une femme fidèle doit être prête à tout sacrifier pour l'amour de son mari, et un mari fidèle à faire de même pour l'amour de sa femme, il est clair qu'ils ne peuvent s'élever à la hauteur de l'amour universel, ni considérer chaque homme comme leur prochain. Ils ont tracé une frontière autour de leur amour. Plus leur famille est grande, plus ils sont loin de l'amour universel. Par conséquent, celui qui veut obéir à la loi d'*ahimsa* ne peut se marier, et encore moins rechercher des satisfactions en dehors du mariage [22].

Et pour ceux qui sont déjà mariés :

Si dans un couple marié, l'homme et la femme arrivent à se voir comme frère et sœur, ils se libèrent pour le service universel. L'idée même que toutes les femmes du monde sont ses sœurs, ses mères et ses filles permettra à un homme de rompre ses chaînes [23].

Il ne s'agit nullement ici de déterminer si les assertions de Gandhi, voulant que l'amour sexuel rétrécisse le champ des intérêts personnels plutôt que de les élargir et que le rôle étroit de mari soit antithétique avec celui d'époux du monde entier, sont « vraies » ou pas. Nous cherchons pour le moment à élucider le conflit de Gandhi tel qu'il l'appréhendait lui-même — les impératifs du désir faisant obstacle à l'objectif plus élevé qu'est une disponibilité totale pour le service à la communauté. De surcroît, dans une autre de ses formulations pansexualistes du conflit fondamental, Gandhi considère que la gratification de la passion sexuelle vient en contradiction avec l'obligation qu'a chaque homme d'augmenter sa vitalité personnelle et son pouvoir psychique : « L'homme non chaste perd son énergie, devient émasculé et lâche » [24]. Cette conviction revient souvent dans ses écrits, tout comme l'affirmation voulant que sa capacité de travailler dans l'arène politique soit le résultat du pouvoir psychique obtenu grâce à la chasteté. Une autre formulation, postérieure, se présente en termes religieux ou spirituels : la sexualité compromet l'aspiration à devenir « l'eunuque de Dieu ».

Cela n'est pas sans rappeler la métaphore de l'enfant innocent employée par le Christ pour décrire les postulants au Royaume des Cieux, et l'accueil chaleureux que fait le prophète Mahomet à ceux « qui sont devenus eunuques », non à la suite d'une intervention chirurgicale, mais par la prière à Dieu. Gandhi aussi semble voir la renonciation sexuelle comme une condition préalable à la réalisation de soi et au bonheur d'en arriver, tout comme Moïse, à se trouver face à face avec Dieu.

En fait, les convictions de Gandhi sur l'importance et les mérites de la chasteté paraissent découler d'un mélange de traditions religieuses hindoues et chrétiennes, même si Gandhi affirme qu'il en est arrivé à cette position par la réflexion personnelle et non avec l'aide de textes. Mais Gandhi donne à ces traditions un tour particulier, allant bien au-delà de la juxtaposition superficielle de la sexualité et de l'alimentation habituelle dans la culture hindoue, quand il accorde une importance primordiale à la relation entre nourriture et observance de la chasteté.

> Le contrôle du palais est très étroitement lié avec l'observance du *brahmacharya* (la chasteté). J'ai appris par expérience que l'observance de la chasteté devient relativement facile si on acquiert la maîtrise du palais. Cela ne figure pas dans les prescriptions consacrées par le temps. Est-il possible que ce soit parce que les plus grands sages auraient trouvé difficile d'y parvenir? Il faut consommer des aliments comme on prend un médicament, sans réfléchir à leur goût, et seulement dans la quantité requise par les besoins du corps... Et celui qui renonce ainsi à une foule d'aliments acquerra le contrôle de soi dans le cours normal des choses [25].

Ce passage fait écho à saint Augustin qui, lui aussi, trouve qu'il faut « manger comme on avalerait une potion médicinale », « lutter quotidiennement contre la concupiscence dans le boire et le manger », et que « les rênes de la bouche doivent être tenues entre mollesse et raideur » [26]. L'attitude de saint Augustin envers la nourriture s'inscrit cependant dans sa volonté de se libérer toujours davantage du carcan de la sensualité sous toutes ses formes, y compris des « délices de l'ouïe qui m'avaient le plus fermement séduit et soumis » [27]. En somme, saint Augustin traite le goût comme tous les autres sens, alors que Gandhi fait de l'alimentation le grand régulateur des pulsions génitales. « Un homme à la passion sexuelle exacerbée est également avide de la bouche. C'était justement mon cas. Il ne m'a pas été facile d'obtenir le contrôle sur les "organes" de la procréation et du goût » [28]. Le remède radical de cette maladie épicurienne était évidemment le jeûne, et Gandhi en a été le propagandiste enthousiaste. « Comme appui extérieur du *brahmacharya*, le jeûne est aussi nécessaire que la sélection et la restriction du régime. Les sens sont si impérieux qu'on ne peut les contrôler que lorsqu'ils sont complètement circonscrits de tous côtés, d'en haut et d'en bas » [29]. On se rappelle les grands jeûnes de Gandhi au cours de ses luttes politiques ; on peut voir que le jeûne avait aussi pour lui un sens beaucoup plus personnel puisqu'il était le protecteur de sa précieuse chasteté et lui servait ainsi à se prémunir contre la baisse de sa puissance psychique dont découlait son pouvoir politique.

Gandhi était un homme passionné qui endurait ses passions comme étant un poison pour son moi intérieur, un homme sensuel qui pensait que la sensualité déformait son grand idéal, mais son affrontement avec ce qu'il prenait pour le dieu du désir ne fut pas total et sans relâche. Il y eut de longues périodes dans sa vie adulte où la sensualité était intégrée avec le reste de son être. Les vieux films d'actualité et les souvenirs de ceux qui l'ont personnellement connu en attestent. Cette sensualité acceptable s'exprimait par la grâce vigoureuse de sa démarche, par son regard brillant et son sourire éclatant, par le soin qu'il apportait à ses vêtements, même quand il s'agissait d'un simple pagne, toujours fraîchement lavé et immaculé, par l'attention qu'il accordait à la préparation et à la consommation de ses modestes repas, par le ravissement avec lequel il chantait et écoutait des cantiques, et par le plaisir qu'il prenait à se faire masser quotidiennement avec de l'huile. Le très chrétien saint Augustin aurait été choqué. Le chemin de l'ascète indien diverge ici de celui que parcouraient les moines occidentaux plus austères et pénitents. De plus, cette gaieté sensuelle explique aussi le don qu'avait Gandhi de fasciner les foules, non par des raisonnements, mais par sa seule présence.

Au cours des périodes de désespoir et de découragement que connut Gandhi, sentiments causés par les déceptions et les reculs dans les campagnes sociopolitiques auxquelles il avait consacré sa vie, l'intégration de sa sensualité et de sa spiritualité se trouvait menacée, et à nouveau surgissent ses angoisses obsessives à propos du problème du désir génital. Chaque fois, il fallait reprendre la lutte contre le vieil antagoniste qu'il essayait de vaincre en avouant publiquement ses propres défaites.

Une de ces périodes s'étend de 1924 à 1928, après sa sortie de prison. Il était souvent déprimé à cette époque ; il en était venu à penser que les divisions religieuses et politiques de l'Inde étaient trop profondes pour que le pays tout entier accepte son leadership ; il se disait que les Indiens n'étaient pas encore prêts pour la forme non violente de désobéissance civile qu'il préconisait. Il est intéressant de noter que c'est aussi le moment où il éprouva le besoin de se confesser dans son *Autobiographie*, où il confie tristement : « Même maintenant que j'ai plus de 56 ans, je constate combien la chasteté est une chose difficile. Tous les jours je comprends mieux que c'est comme de marcher sur le fil de l'épée, et je vois à tout moment la nécessité d'avoir à redoubler de vigilance » [30]. Quand ses idéaux et ses objectifs l'abandonnent, Gandhi découvre que sa volonté cède, laissant resurgir le désir jusque-là tenu en respect. Celui-ci revient alors au premier rang. Le psychanalyste parlerait en ce cas de désintégration de la « sublimation », ce mécanisme qui désigne la conversion de pulsions primitives en aspirations socialement sanctionnées, et dont la désintégration cause une régression solitaire et douloureuse.

Dans la copieuse correspondance qu'écrivit Gandhi en 1927 et 1928, les deux lettres les plus longues et les plus personnelles ne sont pas adressées à des compagnons de lutte politique comme Nehru, Patel ou Rajagopalachari, et elles ne traitent pas de questions politiques ou sociales. Les destinataires sont deux jeunes hommes inconnus et les lettres exposent les tortueuses pensées de Gandhi sur les pulsions sexuelles. Répondant à une lettre de Balakrishna Bhave dans laquelle celui-ci avait exprimé des réserves sur l'habitude qu'avait Gandhi de poser en marchant les mains sur les épaules de jeunes filles, Gandhi se met de façon obsessive, mais bien caractéristique, à étudier toutes les possibilités d'érotisme que son geste pourrait recéler [31]. L'autre lettre mérite qu'on en cite de larges extraits, puisqu'elle révèle tout le pathétique de la lutte de Gandhi et sa détresse devant la menace d'une rupture de la « synthèse psycho-sensuelle ».

> Quand votre esprit est troublé par des pensées impures, au lieu de tenter de les chasser, vous devriez plutôt vous occuper à un travail quelconque, c'est-à-dire absorber votre esprit dans une lecture ou dans un travail physique qui nécessite aussi beaucoup d'attention. Ne laissez jamais la liberté à vos yeux. Si votre regard tombe sur une femme, détournez-le aussitôt. Il n'est presque

jamais nécessaire à quiconque de regarder droit au visage un autre homme ou une femme. C'est pourquoi on recommande aux *brahmacharis* et à d'autres aussi de marcher les yeux baissés. Si vous êtes assis, gardez le regard fixé dans la même direction. Ce sont là des remèdes extérieurs, mais qui n'en sont pas moins très précieux. Vous pouvez entreprendre un jeûne si et quand vous le jugez nécessaire... Vous ne devrez pas vous effrayer d'avoir des pollutions involontaires pendant un jeûne. Les *vaids* (médecins traditionnels) nous disent que, même quand les désirs impurs sont absents, de telles pollutions peuvent se produire à cause d'une pression dans les intestins. Mais au lieu de croire cela, nous aurons profit à penser qu'elles se produisent à cause de désirs impurs. Nous ne sommes pas toujours conscients de ces désirs. J'ai eu des pollutions nocturnes involontaires deux fois au cours des deux dernières semaines. Je ne me rappelle pas avoir rêvé. Je ne me suis pas livré à la masturbation. La cause de ces pollutions est sûrement en partie ma faiblesse physique, mais je sais aussi qu'il y a des désirs impurs au plus profond de moi. Je suis capable de chasser de telles pensées pendant les heures de veille. Mais ce qui est présent dans le corps comme un poison secret ressort toujours, parfois même par force. J'en suis malheureux, mais pas accablé ni effrayé. Je suis toujours vigilant. Je peux contenir l'ennemi, mais je n'ai pas pu l'expulser entièrement. Si je suis fidèle à la vérité, je pourrai réussir à le faire. L'ennemi ne pourra résister au pouvoir de la vérité. Si vous êtes dans la même situation que moi, tirez les leçons de mon expérience. Dans son essence, le désir du plaisir sexuel est toujours impur, que son objet soit l'épouse ou une autre femme. Les résultats diffèrent selon le cas. Mais pour le moment, nous pensons à l'ennemi dans sa nature essentielle. Sachez donc que pour ce qui est de l'épouse, vous ne trouverez personne d'aussi passionné que je l'étais. C'est pourquoi je vous ai décrit mon pitoyable état et que je voudrais vous redonner courage [32].

Une « puissance secrète », un « ennemi à repousser » : le corps est devenu un pays étranger habité par des démons, des sensations et des pulsions distinctes du moi. Chaque fois qu'il y a recul dans la recherche de l'unité du moi, il se produit une fragmentation plus poussée du moi psychosomatique. Le dilemme moral fait remonter à la surface des conflits d'ordre archaïque, remontant au stade où le sens du moi émerge de ce que les psychanalystes appellent « l'ego du corps ». À ce moment-là, les « introjections » primitives, ces présences liées au désir dont nous formons notre moi archaïque, se réveillent, goûtent le sang, ou mieux encore, le poison, et mettent en péril l'identité de l'individu, soit son sens de l'unité, de la continuité, de la permanence du moi.

Les deux dernières années de la vie de Gandhi constituent une autre période sombre. En toile de fond, l'Inde à la veille de l'indépendance en 1947. Un Pakistan musulman doit être bientôt découpé dans le pays, au grand regret de Gandhi. Son rêve de voir hindous et musulmans vivre côte à côte dans un État unifié semble anéanti à tout jamais. Gandhi serait même prêt à remettre l'indépendance à plus tard si cela pouvait éviter la partition du pays, mais sa voix ne résonne plus avec la même force dans les conseils où se négocie la passation des pouvoirs. L'air est lourd de menaces de violence. Hindous et musulmans se regardent avec méfiance, comme si l'autre allait bientôt se transformer en assassin... ou en victime. La tuerie a déjà commencé dans les ruelles fourmillantes de Calcutta et dans les prairies verdoyantes du Bengale rural où le Mahatma de 78 ans se traîne avec peine d'un village à l'autre, essayant d'enrayer la marée montante des incendies, des viols et des meurtres qui submergera bientôt d'autres régions du pays. Les quelques compagnons qui le suivent dans sa mission de paix sont témoins de son désespoir ; ils entendent les exclamations angoissées : « Kya Karun, Kya Karun ? » (Que dois-je faire ? Que dois-je faire ?) que Gandhi pousse dans sa chambre au milieu de la nuit [33]. « Je me retrouve au milieu de l'exagération et de la fausseté », écrit-il. « Je suis incapable de découvrir la vérité. Il y a une terrible méfiance mutuelle. Les plus anciennes amitiés sont rompues. La vérité et l'*ahimsa* (la non-violence) qui sont ma foi et qui m'ont en autant que je sache soutenu pendant 60 ans, ne semblent plus avoir les vertus que je leur attribuais » [34].

Recherchant l'explication de ses « échecs » et de son désespoir, Gandhi, d'une façon caractéristique, essaya de voir s'il n'y avait pas eu des défaillances dans sa chasteté, tentant de déterminer si le dieu du désir n'avait pas pris possession de quelque recoin obscur de son esprit, le privant ainsi de ses pouvoirs. Dans notre vision analytique, un tel processus peut sans doute être considéré comme relevant de la pensée magique. Et pourtant, il témoigne du sens des responsabilités inhérent à la grandeur de Gandhi, un sens des responsabilités aux dimensions œdipiennes, aussi bien dans le sens de Sophocle que dans celui de Freud.

Au milieu de toute cette agitation sociale et de cette incertitude politique, Gandhi choisit donc de publier dans son hebdomadaire une série de cinq articles sur la chasteté, à la stupéfaction de ses lecteurs qui, comme le rapporte N.K. Bose qui lui servait alors temporairement de secrétaire personnel, « ne comprenaient pas pourquoi de telles réflexions paraissaient au milieu d'articles extrêmement politiques »[35].

Mais plus encore que cette preuve publique de ses préoccupations, les expériences privées par lesquelles le vieux Mahatma cherchait pathétiquement à se rassurer sur la solidité de sa chasteté étaient frappantes. Ces expériences en ont choqué plusieurs, et on a fini par les résumer ainsi : « Gandhi couchait avec de jeunes femmes nues dans son vieil âge ». L'intention de Gandhi et le résultat des expériences étaient pourtant bien loin des connotations qu'on serait habituellement porté à accoler à cette formulation suggestive. Quand son entourage se reposait pour la nuit dans un village, tout le monde s'installait plus ou moins en commun. C'est alors que Gandhi demandait à l'une ou l'autre des quelques femmes qui étaient avec lui (entre autres sa petite-fille de 19 ans) de partager son lit. Au matin, il essayait de voir si la moindre trace de sentiment sexuel avait surgi à un moment quelconque, soit en lui, soit chez sa compagne[36]. Gandhi défendait ses expériences contre les critiques de certains de ses proches collaborateurs et niait qu'elles puissent avoir des effets néfastes sur les jeunes personnes concernées. Il considérait ces expériences comme partie intégrante de son *yagna*, le sacrifice hindou aux dieux, dont le seul but était de lui faire retrouver sa puissance psychique personnelle afin de reprendre le contrôle des événements et des hommes, contrôle qui semblait totalement lui échapper. Une fois de plus, il exploitait ses désirs (et, il faut bien le dire, les femmes) pour sa cause. C'est bien là le vice d'orgueil d'un homme à la vertu sans compromis !

La sexualité constitue une préoccupation permanente de la culture indienne, que sa présence se manifeste dans les entrelacs érotiques de l'art indien, dans les rites dionysiaques de la religion populaire indienne ou dans le combat dramatique qu'elle entretient avec les aspirations ascétiques des yogis qui veulent la conquérir et la transformer en puissance spirituelle. C'est pour cela que les Indiens sont bien plus fascinés par Freud que par Jung, même si cela paraît paradoxal pour beaucoup de non-Indiens qui ne peuvent s'empêcher de relever la ressemblance de surface existant entre les concepts jungiens et la pensée indienne. Bien des mystiques indiens modernes se sentent en fait dans l'obligation d'examiner les hypothèses et les conclusions de Freud sur les errances et les transfigurations de la libido, tandis qu'ils laissent de côté avec indifférence et détachement les recherches de Jung. C'est qu'en effet la spiritualité indienne est avant toute chose une théorie de la « sublimation ».

D'une façon typique, le « mysticisme » indien se propose avant tout un objectif éminemment pratique ; il vise à une alchimie de la libido qui convertirait cette dispensatrice de mort en une source d'immortalité. C'est le feu sexuel qui attise la flamme de la transformation alchimique, la marmite étant le corps et l'huile de cuisson une distillation des fluides sexuels. Cette aspiration traditionnelle à sublimer la sexualité en spiritualité, à transformer le sperme en élixir Soma, n'a pas nécessairement la même force selon les régions et d'une caste à l'autre. Même si en fait seuls quelques petits groupes de la société indienne vivent selon les exigences de cette aspiration, la théorie est très largement répandue et la plupart des hindous y souscrivent, y compris les villageois illettrés. Dans sa forme la plus populaire, la théorie indienne de la sublimation fonctionne à peu près comme ceci.

La force physique et la puissance mentale ont leur source dans le *virya*, mot qui sert à la fois pour désigner l'énergie sexuelle et le sperme. Le *virya* peut soit descendre vers le bas au cours de l'union sexuelle quand il est émis sous sa forme physique grossière, le sperme, soit monter le long de la moelle épinière jusqu'au cerveau sous la forme subtile connue sous le nom de *ojas*. Les hindous considèrent le mouvement vers le bas de l'énergie sexuelle et son émission sous forme de sperme comme une perte de force, un gaspillage débilitant de vitalité et d'énergie essentielle. De toutes les émotions, dit-on, c'est l'appétit sexuel qui produit le plus grand chaos dans l'organisme, toutes les passions violentes détruisant des millions de globules rouges. La physiologie métaphysique indienne soutient que la nourriture est transformée en sperme en 30 jours, subissant des transformations successives, un raffinement de plus en plus grand ; la nourriture devient sang, chair, graisse, os et moelle, pour aboutir enfin au distillat final, le sperme, 40 gouttes de sang produisant une goutte de sperme. Chaque éjaculation implique la perte d'une demi-once de sperme, donc l'équivalent de la vitalité produite par l'absorption de 60 livres de nourriture. Selon d'autres calculs de même type à intention pédagogique, chaque accouplement entraîne une dépense d'énergie équivalant à 20 heures de concentration mentale ou à 72 heures de travail physique intense [37]. Gandhi ne fait que réitérer ces croyances populaires quand il dit que « toute la force du corps et du cerveau qui a été si longue à accumuler est perdue d'un coup par une seule fuite du fluide vital », ou quand il prétend que s'il avait toujours pratiqué la continence, « mon énergie et mon enthousiasme auraient été mille fois plus grands ».

Si, par contre, le sperme est conservé, transformé en *ojas* et amené vers le haut par l'observance du *brahmacharya*, il devient une source de vie spirituelle plutôt qu'une cause de déchéance physique. Longévité, créativité, vitalité physique et mentale sont accrues par la conservation du sperme ; la mémoire, la volonté, l'inspiration, aussi bien scientifique qu'artistique, proviennent toutes de l'observation du *brahmacharya*. En fait, si le dévot réussit à observer un *brahmacharya* sans défaut (*akhanda*) en pensées, en paroles et en actes pendant 12 années consécutives, il atteint spontanément le *moksha*.

La « montée vers le haut de la semence » est donc une image familière dans les écoles psychophilosophiques indiennes de la réalisation de soi qu'on regroupe souvent à tort sous l'étiquette de « mysticisme ». Comme le remarque Wendy O'Flaherty : « L'opinion que le sperme peut s'élever jusqu'à la tête est si répandue que dans des versions populaires de la philosophie, on en est venu à croire que le sperme prend naissance dans la tête »[38]. Le concept est même présent dans le *Kamasutra*, ce manuel d'érotisme indien qui présumément est une subversion de l'idéal ascétique. Selon le *Kamasutra*, le meilleur amant n'est pas le plus passionné, mais celui qui a su contrôler et calmer ses sens par le *brahmacharya* et la méditation[39]. La mythologie indienne fourmille pour sa part d'histoires dans lesquelles les dieux, se sentant menacés par un homme qui progresse vers l'immortalité et qui a acquis des pouvoirs immenses grâce à la chasteté et à la méditation, envoient une nymphe céleste séduire l'ascète. Même la perte d'une seule goutte de fluide sexuel compte alors pour une faute fatale qui réduira le saint homme à la condition humaine commune, à l'état d'être de chair.

Évidemment, compte tenu de l'effarante imagerie évoquée par cette sexualité vue comme un épuisement de ressources aux dimensions cataclysmiques, personne n'arriverait à procréer dans un joyeux abandon s'il n'avait acquis une bonne dose de scepticisme, voire d'hostilité avouée, envers les prescriptions et les idéaux du « surmoi culturel ». Le soulagement que les dieux éprouvent quand ils voient les prétentions de l'ascète réduites à néant par les charmes opulents de la séductrice céleste est partagé par les mortels qui écoutent le récit du mythe ou le voient interprété dans les danses et les représentations théâtrales populaires.

L'idéal de chasteté est donc simultanément avalisé et moqué. Tandis que, d'une part, la tradition indienne respecte un auguste aréopage de sages, dont Gandhi n'est que le dernier en date, et les admire pour leur chasteté et les pouvoirs que celle-ci leur a procurés, elle a, d'autre part, un répertoire d'innombrables contes folkloriques qui racontent en détail les mésaventures d'ascètes paillards. Dans les mythes les plus dignes, même le Créateur est incapable de maintenir sa chasteté et est humilié par la loi de la chair.

> La nymphe céleste Mohini était tombée amoureuse du Seigneur de la création, Brahma. Après avoir obtenu l'aide de Kama, le dieu de l'amour, elle se rendit devant Brahma et dansa, lui révélant son corps pour le tenter. Brahma restait sans passion. Puis Kama frappa Brahma d'une flèche. Brahma hésita et ressentit le désir, mais il se reprit après un moment. Brahma dit à Mohini : « Va, mère, tes efforts sont vains ici. Je connais tes intentions et je ne conviens pas à ton dessein. L'Écriture dit : "L'ascète doit éviter toutes les femmes, et spécialement les prostituées". Je suis incapable de faire une chose que les Védas considèrent comme méprisable. Tu es une femme raffinée, trouve-toi un jeune homme raffiné qui convienne à ton dessein, et il y aura de la vertu dans votre union. Mais je suis un vieil homme, un Brahmane ascétique, quel plaisir prendrais-je à une prostituée ? » Mohini rit et dit : « Tout homme qui refuse de faire l'amour à une femme torturée par le désir est un eunuque. Que cet homme soit un chef de famille, un ascète ou un amoureux, il ne doit pas mépriser la femme qui l'approche, sinon il ira en enfer. Viens avec moi faire l'amour dans un endroit secret », et en disant cela, elle tirait sur le vêtement de Brahma. Alors les sages vinrent saluer Brahma et dirent : « Comment se fait-il que Mohini, la plus belle de toutes les prostituées célestes, soit en ta présence ? » Brahma dit pour cacher sa honte : « Elle a chanté et dansé très longtemps et quand elle s'est sentie fatiguée, elle est venue ici comme une petite fille vient à son père ». Mais les sages se mirent à rire parce qu'ils connaissaient le secret, et Brahma aussi se mit à rire [40].

Les commentaires voulant que « Gandhi couchait avec de jeunes femmes nues dans son viel âge » sonnent donc comme un écho de la tradition culturelle indienne ; le comportement de Gandhi suscitait alors des émotions complexes tant chez le narrateur que chez l'auditeur, un mélange de soulagement amusé et d'amère déception à l'idée que l'ascète avait pu chuter.

La tradition tantrique est celle qui a poussé cependant le raffinement de la chasteté à son point ultime, d'une façon qui ne manque pas d'une certaine ironie. On entraîne et on exhorte l'aspirant à accomplir l'acte sexuel sans désir et sans « répandre la semence », divorçant ainsi complètement la pulsion sexuelle de la physiologie humaine et de toute représentation consciente ou inconsciente de cet acte. La pulsion sexuelle, croit-on, éveille le sperme au cours de cet accouplement purement rituel et incroyablement dénué de passion; elle suscite alors le déploiement de forces énergétiques qui peuvent être canalisées vers le haut. Ces techniques tantriques étaient familières à Gandhi, qui lui-même adhérait à une tradition religieuse, le vaishnavisme, pénétrée de beaucoup de concepts proches du tantrisme. D'une part, Gandhi s'exprime souvent comme le fondateur du vaishnavisme du nord de l'Inde, Chaitanya. L'ascète du XVe siècle avait renvoyé un disciple qui avait regardé une femme en lui disant : « Je ne peux plus voir le visage d'un ascète qui fréquente des femmes. Il est difficile de contrôler les sens, ils veulent s'attacher aux choses terrestres. Même une image de bois représentant une femme a le pouvoir de faire perdre l'esprit au sage [41]... » D'autre part, quand il fait ses expériences sexuelles, Gandhi semble suivre l'exemple d'autres vaishnavas célèbres comme Ramananda et Vishwanatha. Ramananda, le disciple et compagnon de Chaitanya, avait l'habitude d'emmener de belles et jeunes prostituées du temple dans un jardin solitaire; là, il leur enduisait le corps d'huile, les lavait et les habillait, tandis que lui-même demeurait « indifférent » [42]. On dit que le philosophe Vishwanatha était allé s'allonger avec sa jeune épouse sur l'ordre de son gourou : « Il était couché sur le lit avec elle, mais Vishwanatha était transformé et il ne la toucha pas comme c'était son habitude auparavant. Il restait allongé avec sa femme conformément aux instructions de son gourou... et ainsi contrôlait-il ses sens » [43].

Par l'importance prééminente qu'elle attache à la sexualité, la tradition culturelle indienne débouche sur certaines vérités. C'est à cause de la place considérable qu'elle confère à la sexualité qu'elle a pu dégager la notion, en fait bien séduisante, que les pulsions sexuelles sont l'équivalent d'un feu créateur, non seulement dans la procréation mais aussi dans la création du moi. Une tradition qui ne réduit pas l'amour sexuel à la copulation, mais cherche à l'élever au niveau de la célébration, d'un rituel par lequel les partenaires arrivent à toucher au sacré, et où l'orgasme est ressenti comme « une bénédiction symbolique de l'homme par ses ancêtres et par la nature des choses », est certes sympathique [44]. Notre inquiétude vient de ce que la sexualité donne lieu à une forte anxiété chez les hindous à l'idée du « gaspillage du sperme » et du « sacrifice biologique de soi », anxiété qui, pour observable qu'elle soit dans d'autres cultures, se retrouve alors presque uniquement chez les adolescents. De telles idées et les fantasmes qu'elles trahissent ne peuvent qu'accentuer envers les femmes une ambivalence qui touche à la misogynie et à la phobie. Pour ce qui est de la réalisation de soi par la renonciation à l'amour sexuel, je serais pour ma part davantage porté à suivre Thomas Mann :

> Il est indéniable que la dignité humaine se réalise dans les deux sexes, hommes et femmes ; si quelqu'un n'est ni l'un ni l'autre, il se met au ban de l'humanité, et d'où pourrait venir alors la dignité humaine ? Les efforts des ascètes sont dignes de respect, car ils relèvent du spirituel, et donc, admettons-le en leur rendant honneur, de ce qui est en prééminence humain. La vérité nous oblige malgré tout à reconnaître à regret que la pensée et l'esprit se sortent mal à long terme du conflit avec la nature. Que les principes de la civilisation prévalent peu contre la connaissance obscure, profonde, silencieuse, de la chair ! Comme la chair se laisse peu subjuguer par l'esprit [45] !

Comment Freud, qui dans la quarantaine a lui aussi décidé de renoncer au sexe, aurait-il vu la chasteté de Gandhi et l'efficacité qu'elle visait ? Disons qu'en règle générale, Freud était, et on le comprend, sceptique quant à la possibilité que l'abstinence sexuelle produise d'énergiques hommes d'action, des penseurs originaux ou d'audacieux réformateurs. Il voyait malgré tout les tentatives de sublimation de la « libido génitale » en termes relatifs :

> La relation entre la quantité de sublimation possible et la quantité d'activité sexuelle nécessaire varient naturellement beaucoup d'un individu à l'autre, et même d'une profession à l'autre. Un artiste abstinent est à peine concevable, mais un jeune savant abstinent n'est certes pas une rareté. Ce dernier peut, par son austérité, libérer des forces qu'il canalise dans ses études,

tandis que le premier voit sans doute son aspiration artistique puissamment stimulée par ses expériences sexuelles [46].

Il est intéressant de constater que le verdict de Freud s'accorde avec les descriptions des mésaventures de jeunesse de Gandhi. On peut concevoir que Freud aurait admis la possibilité d'une chasteté pour quelques individus extraordinaires, d'une authentique originalité, désireux de se sacrifier pour une mission ou pour un but transcendant. Autrement dit, il aurait sans doute fait sien le dicton latin : « Ce qui est permis à Jupiter est interdit au bœuf ». Pour la psychanalyse, ce n'est donc pas la sublimation qui fait problème ; il s'agit plutôt de chercher à savoir pourquoi Gandhi trouvait le désir phallique si choquant qu'il lui fallait pour ainsi dire l'arracher jusqu'à la racine.

Le malaise qu'éprouve Gandhi devant le désir génital vient sûrement en partie de ce qu'il percevait comme son agressivité, et de son impulsion à prendre violemment possession d'une femme. Dans un moment d'introspection, il en arrive à une description de lui-même où il se voit simultanément comme « une humble vache et un tigre féroce » [47]. Il associait indissociablement la sexualité masculine avec la violence aveugle, exigeante, alors qu'il idéalisait la sexualité féminine en en faisant une acceptation passive et souffrante de l'assaut du mâle.

> Et c'est parce que la femme est passive que je soutiens que l'homme est plus à blâmer que la femme. Même la femme occidentale sophistiquée ne va pas au-delà de la séduction subtile et des cajoleries. Je n'ai pas entendu parler de beaucoup de cas de violence commis par des femmes sur des hommes. La femme a une remarquable faculté de se contrôler et de se tenir à l'écart au lieu d'être agressive, même quand, dans son cœur, elle éprouve la passion la plus dévorante [48].

Tout cela, bien évidemment, se passe au niveau conscient. Au niveau inconscient, la perception d'une violence masculine et d'une passivité féminine semble inversée, comme cela apparaît clairement dans le récit de ses rares rencontres érotiques avec des femmes. Dans sa toute première confrontation, alors qu'il est adolescent, il devient « muet et aveugle » pendant que la femme est sûre d'elle et agressive. En Angleterre, il tremble comme un animal sauvage terrifié qui vient d'échapper au chasseur — en fait, à la chasseresse.

En outre, pour Gandhi, il semble que l'amour génital soit une prérogative exécrable et disgracieuse du père. Dans son *Autobiographie*, en dépit de nombreuses expressions d'admirables sentiments filiaux, Gandhi soupçonne son père « d'hypersexualité » à cause de son quatrième mariage à l'âge de 40 ans, alors que son épouse, Putlibai, la mère de Gandhi, n'avait que 18 ans à l'époque. On peut suggérer que dans ses fantasmes, Gandhi voyait sa jeune mère comme la victime innocente de la convoitise du vieux mâle vicieux ; l'enfant ne pouvait être qu'un spectateur angoissé et impuissant devant ce viol de la personne aimée et la violence faite à son corps. Plus tard, Gandhi devait faire preuve de beaucoup de zèle pour critiquer les mariages d'hommes âgés avec des jeunes filles. Il a écrit des articles portant des titres comme : « Le mariage de la vieillesse et de la jeunesse, une débauche ? » Il exhortait les correspondants qui lui rapportaient des cas semblables à lutter contre cette pratique. Les hommes âgés qu'il respectait et prenait pour modèles étaient ceux qui partageaient sa répulsion pour la sexualité génitale. C'étaient des hommes qui, comme Tolstoï et Raichandra, avaient cherché à transformer la passion sexuelle en quête religieuse plus universelle ou, comme Ruskin, en ferveur esthétique ou morale.

Si le désir phallique était la violente et tumultueuse « voie des pères », l'abstinence génitale et le renoncement à la sexualité ouvraient le chemin paisible et tranquille qui ramène à la mère. Là encore, Gandhi rappelle saint Augustin, pour qui la chasteté se trouvait aussi entourée d'une lénifiante imagerie maternelle :

> [...] la chaste dignité de la Continence m'apparut alors, sereine, mais non d'une gaieté sans retenue, m'incitant honnêtement à venir et à ne pas douter ; et se tendant vers moi pour me recevoir et m'embrasser, ses saintes mains étaient emplies d'une multitude de bons exemples. Il y avait là tant de jeunes hommes et de jeunes filles, une multitude de jeunes et de gens de tous les âges, de graves veuves et des vierges âgées, et la Continence elle-même présente en tous, nullement stérile, mais mère féconde d'enfants de la joie[49]...

Certains analystes, et notamment Erik Erikson, ont commenté l'exploration plus ou moins consciente que fait Gandhi d'attitudes maternelles et d'une perspective féminine dans ses actions. Même s'il était sollicité de toutes parts par de nombreuses obligations, Gandhi a toujours déployé un soin maternel pour la vie privée de ses compagnons, manifestant le plus grand intérêt pour leur santé et leur bien-être — y compris par des questions pleines de sollicitude sur leurs selles quotidiennes[50]. On peut aussi observer dans son style politique et dans la manière dont il mit sur pied la non-violence militante les apports d'attributs maternels féminins : le fait de taquiner, de tendre de petits pièges, de prendre la souffrance sur soi, etc. Notons bien que non seulement la culture vaishnava, dans laquelle Gandhi a grandi et à laquelle il est resté profondément attaché, cautionne-t-elle les aspirations féminines d'un homme, mais elle les élève au niveau de la quête religieuse spirituelle. Pour le dévot du vaishnavisme, le seigneur Krishna est le seul mâle, et tous les fidèles, indépendamment de leur sexe, sont féminins.

Gandhi ne pouvait toujours maintenir cette unité profondément sentie avec le féminin et le maternel, et celle-ci était souvent menacée par l'intrusion du désir phallique — le monde impérieux des pères. Dans des moments semblables, son obsession pour la nourriture, qui transparaît clairement dans ses lettres et dans d'autres écrits, n'était pas seulement une préparation à l'érection de barrières physiologiques contre le désir, mais constituait aussi un renforcement de ses défenses psychologiques, et donc un renforcement de son armement spirituel. Autrement dit, par ses méditations à propos de l'alimentation (et de la défécation), par l'emploi abondant de phrases comme « manger le vomi d'un autre », ou « la gorge se soulève à l'idée même de matières fécales mélangées à la nourriture », par ses écrits sur la santé, par son insistance à investir des substances comestibles de qualités psychologiques particulières, Gandhi vit son « fantasme oral fondamental » tel que décrit par le psychanalyste Donald Winnicott : « Quand j'ai faim, je pense à la nourriture ; quand je mange, je pense à absorber la nourriture. Je pense à ce que j'aime garder à l'intérieur et je pense à ce dont je veux me débarrasser et je pense à m'en débarrasser ». Il est admis que le thème sous-jacent de ce fantasme est l'union avec la mère[51].

Ses expériences avec différentes sortes d'aliments et ses essais pour réduire les quantités — dans ses dernières années, il avait complètement renoncé au lait afin de ne pas érotiser ses viscères — semblent faire partie d'un effort compliqué et intuitif pour retrouver l'unité perdue avec la mère. Le seul souvenir d'enfance qu'il rapporte au sujet de sa mère dans son *Autobiographie* a trait à ses jeûnes prodigieux :

D'aussi loin que je puisse me rappeler, je ne me souviens pas de l'avoir vu manquer au *chaturmas* [un vœu de jeûne et de semijeûne pendant les quatre mois de la saison des pluies, une sorte de très long carême]. Elle faisait le vœu le plus dur et l'observait sans défaillance. La maladie n'était pas une excuse pour manquer à son vœu. Je me souviens de l'avoir vue malade une fois qu'elle observait le *chadryana* [une variété de jeûne dans laquelle la quantité de nourriture permise augmente ou diminue avec la croissance et la décroissance de la lune], mais elle ne laissa pas la maladie interrompre le jeûne. Entreprendre deux ou trois jeûnes consécutifs n'était rien pour elle. Elle avait l'habitude de vivre d'un seul repas par jour pendant le *chaturmas*. Non contente de cela, elle ne mangea rien un jour sur deux tout au long d'un certain *chaturmas*. Pendant un autre *chaturmas*, elle avait juré de ne rien manger sans voir le soleil. Nous, les enfants, avions l'habitude de surveiller le ciel pour annoncer l'apparition du soleil à notre mère. Tout le monde sait qu'en saison des pluies le soleil ne daigne pas souvent montrer son visage. Je me souviens de jours où, à son apparition soudaine, nous nous précipitions auprès de notre mère pour lui annoncer le fait. Elle courait dehors pour le constater de ses propres yeux, mais déjà le soleil fugitif avait disparu, la privant de son repas. « Peu importe », disait-elle gaiement, « Dieu ne voulait pas que je mange aujourd'hui ». Et là-dessus, elle retournait à ses devoirs[52].

Il est assez ironique que Gandhi ait voulu retrouver l'unité orale avec sa mère par le moyen de la privation orale !

Une telle identification n'est cependant jamais entièrement libre de l'ambivalence enracinée dans l'amour vorace du nourrisson qui se jette sur le sein maternel, goûtant le corps de sa mère avec sa bouche et tous ses sens, afin d'apaiser sa faim tout en cherchant dans les yeux de celle-ci la confirmation de son existence. Cette « passion de la bouche », avec la peur qui y est concomitante d'abîmer et même de détruire la mère, est l'envers de l'aspiration plus spirituelle à l'unité avec la mère. Cela aussi s'est exprimé dans la culture hindoue, principalement par la poésie du coreligionnaire de Gandhi, le poète bengali du XVIIIe siècle, Ram Prasad :

Cette fois Kali, je te mangerai !
Je te mangerai ! Je te mangerai !
Toi qui est gracieuse au malheureux,
Cette fois tu me mangeras, ou je te mangerai, Mère.

Je cuirai tes suivantes et je les mangerai,
Garnies d'une sauce faite de ta couronne de têtes humaines.
Je frotterai Kali sur mes mains, Kali sur mon visage,
Kali sur tout mon corps.
Quand la mort viendra me soumettre, je mettrai de ce Kali sur
son visage.

Je dis que je te mangerai, Mère, mais je ne te prendrai pas dans
mon ventre.
Je te placerai sur mon cœur-lotus et t'adorerai avec mon esprit.
Tu dis que si je mangeais Kali,
Je tomberais dans les mains de la Mort.
Qu'ai-je à craindre de cela ?
Quand j'invoque Kali, je me moque de la Mort[53].

Les passions de Gandhi sont donc plus complexes que ce qu'il en révèle dans sa confession passionnée. Le recours aux explications et aux prescriptions hindoues traditionnelles pour leur « diagnostic et leur guérison » ne reflète d'ailleurs pas adéquatement la profondeur de la vie intérieure dans laquelle ses désirs trouvaient leur source. Assailli par des conflits exprimés en termes moraux familiers aux psychanalystes chrétiens et classiques, il aspirait intérieurement à une union avec le monde de la mère. Il luttait contre les passions éveillées par la déesse du désir nostalgique en plus de celles éveillées par le dieu du désir charnel. Ou, pour reprendre une métaphore indienne bien connue qui dit qu'une femme a deux seins, l'un pour son enfant, l'autre pour son mari, l'effort inconscient de Gandhi pour passer d'un sein à l'autre, de l'homme à l'enfant, n'était pas toujours convaincu. Il était un homme en dépit de lui-même. C'est dans cette sensualité qui découlait de l'union profondément sentie avec un monde maternel, une sensualité capable de défier la mort, que Gandhi a puisé l'énergie qui a animé ses plus nobles entreprises et qui lui a permis d'avancer sur la route de la liberté de l'esprit, pour le plus grand profit de l'Inde et du monde entier. Par contre, nous avons vu que toute sa vie il a connu des périodes de dépression profonde quand le lien originel était rompu, le vidant de toute sa « bonté » intérieure et de sa « puissance ».

Conclusion

J'ai laissé pour la fin de mon exposé la relation entre le fantasme érotique de Gandhi et son leadership du mouvement national indien en particulier, et entre l'imaginaire et le leadership en général, principalement parce que la question me paraît bien difficile. Le saut qu'il faut faire pour aller du discours privé au discours public est la pierre d'achoppement des études psychanalytiques du leadership ; l'espace qui sépare le fantasme de l'action est un gouffre dans lequel bien des recherches se sont abîmées.

Le domaine du leadership où les connections entre l'imaginaire et l'action peuvent être le plus aisément démontrées est le style du leader, et là-dessus Gandhi ne fait pas exception. Comme on l'a déjà mentionné, Erik Erikson a magistralement relié certains aspects du style politique de Gandhi (les taquineries, les mises à l'épreuve, la prise sur lui de la souffrance, etc.), à son fantasme du féminin. Il semble que le style de leadership soit créé par accrétion de toutes sortes de fantasmes, des plus primitifs à ceux qui ont subi des transformations dues à la maturité. Erikson s'est attaché à discuter les éléments du style de Gandhi qui ont trait aux transformations plus mûres de son fantasme érotique. Le recours au jeûne par Gandhi en tant qu'élément de son style de leadership est par contre plus proche des formes plus brutes, plus instinctives, de son fantasme dominant.

Il me semble d'ailleurs que les fantasmes d'un leader ne sauraient être déduits de ses actions pendant les périodes où il affiche un fonctionnement psychologique bien intégré. Dans ces cas-là, le fantasme est transmué, il est entrelacé d'une manière si complexe avec les idéaux, les valeurs et l'action du leader que ce serait une tâche gigantesque, voire impossible, que d'en découvrir les formes primales plus brutes. Ce n'est que lorsque l'intégration est rompue durant une période relativement longue de la vie du leader que le fantasme dominant vient immanquablement à l'avant de la scène. Les trois périodes de dépression qu'a connues Gandhi, et sur lesquelles j'ai centré mon étude, mettent ses préoccupations internes bien plus en évidence que toutes ses actions ou tous ses écrits pendant ses longues périodes de bien-être et d'activité résolue. Pendant les phases de dépression, les questions politiques et les responsabilités du leader passaient à l'arrière-plan pour laisser remonter à la surface le fantasme conflictuel concernant la chasteté et la nourriture, le désir charnel et la nostalgie de l'unité perdue avec la mère. Il se peut du reste que le refus temporaire des impératifs du leadership soit la conséquence de la résurgence incontrôlable du fantasme, une résurgence qui mena aussi un autre « leader » indien du tournant du siècle, Vivekananda, à se retirer de l'activité politique et à s'exclamer : « Tout mon patriotisme est disparu. Tout est évanoui. Je ne suis qu'un petit enfant ».

NOTES

1. M.K. Gandhi, *Satya na Prayoga athva Atma-Katha* (*Expériences de vérité, ou Autobiographie*), Ahmedabad, Navjivan Prakashan Mandir, 1927, p. 9 ; désigné dans le texte comme *Autobiographie*.

2. *Ibid.*, p. 10.

3. *Ibid.*, p. 31.

4. *Ibid.*, p. vii.

5. *Ibid.*, p. iv.

6. *Ibid.*, p. 501.

7. *The Collected Works of Mahatma Gandhi*, vol. XXXVII (1928), « Speech on the birth centenary of Tolstoy, September 10, 1928 », Delhi : Division des publications, Gouvernement de l'Inde, Delhi, 1958, p. 250, désigné dans le texte comme *Œuvres complètes*.

8. *Ibid.*, p. 265.

9. *Autobiographie*, p. 24.

10. Saint Augustin, *The Confessions* (E.R. Pusey, tr.), New York, Modern Library, 1949, p. 162.

11. V.S. Naipaul, *India, A Wounded Civilization*, New York, Alfred Knopf, 1976, p. 102-106.

12. *Autobiographie*, p. 75.

13. *Ibid.*, p. 69.

14. A.K. Ramanujan, « Hanchi : A Kannada Cindrella », in *Cindrella : A Folklore Casebook*, (A. Dundes ed.), New York, Garland Publishing, 1982, p. 272.

15. *Autobiographie*, p. 91.

16. *Ibid.*, p. 89.

17. *Ibid.*, p. 205.

18. *Ibid.*, p. 207.

19. *Œuvres complètes*, vol. III : Lettres du 30 juin 1906 à Chaganlal Gandhi et H. V. Vohra, p. 352-354.

20. *Ibid.*, p. 208-209.

21. *Œuvres complètes*, vol. V, p. 56.

22. M. K. Gandhi, « Yervada Mandir », in *Œuvres complètes*, vol. IV, p. 220.

23. *Ibid.*

24. M.K. Gandhi, « Hind Swaraj », in *Œuvres complètes.*

25. *Yervada Mandir*, p. 223.

26. Saint Augustin, p. 227.

27. *Ibid.*, p. 228.

28. *Autobiographie*, p. 324.

29. *Ibid.*, p. 210.

30. *Ibid.*, p. 209

31. *Œuvres complètes*, vol. XXXVII (1928), p. 258.

32. *Œuvres complètes*, vol. XXXVI (1927-1928), lettre à Harjivan Kotak, p. 378.

33. Le meilleur témoin de la période que Gandhi a passée au Bengale est N.K. Bose, le secrétaire temporaire de Gandhi, qui savait être à la fois un disciple respectueux et un observateur lucide ; voir son *My Days with Gandhi*, Calcutta, Nishana, 1953.

34. *Ibid.*, p. 52.

35. *Ibid.*, p. 189.

36 Dans sa *Clé de la santé*, écrit en 1942 au milieu d'une autre phase de dépression induite par la vague de violence qui accompagnait le mouvement « Quit India » et par la mort de sa femme en prison, Gandhi fait allusion à cette variété de mise à l'épreuve de soi : « Certaines de mes expériences n'ont pas atteint le stade où elles pourraient avec avantage être révélées au public. J'espère pouvoir le faire un jour si elles réussissent à ma satisfaction. Le succès pourrait rendre l'atteinte du *brahmacharya* relativement facile ». Voir les *Œuvres complètes*, vol. IV p. 42. On trouvera un commentaire sympathique et pénétrant de ces expériences dans Erik H. Erikson, Gandhi's Truth, New York, W.W. Norton, 1969, p. 404.

37. On trouvera une discussion exhaustive en anglais de ces concepts psychologiques populaires dans : Swami Sivananda, *Mind : Its Mysteries and Control*, Sivananda-nagar : Divine Live Society, 1974, ch. XXVIII ; et dans : Swami Narayannanda, *The Mysteries of Mna, Mind and Mind-Functions*, Rishikesh, Universal Yoga Trust, 1965, ch. XIX.

38. Wendy O'Flaherty, *Women, Androgynes and Other Mythical Beasts*, Chicago, University of Chicago Press, 1980, p. 45.

39. Voir Wendy O'Flaherty, *Asceticism and Eroticism in the Mythology of Siva*, p. 55.

40. *Brahmavaivarta Purana*, 4.31, 4.32, 1-20, 4.33, 1-76 ; traduction résumée de Wendy O'Flaherty, *Asceticism and Eroticism in the Mythology of Siva*, p. 51.

41. Cité par Edward C. Dimock, Jr., *The Place of the Hidden Moon*, Chicaago, University of Chicago Press, 1966, p. 154.

41. Cité par Edward C. Dimock, Jr., The *Place of the Hidden Moon*. Chicago, University of Chicago Press. 1966, p. 154.

42. *Ibid.*, p. 54.

43. *Ibid.*, p. 156.

44. Voir Ramchandra Gandhi, *Brahmacharya*, inédit, Université d'Hyderabad, Département de philosophie, 1981, p. 26.

45. Thomas Mann, *Joseph and His Brothers*, London, Secker and Warburg, 1959, p. 719.
46. S. Freud, « Civilized Sexual Morality and Modern Nervousness » (1908), *Standard Edition*, vol. IX, p. 197.
47. *Œuvres complètes*, vol. XXXVI, p. 101.
48. *Œuvres complètes*, vol. XXXV, p. 373.
49. Saint Augustin, p. 165.
50. Ved Mehta, *Mahatma Gandhi and His Apostles*, p. 13.
51. D. W. Winnicott, « Appetite and Emotional Disorder », in *Collected Papers*, London, Tavistock Publications, 1958, p. 34.
52. *Autobiographie*.
53. Ram Prasad, *Sakta Padavali*, n° 142 (R. Nicholas tr.), inédit, Université de Chicago, Département d'anthropologie, 1976.

William Lyon Mackenzie King
Le clivage et l'ambivalence
des émotions et de la pensée

Les hommes sont parfois maîtres de leur destin ;
la faute, cher Brutus, n'est pas dans nos
astres si nous sommes esclaves, mais en nous.
Jules César
Shakespeare

There is no doubt I lead a very double life.
I strive to be right and continually do wrong.
Yet I do not do the right I do to make it a
cloak for evil. The evil that I do is done
unwillingly, it comes of the frailty of my nature.
William Lyon Mackenzie King

William Lyon Mackenzie King est né le 17 décembre 1874 dans la ville de Berlin [1], en Ontario. En donnant ce triple prénom à King, ses parents ont voulu honorer le grand-père maternel, William Lyon Mackenzie.

Ce grand-père a eu une vie peu commune. Écossais d'origine, il émigre au Canada en 1820 à l'âge de 25 ans. Deux ans plus tard il épouse Isabel Baxter, écossaise elle aussi. Ils auront 16 enfants. La cadette, Isabel Grace, donnera naissance à Mackenzie King.

D'abord propriétaire d'un magasin, le grand-père le vend pour fonder un journal, le *Colonial Advocate*. William L. Mackenzie est un

Ce cas a été préparé par Sylvain St-Jean sous la direction du professeur Laurent Lapierre. La rédaction de ce cas a été rendue possible grâce au fonds Mercure (fonds interne de recherche de l'École des Hautes Études Commerciales). Il est destiné à servir de base à la discussion en commun et ne prétend pas présenter un exemple de solution correcte ou fautive des problèmes d'administration.

activiste. Il est convaincu de la nécessité de réformes dans le Haut-Canada où le *family compact*, petit groupe de familles riches, contrôle tout, y compris le gouvernement. Il se fera l'apôtre d'une croisade contre les riches et contre l'injustice dans la société. Il est cependant mal servi par un caractère bouillant. Émotif, impulsif, incapable du moindre compromis, il nuit, par ces traits de caractère, à la cause qu'il défend.

Il se tourne vers la politique pour promouvoir ses idées. Il représentera la circonscription de York de 1828 à 1836, année où il est battu. En 1834, il devient le premier maire de Toronto.

Mais la politique lui semble un moyen bien lent pour arriver à ses fins. Impatient, il s'inspire de la révolte dans le Bas-Canada en 1837 et décide, le 5 décembre 1837, d'avoir recours à la force. Il réunit une petite troupe d'hommes mal équipés et marche sur Toronto. Ils seront défaits dès le premier affrontement avec l'armée. Sa tête étant mise à prix, il doit s'exiler aux États-Unis. Il tentera de revenir avec une force d'invasion en 1839. Encore une fois il échoue et doit même passer quelque temps en prison, aux États-Unis, pour avoir enfreint la loi américaine sur la neutralité.

Suivent 10 années de misère. Très pauvre, il arrive à peine à faire vivre sa famille en écrivant quelques articles de journaux. Il peut enfin rentrer au Canada en 1849 lorsque Louis-Hippolyte Lafontaine déclare l'amnistie générale. Il réussira à se faire élire député dans le comté de Haldimand de 1851 à 1858, année où il se retire. Il meurt trois ans plus tard.

Le grand-père paternel, John King, connaît une vie aussi courte que tranquille en comparaison de celle de William L. Mackenzie. Militaire d'origine écossaise, il est affecté au Canada en 1834 à l'âge de 20 ans. Il combattra même la mini-révolte de l'autre aïeul de Mackenzie King en 1837. Tuberculeux, il meurt à 29 ans, en 1843, quatre mois avant la naissance de John King, futur père de Mackenzie King.

John King et Isabel Grace Mackenzie se marient à Toronto le 12 décembre 1872. Le mari, avocat, commence sa pratique à Berlin. Quatre enfants vont naître de leur union : Isabel Christina Grace (Bella) en 1873, William Lyon Mackenzie (Willie) en 1874, Janet Lyndsey (Jennie) en 1876 et Dougall Macdougall (Max) en 1878.

Soixante-quinze ans de vie active

La vie de Mackenzie King se découpe en neuf grandes périodes. Chacune de ces phases s'amorce avec un événement majeur qui imprime un nouveau cours à sa vie. Chaque fois, il doit maîtriser des tâches et des rôles inconnus, relever des défis toujours différents. Le tableau qui suit résume ces neuf étapes de la vie de Mackenzie King :

Année	Événement
1874	Naissance
1891	Départ pour le collège de Toronto
1900	Début de sa carrière de fonctionnaire au gouvernement fédéral
1908	Élection à titre de député fédéral
1911	Défaite électorale, sortie partielle de la politique
1919	Élection à titre de chef du parti libéral, premier ministre en 1921
1930	Défaite de son parti, passage à l'opposition
1935	Reprise du pouvoir
1948	Abandon de son poste de premier ministre : retraite
1950	Décès

De sa naissance jusqu'à l'âge de 16 ans, King vit avec ses parents à Berlin. C'est à cette époque que s'élaborent les fondements de sa personnalité[2]. Toute la famille vit à l'écart de la ville dans une propriété louée, Woodside. Les liens entre les membres de la famille sont très forts. King est espiègle, il aime jouer des tours. Dawson en fait le portrait suivant :

> Il présentait une figure assez terne, des traits grossiers, une large bouche, des cheveux en bataille et un physique somme toute assez lourd. Il était gentil et facile d'approche, toujours prêt à discuter, avec la repartie rapide accompagnée d'un sourire et d'une étincelle dans ses yeux bleus. Il était très sociable et généralement apprécié. S'il avait de l'attirance pour les jeunes filles, il ne montrait jamais de préférence pour l'une d'entre elles. [...] Ces dernières semblaient l'aimer et il était un des favoris parmi les amies de ses sœurs Jennie et Isabel[3]. (1958, p. 12)

À l'automne 1891, il quitte sa famille pour aller étudier dans un collège de Toronto. À l'âge de 18 ans, en 1893, il amorce la tenue d'un journal intime[4]. Il y sera fidèle jusqu'à sa mort. En 1895, King obtient son baccalauréat en droit de l'Université de Toronto. En 1896, il va à Chicago pour préparer un mémoire de maîtrise sur le syndicat international des typographes. Il poursuit ses études à Harvard pendant les deux années suivantes. La première année, il décroche une maîtrise en sciences sociales. La deuxième année, il visite l'Europe grâce à une bourse de voyage. Au courant de l'hiver 1898, alors qu'il est à Harvard, il courtise activement Mathilde Grossert, infirmière qu'il a rencontrée l'année précédente à Chicago. Face à l'opposition très vive de ses parents, il abandonne ses projets de mariage. King est conscient que ces années d'études représentent une époque charnière. Ainsi il écrit en 1898 :

Je traverse une période de transition. Je passe rapidement de l'état d'enfant à celui d'adulte et comme dans toutes les transitions, le processus est douloureux. (Journal, 28 avril 1898)

Au mois de juin 1900, le gouvernement fédéral lui offre le poste de rédacteur d'une de ses nouvelles publications, *La Gazette du Travail*[5]. Il accepte. Son rôle sera élargi à celui de conciliateur dans des conflits de travail. En deux ans, il interviendra dans 15 grèves et lock-out et en solutionnera 11[6].

En 1908, il abandonne la carrière de fonctionnaire pour se lancer en politique. Élu député dans le comté de Waterloo Nord, il devient titulaire du nouveau ministère du Travail créé par Laurier en 1909.

Entre 1911 et 1919, sa carrière piétine. Il perd successivement deux élections, celle de 1911 et celle de 1917. Lors de cette dernière, il est un des rares libéraux à appuyer Laurier qui milite contre la conscription. Sans emploi régulier, il accepte, un peu en guise de compromis, de travailler pour la fondation Rockefeller de 1914 à 1919. Durant toute la période où il se retrouve en marge de la vie publique, entre 36 et 44 ans, il cherche activement une épouse. Il rencontre plusieurs femmes qui ont toutes en commun la caractéristique de provenir d'un milieu bien nanti. Mais son entreprise n'est pas couronnée de succès et il demeure célibataire. Il s'agit de la période la plus difficile de la vie de King[7].

Son retour en politique se fera par la grande porte. En 1919, il succède à Laurier à la tête du parti libéral[8]. Il mènera cette formation à la victoire en 1921. Il réalise enfin le rêve de sa vie : il est devenu premier ministre[9].

Après neuf ans de pouvoir, la défaite se présente en 1930. King a sous-estimé la crise économique et son impact sur le pays et la population. Ses années de purgatoire dans l'opposition commencent. Il s'habitue mal au rôle de second plan que sa nouvelle position lui impose. Ses activités liées au domaine du spiritisme gagnent en intensité.

En 1935, il reprend le pouvoir aux mains de R.B. Bennett. Il ne sera plus jamais battu dans des élections. Il doit alors faire face à la lourde tâche de gérer une économie de guerre. La situation est particulièrement explosive au Canada, où les anglophones et les francophones s'opposent sur la question de la conscription. King réussit habilement à conserver l'unité de son parti et du pays durant ces années difficiles.

King renonce à ses fonctions de premier ministre le 15 novembre 1948. Durant les deux années qu'il lui reste à vivre, il tente de mettre un peu d'ordre dans son journal intime et de rédiger ses mémoires. La mort l'interrompra dans son travail, à l'âge de 75 ans, le 22 juillet 1950.

La dynamique familiale

La famille constitue en soi une microculture captivante à étudier. Elle révèle toujours des dimensions importantes de la personnalité d'un individu, dimensions souvent occultées. La famille de Mackenzie King n'échappe pas à cette règle, au contraire.

Plusieurs passages du journal intime de King expriment un très grand amour pour sa mère. En voici deux illustrations :

> Elle est [la mère de King], je crois, l'âme la plus pure et la plus douce que Dieu ait jamais créée. Elle est toute tendresse et amour, toute dévotion, elle ne connaît pas l'égoïsme et ne pense qu'aux autres. Son cœur m'a révélé les mystères de la création divine et elle vit dans la lumière de son amour. Être à ses côtés, c'est comme s'approcher d'un ange, et lorsqu'elle quitte un endroit elle laisse derrière elle une atmosphère de calme et de pureté. (Journal, 2 septembre 1900)
>
> Mon cœur est plein d'admiration pour ma mère, de compassion et de sympathie pour elle, elle est si noble, si héroïque, si brave. [...] [Son visage] était comme celui des plus grands, des

plus nobles, des plus forts, des meilleurs. Aurait-il été celui d'un Luther, d'un Savonarole, d'un Elisha ou d'un autre grand prophète de Dieu, il n'aurait pu être plus beau. (Journal, 2 septembre 1901)

À l'époque où ces lignes sont écrites, King est âgé de 25 puis de 26 ans.

King est tellement convaincu de la perfection de sa mère qu'il ne peut concevoir un autre type de femme pour épouse : « Si je pouvais seulement trouver une femme semblable à ma mère, je serais infiniment heureux » (Journal, 29 juillet 1899).

À la limite, King éprouve même de la difficulté à faire la distinction entre sa mère et lui-même, comme nous l'indique l'extrait qui suit : « J'ai connu la pauvreté par procuration parce que ma mère est allée souvent au lit le ventre vide durant les années d'exil de son père » (cité par Esberey, 1974, p. 69). Il écrit en marge de son exemplaire de la biographie de son grand-père : « Mackenzie King n'a jamais oublié que sa mère est née durant les années d'exil politique de son père, et qu'encore enfant, elle a partagé les privations qui étaient le lot de sa famille » (cité par Dawson, 1958, p. 27).

Ce portrait que Mackenzie King trace de sa mère contraste fortement avec l'image que les historiens donnent d'elle. Isabel Grace King est née aux États-Unis pendant l'exil de son père. Elle a connu pauvreté et humiliation, insécurité et désappointement. C'est une femme très belle et coquette mais aussi amère, parfois méchante et aussi égocentrique que possessive. Elle est sujette à des périodes récurrentes de dépression. Dawson dit d'elle :

> Son tempérament excessif la poussait à se démener jusqu'à l'épuisement, et par la suite à faire des indigestions d'origine nerveuse. (1958, p. 24)

C'est elle qui mène la famille. Parce qu'elle impute son enfance difficile à la carrière politique de son père, elle refuse que son mari, John King, se lance en politique lorsque le parti libéral lui fait des offres.

Le père est un personnage gentil, inefficace et davantage tourné vers la vie intellectuelle que vers la vie pratique. Il obtient plus ou moins de succès dans sa carrière d'avocat. Il s'occupe bien des besoins matériels de sa famille, sans plus. Il ne pourra aider financièrement son fils pour la poursuite de ses études universitaires à l'extérieur. Il contracte souvent des dettes qu'il a de la difficulté à rembourser. Mackenzie King devra d'ailleurs, du vivant de ses parents, assumer une partie de ces dettes.

John King recherche le soutien de son fils... Par exemple, lorsque Mackenzie King est étudiant à l'étranger, il lui écrit de longues lettres où il rend compte de son travail et de ses succès.

> J'ai reçu une très belle lettre de père avec plusieurs coupures de journaux vantant ses magnifiques succès. Il a eu une bonne presse et les journaux du pays lui reconnaissent une grande habileté. Il en est de même à Ottawa, où il a eu beaucoup de succès. Je me réjouis de tout cela. (Journal, 26 mars 1898)

Mackenzie King encourage son père. À l'occasion de chacun des anniversaires de ce dernier, Mackenzie King lui envoie une lettre où il passe en revue les exploits de son père et où il lui prodigue des encouragements pour l'année à venir.

Le père tente de profiter du poste de fonctionnaire de son fils pour se trouver un emploi. C'est ce qu'il demande dans une lettre :

> Je me prends toujours à espérer une bonne situation. [...] J'avais toujours cru que ta position avantageuse aurait pu me donner un coup de pouce auprès de Mulock et du gouvernement. [...] Je dois vraiment trouver quelque chose rapidement pour donner une chance dans la vie à tes sœurs et aussi pour donner plus de confort et de plaisir à ta mère. (20 novembre 1900)

Le fils ne donnera pas de suite concrète à cette sollicitation [10].

Les sentiments de Mackenzie King pour son père sont pour le moins mitigés. Il sait bien que ce dernier l'aime : « Je suis très touché par son grand amour pour moi, il semble plus intéressé à mon propre bien-être qu'au sien » (Journal, 26 juillet 1897). Cependant, s'il se sent obligé de l'aimer en retour, il émet des critiques renouvelées et assez dures à son égard.

> Je suis allé en ville avec père cet après-midi. J'essaie de ne pas être impatient avec lui, mais cela me désole de le voir perdre son temps à lire les journaux et à rester à la maison sans rien faire alors qu'il est rempli de tant de grandes qualités, aussi bien générales que professionnelles. Si seulement il les exploitait, il deviendrait un leader, et je me demande s'il existe dans Toronto une personne à la morale plus pure et qui aime plus sa famille que lui. (Journal, 29 juillet 1897)

La dernière personne que je voudrais critiquer est bien mon père, mais je perds toute patience avec lui. Il a été une grande source de désappointement pour moi ces dernières années. Il a fait si peu de choses, il en fait si peu encore actuellement. Je comprends mal qu'il gaspille son temps et sa vie. Il perd son temps à lire des journaux. [...] Pendant ce temps petite mère souffre et sa vie n'est pas aussi belle qu'elle devrait l'être. Jennie ne se développe pas à la mesure de ses talents. Max n'a pas reçu le soutien dont il a besoin ; en conséquence, il s'est présenté à des examens inutiles et il a négligé des matières importantes pour son avenir. Il ne sait pas quoi faire et père ne lui offre pas un modèle à suivre. [...] Mon espoir aurait été que père soit un grand homme, une noble source d'inspiration pour ses fils, etc., mais il a fait des erreurs durant les jours prospères en vivant au-dessus de ses moyens et maintenant il a des dettes. Il est devenu indifférent. Il nous aime cependant tous intensément, moi plus que les autres. (Journal, 22 septembre 1898)

Je ne peux être que contrarié par certains côtés de père, il désire tous les plaisirs, mais ne veut pas travailler pour les mériter. Il pourrait écrire des articles pour payer les dépenses de la famille, mais il ne le fait pas. Mère souffre en conséquence. (Journal, 2 octobre 1909)

Le grand-père maternel joue aussi un rôle important dans la vie de Mackenzie King. S'il lui reproche son caractère et les excès qui en résultent, particulièrement son recours à la violence en 1837, il admire ses idées et ses convictions [11]. Il sera un fidèle lecteur de sa biographie.

Je ne me rappelle pas une semaine où j'ai pu ressentir des désirs, des ambitions, des espoirs aussi grands que cette semaine en lisant la biographie de mon cher grand-père. J'en suis venu à admirer sa vie plus que jamais. Je suis fier de ma mère et de la race dont je suis issu. (Journal, 17 juin 1895)

Je prie pour avoir hérité de ses principes ; je sens que c'est le cas. Je comprends parfaitement les sentiments à la source de ses actions. Je puis sentir ces sentiments en moi-même. Je désire intensément poursuivre la tâche qu'il s'était fixée, améliorer la condition du pauvre, dénoncer la corruption, la tyrannie du pouvoir abusif et défendre le droit et les principes honorables. (Journal, 20 juin 1895)

[Texte écrit à la suite d'une nouvelle lecture de la biographie de son grand-père] Ah ! Comment pourrais-je m'empêcher de sentir chacune de ses pensées en moi ? Son manteau est tombé sur mes épaules et je dois lui faire honneur. (Journal, 26 février 1898)

Le grand-père a donc exercé une énorme influence sur son petit-fils qu'il n'a même pas connu.

L'ascendance familiale ne se limitera pas au pouvoir du grand-père. Les parents ont construit un scénario pour leur fils et ils comptent bien prendre les moyens nécessaires pour qu'il se conforme à leurs désirs. Dawson écrit à ce propos :

Il n'y a aucun doute [...] que Willie était celui dont on attendait qu'il sorte la famille de son relatif anonymat, qu'il assure son avenir social et financier, qu'il montre au monde que les King étaient faits de l'étoffe de ceux qui s'attirent distinctions et honneurs. Ce sentiment général à l'égard de Mackenzie King était partagé à la fois par ses parents, ses sœurs et son frère. Ils avaient le sentiment de se sacrifier pour lui ; ils l'encourageaient continuellement ; avec patience, ils cultivaient chez Willie une attitude de supériorité et de sagesse ; et s'ils venaient à penser que ce dernier manifestait une tendance à délaisser les objectifs de carrière qu'ils avaient établis pour lui, et le cas s'est présenté au moins à une occasion [12], ils mettaient tout en œuvre pour le ramener dans le droit chemin. Willie fut donc moins le favori que l'élu : il devint l'otage de la famille, qui se transformait en une sorte de coentreprise ; sur les épaules de King reposaient les espoirs et les ambitions de tous les autres membres de la famille. (1958, p. 28)

Les parents exerceront continuellement des pressions sur leur fils. Un premier exemple nous en est donné en 1892. Par le biais d'un ami de ses parents, King leur fait part de son désir de devenir ministre du culte[13]. La réponse lui parvient par le même ami dans une lettre ultérieure[14]. Les parents sont d'accord mais expriment des réserves certaines :

Votre mère m'a affirmé, et votre père aussi, que rien au monde ne lui ferait plus plaisir que de vous voir embrasser la carrière de ministre du culte, mais elle veut s'assurer que vous êtes parfaitement certain de votre choix ; elle espère que votre décision n'est pas un coup de tête mais le fruit d'une longue réflexion. (Esberey, 1974, p. 34)

Il s'agit ici d'un message contradictoire où les parents disent oui tout en affirmant le contraire. Ils utiliseront cette technique, particulièrement la mère, lorsqu'ils se prononceront au sujet des projets de mariage de leur fils avec Mathilde Grossert.

La mère ne rate pas une occasion de faire des pressions sur son fils pour qu'il revienne à Toronto terminer ses études. Les extraits suivants de lettres qu'elle lui envoie en attestent :

> Tu m'as beaucoup manqué la semaine dernière. [...] Je me sens particulièrement seule sans toi. Je m'ennuie de ton baiser matinal et de nos petites conversations. (18 octobre 1896)
>
> Je prie Dieu que les mois passent vite et que nous nous retrouvions de nouveau ensemble, peut-être plus sages et meilleurs après cette courte séparation. [...] Ton père et moi avons souvent parlé des moyens à prendre pour que tu puisses faire tes études ici, à l'Université de Toronto. Tu seras ainsi avec nous cette année. Le foyer est le meilleur endroit pour nous : « unis nous réussissons, divisés nous échouons ». (14 janvier 1897)

Mackenzie King est très sensible à toutes ces pressions, mais lorsqu'il a vraiment quelque chose en tête, il trouve les moyens d'arriver à ses fins. Son départ pour Chicago représente un bon exemple de cette détermination. Il tient, contre le désir de ses parents, à aller étudier dans cette ville. En 1895, il obtient une bourse de l'Université de Chicago. Cédant pourtant devant les pressions de ses parents, il demeure à Toronto pour travailler avec son père à son étude d'avocat. Il finit cependant par le quitter pour travailler comme journaliste, d'abord au Toronto News et ensuite au Toronto Globe. Il refait une demande pour Chicago en 1896, requête qui est à nouveau acceptée. Il doit encore faire face à l'opposition de ses parents. Il arrive à échapper à leur emprise grâce à un raisonnement pour le moins tortueux.

> Revoyons les arguments en faveur de mon inscription à l'Université de Toronto. Le plus important des arguments est peut-être le désir de mes parents de me voir demeurer à Toronto. [...] Cette volonté de mon père ne s'exprime pas uniquement en paroles. Il exploite à fond son pouvoir de persuasion, avec beaucoup de succès d'ailleurs. [...] Il m'est très difficile de ne pas

succomber à une telle manifestation d'amour. Il offre de m'aider de toutes sortes de façons, d'utiliser toute son influence à mon avantage, quoique je résiste à l'idée et que je ne fasse rien pour l'encourager. Finalement, je me suis décidé samedi à poster ma demande d'admission. [...] Le fait d'être ici à Toronto avec tous mes amis, dans ma propre université, dans mon pays, représente sûrement un avantage. Mais combien ces arguments se révèlent en fait purement égoïstes, quelle étroitesse d'esprit pour une âme qui aspire à explorer le monde, un cœur qui veut faire le sacrifice de lui-même non pas pour ses amis, pour son université ou pour son pays, mais pour l'humanité tout entière. Bref, plus j'examine attentivement mes raisons pour demeurer à la maison et plus elles m'apparaissent égoïstes et individualistes. [...] Et finalement, quel sens donner au message qu'une voix intérieure ne cesse de me répéter : « va à Chicago, va à Chicago, tu y deviendras meilleur, tu y seras plus en mesure de réfléchir sur l'homme et sur la vie, tu y seras plus proche de Dieu ». (Journal, 14 juin 1896)

Son raisonnement est fascinant. Il commence d'abord par dire que l'argument principal en faveur de Toronto est le désir de ses parents qu'il demeure avec eux, souhait auquel il s'oppose. Ensuite, il déclare égoïste son désir de rester à Toronto. En allant à Chicago, il ne va pas à l'encontre de ses parents, mais il résiste à l'égoïsme. À ses propres yeux, il est donc doublement vertueux.

Dans cette famille où la mère est le membre dominant, tout est organisé en fonction de ses besoins. Comme elle souffre d'insécurité à la suite de son enfance, elle dirige ses enfants vers des carrières ou des situations offrant la sécurité financière. Ils sont chargés d'assurer à la mère un confort matériel que ni son propre père ni son mari n'ont pu lui offrir. Dans ce sens, les filles sont encouragées à se trouver de bons partis. Les parents incitent aussi leurs enfants à cultiver des amitiés pouvant déboucher sur des contacts influents. C'est ainsi que le père écrira à King lors de son séjour à Chicago :

J'espère que tu continueras à te faire des amis parmi les leaders de la faculté. Ils peuvent se révéler d'une grande utilité pour toi, surtout s'ils te trouvent enthousiaste dans ton travail, ils vont, j'en suis sûr, faire tout en leur possible pour t'aider dans ta carrière. (15 octobre 1896)

Si la mère détient la position centrale dans la famille, un second pôle de pouvoir s'organise autour de King. Ses parents l'investissent de leurs attentes, en même temps qu'ils le sollicitent comme ami et comme allié. D'une certaine façon, les deux parents espèrent avoir de leur fils aîné ce qu'ils n'ont pas obtenu de leur conjoint, c'est-à-dire l'amour, l'affection, la compréhension, enfin tout ce qu'ils sont en droit d'attendre d'un époux ou d'une épouse. Il est donc le préféré, celui qui doit faire la plus belle carrière. Les autres membres de la famille doivent faire des sacrifices pour lui. Jennie, la plus jeune des filles, n'est pas dupe de la situation. Elle est tout à fait consciente qu'on attend des deux filles qu'elles pourvoient aux besoins des parents et des deux frères, particulièrement de Mackenzie King. Dans une lettre qu'elle lui écrit, elle dit : « Il me semble que tu as reçu plus d'amour et de compréhension que tous les autres membres de la famille ». (6 avril 1898)

Dans son journal, Mackenzie King décrit sa famille comme étant unie. La réalité semble tout autre. King entretient peu de contacts directs avec sa famille. Leurs relations se limitent à un échange de lettres, de souhaits de bon anniversaire et à de courtes visites pour dîner lorsqu'il est de passage à Toronto. King garde ses distances par rapport à sa famille, même lorsqu'il est en poste à Ottawa. De plus, il fait peu de gestes d'aide concrets. Par exemple, en 1912, alors que son père est très malade et qu'il doit se soumettre à une opération à un œil qui risque de le laisser aveugle, Mackenzie King part pour l'Angleterre et y demeure deux mois et demi [15]. Il apporte une aide financière limitée à ses parents au cours des ans, alors qu'il gagne largement sa vie [16].

Lorsque la mère meurt [17], le 18 décembre 1917, elle laisse une succession qui engendre un conflit et qui laisse entrevoir la distance qui sépare King de Jennie et de Max. King, à qui la mère a confié la tâche de gérer les avoirs familiaux, refuse de dévoiler les sommes concernées aux deux autres membres de la famille et de rendre compte de sa gestion. Il décide, par exemple, de faire construire un coûteux monument funéraire à la mémoire de ses parents, alors que sa sœur est dans le besoin. Il refusera toujours de divulguer quelque information que ce soit, même si Jennie et Max insistent. Le conflit s'exacerbe et le ton monte dans les échanges de lettres entre King et les deux autres membres de la famille. Jennie est particulièrement offusquée par la situation et le fait bien sentir à son frère. Il ne peut se faire à l'idée que sa sœur ait une si piètre opinion de lui. Il écrit donc à Max (alors que Jennie ne souffre d'aucune maladie mentale ou physique) :

Son état [à Jennie] est plus sérieux qu'elle ne le croit elle-même ou que nous-mêmes le pensons. Il est tout à fait impensable qu'elle ait pu mal me juger à ce point. (3 août 1918)

Mackenzie King ne cédera jamais à leurs demandes répétées. Il va même plus loin. Au cours des années qui précèdent la mort de ses parents, il a prêté de l'argent à son frère qui souffre de tuberculose et qui doit vivre dans une clinique au Colorado. King lui envoie des papiers à signer, lesquels l'autorisent à prélever de la part d'héritage de Max les sommes que ce dernier lui doit. Le libellé de cet arrangement est le suivant :

Ce reçu est donné avec admiration et gratitude et il exprime le désir que tous mes droits sur ma part d'héritage et ses revenus soient utilisés en guise de remboursement pour l'argent emprunté. (3 décembre 1918)

Le personnage

Le journal intime de Mackenzie King est une magnifique source d'informations pour les historiens. Il permet de dégager les traits du personnage laissés dans l'ombre par la vie publique. Mais avant de devenir un outil dans les mains des observateurs extérieurs, ce journal joue d'abord un rôle important dans la vie même de son auteur. Grâce à cet exercice quotidien, King peut se critiquer lui-même, et il accomplit cette autocritique dans le but avoué de s'améliorer. King est tout à fait conscient de cet aspect introspectif et normatif de son journal. Il y écrit, après l'avoir délaissé pendant quatre mois en 1903 :

Je reprends à nouveau ce journal dans le but de m'améliorer. Je suis tout à fait conscient que je ne gère pas mon temps comme il se devrait, que je laisse passer des occasions de m'améliorer, que dans mes pensées et dans mes actes je deviens indifférent à ce qu'il y a de meilleur en moi et que je délaisse mon objectif de contribuer au développement du monde. Mon journal a été par le passé un moyen d'auto-amélioration. (Journal, 5 octobre 1903)

Dans ses autocritiques, King n'est pas toujours tendre envers sa personne [18] :

La vérité c'est que je ne suis pas l'homme que je devrais être, je suis plutôt le type d'homme que je déteste le plus, un hypocrite, qui ne prend pas la vie au sérieux et qui traite avec légèreté les choses saintes. Je ne suis pas celui que j'étais, il me semble plutôt naviguer dans un océan de plaisirs égoïstes, loin de la Vérité et du Devoir. Ce n'est pas qu'une apparence, c'est réellement cela. Jusqu'à ce que je redevienne moi-même, que je retrouve mon vrai moi, je n'ai pas le droit de parler de sujets comme la vie et Dieu. Je me trompe moi-même heure après heure et je suis pour moi-même un objet de pitié et de haine. Ô Dieu, faites-moi retrouver mon vrai moi, que je redevienne un homme bon. Oh ! bannissez l'hypocrisie qui hante ma vie et donnez-moi la force, la paix et la lumière. J'entrevois à nouveau le sentier qui mène à Dieu. (Journal, 4 mai 1900)

Ce passage développe deux thèmes qui reviennent constamment dans son journal : la critique acerbe de son propre égoïsme et l'image d'une double personnalité, un bon moi (« mon vrai moi ») et un mauvais moi.

La vision du monde de King s'articule autour de cette opposition bon/mauvais. Dans son esprit, ce qui est bon est associé à la pureté et au christianisme et ce qui est mauvais au péché et au démon. Les deux passages suivants reprennent ce leitmotiv, le premier dans le cadre d'une autocritique et le second dans un discours général sur l'homme.

J'ai pensé toute la journée à ma nouvelle bataille pour une meilleure vie. Je dois absolument combattre mes défauts sinon je serai exclu du jardin d'Eden qui existe en ce bas monde, mais avec l'aide de Dieu j'y arriverai. Je n'aime plus le mal et je sens que ma nature le déteste plus que jamais. (Journal, 14 février 1908)

L'idée que vous défendez selon laquelle les racines du bien et du mal sont inextricablement liées a été une découverte utile pour moi. [...] Le bien et le mal sont tous deux latents dans chaque action humaine et le triomphe de l'un ou de l'autre dépend de l'intention et de la volonté. (King, Lettre à V. Markham, 28 août 1912)

Pour mener une bonne vie et se rapprocher de Dieu, il faut, selon King, contrôler son corps et son esprit.

Dans la lassitude de la bataille, j'ai compris à quel point l'expression suivante résume bien le sens de la vie humaine : « l'esprit est plein de volonté mais la chair est faible ». (King, Lettre à V. Markham, 28 août 1912)

Il éprouve cependant de la difficulté à maîtriser parfaitement les désirs de son corps. Il lui arrive en effet d'avoir recours aux services des prostituées. Ce péché est une source de grands remords. Nous reviendrons sur ce point particulier dans la section consacrée à ses relations avec les femmes. Quant au contrôle de l'esprit, King pense pouvoir l'atteindre en muselant ses émotions. Il écrit dans son journal : « Par le passé je n'ai pas toujours réussi à contrôler mes émotions, mais ce soir je suis victorieux » (Journal, 3 juin 1898), ou encore : « S'il est bien d'avoir des émotions fortes, nous devons aussi être raisonnables » (Journal, 12 juillet 1898). Il se souvient trop bien des excès de son grand-père et du prix très élevé que ce dernier a dû payer pour eux.

D'autres thèmes reviennent aussi régulièrement dans le journal de King. Il est obsédé par le temps qu'il perd en vaines activités. D'ailleurs nous avons vu qu'il reproche à son père de perdre son temps à lire des journaux. Il se sermonne continuellement et s'exhorte à devenir meilleur, à viser la pureté dans ses comportements et dans ses pensées : « Mon but principal est de mener une vie chrétienne et, par mon exemple, de montrer aux gens comment ce genre de vie peut être le plus heureux et le meilleur » (Journal, 19 septembre 1897). Nous avons vu d'ailleurs qu'il a longtemps été tenté par la profession de ministre du culte.

Si King se critique abondamment dans son journal, il éprouve beaucoup de difficulté à accepter les remarques des autres, même de bons amis comme Violet Markham, Bert Harper ou Rockefeller Jr. Le passage suivant nous en donne un exemple :

Trenholme [un collègue étudiant canadien] a fait quelques remarques acerbes dont une selon laquelle je serais vaniteux, prétentieux. Dieu sait que je déteste la vanité et la prétention comme l'enfer. Il est possible que je paraisse tel, je prie donc tous les jours pour être humble. En fait, je me sens plus timide que vaniteux. Il semble qu'il y ait un peu de jalousie derrière les paroles de Trenholme. (Journal, 28 novembre 1897)

Par contre, King aime bien distribuer critiques et conseils. Il joue le rôle de guide avec les membres de sa famille. Par exemple, il ne se fait pas prier pour suggérer des comportements à ses sœurs [19] et à ses amies, ou encore il donne à son frère Max, avec qui il entretient une relation père-fils, le conseil suivant :

> Si tu décides de travailler jusqu'à dix heures, ne t'arrêtes pas à neuf heures trente ou à dix heures dix, arrête à dix heures pile. Si tu te conformes à ce conseil, tu verras qu'à la fin de la semaine tu t'apercevras que le travail accompli entre dans de petites boîtes, chaque partie de travail se retrouvant dans une petite boîte distincte — il n'y a rien de comparable à cette sensation de plaisir sinon celui qui découle d'un état de totale concentration. [...] Ces petites boîtes s'accumulent, et le moment de plaisir final survient lorsque l'ensemble de la tâche est terminé. (King, Lettre à Max, 16 octobre 1904)

King ne se prive pas non plus de blâmer les gens qu'il côtoie. Neatby, un de ses biographes, rapporte le jugement porté par King au sujet de Dunning : « Il fit des remarques sur son arrogance, sa vanité et son apitoiement sur lui-même, pour finalement conclure que Dunning était un hypocondriaque » (Esberey, 1974, p. 296). Mais ce qui est plus intéressant et révélateur, c'est que King avoue qu'il voit dans les autres ce qu'on lui reproche à lui-même. Ainsi, après avoir désapprouvé chez Rockefeller sa nervosité, le fait qu'il délaisse sa famille, sa solitude et son incapacité à relaxer, il note dans son journal : « Je vois précisément en M. R. les mêmes erreurs que les autres me reprochent » (Esberey, 1974, p. 227). Un bon exemple de ce comportement nous est donné par une des critiques de King à l'égard de Dunning. Il lui reproche d'être hypocondriaque ; or, King manifeste lui-même les symptômes de ce trouble. À plusieurs occasions, il consulte des médecins pour des malaises. Ces derniers ne trouvent jamais rien. Il va même jusqu'à se soumettre à des batteries de tests dans les hôpitaux [20]. Ses maux se manifestent en périodes de tension. Par exemple, pendant le conflit qui l'oppose à Jennie et à Max à propos de la succession familiale, il tombe de fatigue et se rend à l'hôpital ; ou encore, au cours d'une promenade avec une femme qu'il n'aime pas, il ressent tout à coup une grande douleur à l'épaule. Durant la Deuxième Guerre mondiale, alors que la pression qui s'exerce sur lui est énorme, il a une attaque de sciatique qui l'oblige à garder le lit pendant deux semaines et à rendre ses décisions de premier ministre à partir de sa chambre.

Les gens qui le connaissent bien ne sont pas dupes de son manège. Violet Markham et son frère Max lui font remarquer le caractère imaginaire de ses maladies.

Un des traits importants de la personnalité de King est l'intérêt qu'il porte au sort des pauvres et des déshérités. Il admire sans retenue cette classe d'individus : « Il n'y a aucun doute dans mon esprit : je vivrai pour défendre ces hommes et je suis fier d'eux. J'admire le paysan et le travailleur » (Journal, 6 septembre 1897). King se donne pour tâche de défendre les droits et les conditions de vie de la classe ouvrière.

Le monde [...] nous supplie de venir à son secours. [...] Pauvre humanité souffrante, les déshérités ont besoin de notre aide, de notre réconfort, de notre force. Je peux entendre leurs voix ce soir, certains criant leur solitude, d'autres leur exploitation dans les usines, tous à la recherche d'un cœur pour entendre, [...] perdus dans cet océan de désespoir humain, dans cet ouragan d'indifférence face à leur sort. (King, Lettre à B. Harper, 7 juin 1896)

King réitère régulièrement — dans son journal autant que publiquement — son engagement à cette cause. Il est persuadé de la faire progresser lorsqu'il se présente au Colorado en tant que représentant des Rockefeller. Il écrit dans une lettre à son amie Violet Markham : « Il est évident que mon arrivée au Colorado se révéla un atout pour les masses et la paix industrielle » (Esberey, 1974, p. 223)[21].

À l'occasion, cette cause lui sert de bouée de sauvetage lorsqu'il est aux prises avec un problème personnel insoluble. Ainsi, durant la crise qui l'oppose à ses parents à propos de Mathilde Grossert, il se rabat sur le sort des pauvres pour se tirer d'affaire :

Ô Dieu, ranimez mon amour pour le pauvre et redonnez-moi mes anciens buts dans la vie. J'ai vécu dans la confusion, remettez-moi sur le chemin de la vertu, de la vérité et de l'honneur. Je ne pourrais vivre dans un monde fondé sur les distinctions sociales. Dieu sait que j'ai des raisons pour les détester. J'aime (A) pour elle-même, c'est une vraie femme, une grande dame ; je l'aime uniquement pour ces raisons et non pour d'autres raisons mesquines. (Journal, 8 août 1898)

L'aide concrète que King apportera à la classe ouvrière prendra la forme d'un important train de mesures sociales que son gouvernement adoptera. Il s'agit des pensions de vieillesse, de l'assurance-chômage et des allocations familiales.

Toute sa vie, King demeure convaincu que sa croisade pour les pauvres et son destin en général lui sont dictés par Dieu, que ce dernier a prévu pour lui une tâche précise et qu'il en a fait son instrument sur terre. Les extraits qui suivent expriment cette conviction :

> Si les élections de 1908 [...] furent difficiles dès le début, je n'ai cependant jamais douté du résultat final, pas plus que je n'ai douté de la bonté de Dieu ni du triomphe ultime du bien. (King, Lettre à V. Markham, 5 novembre 1908)

> Il y a des événements dans la vie qui donnent foi dans un Dieu personnel qui a un projet précis pour nos vies, qui fait de nous les instruments de Sa volonté et qui manifeste Son tendre amour envers nous d'une façon très particulière. (King, Lettre à V. Markham, 6 février 1912)

> Je n'ai rien recherché, cela est venu. Cela est venu de Dieu. [...] Je suis appelé pour faire Son travail et je Lui dédie ma vie. (King, Lettre à V. Markham, 10 décembre 1919)

Dieu n'est pas le seul à le guider ; les esprits de ses parents et de ses amis décédés veillent aussi sur lui.

> Lors d'un voyage de retour vers le Canada, [...] j'ai vraiment ressenti la présence de mon ami Bert Harper. J'ai cru comprendre qu'il s'est manifesté dans le but de m'assurer de son intérêt pour ma vie et mon bien-être et parce qu'il voulait me prouver qu'il existait toujours dans un autre monde. (King, Lettre à V. Markham, 8 août 1918)

> Je crois que chère mère, père, Max et Bert sont auprès de moi, comme sir Wilfrid. Leurs esprits me guideront et me protégeront. (Journal, 25 septembre 1925)

> C'était pour m'assurer de l'amour et de l'intérêt de ma mère pour moi, [...] que j'étais protégé, aimé et guidé et que je n'avais pas à craindre d'être abandonné dans les situations difficiles. (Journal, 25 août 1933)

Fort de ces convictions, King s'adonne au spiritisme et consulte des médiums. Il finit même par être en mesure de se passer de leurs services en utilisant une petite table pour communiquer avec les esprits. Ils sont plusieurs à venir lui parler : les membres décédés de sa famille, Laurier,

Lord Grey et une foule d'autres personnages historiques, entre autres Jean-Jacques Rousseau, l'honorent de leurs visites, de leurs conseils et de leurs encouragements à persévérer dans la voie qu'il a choisie.

King est aussi un adepte de la numérologie. Il interprète la position des aiguilles d'une montre ou d'un cadran. Il lui arrive aussi de lire dans les feuilles de thé. Des événements divers se révèlent des messages envoyés par l'au-delà. Par exemple, un rayon de soleil frappe la tombe de ses parents alors qu'il s'y recueille : il voit là un signe qu'ils le protègent et l'accompagnent dans sa destinée.

Un dernier point mérite d'être mentionné au sujet de King : il aime beaucoup les ruines. Il se fera donc aménager des « ruines » sur son domaine de Kingsmere, sa résidence d'été. Il récupère de vieux matériaux dans ce but, comme par exemple une partie de la façade d'une vieille demeure en démolition à Ottawa. Lors de la Deuxième Guerre mondiale, lorsqu'il apprend que le palais de Westminster a été bombardé, il télégraphie au représentant du gouvernement canadien à Londres de faire tout en son pouvoir pour obtenir des pierres de l'édifice.

Les relations de King avec les femmes

Le type de relations que King entretient avec les femmes est une des dimensions fondamentales de sa personnalité. Elle mérite que nous lui consacrions une section complète.

On distingue deux groupes de femmes avec lesquelles King entre en contact personnel. Il y a d'abord les femmes qu'il courtise ou celles qui ont le statut d'amies. De ce premier groupe ont été retenues Mathilde Grossert, Marjorie Herridge, Joan Patteson et Violet Markham [22]. Ces quatre femmes occupent une place très importante dans la vie de King. Les relations qui se nouent entre King et elles sont typiques de toutes celles qu'il a pu avoir dans sa vie avec d'autres femmes. Le second groupe de femmes est constitué de prostituées ; nous y reviendrons.

Mathilde Grossert

King rencontre Mathilde Grossert pour la première fois lors de son séjour dans un hôpital de Chicago. Elle est une des trois infirmières qui s'occupent de lui. En général, King est attiré par les infirmières. Il les trouve belles dans leur uniforme blanc et considère que leur travail est noble. Les trois infirmières qui le soignent n'échappent pas à cette attirance fondamentale :

> Elles sont toutes trois charmantes et il est très difficile de ne pas ressentir une admiration sans bornes pour ces infirmières. J'ai vu là ce qu'il y a de plus noble et de meilleur dans la femme. (Journal, 9 mars 1897)

Ce n'est qu'un an plus tard, alors qu'il est étudiant à Harvard, que King se décide à courtiser Mathilde Grossert. Cette cour se fait entièrement par lettre. Ils ne se rencontreront que deux fois, les 20 et 21 avril, alors que King lui rend visite à Chicago. Cet épisode de la vie de King commence en janvier 1898 et se termine en août de la même année.

King se fait une idée très précise de la femme à qui il fait des avances.

> J'aime mademoiselle Grossert énormément. C'est une personne héroïque et elle est très belle. [...] Je sens que j'aimerais retourner à l'hôpital à nouveau. (Journal, 27 mars 1897)
>
> Je l'aime, c'est une si belle âme chrétienne. (Journal, 23 mai 1897)
>
> En vous je vois toute la bonté, la pureté et la grandeur que Dieu a jamais donnée à une femme, quelque chose de grand et de noble, quelque chose de très profond que peu de gens possèdent. (King, Lettre à M. Grossert, 18 mars 1898)

King utilise toujours les mêmes qualificatifs pour décrire les femmes qu'il rencontre, comme en témoigne ce qui suit :

> J'admire en elle (Kitty Riordan) chacune de ses actions, de ses mots et de ses pensées. [...] Je ne peux que déceler pureté et bonté dans son caractère, une innocence de cœur et d'esprit et en même temps c'est une jeune fille très intellectuelle. (Journal, 27 août 1895)
>
> J'ai beaucoup pensé à Hellen aujourd'hui. Je ne peux m'empêcher de l'admirer de plus en plus. En vérité, je ne peux m'empêcher de l'aimer. Elle a un cœur si chrétien. Je me demande souvent si je l'épouserai un jour. Elle serait une vraie bonne épouse, une aide précieuse dans un travail de chrétien. (Journal, 5 juillet 1897)

Je vois en elle (une femme que Rockefeller lui a présentée) tout ce que je souhaite trouver chez une femme — plus que je ne pensais trouver en qui que ce soit — et Dieu seul sait combien j'ai prié et patienté longuement pour qu'un jour une femme qui ressemble à ma mère se présente dans ma vie ; quelqu'un pour qui la religion serait la réalité suprême ; [...] quelqu'un dont la nature correspondrait à la mienne ; [...] quelqu'un qui pourrait séparer le bon grain de l'ivraie en moi et qui ferait de moi l'homme noble que je porte en moi ; quelqu'un qui pourrait me comprendre et m'inspirer. (Journal, 21 février 1918)

Ces deux derniers passages nous révèlent une des caractéristiques importantes des relations de King avec les femmes qu'il courtise. En plus de la pureté chrétienne, il recherche une femme qui va lui permettre de se réaliser complètement et qui va l'aider dans la défense des causes qui lui tiennent à cœur. Il écrit à propos de Mathilde Grossert :

Elle va me prendre et m'aider à me réaliser, elle va faire émerger tout le bon en moi, purifier et bénir ma vie, m'aider à quitter ce chaos sauvage ; elle va m'apporter l'harmonie et la paix. Je me sens tellement en sécurité entre ses mains. (Journal, 3 avril 1898)

Elle est la personne dont j'ai le plus besoin pour développer ma personnalité et pour en faire ressortir la force et la beauté. (Journal, 4 avril 1898)

Elle va faire de moi un homme meilleur. (Journal, 1er mai 1898)

King ne considère pas que ce sera tâche facile de faire la conquête de Mathilde Grossert.

C'est comme si le bien et le mal s'affrontaient, le premier pour m'aider à conquérir (A.B.)[23], le second pour m'en empêcher. Le mal combat férocement, mais il va perdre et je vais gagner un monde de pureté et d'amour. (Journal, 28 mars 1898)

Le monde mène un dur combat pour garder mademoiselle (B) loin de moi. (Journal, 4 avril 1898)

Mise à part une certaine résistance de Mathilde Grossert elle-même, l'opposition principale vient des parents de King, qui désapprouvent totalement l'idée d'une union de leur fils avec cette femme. Lorsque King leur fait part de ses intentions de mariage, ils réagissent très rapidement. La mère est la première à lui écrire une très longue lettre dont voici des extraits :

> Depuis des heures, je suis immobile et je pense à toi. Je ne me suis jamais interposée dans ta vie et je n'ai pas l'intention de le faire maintenant, mais je crois qu'il y a plusieurs choses que tu dois prendre en considération. [...]
>
> La bataille a été longue et difficile à la maison et j'espère que tu ne me trouveras pas égoïste quand je dis que je comptais sur toi pour dissiper le lourd nuage qui plane sur nous. [...]
>
> Je vieillis et je supporte moins bien les désappointements, mon cœur n'est plus aussi solide, [...] charité bien ordonnée commence par soi-même. [...] J'espère toujours une réponse qui libérera mon esprit. Je suis vraiment très fatiguée, mais ce n'est qu'une leçon de plus : NE FAIS JAMAIS CONFIANCE À QUI QUE CE SOIT. Ton père espérait que tu serais à ses côtés, [...] que tu serais son compagnon de route et maintenant il doit se faire à l'idée que cela n'arrivera jamais [...] parce que toutes tes pensées iront [...] vers la femme que tu épouseras.
>
> Reviens à la maison mon garçon, discutons et laisse des vieillards plus sages que toi te conseiller, tu nous en remercieras plus tard. (9 avril 1898)

Trois jours plus tard, King reçoit une lettre de son père.

> J'avais toujours compté sur toi et sur ton assistance. [...] Ton premier devoir est envers les gens de ta famille ; c'est un devoir qui doit surclasser toute autre considération, et l'acquittement de cette tâche te fournira le plus grand plaisir, la plus grande satisfaction et le plus grand bonheur que tout ce que tu pourras faire pour toi-même. (9 avril 1898)

King est profondément troublé par la réaction de ses parents. Après avoir pris connaissance de la lettre de sa mère, il écrit dans son journal :

> Ce soir j'ai reçu des lettres de la maison, une de mère en particulier qui m'a blessé. Elle parle comme si je l'avais trahie, elle mentionne le désappointement de père, elle me rappelle que tout le monde à la maison comptait sur moi et que j'ai été

égoïste, ingrat et que je n'ai jamais pensé à eux — Oh ! quelle émotion ! Quel coup pour notre amour. Et Jennie qui dit que je ne fais que demander sans jamais rien offrir. En vérité j'ai tout demandé et je ne leur ai rien offert en retour. Mais ces mots de ma famille me brisent le cœur. (Journal, 7 avril 1898)

Il n'est pas étonnant que suite à l'attitude adoptée par ses parents, les sentiments de King à l'égard de Mathilde Grossert varient constamment. Un jour, il est certain de l'aimer profondément, et le lendemain il doute de cet amour. Il n'est pas convaincu non plus que Mathilde l'aime, à certains moments il y croit et à d'autres non. Lentement, l'image qu'il se fait d'elle se transforme.

Son attitude envers moi n'est pas celle d'une femme qui m'aime, et la vérité est que je me sens floué. Je poursuivais un idéal mais mademoiselle (B) n'était pas cet idéal. Il y a cependant encore beaucoup de choses en elle que j'admire. (Journal, 25 avril 1898)

Et le lendemain :

Je sens qu'elle m'a trompé, mais aussi longtemps qu'elle demeure pure et bonne je peux surmonter cette déception. (Journal, 25 avril 1898)

Il ne se départira plus de ses doutes. Ces derniers se manifestent par des critiques de plus en plus acerbes :

Je la voyais, ou voulais la croire, si parfaite que je la croyais incapable de gestes égoïstes. Je cherche en elle la générosité et le désintéressement et lorsque je ne les vois pas, mon cœur est triste. (Journal, 16 juin 1898)

Ce jugement est un peu dur puisque l'égoïsme en question se réduit à une certaine lenteur de Mathilde Grossert à répondre à ses lettres.

L'état d'esprit de King se dégrade. La dépression s'empare de lui. Il est confus, perdu et malheureux :

Je ressentais un grand amour pour (A) et j'ai été heureux quand je pensais à elle. (Journal, 14 avril 1898)

Elle écrit « Ich liebe dich », c'est la première fois qu'elle l'avoue explicitement. [...] Mais mon cœur est trop plein de tristesse et d'incertitude pour vraiment saisir l'ampleur de la signification de ces mots. Je ne peux croire qu'elle m'aime, d'autant plus que mon amour pour elle est mort. Je suis très malheureux — je ne sais pas pourquoi. (Journal, 15 avril 1898)

[Après qu'il eut raconté avoir rêvé de Grossert en habit d'infirmière] Mon cœur devient de plus en plus triste. Je suis pratiquement malade, cela me tue. (Journal, 21 avril 1898)

J'aime cette femme, cependant il ne pourra jamais y avoir autre chose entre nous qu'une amitié, tout le reste est impossible[24]. (Journal, 27 avril 1898)

Je perds le plaisir de vivre. [...] Je n'ai plus de goût à rien ni à personne. [...] J'espère que ma chère mère pourra être épargnée de tant d'anxiété. (Journal, 14 juillet 1898)

Les événements se précipitent. Au mois d'août, King envoie à Mathilde Grossert une lettre pour lui dire qu'il ne l'aime pas vraiment. La lettre est aussi longue que tortueuse. Mathilde, amère, lui répond : « Mes plus grandes peurs sont confirmées — ni votre lettre ni vos actions ne sont celles d'une personne saine d'esprit » (16 juillet 1898). Cette missive provoque la réaction suivante chez King :

Je suis soulagé. Je comprends maintenant que nous n'aurions jamais pu nous entendre et que nous devrons nous contenter d'être des amis. [...] Je suis tout à blâmer pour ce qui est arrivé et je dois maintenant l'aider. (Journal, 16 juillet 1898)

En parallèle à cette détérioration de ses sentiments pour Mathilde Grossert, King éprouve de la culpabilité face à sa famille.

J'ai beaucoup souffert aujourd'hui de mon terrible égoïsme vis-à-vis ma famille. Pourquoi ne suis-je pas toujours avec mère, j'aurais dû manifester plus d'amour pour elle. Si Dieu l'épargne, qu'il me donne la force de lui prouver mon amour. Je dois maintenant travailler pour eux à la maison, les garder toujours présents à mon esprit, m'oublier, travailler pour mère, pour père, pour mes sœurs et pour mon frère avant tout. (Journal, 29 septembre 1898)

Combien étrange a été mon comportement, combien égoïste ai-je été. J'ai pratiquement détruit un père, une mère, deux sœurs et un frère qui s'étaient dévoués corps et âme pour moi. [...] Je pense si souvent à mère, que ne ferais-je pas pour elle ! Père, j'aurais souhaité qu'il ne soit pas écrasé sous les dettes, que sa vie ne soit pas si sombre. (Journal, 14 octobre 1898)

Une fois que King a abandonné son projet d'union avec Mathilde Grossert et qu'il le lui a avoué, il retrouve la paix et ce qu'il appelle son vrai moi.

J'ai enfin retrouvé mon ancien moi. Je suis heureux, je suis en paix. Rien d'autre qu'une croyance sincère en Dieu ne pourra plus me satisfaire. Toute vie est incomplète sans cela. (Journal, 11 septembre 1898)

Je ne me suis pas senti aussi bien depuis fort longtemps. Si je peux enfin cesser de penser à moi, à mon physique, à mon moral et à ma condition spirituelle, tout ira pour le mieux. J'ai senti cet après-midi que je pouvais retourner au travail avec toute mon ancienne énergie. (Journal, 18 septembre 1898)

Fidèle à ses habitudes, King fait le bilan de son aventure dans son journal intime.

J'ai fait la plus grande erreur de ma vie, j'ai agi trop vite. Je connaissais peu de choses d'elle, j'avais entendu quelques mots au sujet de sa vie, je ne connaissais vraiment rien d'elle. Je l'aimais, mais il s'agissait plus d'un amour pour un idéal. Par exemple, je n'ai jamais vraiment souhaité la voir sans son uniforme, et j'aimais la voir à son travail à l'hôpital. (Journal, 19 août 1898)

Je l'aime aujourd'hui comme je l'aimais il y a un an, mais c'est l'amour d'un enfant pour son infirmière, pas celui d'un homme pour une femme. J'ai toujours su qu'elle était plus vieille que moi, elle est plus pour moi une mère que la femme de mon cœur. (Journal, 21 août 1898)

Cette analyse se complète de reproches qu'il adresse à Mathilde Grossert.

Je ne peux pas ne pas penser que (A) étant plus vieille que moi, elle aurait dû être consciente de la façon dont je m'étais engagé dans la relation avec elle; mes lettres auraient dû lui faire comprendre que j'étais malheureux et que mes actions étaient étranges. (Journal, 19 août 1898)

Quelquefois je me demande si elle n'a pas tenté de me prendre au piège, mais je ne le crois pas, pourtant elle est plus vieille que moi, beaucoup plus vieille, etc., elle peut avoir conçu ce dessein. Je ne peux cependant pas croire cela d'elle. (Journal, 20 août 1898)

Finalement, il cherche à se déculpabiliser face à la femme qu'il a poursuivie avec tant d'intensité dans ses lettres.

Je me demande comment (A) se sent. Je ne peux croire que j'aie pu la faire souffrir. Je ne peux imaginer qu'elle ait vraiment compté sur moi, quoique, sans aucun doute, elle m'aime et je l'aime beaucoup. Nous avons si peu en commun. Je ne peux croire qu'elle souffre, Dieu connaît ma souffrance et jusqu'à quel point j'ai failli perdre la raison dans cette aventure. (Journal, 17 août 1898)

C'est ainsi que se termine l'épisode Mathilde Grossert. Enfin, il ne se termine pas totalement : en effet, ils entretiendront une correspondance fidèle jusqu'à la mort de King.

Marjorie Herridge et Joan Patteson

Marjorie Herridge et Joan Patteson, à l'instar de Mathilde Grossert, vont occuper une place de choix dans la vie de Mackenzie King. Ces deux femmes ont plusieurs points en commun. Lorsque King fait leur connaissance, elles sont mariées et elles ont des enfants. Elles sont aussi plus âgées que lui.

Madame Herridge rencontre King au mois de février 1901. Leur relation d'amitié/amour se termine durant l'année 1908, même s'ils auront des contacts épisodiques par la suite [25]. King mentionne le nom de Joan Patteson pour la première fois dans son journal le 2 octobre 1918. Cette relation durera jusqu'à la mort de King.

Les relations de King avec ces femmes ne sont pas très claires. Elles se ressemblent aussi beaucoup. Il semble que les deux femmes soient tombées amoureuses de King. Cet amour est-il resté platonique ? Les biographes de King sont partagés sur ce point. Une chose est certaine, on ne peut trancher la question de façon catégorique. Le journal de King est très discret sur cette question. Les extraits qui suivent nous donnent peu d'information :

> Je lui ai dit que je cesserais de la voir si j'avais l'impression que je volais quelqu'un d'autre ou si cela ne pouvait l'aider à se rapprocher du Docteur. (Journal, 3 mars 1902)
>
> Cela me fait de la peine d'en arriver là, elle est si généreuse et m'aime tellement. Mais la vie est la vie et la vérité est la vérité et elle est éternelle et ma conscience ne me laissera jamais en paix si la situation reste telle qu'elle est actuellement ; je dois être le plus fort des deux étant donné qu'elle est la femme. (Journal, 4 mars 1902)

Ces passages ont été écrits après que King et madame Herridge aient résidé un été à la même pension de Kingsmere. Le mari, retenu par son travail, n'était pas là. King a totalement délaissé son journal durant cet été, il est donc impossible de savoir ce qui s'est réellement passé. Cependant, à l'époque, la situation était assez ambiguë pour que le mari fasse une crise de jalousie. Monsieur Patteson se livrera aussi à une crise semblable au début de l'amitié de sa femme pour King. Dans les deux cas, la situation se rétablira par la suite.

Ces deux femmes jouent le même rôle auprès de King. Comme elles sont déjà mariées, il ne peut être question d'union entre elles et King. Elles lui fournissent de l'attention, du réconfort et des encouragements. Madame Patteson est même perçue par King comme une messagère de sa mère.

> Le petit Pat [26] a toujours représenté une sorte de symbole de mère, comme J. (Joan) avec sa tendresse me fait souvent penser à elle. Quand elle parlait, c'était comme si ma mère, à travers elle, me donnait l'assurance d'être à mes côtés dans les moments les plus difficiles. (Journal, 3 septembre 1939)

Il faut dire que cette relation d'aide et de soutien fonctionnera à sens unique, King étant peu sensible aux besoins des autres. Les Patteson, avec qui il sera très uni, seront toujours présents à ses côtés dans les moments difficiles. Madame Patteson accompagnera souvent King dans les réceptions officielles à Ottawa. À la fin de sa vie, King reconnaîtra le support indéfectible des Patteson, particulièrement de Joan.

> Je ne pourrai jamais la rembourser de toute sa gentillesse. Elle a pris la place de ma mère dans mon cœur tout au long de ces années. (Journal, 25 juin 1950)

Si King ne tarit pas d'éloges pour les deux femmes, du moins pendant le temps où il demeure lié dans le cas de madame Herridge, il porte un jugement très sévère sur les deux maris. Il considère qu'ils ne sont pas à la hauteur de leurs merveilleuses femmes. Par exemple, il porte le jugement suivant sur monsieur Herridge :

> Un homme habile, mais très vaniteux et fat, un professeur d'éthique, non un pasteur de religion, quelqu'un pour qui la religion est plus une profession qu'une manière de vivre. Le type d'homme qui peut éblouir l'esprit, mais qui ne sera jamais près de Dieu dans son cœur. (Journal, 10 février 1901)

Violet Markham

Violet Markham habite l'Angleterre et est donc absente physiquement de la vie de King. Néanmoins, elle joue auprès de lui un rôle capital. Ils se rencontrent en 1905 à Rideau Hall lors d'une réception officielle. Riche et provenant d'une famille noble, elle est en contact avec les milieux politiques de Londres. King et elle partagent un même profond sentiment religieux et une même passion pour la cause des déshérités de la terre et les réformes sociales. Ces idées communes cimentent une amitié qui durera jusqu'à la mort de King.

Violet Markham, comme Marjorie Herridge et Joan Patteson, apporte à King encouragements et réconfort. Elle ajoute cependant deux choses importantes : elle est en mesure de commenter les décisions politiques de King et elle lui donne de l'argent pour qu'il soit financièrement indépendant et qu'il poursuive la défense de leur cause commune au Canada.

Ils ne se rencontrent que très rarement, soit à l'occasion d'un passage de King en Grande-Bretagne, soit lors d'une visite de Markham au Canada. L'essentiel de leurs contacts se fera par le biais d'une correspondance nourrie.

Les prostituées

En parallèle à ses fréquentations de femmes de la bonne société, King rend visite aux prostituées, particulièrement durant ses années d'études à Toronto, à Chicago et à Boston. Évidemment, il se sent coupable de ces contacts qu'il considère comme un péché très grave. Le milieu des prostituées est pour lui un lieu de perdition.

> Nous (King et un copain) avons passé trois heures à visiter les bars de ce quartier. Nous avons dû voir plus de 100 maisons et observé le mal tel que je ne l'avais jamais vu auparavant. Nous devons avoir vu ou rencontré plus de 500 prostituées. [...] À certains endroits cela touchait même à la luxure. [...] Je n'ai jamais vu autant de déchéance sociale. (Journal, 21 avril 1897)

Son journal est quand même discret sur ses aventures. Il ne les mentionne jamais explicitement, il note seulement qu'il a perdu son temps, qu'il s'est laissé aller à son péché et que cela lui a coûté une certaine somme d'argent.

> La soirée fut plus que perdue. Je suis parti vers 8 h pour être de retour à 11 h 30. Tout ce temps fut plus que perdu. J'ai pu observer un des côtés les plus sordides du monde, ce qui m'a poussé à prendre une résolution qu'avec l'aide de Dieu je pourrai tenir. (Journal, 9 octobre 1893)
>
> Oh! quel fou suis-je et qui me délivrera — j'ai succombé complètement au démon et à mes passions, j'ai gaspillé de l'argent et je suis revenu triste. Dieu seul sait pourquoi je suis si faible, il sait à quel point je me bats. (Journal, 30 octobre 1897)

King ne succombe pas toujours à la tentation. Lorsqu'il résiste, il grandit dans sa propre estime.

> J'ai été très tenté mais je n'ai pas succombé. Je suis revenu à la maison avec la conviction que je détestais plus que jamais le mal et que le bien l'avait emporté. (Journal, 10 février 1898)
>
> J'ai été tenté lors d'une sortie mais je n'ai pas succombé [...] et j'ai repris le chemin de la maison. J'espère que je vaincrai bientôt un péché qui autrement pourrait me détruire. (Journal, 18 février 1898)

Le passage suivant, écrit à la suite d'une de ces sorties, nous montre bien l'opposition qui existe dans l'esprit de King entre le groupe des prostituées qu'il fréquente occasionnellement et les autres femmes qu'il admire, particulièrement les infirmières :

J'ai dépensé 1,25 $ avec quelqu'un que j'avais rencontré. J'ai entrevu mademoiselle Fairfax à sa sortie de l'hôpital et son visage ressemblait à celui de la madone, pur et béni ; je pouvais sentir sa bonté. Je suis revenu à la maison soulagé et calme. (Journal, 23 avril 1897)

King essaie aussi de réhabiliter quelques prostituées durant son séjour à Toronto, durant l'été 1894. La première prostituée qu'il tente de ramener dans le droit chemin s'appelle mademoiselle Gordan. Elle vient d'un milieu pauvre. King, en discutant avec elle, parvient, pour un temps, à lui faire abandonner la profession. Il y a rechutes et reconversions, mais l'entreprise se solde finalement par un échec. Lassé de mademoiselle Gordan, il se tourne alors vers d'autres prostituées. Il finit plus tard par abandonner définitivement devant ses insuccès répétés.

Il semble qu'avec le temps, King ait cessé de voir des prostituées ; elles disparaissent du moins de son journal. On peut croire que l'âge et la quantité de travail liée à ses fonctions lui aient procuré d'autres exutoires à ses pulsions sexuelles.

Les relations de King avec les hommes

Nous discuterons dans cette section de trois types de relations que King entretient avec les hommes : la relation d'amitié, de collaboration et de mentor. Évidemment ce découpage est arbitraire, mais il se justifie par son utilité. Avec les mêmes individus, King pourra avoir plus d'un type de relation simultanément.

La relation d'amitié chez King se construit toujours autour de deux pôles opposés. Il attend de ses amis qu'ils lui prodiguent soutien moral et souvent aide financière, tout en n'exigeant rien de lui en retour, ne menaçant pas ainsi son autonomie. Du côté des femmes, nous avons vu que Marjorie Herridge, Joan Patteson et Violet Markham ont joué ce rôle. Bert Harper, jusqu'à sa mort précoce, et John Rockefeller Jr. se chargeront de cette tâche pour les hommes.

Bert Harper partage avec King un même idéalisme. Les lettres qu'ils échangent sont typiques. King raconte à Harper ses succès comme étudiant alors que Harper lui envoie félicitations et encouragements. La relation est inégale : King domine Harper.

John Rockefeller Jr. ressemble beaucoup à King. Il est tout aussi lié que lui à sa famille. Il possède un sens du devoir très développé et affiche le même idéalisme social. Il est plus jeune et plus inexpérimenté que King. Ce dernier peut donc jouer le rôle de professeur et de guide. Atout important pour Rockefeller, il est riche et peut donc offrir un soutien financier, ce qu'il fera effectivement. De plus, il réside à l'extérieur du Canada. La relation ne peut donc être que distante. King est enchanté par Rockefeller.

> J'ai trouvé en John D. Rockefeller Jr. un des meilleurs hommes, un ami accueillant, et [...] un fervent chrétien. [...] Son humilité, sa sincérité, une intrépidité, une foi simple et une grande fidélité aux principes. [...] Son seul but est de servir ses semblables. (King, Lettre à V. Markham, février 1917)

Malgré cette bonne entente, King ne peut supporter la critique. Lorsque Rockefeller émet des réserves à propos du comportement de King, ce dernier réagit très durement.

> Il a eu beaucoup de considération pour moi mais [...] ses motifs étaient égoïstes. [...] Comme on peut se tromper soi-même ! Je ne suis pas en position pour lui montrer ses erreurs, mais il y a des gens dans le monde que les millions de R. ne peuvent acheter. (Journal, 17 décembre 1918)

Un autre aspect des relations de King avec les hommes concerne ses rapports avec ses collaborateurs. Les attentes de King face à ces derniers ressemblent à ce qu'il exige de ses amis. Il recherche visions communes, soutien et encouragements illimités. Il ajoute cependant à ces demandes la loyauté. Il s'attend aussi à ce que ses collaborateurs le soulagent des tâches quotidiennes et routinières de son travail, que ce soit lorsqu'il est rédacteur de La Gazette du Travail, ministre du Travail ou premier ministre. De surcroît, ces individus ne doivent pas manifester d'ambitions pouvant en faire des rivaux de King.

Bert Harper apparaît ainsi comme le prototype même de l'individu recherché par King. Ce dernier l'engage comme adjoint lorsqu'il dirige La Gazette du Travail. Il est à la fois ami et collaborateur. Il émet rarement des critiques, admire le travail de King et s'occupe de la gestion quotidienne de son département. De plus, Harper ne représente pas une menace pour la carrière de King. Cette coopération prend fin brusquement avec la mort de Harper. Ce décès laisse un grand vide dans la vie de King, vide qu'aucun autre homme ne comblera jamais vraiment.

King éprouve beaucoup de difficulté à se trouver des collaborateurs et des secrétaires. Il leur reproche leur égoïsme. Il considère qu'ils ne s'occupent pas assez de ses besoins. Il faut dire que ses attentes, comme dans le cas des amies ou des épouses éventuelles, sont démesurées et ne peuvent être que déçues[27].

Sir Buchan, que King réussira par toutes sortes de manœuvres à faire nommer gouverneur général du Canada, nous fournit un bon exemple de ce problème que King rencontrera. Pour lui, Buchan doit être plus qu'un gouverneur ; il attend de lui une amitié sincère. Il écrit à Violet Markham ce qu'il espère de ses liens avec Buchan :

> Une relation de vieux amis avec plusieurs centres d'intérêts et des devoirs politiques qu'il serait possible de partager. (Lettre à V. Markham, 31 décembre 1937)

King rêve de longues promenades avec Buchan dans son domaine de Kingsmere. Il réalise même des travaux à sa deuxième maison de Kingsmere dans le but d'y installer Buchan pour l'été. Il sera déçu puisque celui-ci, père de famille, ne pourra se rendre à ses désirs.

Le couple Massey, Vincent et Alice, représente un autre exemple. Le mari est engagé par King pour agir comme organisateur du parti libéral. Il espère ainsi se libérer de cette partie astreignante de sa tâche de chef de parti. Massey fait du très bon travail, trop même au goût de King, et les relations se détériorent rapidement.

> [Vincent Massey] ne parle que de sa propre santé et n'a aucune considération pour moi. Il est très égoïste et il m'est très difficile d'être patient avec lui. (Journal, 20 janvier 1934)
>
> Vincent et Alice Massey sont venus à 3 heures [...] ils se sont présentés dans l'espoir de sauver la face, mais ils ne m'ont pas dit toute la vérité. [...] Il ne peut résister à la tentation de tout vouloir diriger. (Journal, 18 février 1934)

Le troisième type de rapports que nouera King avec des hommes consiste dans ses relations avec des mentors. On peut identifier deux personnes qui joueront le rôle de mentor dans la vie de King. Il s'agit d'un professeur de Harvard, monsieur Taussing, et de Laurier.

King, comme en témoignent les passages suivants, est très impressionné par le professeur Taussing :

Comme j'aimerais posséder la vitalité et l'énergie de Taussing. Sa vie est magnifique, on voit le sang couler dans ses veines, c'est un travailleur magnifique. (Journal, 6 janvier 1898)

Taussing est le meilleur homme à m'avoir dirigé ; je l'aime et je l'admire énormément. Il est, hors de tout doute, un grand homme ; il possède une personnalité charmante et forte ; il est un magnifique exemple pour les étudiants. (Journal, 11 mars 1898)

Taussing remarque King et manifeste de l'intérêt pour cet étudiant studieux et doué. King n'est pas insensible à l'attention d'une personne qu'il admire : « J'ai assisté à une excellente leçon du professeur Taussing. Il m'a parlé après d'une façon qui me laisse croire que je l'intéresse » (Journal, 26 novembre 1896).

Il est tout à fait plausible de croire que la relation aurait gagné en profondeur si King avait accepté le poste de professeur adjoint que l'université lui avait offert en 1900. Il devait cependant dire oui à l'offre d'emploi du gouvernement canadien.

Laurier prend le relais de Taussing. King est en admiration devant Laurier. Il est son guide et son inspiration. King ira même jusqu'à l'appuyer dans sa position-suicide contre la conscription aux élections de 1917.

Après la défaite de 1917, les relations entre les deux hommes s'étiolent. King s'attend à ce que Laurier lui fasse libérer un comté pour assurer son entrée au Parlement. Il se croit en position d'exiger ce siège puisqu'il n'a pas abandonné son chef dans la débâcle. Laurier n'obtempère pas à ses demandes répétées. Plus encore, il ne le désignera pas comme successeur. D'ailleurs, Laurier n'arrêtera pas de choix officiel sur qui que ce soit avant de mourir[28]. Dans ces conditions, l'attitude de King envers Laurier se modifie.

Je compris qu'il [Laurier] ne se reconnaissait aucune obligation à me trouver un siège ; en d'autres termes, il m'a laissé me battre pour lui en Ontario, cela l'a servi, mais il ne m'en est pas reconnaissant — je trouve méprisable cette façon de se servir des gens. [...] Je suis très déçu de lui puisque je sais qu'il est au courant des sacrifices que j'ai fait pour lui. (Journal, 27 février 1918)

Je confesse qu'à l'occasion, je crois que sir Wilfrid manque du sens de l'honneur dans plusieurs choses, qu'il joue un jeu qui ne le sert que lui et qu'il est plus ou moins indifférent aux réformes qui sont nécessaires pour le pays. (Journal, 17 septembre 1918)

Encore une fois, un décès mettra un point final à une relation de King : Laurier meurt le 17 février 1919. King est alors âgé de 44 ans. Il a passé l'âge d'avoir un mentor.

Le politicien

King a fait une brillante carrière politique. Il représente un cas unique par sa longévité comme premier ministre du Canada. Il a exercé cette fonction pendant 21 ans ; un record de tous les temps pour un premier ministre d'un pays du Commonwealth, record dont King fut très fier.

Il entre en politique en 1908 et obtient son premier siège de député dans le comté de Waterloo Nord. À part un intermède de 8 ans, soit de 1911 à 1919, où il n'a pas de siège, il fait de la politique active jusqu'à sa retraite à 73 ans en 1948. Il participe à 10 élections ; comme député il en gagne 1 sur 3, comme premier ministre il n'en perd que 1 sur 7. Durant toute cette période, le monde connaît deux guerres mondiales, une période intense de croissance et une crise économique très grave. Il a donc évolué dans des contextes socio-économiques aussi difficiles que différents.

Il est possible de résumer la pensée politique de King par cinq grands traits :
- durant toute la période où King est chef du parti libéral, soit de 1917 à 1948, il met l'accent sur l'unité du parti et sur l'unité du pays[29] ;
- King est préoccupé par l'autonomie du Canada par rapport à la Grande-Bretagne ;
- toute sa vie, il défend la cause des pauvres et il fera adopter dans cette foulée un train de mesures sociales ;
- sa conception du monde en général et de la politique en particulier est manichéenne ;
- son style de leadership est marqué par la conciliation et l'attentisme.

L'unité

King est obsédé toute sa vie par l'unité de son parti et par celle du pays. Il est profondément convaincu que le Canada ne peut demeurer un grand pays qu'à cette condition : « Nous avons un grand pays, mais il ne restera tel que si nous parvenons à en garder les parties unies et satisfaites. » (Discours officiel, 13 mars 1922) Il voit dans l'unité du parti une condition nécessaire à l'unité du pays.

Cette croyance dans la nécessité de l'unité du pays repose sur une conception plus large de la société. King croit que tous les membres de la société partagent un intérêt commun. Ce qui est bon pour la société est par le fait même bon pour chacun des individus. La coopération de tous les membres du groupe n'implique cependant pas l'égalité à tout prix et la négation de l'unicité de chaque individu.

> L'association est essentiellement une question de statut. Elle n'implique pas l'identité ou la similitude de fonctionnement de la part des partenaires ou encore l'égalité dans les droits et les devoirs; mais elle implique l'égalité et le respect de la représentation dans la détermination des politiques qui touchent les intérêts communs. (King, Discours à l'Empire Club of Canada, 13 mars 1919)

Dans son esprit, le rôle du gouvernement consiste à servir d'agent de découverte et de défense des intérêts des individus. Pour King, cela est possible parce que les êtres humains sont raisonnables et qu'ils sont capables de sacrifier leurs intérêts personnels aux intérêts du groupe.

Cette conception de la coopération, King l'étend même à l'ensemble de l'Empire, dans lequel il voit une grande famille.

> L'analogie avec la famille n'est peut-être pas la meilleure, mais il existe des parallèles qui sont fondamentaux. La vie nous a appris, du moins je le crois, que les membres d'une famille ne sont jamais plus unis dans leur affection ou dans leurs buts que lorsqu'il y a concession d'une liberté qui leur permet dans certains cas des erreurs de parcours, et qui leur permet simultanément de conserver leur personnalité propre et élimine la possibilité de friction dans le domaine de la gestion interne et des relations personnelles. [...] La base durable (de l'Empire) semble reposer selon moi dans l'unité qui trouve son expression dans la diversité, source d'individualité, et dans laquelle l'objectif et la méthode demeurent la coopération. (King, Lettre à Lord Grey, 25 septembre 1913)

La crise de la conscription durant la Deuxième Guerre mondiale, qui oppose les francophones et les anglophones, vient éprouver durement cette conception de l'unité. Elle représente donc pour King une menace très grave pour le Canada, d'autant plus qu'elle a conduit Laurier en 1917 à une défaite électorale. Il tente par toutes sortes de moyens de retarder le plus longtemps possible le recours à la conscription.

L'autonomie du Canada

La crise du Chanak, qui se produit durant son premier mandat au mois de septembre 1922, est très révélatrice de la pensée de King. Un conflit militaire limité oppose la Grande-Bretagne à la Turquie. King apprend par le journal que les Anglais demandent des troupes du Canada. Furieux de ne pas avoir été averti par un canal officiel, et décidé à ce que le Canada soit considéré comme un dominion important, il répond que c'est le Parlement qui décidera de la question grave de l'engagement militaire. Il faut dire que King redoute toute guerre qui réveillerait l'antagonisme francophone — anglophone autour de la question de la conscription et le conflit entre les nationalistes et les impérialistes à propos de l'autonomie canadienne. King travaille à la reconstruction de son parti et du pays et il voit d'un mauvais œil tout événement pouvant mener à la division. Or la Chambre ne siège pas à ce moment de l'année, la décision de participer ou non à cette guerre est retardée. Lorsque la session débute enfin, le conflit est terminé et il n'y a plus de décision à prendre.

King a manœuvré habilement. Il a réussi en même temps à éviter la scission de son parti et du pays et à affirmer l'autonomie canadienne. Sa décision de reporter ce débat à l'ouverture de la session du gouvernement nous donne un exemple de son style attentiste.

Durant ses mandats de premier ministre, King défendra toujours le principe de l'autonomie canadienne. Il affirmera toujours que le Canada ne s'engagera pas automatiquement dans un conflit où est engagée l'Angleterre. C'est le peuple du Canada, par le biais du Parlement, qui devra décider.

La cause des déshérités

La grande cause à laquelle King adhère toute sa vie est la défense des intérêts des démunis. Il a repris le flambeau des mains de son grand-père maternel. Très jeune, King trouve dans cette cause une raison de rechercher le pouvoir. « Enfant, je m'imaginais à la tête d'une armée ou quelque chose de semblable. J'aime diriger, je ne peux nier cela. Je veux diriger mais pour une bonne cause » (Journal, 21 septembre 1898).

L'amélioration de la condition des pauvres se traduira par une série de mesures sociales adoptées sous King, dont les principales sont, comme nous l'avons déjà dit, les pensions de vieillesse, les allocations familiales et l'assurance-chômage. L'État-providence est né avec King.

Une vision manichéenne du monde

La vision de la société développée par King est caractérisée par son manichéisme. Il s'agit du quatrième trait de sa pensée politique. Pour lui, la société est traversée par deux forces : le bien et le mal[30].

> Aujourd'hui, le bien et le mal sont les deux forces qui s'opposent dans le monde. Il s'agit d'un conflit sans fin entre les altruistes qui recherchent « la loi de la Paix, du Travail et de la Santé » et les ambitieux et les égoïstes qui obéissent à « la loi du Sang et de la Mort ». (King, Discours public, 1936)

Dans le domaine des relations de travail, cette conception du monde amène King à distinguer les syndicats légitimes, qui ont des intérêts communs avec les patrons, des syndicats révolutionnaires, qui considèrent impossible la réconciliation patrons/ouvriers.

De ce postulat sur la marche des affaires dans le monde découle aussi la thèse des deux partis politiques et de l'exclusion du tiers parti. King est convaincu que la scène politique canadienne ne peut être occupée que par deux partis : les bons libéraux et les mauvais conservateurs. Les progressistes, qui prennent 64 sièges en 1921, sont soit des libéraux égarés mais bien intentionnés, soit des conservateurs hypocrites.

> Fondamentalement, nous partageons les mêmes idées. En réalité, la plus grande partie des progressistes sont des libéraux honnêtes qui n'auraient jamais quitté les rangs de notre parti si les leaders libéraux du pays étaient restés fidèles aux principes fondamentaux du parti. (King, Lettre à V. Markham, 29 septembre 1922)
>
> L'effort suprême de mon leadership a consisté à conserver des objectifs si larges qu'il aurait été possible en période de crise d'unir sous notre bannière les partis qui, pour une raison ou pour une autre, en sont venus à se séparer du parti libéral, et qui en

réalité sont des libéraux dans leur cœur, et de faire du parti libéral un parti tel qu'avec le temps les tiers partis se seraient évanouis d'eux-mêmes et qu'un front uni aurait été présenté par ceux qui défendent la liberté. (King, Lettre à Bernard Rose, 17 juillet 1929)

C'est dans cet esprit qu'il refusera toujours de conclure une quelconque coalition avec les progressistes, tentant plutôt de leur faire réintégrer les rangs du parti libéral. D'ailleurs Arthur Meighen, chef des conservateurs, déclarera en chambre le 13 mars 1922 :

King dénonça durant sa campagne électorale les coalitions. [...] Il dépeignit les extravagances, le mal et les compromis que les coalitions engendrent et il déclara à maintes reprises que le pays était malade des coalitions et qu'il n'avait rien à gagner avec elles. (Esberey, 1980, p. 156)

Conciliation et attentisme

Le dernier trait de la personnalité politique de King est son style d'intervention. Il est marqué par la conciliation et l'attentisme. King soutient la thèse selon laquelle tous les conflits peuvent se résoudre par la raison et non par la violence. C'est cette idée qu'il défend devant la commission Walsh aux États-Unis, commission devant laquelle il doit comparaître à la suite de son intervention en faveur des Rockefeller dans un conflit au Colorado.

Il y a deux façons d'obtenir des résultats : l'une par le conflit, méthode qui d'après moi ne donne pas toujours des résultats, sauf à l'occasion, et l'autre méthode qui fait appel à la conciliation et à la foi dans l'homme. Ma méthode repose sur la croyance en l'homme. (Esberey, 1974, p. 234)

Ce n'est pas sans raison qu'on l'appelle le « conciliateur » quand il intervient dans les conflits ouvriers au nom du gouvernement durant les années où il est fonctionnaire fédéral [31].

L'attentisme est le corollaire de ce premier trait de son style. Peu enclin à provoquer des crises par des décisions hâtives, il tente toujours de retarder ses prises de position dans le but d'amener les opposants à trouver un terrain d'entente ou encore avec l'espoir de voir le conflit se résorber de lui-même. Les critiques politiques de son époque et plusieurs historiens lui reprocheront son immobilisme, qu'ils associeront à l'opportunisme. Le plus bel exemple de ce trait nous est donné par la façon dont il gère la crise de la conscription durant la Deuxième Guerre mondiale. À force de retarder la décision de faire appel aux conscrits, il réussira à préserver l'unité de son parti et du pays, et malgré qu'il ait finalement eu recours à la conscription, il se fera réélire après la guerre, alors que les conservateurs avaient perdu les élections dans une situation similaire en 1921.

La fin

Le 15 novembre 1948, à un mois de ses 74 ans, King abandonne ses fonctions de premier ministre et de chef du parti libéral. Il quitte définitivement la politique active pour prendre une retraite bien méritée.

Il espère que le temps libre dont il dispose maintenant abondamment lui permettra de mener à bon port un projet qu'il caresse depuis de nombreuses années : écrire ses mémoires. Pour ce faire, il doit d'abord mettre de l'ordre dans son journal intime et sa correspondance. Pour donner une petite idée de l'ampleur de la tâche qui l'attend, il faut dire que la version microfilmée actuelle de son journal et d'une petite partie de sa correspondance comprend 47 922 pages !

Ces mémoires ne verront jamais le jour. Le 22 juillet 1950, l'honorable William Lyon Mackenzie King rend l'âme dans son domaine de Kingsmere.

NOTES

1. La ville sera rebaptisée Kitchener au cours de la Première Guerre mondiale.

2. Nous avons peu de renseignements sur cette période de sa vie. Il semble que ses biographes se soient plus intéressés à sa vie d'adulte qu'à sa vie d'enfant.

3. Toutes les citations ont été traduites de l'anglais par l'auteur de ce texte, qui en assume donc toute la responsabilité.

4. King se lance dans cette entreprise dans le but avoué de s'améliorer. « Ce doit être avant tout un compte rendu fidèle et véridique. Le but principal de ce journal devrait être de me faire honte lorsqu'une journée se termine sans que j'aie un événement de valeur à noter, et il est aussi à espérer que le lecteur de ces pages découvre à quel point l'auteur a cherché à améliorer son époque ». (Journal, 6 septembre 1893)

Il consigne chaque jour une foule de détails hétéroclites dans son journal. Le prix des articles scolaires dont il vient de faire l'acquisition côtoie son état d'âme à propos d'une femme qu'il poursuit de ses assiduités ou la raison du choix d'une personne pour un poste dans son gouvernement. Qui plus est, King ne s'autocensure pratiquement jamais puisqu'il s'agit d'un journal intime, privé.

Ce document inestimable nous est parvenu intact grâce à un heureux concours de circonstances. Dans un premier testament, King avait ordonné à son exécuteur testamentaire de le détruire en entier. Il révise cette clause dans un deuxième testament : l'exécuteur ne doit plus détruire que les passages identifiés par King lui-même. Il ne fera jamais ce travail d'identification. À sa mort, le journal est donc conservé sans aucune coupure...

5. Au même moment, l'Université Harvard lui propose un poste de professeur adjoint.

6. La technique de conciliation de Mackenzie King est pratiquement toujours la même. Il en explique le fonctionnement à ses parents à l'occasion d'un conflit qu'il a réglé à Valleyfield :

    « [J']ai eu une discussion avec quelques-uns des ouvriers dans le but de comprendre leur point de vue. [...] Je me suis par la suite présenté à leur réunion et grâce à une habile série de questions, je leur ai fait accepter le plan que je croyais le meilleur tout en leur laissant croire qu'ils en étaient les instigateurs » (Lettre à la famille King : 4 novembre 1900).

7. Quelques années plus tard, alors qu'il est premier ministre depuis peu, King écrira :

    « Je commence à éprouver enfin une confiance et une satisfaction dans mes tâches publiques. J'attendais ce moment depuis fort longtemps. J'espère ne jamais avoir à repasser à travers ce que j'ai enduré entre 1911 et 1919, époque où j'ai été non seulement tenu à l'écart de la politique, mais où j'étais submergé par des angoisses personnelles et où j'étais dépressif. Je réalise maintenant qu'il s'agissait d'un pèlerinage, d'une préparation pour le travail que j'aurais un jour à accomplir. Cela exige de la foi et de l'humilité, et je remercie Dieu de m'avoir octroyé une bonne dose de ces deux qualités ». (Lettre à V. Markham, 12 octobre 1922)

8. À ce moment-là, trois possibilités s'offraient à King : il pouvait continuer à travailler pour Rockefeller, accepter un poste similaire pour Carnegie ou retourner à la politique active. King est conscient de l'importance de son choix : « Cette année sera une année de décisions capitales pour mon avenir, une année de décisions capitales pour l'histoire du monde » (Journal, 1er janvier 1919). Un peu plus loin dans son journal, il donne les bases de sa future décision : « Je dois me demander laquelle de ces carrières m'offre le plus de possibilités en regard de mes habiletés particulières ».

9. En 1901, King avait confié à sa mère son projet de devenir un jour premier ministre du Canada : « Je murmurai à mère que je croyais que si la chance se présentait, je pourrais devenir un jour premier ministre de ce pays » (Journal, 2 septembre 1901). Une autre anecdote intéressante confirme ces espoirs de carrière de King. En 1905, un peintre réalise le portrait de la mère de Mackenzie King dans le décor d'une des pièces de Kingsmere, la résidence d'été de King. Le tableau nous

montre la mère assise avec un livre à la main. Le livre est une biographie de Gladstone, un des maîtres à penser de King, et il est ouvert au début d'un chapitre qui porte le titre suivant : « Le premier ministre... »

10. Cette requête est aussi un bon exemple du type d'argumentation utilisé par les parents lorsqu'ils font pression sur un de leurs enfants. Ils ne font jamais ces demandes pour eux-mêmes, mais toujours pour un autre membre de la famille. Par exemple, lorsque la mère implore son fils de ne pas se marier, c'est pour le bien du père qui compte sur lui comme ami. Mackenzie use aussi de cette technique.

11. Le grand-père soutient la cause des pauvres. Dawson nous livre le passage suivant écrit par celui-ci : « Je dois aimer le pauvre, [...] je dois estimer l'humble et le modeste, car la pauvreté et l'adversité ont été mes nourrices ; dans ma jeunesse, la misère et le besoin furent mes compagnons ; encore aujourd'hui, je ressens une grande satisfaction en mon âme à l'idée que je peux invoquer une parenté avec le plus obscur paysan et le plus humble travailleur. » (1858, p. 47)

12. L'auteur fait référence ici à l'aventure de King avec Mathilde Grossert, événement dont nous reparlerons plus loin.

13. King manifestera ce souhait à plusieurs occasions dans sa vie, particulièrement durant l'année 1893.

14. L'éloignement d'un des membres de la famille King de la maison familiale est l'occasion d'un échange de lettres important. Tous les membres y participent. Ainsi, lorsque Mackenzie est à Toronto, Chicago ou Boston, la mère, le père et les autres enfants lui envoient régulièrement des lettres. « Une des caractéristiques inhabituelles de cette correspondance consistait dans l'emphase avec laquelle ils affirmaient leur affection. Tous les membres de cette famille éprouvaient un grand amour les uns pour les autres et ils n'hésitaient pas à l'écrire dans leurs lettres, à tel point qu'une autre famille, non moins unie, aurait été embarrassée par de telles effusions. » (Dawson, 1958, p. 16)

15. Les déplacements à cette époque se faisant par bateau, inutile de dire qu'un retour d'Europe ne peut se faire rapidement...

16. À la surprise de tous les gens qui le connaissent, King laisse à sa mort un héritage évalué à 750 000 dollars, lui qui s'est plaint toute sa vie de son peu de fortune. Il cède au gouvernement canadien son vaste domaine de Kingsmere où il possède deux propriétés. Il a tellement bien caché cette richesse que son amie Markham lui offrira encore de l'argent alors qu'il est à la retraite.

17. Bella est décédée le 4 avril 1915 et le père, le 30 août 1916.

18. Dawson met en relief cet aspect de la personnalité de King :

« Il était anormalement conscient de ses péchés et il se torturait l'esprit avec ses défauts ; son objectif était rien de moins que la perfection, il ne pouvait donc être que toujours déçu et condamné à une quête perpétuelle. Ces pensées, ces sentiments et sa culpabilité le hantaient continuellement et ne le laissaient jamais en paix. » (1958, p. 37)

19. Ses sœurs le surnomment « little old grandpa ».

20. Mackenzie King aime bien les hôpitaux. Au cours des années où il étudie à Toronto et à Chicago, il s'y rend régulièrement pour faire la lecture aux malades. Il lui arrive cependant de les quitter précipitamment : « J'ai très mal dormi cette nuit. Je me suis encore rendu à l'hôpital St. Luke mais je suis parti rapidement parce que je n'aimais ni l'infirmière ni le docteur. » (Journal, 28 août 1897)

21. King est très confiant dans ses moyens et dans sa perception des événements. À propos de la conjoncture canadienne dont il se croit bon juge, il écrit à Violet Markham : « Je voudrais que les Britanniques comprennent bien cette question. Si je le pouvais, il me semble que je ne pourrais rendre de plus grand service à l'Empire que d'expliquer la situation telle que je la comprends à quelques dirigeants anglais. » (Lettre à V. Markham, 3 juin 1912)

22. Il aurait été fastidieux de parler de toutes les femmes qui sont nommées dans le journal de King, leur nombre étant trop grand. La liste partielle qui suit donne cependant un aperçu :
   – Julia Grant, petite-fille d'Ulysses Grant, 1899 ;
   – Beatrice Burbidge, fille de juge, 1900 ;
   – Lilie Hendrie, famille noble, 1902 ;
   – Madame Cheney, veuve très riche, hiver 1904 ;
   – Lady Ruby Elliot, fille d'un ancien gouverneur général du Canada, janvier 1904 ;
   – Mademoiselle Fowler, fille d'un riche américain, février 1911 ;
   – Frances Howard, famille riche de Montréal, janvier 1912 ;
   – Mademoiselle Mather, fille d'un riche américain, mai 1914 ;
   – Dorothy Stirling, fille d'un riche avocat de Chicago, 1916 ;
   – Mademoiselle Carnegie, fille du célèbre Carnegie, mars 1917 ;
   – Jean Greer, fille d'un ministre du culte important de New York, février 1918 ;
   – Alien Larkin, fille du propriétaire de la compagnie Salada, 1919.

   Toutes ces femmes proviennent d'un milieu aisé ou carrément riche. King se défend bien de chercher à contracter un mariage d'argent. Il déclare souvent être contre cette idée quoique sa situation de politicien travaillant pour une noble cause exige une indépendance financière qu'il n'a pas.

   « Je n'ai pas besoin de vous dire que l'idée de conclure un mariage d'argent me répugne au plus haut point. Je remercie Dieu de ne pas vouloir être riche. Je connais l'importance de l'argent pour un homme qui désire avoir une influence dans le domaine public [...] et je sais ce que son absence signifie pour quelqu'un qui poursuit des idéaux dans sa vie privée et dans sa vie publique. Ce n'est pas la première fois que je suis tenté par la richesse. » (King, Lettre à V. Markham, 6 février 1912)

   « Je suis un peu honteux à l'idée d'avoir pu associer richesse et mariage. Dieu sait que ce n'est pas pour la richesse elle-même que je considérais cette idée. C'était seulement dans le but d'obtenir liberté et indépendance afin d'être en mesure de poursuivre mon œuvre ». (Journal, 4 avril 1917)

23. King ne nomme pratiquement jamais expressément les femmes qu'il fréquente dans son journal. Mademoiselle Grossert sera identifiée par les lettres (G), (A), (B) ou (A.B.). Autre exemple, il utilise le (H) ou le terme l'Enfant pour désigner Madame Herridge.

24. King aura souvent cette réaction après un amour déçu. Il reprend sensiblement les mêmes idées d'amitié à la fin de son aventure avec Kitty Riordan : « J'ai découvert qu'elle n'était pas aussi sincère et qu'elle n'avait pas un aussi beau caractère que je le croyais [...] [il ne peut y avoir entre nous] qu'une amitié pour la vie et rien d'autre. » (Journal, 4 septembre 1895)

25. En 1912, King s'offusque de voir les Herridge arranger des mariages d'argent pour leurs filles. Il les soupçonnera d'avoir eu des motifs égoïstes pour se lier d'amitié avec lui.

26. Pat est un petit chien que les Patteson ont donné à King pour lui tenir lieu de compagnon. Il y sera très attaché. Il aura en tout trois chiens de la même race, qu'il appellera tous trois Pat.

27. Louis Saint-Laurent, le successeur de King comme premier ministre, raconte que le premier soir où il quitte très tard le parlement, il trouve le garçon d'ascenseur encore à son poste. Ce dernier explique à Saint-Laurent, qui lui demande la raison de sa présence à cette heure tardive, que King exigeait de lui qu'il l'attende tous les soirs pour descendre du premier étage au rez-de-chaussée.

28. King était cependant convaincu que Laurier voyait en lui son digne successeur.

29. Plusieurs contradictions agitent la confédération canadienne et la poussent vers la désintégration. Les principaux conflits opposent les francophones aux anglophones, les provinces de l'Ouest aux provinces du Québec et de l'Ontario, les nationalistes aux impérialistes et les partisans des barrières tarifaires aux partisans du libre-échange.

30. Cette thèse est un des fondements de son livre *Industry and Humanity*. Il y soutient aussi que le capitalisme doit devenir plus humain en faisant passer les conditions de vie des travailleurs avant le profit.

31. Dans le domaine des conflits de travail, King prône le face à face comme méthode pour régler les différends. Il applique aussi ce principe aux relations internationales. C'est ainsi qu'il rencontre Hitler avant le déclenchement de la Deuxième Guerre mondiale dans le but de rapprocher les Européens des Allemands et d'éviter un conflit majeur.

Bibliographie

Bilodeau, R.R., Comeau, Gosselin, A. et Julien, D., *Histoire des Canadas*, Montréal, Hurtubise, HMH, 1971, 676 pages.

Bothwell, R.S., « The Health of the Common People », in John English et J.O. Stubbs, *Mackenzie King : Widening the Debate*, Toronto, MacMillan, 1978, p. 191-220.

Courtney, J.C., « Prime-Ministerial Character : An Examination of Mackenzie King's Political Leadership », in John English et J.O. Stubbs, *Mackenzie King : Widening the Debate*, Toronto, MacMillan, p. 55-88.

Dawson, R.M., *William Lyon Mackenzie King 1874-1923*, Toronto, University of Toronto Press, 1958, xiii-521 pages.

Esberey, J.E., *Knight of the Holy Spirit : A Study of William Lyon Mackenzie King*, Toronto, University of Toronto Press, 1980, viii-245 pages.

Esberey, J.E., *Personality and Politics : a Study of William Lyon Mackenzie King*, Thèse de doctorat à l'Université de Toronto, inédit, 1974.

Esberey, J.E., « Personality and Politics : a New look at the King-Bing Dispute », *Canadian Journal of Political Science*, 6 (1), 1973, p. 37-55.

Granatstein, J.L., *W.L. Mackenzie King*, Don Mills, Ontario, Fitzhenry & Whiteside, 1976, 64 pages.

Grant, M., « William Lyon Mackenzie King : a Bibliography », in John English et J.O. Stubbs, *Mackenzie King : Widening the Debate*, Toronto, MacMillan, 1978, p. 221-253.

Neatby, B.H., « The Political Ideas of William Lyon Mackenzie King », in Marcel Hamelin, *Les idées politiques des premiers ministres du Canada*, Ottawa, U.N.D., 1979, p. 121-137.

Neatby, B.H., « Mackenzie King and the Historians », in John English et J.O. Stubbs, *Mackenzie King : Widening the Debate*, Toronto, MacMillan, 1978, p. 1-14.

Pickersgill, J.W., « Mackenzie King's Attitudes and Public Policies : A Personal Impression », in John E. et J.O. Stubbs, *Mackenzie King : Widening the Debate*, Toronto, MacMillan, 1978, p. 15-29.

Robertson, H., *L'homme qui se croyait aimé : ou la vie secrète d'un premier ministre*, Montréal, Boréal, 1983, 476 pages.

Saint-Aubin, B., *King et son époque*, Montréal, La Presse, 1982, 409 pages.

Stacey, C.P., *La vie doublement secrète de Mackenzie King*, Ottawa, Le Cercle du Livre de France, 1979, 287 pages.

Wallot, H., *Mackenzie King : l'énigme d'une double vie*, inédit, 1986, 56 pages.

Carlo De Benedetti
Bâtir par défi, sans répit et par devoir

> Mon ambition est de bâtir en une génération
> ce que d'autres ne réussissent à faire qu'en
> trois [1].

En août 1976, Carlo De Benedetti était un homme riche. Il venait de revendre sa participation de 5 p. 100 dans Fiat à la famille Agnelli pour 25 milliards de lires (environ 19,5 millions de dollars US au taux de change alors en vigueur). Il ne faisait toutefois plus partie du monde des affaires ni comme gestionnaire ni comme investisseur. Il ne possédait aucune entreprise et aux yeux de beaucoup de ses pairs, c'était un homme fini puisque, à l'âge de 41 ans, il avait abandonné le poste le plus puissant de l'Italie industrielle, celui de président-directeur général de Fiat.

Douze ans plus tard, en 1988, les évaluations indiquaient que l'empire qu'il avait bâti représentait un des groupes les plus importants d'Italie après la participation que la famille Agnelli détenait dans Fiat. En décembre 1987, il comptait environ 100 000 employés. Son chiffre d'affaires mondial s'élevait à environ 13 300 milliards de lires italiennes dans le secteur industriel, à environ 4 000 milliards de lires dans le secteur financier (assurances et services financiers) et à 13 400 milliards au titre de la capitalisation par le marché (juillet 1988). De Benedetti détenait une position majoritaire dans Olivetti, Valeo et Sasib, de même que dans plusieurs banques, compagnies d'assurances, compagnies de services financiers et sociétés d'édition (voir l'annexe I sur la

---

Le cas original a été préparé par Massimo Busetti sous la direction du professeur Manfred F.R. Kets de Vries. Il a été traduit par Jacqueline Cardinal sous la direction du professeur Laurent Lapierre.

Ce cas est destiné à servir de canevas de discussion à caractère pédagogique et ne veut porter aucun jugement sur la situation administrative dont il traite.

composition du groupe). Il possédait en plus des intérêts dans de nombreuses entreprises comme la Société générale de Belgique (SGB), Dumenil Leblé et Yves Saint Laurent. Ses associés comptaient parmi les plus puissants financiers au niveau mondial, notamment AT&T et Shearson Lehman. Il dirigeait ce vaste empire à partir de sa participation majoritaire dans sa société familiale de portefeuille, la Compagnia Finanziaria De Benedetti (Cofide) (voir l'annexe II).

La première étape : la montée vers le sommet

La course à l'argent et à la réussite

Carlo De Benedetti est né à Turin le 14 novembre 1934. Son frère aîné, Franco, était né un an auparavant. Son père, Rodolfo, était un ingénieur âgé de 42 ans issu d'une famille juive d'avocats et d'ingénieurs. Rodolfo avait passé quelques années en Allemagne où il avait travaillé comme ouvrier jusqu'en 1921, alors qu'avec l'aide financière d'un oncle, il avait fondé la société BOA, une entreprise de fabrication de tubes d'acier. La mère de Carlo était comptable. Elle venait d'une famille catholique, et on lui reconnaissait un sens aigu du devoir. En 1935, les De Benedetti menaient une vie confortable. Ils occupaient le seul appartement que la famille Agnelli louait dans son immeuble. Ils avaient des bonnes et un chauffeur, et leur entreprise comptait 50 employés. C'était une famille de classe moyenne de niveau supérieur, typique de la bourgeoisie turinoise.

À l'approche de la Seconde Guerre mondiale, un accroissement de la demande de tubes d'acier pour la fabrication d'avions obligea l'entreprise à accroître son effectif jusqu'à environ 400 employés. Fiat était un de ses clients les plus importants. Bien qu'un bombardement ait détruit ses installations manufacturières à Turin, Rodolfo De Benedetti réussit à maintenir sa production en transférant son usine dans la campagne avoisinante. Il lui était toutefois de plus en plus difficile d'éviter les contrecoups de la guerre. En septembre 1943, Mussolini fut arrêté et le gouvernement italien décida de se ranger du côté des Alliés. Ces changements rendirent toutefois la situation des De Benedetti plus précaire. D'un côté, Rodolfo De Benedetti était juif, et les lois racistes suivies par le régime fasciste étaient mises en vigueur par les Allemands qui détenaient le contrôle militaire de l'Italie du Nord. De l'autre côté, les

Allemands considéraient la BOA comme une entreprise d'importance stratégique étant donné que sa production était reliée au secteur de l'aviation.

De crainte que les Allemands ne le forcent à déménager en Allemagne avec sa famille et à y poursuivre ses activités de production, Rodolfo De Benedetti décida de fuir vers la Suisse. Au cours de ce dangereux périple, deux des cousins de Carlo furent tués, et leurs parents furent pris et envoyés dans des camps de concentration. Sa tante y mourut et son oncle sombra dans la folie. Carlo De Benedetti affirme qu'il fait encore des cauchemars liés à cette expérience et qu'il se réveille souvent en sursautant de terreur. Certains voient là la raison de son profond attachement à son origine juive. En fait, il se présente toujours comme « Carlo De Benedetti, juif italien et ingénieur », en dépit de son baptême et de son éducation catholique et malgré qu'il ne soit jamais entré dans une synagogue.

Le séjour en Suisse fut pénible pour la famille De Benedetti. Le père dut peler des pommes de terre et la mère dut nettoyer des toilettes pour survivre. Les deux fils furent envoyés dans des écoles allemandes alors qu'ils ne connaissaient aucunement cette langue. Cette période marqua profondément le jeune De Benedetti alors âgé de neuf ans. Comme M. Mancinelli (secrétaire général chez Olivetti) le fait remarquer : « Je crois qu'il a retenu de cet épisode que l'on peut toujours tout perdre d'un seul coup »[2]. M. Levi (chef de l'exploitation chez Olivetti) abonde dans le même sens : « Je crois que cette expérience a forgé ses convictions, sa vision politique, ses attitudes morales et disons son sens éthique... mais je ne sais pas à quel point tout ceci se reflète au niveau professionnel ». M. Morca (vice-président aux Ressources humaines chez Olivetti) partage la même opinion : « Il pense que si vous ne travaillez pas très fort, la réussite ne durera pas. Il éprouve donc le sentiment qu'il vous faut gagner vos galons chaque jour et que la situation peut se détériorer très rapidement dès le moindre faux pas ». M. Piol (vice-président à la Stratégie générale) ajoute : « C'est un homme qui n'aime pas les choses faciles. Il préfère relever le défi de nouvelles expériences... Pour lui, rien n'est acquis. Selon lui, si vous visez la réussite, vous devez la considérer comme un défi constant à relever sans relâche ». De Benedetti a confirmé la véracité de ces commentaires dans une entrevue : « Lorsque j'avais 10 ans, j'ai vu mon père repartir de zéro comme peleur de pommes de terre dans un camp. Depuis lors, j'ai compris la précarité des choses et, comme tout juif, j'ai connu l'anxiété du lendemain... Mon angoisse est donc historique, elle coule dans mes veines et ma seule visée est la croissance[3]... »

Lorsqu'ils retournèrent à Turin après la guerre, Franco et Carlo De Benedetti fréquentèrent une école catholique. C'est là que Carlo devint le compagnon de classe d'Umberto, le frère cadet de Gianni Agnelli. Ils faisaient souvent leurs devoirs ensemble. Les fils De Benedetti reçurent une éducation que l'on pourrait qualifier de calviniste. Selon M. Mancinelli : « Il retint de l'éducation qu'il reçut que l'on doit toujours remplir ses tâches par devoir, pas par plaisir... et que l'on doit toujours le faire de son mieux. La possibilité que l'on puisse tout perdre ne doit pas nous empêcher de faire notre devoir ».

Cette éducation laissa sa marque. Lors d'une entrevue, Carlo fit un aveu : « Lorsque j'ai commencé à travailler, j'ai cru qu'enfin j'allais être libre, mais les dommages étaient déjà faits... Le déroulement de ma vie s'apparente à celui d'une course à obstacles. Même lorsqu'il n'y a pas d'obstacle, je dois en créer un de toute pièce ; autrement, que me resterait-il à affronter[4] ? » Les exigences qui ont été imposées à Carlo De Benedetti quand il était enfant semblent avoir eu des répercussions sur son style de gestion. Comme le disait M. Levi de Olivetti : « Je crois sincèrement qu'un de ses traits de caractère les plus marqués est qu'il fixe des exigences de plus en plus élevées, et pour lui-même, et pour ses collaborateurs. Il se donne toujours un nouveau défi à relever. Atteindre ses objectifs n'est jamais pour lui synonyme de bonheur... »

D'un tempérament très autoritaire, son père décida que ses deux fils seraient ingénieurs. Carlo De Benedetti raconte : « Mon frère aurait aimé devenir professeur d'université et il avait tout pour réussir dans ce genre de carrière... mais mon père avait décidé que ses deux fils travailleraient dans l'entreprise familiale »[5]. M. Minardi (ancien vice-président aux Relations publiques chez Olivetti, maintenant à la retraite) se remémore ces paroles de Carlo : « Je suis un pseudo-ingénieur. En fait, je suis un entrepreneur, pas un ingénieur. J'ai été forcé de devenir ingénieur parce que mon père l'avait décidé ».

La relation entre le père et le fils a peut-être connu des moments difficiles, mais De Benedetti la qualifie maintenant d'excellente. Il affirmait dans une entrevue : « J'ai dû me prouver à moi-même que je n'étais pas un idiot. Mon père... n'était pas loin de le croire... »[6]. L'auteur d'une biographie cite cette phrase : « Je ne pouvais jamais *parler* à mon père... Je n'ai acquis une certaine confiance en moi que lorsque... je suis devenu indépendant »[7]. Après réflexion, Carlo croit que les difficultés ont pu être suscitées par la différence d'âge entre eux : « La seule chose dont j'ai souffert dans la relation par ailleurs excellente que j'entretenais avec mon père était due à la différence d'âge ; il a 42 ans de plus que moi. Fondamentalement, il y a un fossé des générations. C'est une impression qui m'a marqué profondément... j'ai donc voulu éviter que la même situation ne se produise entre mes fils et moi... Je me suis marié très jeune. Mon premier fils est né en 1961. J'avais 26 ans » [8].

En 1961, De Benedetti fit son service militaire et épousa Mita Crosetti, fille d'un éminent cardiologue. Il entra au service de l'entreprise familiale, expliquant que « ... au cours de cette période, ma plus grande ambition était de devenir riche » [9]. Il était responsable des ventes, tandis que son frère s'occupait de la production. Leur père était encore le grand patron. Toutefois, Carlo De Benedetti s'affirmait de plus en plus. « Dès le début, je voulais que l'entreprise se développe mais mon père voulait la maintenir au même niveau. Mon intérêt était alors, et il l'est encore, d'aller sur un plus grand échiquier pour mettre mes capacités à l'épreuve. Pour moi, les nouveaux défis représentent le sel de la vie » [10].

Grâce à l'obtention d'une licence lui permettant d'utiliser une nouvelle technologie importée des États-Unis, l'entreprise connut une forte croissance, elle qui après la guerre ne comptait plus que 50 employés. Pendant cette période et les 10 années qui suivirent, Carlo De Benedetti travailla à un rythme infernal, sans répit, à la poursuite de la croissance et de la rentabilité. Pour illustrer son style de vie d'alors il raconte qu'un jour, sa femme, sur le point d'accoucher (ils ont trois fils), lui avait demandé de se rendre auprès d'elle. Comme il sentait qu'il ne pouvait pas interrompre une réunion d'affaires, il envoya sa secrétaire à sa place. « Je sais que ça peut paraître insensé, mais en fait, j'ai tout de même réussi à arriver à temps » [11].

Lorsque Carlo atteignit l'âge de 29 ans, son père admit que « son fils était meilleur que lui », et il prit sa retraite. De Benedetti poursuivit son programme de croissance de sorte que vers le milieu des années 60, l'entreprise avait retrouvé la taille qu'elle avait pendant la guerre avec 400 employés. Il avait de plus consolidé sa position comme fournisseur de la société Fiat. La réussite professionnelle et la richesse étaient à sa portée, mais il en avait payé le prix : « Je me souviens de ces années, du moins pendant 10 ans, comme d'un long tunnel sombre... Je travaillais d'arrache-pied... Je ne connaissais pas mes enfants... Je ne dépensais rien pour moi, je réinvestissais tout... Qu'est-il arrivé de ceux qui faisaient de l'argent à cette époque-là ? Où sont-ils maintenant [12] ? » De Benedetti a parlé des dépenses personnelles qu'il a dû engager : « ...J'ai laissé tomber tout ce qui vient par surcroît dans la vie. Au plus profond de moi, je n'ai qu'une idée en tête. C'est ma plus grande faiblesse en tant qu'être humain... Il y a des moments dans la vie où vous jetez un regard en arrière pour vous rendre compte de tout ce à quoi vous avez renoncé dans la poursuite d'un seul objectif... À cet égard, j'ai été très dur envers moi-même. Je me suis refusé à envisager la vie comme une série de possibilités auxquelles j'aurais renoncé... Si vous mettez 15 ou 20 ans à réaliser ce que d'autres ne réussissent à accomplir qu'après plusieurs générations, ça signifie que vous avez été plus chanceux, mais également que vous vous êtes engagé davantage et que vous avez payé un prix plus élevé » [13]. « Voilà ce qu'il m'en a coûté pour réussir... Dans toute relation intime, il se crée un équilibre entre ce que l'on donne et ce que l'on reçoit. Je n'ai pas pu donner beaucoup... J'ai décidé de vouer toutes mes énergies à un seul objectif : être un entrepreneur » [14].

Les fruits de ses efforts ont été spectaculaires. Au début des années 70, l'entreprise comptait 1 400 employés. Selon les critères courants, il aurait pu s'enorgueillir alors d'une grande réussite. Selon sa propre évaluation cependant, ce n'était pas encore assez. Il déclarait récemment : « En regard de ce que je veux accomplir, je suis très pauvre. Cela peut paraître arrogant et même choquant aux yeux des gens. Mais dans mon esprit, je n'arrive pas à définir ce que serait un homme riche, seulement ce que serait un homme pauvre. Ça dépend de ce que l'on veut faire ou de ce que l'on veut être. Quant à moi, si je songe à ce que je pourrais et voudrais faire, je me sens très pauvre » [15].

Au début des années 70, son objectif prioritaire restait toujours la croissance. Il se rendit compte qu'étant donné la limite de ses ressources personnelles, il ne pourrait y arriver qu'en recourant aux marchés de capitaux. Comme les marchés de capitaux étaient pratiquement inexistants en Italie, il décida d'acheter une société dont la raison sociale était Gilardini, sorte de « coquille vide » inscrite à la Bourse de Milan. Il fit le transfert des avoirs de sa famille dans cette société et mobilisa des fonds pour financer sa croissance. Il dut cependant surmonter de nombreuses difficultés, autant dans sa famille qu'à l'extérieur, pour mettre ses idées en œuvre. Ses pairs raillaient les efforts de ce petit homme d'affaires qui tentait de réussir là où d'autres plus riches et plus expérimentés avaient échoué. Au sein de sa famille, la résistance se faisait encore plus vive. Son père objectait : « Pourquoi se mêler de tous ces problèmes ? Nous n'avons pas de dettes. Nous sommes libres. Si tu nous entraînes sur le parquet de la Bourse, nous devrons tout débattre avec les actionnaires... » Carlo De Benedetti réussit néanmoins à convaincre son père et son frère, assumant ainsi *de facto* le rôle de chef de l'entreprise familiale. En 1972, son entreprise fit une émission d'actions à laquelle le marché réagit favorablement, à la grande surprise de plusieurs. Selon De Benedetti : « Voilà mon plus précieux atout, ma pensée philosophique la plus fondamentale et ma façon de faire la plus constante : inviter les épargnants à participer aux fruits de mon travail en joignant leurs ressources aux miennes » [16]. « ... Dans le système capitaliste, la légitimité d'une position majoritaire ne vient pas du nombre d'actions détenues, mais bien de la performance... Si les investisseurs n'ont pas confiance en vous... même 51 p. 100 ne suffiront pas » [17].

En 1972, il commença également à agir à titre de « financier » en fondant Euromobiliare, une banque d'affaires à laquelle Agnelli, Pirelli et Montedison allaient plus tard s'associer. En dépit de ces activités, il s'est toujours décrit lui-même comme un industriel : « Il y a deux types de capitalistes, l'industriel et le financier. Je préfère de beaucoup le premier » [18]. « Quand on dit de moi que je suis un financier, je dois admettre que ça me fait rire. Je vais vous faire un aveu : je ne connais rien, strictement rien à la finance. Je pense être un bon industriel, mais pas un financier [19]... »

Il poursuivit l'expansion de l'entreprise familiale aussi bien de façon interne qu'en obtenant des permis de fabrication de pièces de la société américaine Bendix. En 1974, il reçut une reconnaissance formelle de la hiérarchie d'affaires italienne lorsque Gianni Agnelli lui demanda d'assumer la présidence de la section piémontaise de la Confédération des industriels italiens (Confindustria). Il s'agit en Italie d'une sorte de consécration officielle, surtout pour un petit entrepreneur âgé de 39 ans. À ce moment, Gianni Agnelli était président de la Confédération nationale et chef de file des capitalistes italiens. La crise du pétrole suscitait alors un affrontement entre les syndicats et le parti démocrate-chrétien. L'acceptation culturelle et sociale du capitalisme était à son plus bas niveau en Italie. Agnelli se prit d'affection pour Carlo De Benedetti, qui était dynamique, avait l'esprit moderne et différait tant de lui (selon l'expression de Carlo De Benedetti, « Agnelli était né monarque et moi, bourgeois ») [20]. De Benedetti admit que son passage à la présidence de Confindustria « fut d'une grande importance dans l'élaboration de mon attitude morale vis-à-vis de la société et des responsabilités d'un industriel »[21]. Il commença à « prôner l'obligation pour les industriels de sortir des frontières de leurs entreprises et d'affirmer leur présence sur la scène politique de leur pays »[22].

Cette période influença profondément la pensée de De Benedetti sur le rôle social du capitalisme. Il soutenait que le capitalisme subissait alors un changement profond à l'échelle mondiale, parce que pour la première fois dans l'histoire, l'innovation et l'ingéniosité humaine devenaient les ressources stratégiques fondamentales et les matériaux de base. À cause de ce phénomène, les pays industrialisés se retrouvaient tous au même point de départ, quels que soient leurs avantages relatifs eu égard à leurs ressources physiques. Par entrepreneur, il entendait « un homme capable d'agencer des hommes et des ressources financières de façon à produire une valeur ajoutée, un profit qui constitue l'objectif premier de l'entrepreneur »[23]. Créer de la valeur ajoutée devint le mot d'ordre de toutes ses entreprises. Comme le fit remarquer plus tard M. Mosca : « Il tente de prouver non seulement à l'Italie mais au monde entier qu'il est encore possible d'être un entrepreneur, qu'il est encore possible de créer de la valeur ajoutée. D'une certaine façon, il fait peut-être preuve d'idéalisme... Son point de vue sur la vie est d'inspiration calviniste. Il pense que le métier d'entrepreneur consiste non seulement à faire de l'argent, mais à laisser une œuvre derrière soi, un apport réel à la culture industrielle ». De Benedetti se rendit également compte qu'il pouvait trouver les ressources financières nécessaires uniquement sur le parquet de la Bourse, puisque les entreprises exigent pour croître à notre époque un prodigieux apport de capitaux dont aucune famille ne peut disposer[24].

En 1976, M. Agnelli demanda à Carlo De Benedetti de lui succéder à la tête de la Confindustria au niveau national. De Benedetti déclina l'offre : « Je ne voulais pas être un "ancien" à l'âge de 44 ans (c'est-à-dire après le mandat de deux ans)... et le poste m'aurait détourné de mon travail, de la croissance de mon entreprise, de l'édification de son avenir[25]... » Entre-temps, De Benedetti adopta une position ferme envers les syndicats : il fallait permettre l'implantation de programmes souples en matière de ressources humaines pour favoriser la restructuration des entreprises. L'idée de fonder un groupe politique d'allégeance libérale soutenu par la nouvelle bourgeoisie échoua à cause du refus des trois petits partis « libéraux » de fusionner. Pendant cette époque mouvementée, Carlo De Benedetti se fit connaître en dehors du cercle étroit du secteur industriel des PME ; il s'apprêtait maintenant à entrer dans les ligues majeures.

La montée et la chute

En mars 1976, M. Agnelli proposa à De Benedetti de lui acheter la société Gilardini en échange d'une participation de 5 p. 100 dans Fiat. On lui offrait de plus le poste de président-directeur général en collaboration avec Umberto Agnelli et M. Romiti (l'actuel PDG de Fiat que Benedetti a qualifié récemment de « triple crétin »). Il accepta immédiatement. À sa femme qui lui demandait de refuser, il aurait répondu : « Je dois accepter parce que je suis né dans une ruelle. C'est comme si le roi me demandait de l'aider à diriger le royaume ; je ne peux pas dire non » [26]. Il se joignit au groupe avec la conviction qu'il fallait congédier le tiers des 1 800 employés cadres. Selon la rumeur, il utilisa des expressions peu flatteuses pour décrire les niveaux de compétence de certains cadres supérieurs. Après une semaine en poste, il en avait déjà congédié un, M. Rossignolo, sans préavis. C'était un protégé d'Umberto Agnelli. Il avait lancé l'idée, que partageait Umberto, selon laquelle les pays industrialisés abandonneraient graduellement la production automobile. Vers cette époque, Umberto Agnelli avait accepté de présenter sa candidature comme député pour le parti démocrate-chrétien. Carlo De Benedetti s'y opposait fermement. Il avait le sentiment que cette décision symbolisait l'échec du projet politique qu'il avait bâti avec Gianni Agnelli. Afin de se joindre au parti démocrate-chrétien, Umberto Agnelli devait démissionner de ses fonctions de PDG. Carlo De Benedetti devint ainsi le « numéro un » de Fiat, relevant seulement de Gianni Agnelli.

De Benedetti croyait que la situation de la société Fiat, qui perdait beaucoup d'argent à ce moment-là, pouvait être redressée à condition que les erreurs stratégiques du passé soient rapidement corrigées. À son avis, la plus grande erreur avait été de croire que la production automobile était vouée à la mort dans les pays industrialisés. Ce secteur avait été négligé en faveur d'une diversification des activités. Le but de De Benedetti était cependant de rationaliser le secteur automobile et de se retirer de l'acier, de l'énergie et de quelques autres secteurs d'activité. Ses efforts de restructuration de l'entreprise lui valurent un de ses plus célèbres surnoms, « Amin Dada », à cause de la méthode expéditive qu'il utilisait pour se débarrasser des cadres de Fiat. Finalement, en août 1976, après avoir passé 100 jours à son poste, il quittait Fiat. La raison officielle : « mésententes sur la stratégie générale de la Société ».

La famille Agnelli racheta la participation de 5 p. 100 pour 25 milliards de lires (19,5 millions de dollars). Trois mois plus tard, la Libye acheta une participation pour trois fois ce prix. Certains observateurs laissèrent entendre que c'était la raison pour laquelle Carlo De Benedetti avait quitté la société : il s'opposait au financement des activités du groupe par des capitaux arabes alors qu'Agnelli y était favorable. Cette période de la vie de De Benedetti demeure chargée de mystère. Ni lui ni la famille Agnelli n'ont fourni pour son départ d'explication autre que la raison officielle. Différentes interprétations ont eu cours. Par exemple, M. Mancinelli croit que : « De Benedetti a quitté Fiat lorsqu'il s'est rendu compte qu'il ne pourrait pas imposer ses idées... Il n'a pas été congédié. Personne ne connaissant De Benedetti n'oserait le faire. Il est assez intelligent pour partir avant... » D'autres prétendent que la raison ultime était que De Benedetti voulait prendre le contrôle de Fiat. De Benedetti qualifie ces prétentions de ridicules. Plusieurs années après ces événements, M. Agnelli déclara au journal *The Economist* : « De Benedetti était un capitaliste, comme moi. Mais ça n'a pas marché. Il nous a suggéré des mesures que nous n'avons adoptées que quatre ans plus tard. Il avait raison [27] ». Cette opinion est partagée par M. Mancinelli : « Il a fait une erreur (de devenir PDG de Fiat) parce qu'il est un entrepreneur, pas un gestionnaire. Lorsqu'il s'est rendu compte de cela, il est parti et il a commencé à bâtir sa propre affaire ». Quelles que soient les raisons de son départ, Carlo De Benedetti se retrouvait avec une somme d'argent importante en poche, mais sans entreprise à diriger, sans emploi et avec une réputation incertaine.

Un moratoire

Comme Carlo De Benedetti le formulait euphémiquement : « Lorsque vous abandonnez la présidence de Fiat, il n'est pas facile de vous rebâtir une position dans votre propre milieu industriel et dans la même ville » [28]. Immédiatement après son départ de Fiat, il passa deux mois aux États-Unis. Lorsqu'il revint, il déclara qu'il était de retour en tant qu'industriel, et que son objectif était de travailler dans un domaine non relié à Fiat. En décembre 1976, il acheta CIR, une tannerie, inscrite à la Bourse, comptant 700 employés. Peu après, il fit l'acquisition de Sasib, un manufacturier d'équipement à fabriquer les cigarettes. En 1977, il se porta acquéreur de la participation de Fiat dans Euromobiliare, prenant ainsi le contrôle absolu de la banque d'affaires.

À la même époque, il prit position contre Confindustria. Cet organisme favorisait la consolidation des crédits bancaires qui avaient été reportés dans l'industrie sous forme d'actions à être offertes sur le marché une fois la restructuration financière de l'entreprise achevée. Il affirmait : « Je ne comprends pas pourquoi les banquiers seraient capables de gérer des entreprises industrielles mieux que les industriels eux-mêmes » [29]. Comme la majorité des banques italiennes appartiennent à l'État, il s'opposa au projet de consolidation de leurs dettes, car il avait la conviction que ce procédé entraînerait *de facto* la nationalisation des entreprises concernées.

Au fur et à mesure que sa réputation grandissait, De Benedetti se faisait connaître au-delà des frontières de l'Italie. Par exemple, à la fin de 1977, Henry Kissinger l'invita à siéger au conseil du Centre d'études stratégiques où il était le seul Italien aux côtés des présidents du conseil d'administration de IBM, de Texas Instruments, de Bayer, de GM et de Olivier Giscard d'Estaing. Malgré la place avantageuse qu'il détenait dans la hiérarchie économique et politique, et malgré ses réussites croissantes comme gestionnaire acquéreur de nouvelles entreprises, la vie de Carlo De Benedetti ne correspondait pas à celle dont il avait rêvé. Il voulait plus, et il allait l'obtenir.

La deuxième étape : le défi personnel

L'effet Israël

En 1978, la société Olivetti était détenue par IMI, Fiat, Pirelli, Mediobanca et la famille Olivetti. Sa position financière était précaire avec une dette de 935,8 milliards de lires, des pertes de 88 milliards et un chiffre d'affaires de 1 555 milliards. Le rehaussement de ses ressources en capital remontait à 16 ans, et ses possibilités d'avenir apparaissaient minces.

Néanmoins, plusieurs raisons militaient en faveur de la survie de la société Olivetti. En premier lieu, elle jouissait d'une réputation enviable pour avoir été à la source du mouvement de l'utopie industrielle des années 50 et 60 sous la direction d'Adriano Olivetti. En deuxième lieu, le président du conseil était le professeur Visentini, ex-ministre des Finances du gouvernement républicain. En troisième lieu, si personne n'intervenait, la société devrait être vendue à l'État (IRI). Il existait cependant une loi non écrite voulant qu'aucune entreprise publique ne soit tolérée si Fiat était dans les parages. La société Fiat était le symbole du capitalisme italien. Laisser l'État italien en prendre le contrôle serait interprété comme un signe de faiblesse.

Les actionnaires d'alors ne voulaient pas injecter d'argent neuf et la famille Olivetti n'avait pas les moyens financiers pour supporter seule ce fardeau. Comme De Benedetti le faisait remarquer : « En 1978, personne ne voulait d'Olivetti, mais personne n'acceptait l'éventualité de sa nationalisation. Contrairement à tout le monde, je considérais qu'il y avait là une occasion en or à saisir » [30]. Olivetti était une entreprise hautement visible et d'envergure internationale. Elle lui offrait une tribune.

En dépit d'une forte opposition, on permit à De Benedetti d'acquérir l'entreprise. Il était le seul disposé à en prendre le risque. Son engagement dans l'entreprise se caractérisait par une forte détermination à lui redonner vie. Il fit le commentaire suivant lors d'une entrevue : « Je veux me montrer à moi-même comment être un entrepreneur. C'est un problème moral ; je n'ai pas de carrière à faire » [31]. En mai 1978, il faisait l'acquisition d'une tranche de 20 p. 100 (15 p. 100 des actions avec droit de vote) de la société Olivetti pour la somme de 15 milliards de lires (11,5 millions de dollars). Il alla immédiatement chercher des fonds supplémentaires à la Bourse (le capital total passa de 60 à 100 milliards). De Benedetti expliqua sa décision en ces termes : « Je savais qu'il me faudrait poser des gestes durs dans un milieu où la fermeté n'avait pas cours, dans une culture d'entreprise où la présence d'Adriano Olivetti se faisait encore sentir ; mais Adriano, le propriétaire, n'y avait pas mis les pieds depuis 20 ans. L'entreprise était davantage perçue comme un centre social que comme un générateur de profits : c'était une entreprise où on n'avait pas l'habitude de s'attarder aux résultats des états financiers » [32]. À plusieurs égards, sa décision relevait de l'engagement total. Selon sa propre analogie, il était comme l'État d'Israël : avec la mer derrière lui, il n'avait pas d'autre choix que la réussite, il ne pouvait pas abandonner. Il l'admettait en ces termes : « Je devais réussir parce qu'il s'agissait de mon propre argent et que ma crédibilité était en jeu aux yeux de mes pairs » [33].

La « touche magique » et la gestion du changement

Carlo De Benedetti fit son entrée chez Olivetti seul, accompagné uniquement de sa secrétaire. Selon M. Minardi, « il démontra immédiatement une grande aptitude à juger les situations et les hommes ». Il allégua que dans une entreprise dont les ventes se réalisaient à 75 p. 100 à l'étranger et dans le secteur mouvant de l'électronique, le contrôle des coûts et la compétitivité technologique étaient des conditions essentielles de survie. Le message qu'il livra à la direction était fort simple, basé sur quelques considérations fondamentales. Les membres actuels de la direction d'Olivetti gardent de vifs souvenirs de l'arrivée de Carlo De Benedetti à Olivetti en 1978.

M. Franco De Benedetti (frère de Carlo et actuel directeur général de la division des activités de diversification chez Olivetti) :

– Le redressement d'Olivetti s'est élaboré à partir de deux ou trois idées. D'abord celle qui veut qu'en période d'inflation accélérée, on doive garder le contrôle du fonds de roulement ; deuxièmement, qu'il faut de la discipline. Fondamentalement, chez Olivetti, la discipline n'était pas rigoureuse. Et quand je dis discipline, j'entends la plus évidente et la plus simple, par exemple les discussions entre la division des ventes et la division de la production...

– Il y avait un certain nombre de projets intéressants dans les tiroirs. Il manquait à l'entreprise quelqu'un qui prenne ces projets en main et qui dise « à l'avenir, nous allons vendre ces produits et à tel prix »... Il n'a rien inventé. Les projets étaient tous là, mais la direction hésitait à aller de l'avant, à fixer le prix, à en faire la promotion. Il a dit : « Ces produits sont intéressants, allons-y... »

M. Minardi :

– Il a eu le courage de dire ce qui n'avait jamais été dit, qu'il fallait faire des profits parce que les profits sont la raison d'être d'une entreprise, laquelle doit créer de la richesse... Il a dit aussi : « Il ne faut pas penser que l'entreprise accuse des pertes parce que vous avez des dettes ; vous avez des dettes parce que vous essuyez des pertes ». Je crois que nous n'avions pas l'habitude d'entendre un langage aussi clair et limpide. Le premier geste qu'il a fait a été de hausser les prix... avec les résultats que le chiffre d'affaires a augmenté, ce qui était la preuve que les produits étaient bons, mais que nous n'avions pas confiance en eux. Lorsque nous avons pris confiance en nos produits et en la force de l'entreprise, nous avons vraiment commencé à régler nos problèmes.

– Il a implanté à nouveau un système de récompenses et de punitions applicable sur une base individuelle : un tel système est nécessaire pour contrôler les résultats du travail.

– Il a commencé à travailler avec les hommes qui se trouvaient sur place en favorisant surtout le deuxième niveau hiérarchique.

– Il a dit cette chose très simple, qu'il est facile de travailler pour une entreprise gagnante... Alors, on est motivé à travailler de notre mieux... Il a dit que nous devions redevenir une entreprise gagnante.

– Les prix, les employés, la restructuration du capital, un nombre croissant de nouveaux produits..., après deux ans, la société était à nouveau rentable. Ça paraît facile de dire tout cela maintenant...

M. Mosca :

– Il a mis énormément de pression sur l'organisation. Les premiers temps où je me suis présenté avec mes collègues, nous avions l'impression d'être réengagés chaque jour.

– Je pense qu'une des réalisations les plus importantes de De Benedetti a été de motiver les employés.

– Il posait les problèmes sous un angle positif. Par exemple, il ne disait pas : « Il faut mettre à pied 1 000 personnes », mais plutôt : « Nous devons maintenir les emplois de 50 000 personnes ».

– C'est une entreprise où les employés sont très éduqués, très indépendants. À un certain moment, nous avions besoin d'un prince, d'un autocrate, de quelqu'un qui dise : « D'accord, voilà la solution ».

M. Garelli (contrôleur financier en 1978, maintenant vice-président, Équipement et Fournitures) :

– Une des raisons de son succès à mon avis est qu'il comprend rapidement ceux qui sont en face de lui... Après six mois, il avait renvoyé les deux tiers des cadres de premier niveau d'Olivetti... Il favorisait le deuxième niveau... Il disait : « Regardez-moi, je suis chez Olivetti, je mets ma tête sur le billot »... « Je suis certain que nous pouvons redresser la situation. Je dois sauver ma réputation, vous devez sauver votre emploi ici... »

– Dès son arrivée, il a convoqué des réunions privées avec les membres de la haute direction pour leur dire : « Vous êtes ici depuis 20 ans, et moi depuis un mois. Vous connaissez beaucoup de chose sur Olivetti, moi j'ignore tout. Dites-moi ce que vous pensez d'Olivetti et comment nous pouvons régler les problèmes ». On doit se rappeler en répondant qu'il n'aime pas les « béni-oui-oui ». Il préfère ceux qui discutent. Mais après avoir recueilli 40 opinions différentes, il prendra une décision, et vous devrez la suivre. Pour lui, la loyauté est essentielle.

– Quelquefois, il agit un peu trop rapidement. Il aime le jeu, il aime prendre des risques.

M. Levi :

– J'ai tout de suite été frappé par le sens commun le plus élémentaire qu'il instaurait dans l'entreprise. En réalité, la plus grande leçon qu'il nous a donnée à tous a été d'appeler les choses par leur nom. Il adopte toujours une attitude de transparence et de franchise. Si vous avez des employés de trop, vous avez des employés de trop et il faut en congédier. Si vous avez des dettes, c'est parce que vous perdez de l'argent. Si vos prix ne vous permettent pas d'être rentables, vous devez les hausser. Si cette mesure ne corrige pas la situation, c'est que votre produit n'est pas compétitif. Je crois que pour Olivetti, la plus grande leçon aura été ce retour à la réalité, à la nature même des affaires, à ce mélange de sens pratique et de vision à long terme...

– Ça a été très rafraîchissant pour nous tous d'avoir quelqu'un qui nous dise : « Nous pouvons faire cela et vous pourrez le faire même si c'est difficile ». Il aime ceux qui ont l'esprit jeune, ceux qui sont prêts à prendre des risques. Il n'aime pas les bureaucrates.

– Il est très respectueux de l'identité de chacun de ses cadres supérieurs. Il ne tente jamais d'influencer leurs croyances ou leurs idées personnelles.

M. Mancinelli :

– Olivetti est une entreprise fondée sur les gens, pas sur les structures. C'est un penseur, un innovateur qui l'a lancée. Ce n'est pas comme Fiat, qui a été mise sur pied par un militaire, et qui est une entreprise très structurée capable de fonctionner sans leader. Ici, nous avons besoin d'un chef. Nos gens ont été habitués à avoir un chef et ils en veulent un. Une idée, une bannière pour laquelle on lutte et se bat...

– Je me souviens du premier discours qu'il a prononcé devant les cadres : « Nous sommes dans la même galère. J'ai tout misé sur Olivetti et vous, vous misez tout avec moi sur Olivetti... Nous partageons les mêmes objectifs. Je vous fournirai le leadership et les ressources financières et vous effectuerez le redressement. Je sais que vous ne voulez pas devenir des fonctionnaires du gouvernement ».

– Ce qu'il a fait chez Olivetti a été de former un bassin de gestionnaires, d'élaborer une conception de la gestion fondée sur l'innovation, le dynamisme et l'engagement personnel... Les mêmes personnes qui avaient passé 20 ans à végéter découvraient soudainement qu'elles pouvaient être de bons gestionnaires.

– Il est très italien sous plusieurs aspects : il n'est pas organisé mais il a du flair, des émotions... c'est le contraire d'un gestionnaire de type scientifique.

M. Piol (vice-président à la Stratégie) :

– La principale caractéristique de De Benedetti réside dans sa capacité de jouer deux jeux à la fois. D'un côté, il y a ce que j'appelle le jeu à court terme... Il est très orienté vers la résolution des problèmes à court terme. En même temps, il ne perd jamais de vue l'avenir, le long terme...

– Tout le monde, à tous les niveaux, est à l'aise avec lui. Il n'est jamais arrogant. Il est toujours prêt à reconnaître la valeur des gens. Pendant les réunions, il demande à chacun de s'exprimer, sans s'arrêter au rang de la personne dans l'entreprise. Sa façon de discuter est ouverte et spontanée. Il veut qu'on soit direct avec lui.

– Lorsque vous faites une présentation de produit devant lui, vous devez être extrêmement prudent, car il en connaît plus qu'il veut bien le montrer.

– Il est capable de cerner le facteur clé, d'identifier le fait pertinent dans toutes les données qui l'entourent. Chaque fois qu'il parle de quelque chose, cela semble toujours très simple.

– Il procure aussi aux gens une direction, un leadership. On sait que les décisions vont se prendre et que le travail doit être bien fait. Il nous donne l'impression de faire partie d'une équipe.

Chez Olivetti, on avait une politique d'engagement à vie. On évitait les licenciements, cela parce qu'une loi italienne passée en 1969 interdisait les mises à pied sauf dans des cas extrêmes. Toutefois, De Benedetti fit une étude détaillée de chacun des produits de l'entreprise. Si une gamme n'était pas rentable, elle était aussitôt abandonnée et le nombre d'employés reliés à sa production était diminué par le recours aux retraites anticipées, aux départs subventionnés par l'État (Cassa Integrazione Guadagni) ou aux mutations vers d'autres centres de production. « Nous n'avons aucun intérêt pour les produits à perte. Nous voulons ceux qui sont rentables », affirmait-il[34]. Il réduisit son personnel de 14 900 employés en cinq ans (sur 61 500) ; ce nombre comprenait la plupart des cadres de premier niveau. En dépit d'une lutte ardue avec les syndicats, il atteignit ses objectifs. Il y réussit en étalant les comptes sur la table de négociation et en expliquant que l'autre éventualité était la faillite. Ouvrir les livres aux syndicats était une chose jamais vue à l'époque en Italie. « Étant donné mes antécédents, les syndicats savaient fort bien que je ne bluffais pas... Olivetti n'aurait jamais pu reprendre la voie de la croissance si nous n'avions pas mis à pied un certain nombre d'employés que les progrès technologiques et la faiblesse de la demande rendaient inutiles »[35]. Toutefois, les diminutions de personnel furent étalées dans le temps et facilitées par le roulement normal de l'effectif. Après le redressement, de nombreux employés revinrent dans l'entreprise ou furent dirigés vers des sous-traitants, qui, dans de nombreux cas, étaient des divisions de l'entreprise qui avaient été « détachées » de la société mère et relancées comme sociétés autonomes desservant Olivetti au même titre que d'autres fournisseurs. Le cas Olivetti devint un test pour le capitalisme italien : une entreprise pouvait-elle subir une restructuration sans passer à la propriété publique comme cela s'était toujours fait auparavant ? Les enjeux politiques étaient élevés. Les catholiques autant que les communistes formulèrent de sévères critiques à l'égard de De Benedetti. Les enjeux personnels étaient tout aussi importants. Des menaces de violence le forcèrent à installer sa famille en Suisse et à embaucher un garde du corps. Carlo De Benedetti réussit toutefois à redresser la situation : en moins de deux ans, le « miracle Olivetti » était accompli (voir l'annexe III).

Après le redressement : de nouveaux horizons

Comme le mentionnait Carlo De Benedetti lors d'une entrevue :

Pendant six ans, nous n'avons fait que travailler dur, sans relâche et sans répit, à la gestion quotidienne de l'entreprise : l'aspect humain, la stratégie, les marchés, les coûts, les réductions de personnel, pas d'acquisition... J'ai mis tous mes efforts sur la croissance et la rentabilité de l'entreprise... Ça a donné des résultats que personne ne croyait réalisables, et qui, je dois l'admettre, ont dépassé mes attentes. En 1984, j'ai réalisé que le redressement économique d'Olivetti était achevé[36].

La réorganisation d'Olivetti avait pris deux ans, le chiffre d'affaires s'était élevé de 50 p. 100, les profits avaient grimpé à 24 milliards de lires et en 1979, pour la première fois en quatre ans, des dividendes furent distribués. En 1980, Olivetti signa sa première entente avec Saint-Gobain. Un an après, le gouvernement de François Mitterrand procédait à la nationalisation de l'entreprise. De Benedetti décida alors de se retirer de l'entente, « non par principe idéologique mais parce que l'entente avait été conclue avec une entreprise désireuse de s'engager financièrement sans interventionnisme au niveau de la gestion. Avec une société d'État, le processus décisionnel à Paris aurait été différent »[37]. Il refusa de leur vendre ses intérêts « parce que je crois que les capitalistes du secteur privé ont beaucoup de droits, mais pas celui de vendre ce genre de société à des étrangers »[38]. Il acheta leur participation de 33 p. 100 et une tranche de 10 p. 100 fut vendue à Cit-Alcatel.

Le bâtisseur d'alliances

En 1983, Carlo De Benedetti conclut une affaire spectaculaire avec AT&T. Cette société acquérait une participation de 25 p. 100 dans la société Olivetti pour la somme de 260 millions de dollars. L'entente était assortie d'une condition selon laquelle cette participation ne pouvait être accrue avant 1988. Après cette date, la participation ne pourrait pas dépasser 40 p. 100. En 1986, la clause « d'immobilisme » fut prolongée jusqu'en 1990. Il fut par ailleurs entendu que Carlo De Benedetti resterait à son poste encore 10 ans. On considéra cette entente comme une menace directe à IBM, qui ne s'était pas encore taillée une place de choix dans le marché des télécommunications. À cette époque, cet investissement de AT&T était le plus important qu'elle ait jamais réalisé en Europe. Soudainement, après une longue période de laisser-aller, AT&T se voyait donner l'accès à la technologie de la bureautique électronique et aux marchés étrangers pour certains de ses produits. Olivetti gagnait pour sa part un accès au marché américain pour ses ordinateurs personnels, de même qu'aux célèbres laboratoires Bell ; elle obtenait aussi un savoir-faire technologique en télécommunications. De Benedetti expliqua la logique de la transaction dans les termes suivants : « L'innovation technologique, la convergence des télécommunications et de l'informatique ainsi que la déréglementation des services en télécommunications transforment profondément notre secteur d'activité. L'alliance entre Olivetti et AT&T est équilibrée à cause de la complémentarité des produits et des marchés : Olivetti apporte son expertise en traitement de données et sa force en matière de marketing international, et AT&T, son niveau d'excellence dans le domaine des télécommunications et des technologies de base, de même que sa position prédominante sur le marché américain »[39]. « Nous voulions une association entre partenaires égaux, un lien stratégique et technologique, même s'ils y apportent des fonds. Nous ne visions ni une prise de contrôle, ni une entreprise en participation » [40]. En réponse à ceux qui l'accusaient de vendre Olivetti aux Américains, Carlo De Benedetti répliqua qu'AT&T n'était pas autorisée à prendre une participation de plus de 25 p. 100 avant 1990 ; il demanda combien de sociétés européennes étaient ainsi à l'abri d'une prise de contrôle. Bien sûr, le risque d'une domination non désirée était présent, mais il ajoutait : « Je dois prendre ce risque. Voilà justement en quoi consiste le métier d'entrepreneur » [41]. Il avait le sentiment de devoir le faire, parce que selon son expression rapportée par M. Piol : « Je crois qu'il nous faut la technologie, il nous faut les marchés. C'est pourquoi nous mettrons l'accent sur les États-Unis ».

Le processus mis en place en vue du choix du partenaire et des négociations semblait relativement facile à suivre. Selon les souvenirs de M. Piol, « avant de lancer des noms, il dit : "L'entreprise américaine que nous cherchons est une société pour laquelle Olivetti a une certaine valeur. Ce ne doit pas être pour elle un investissement comme un autre"... "Cette entreprise doit être beaucoup plus importante qu'Olivetti. Nous devons représenter pour elle un avantage stratégique majeur sans que les résultats quotidiens d'Olivetti lui apparaissent trop importants..." Nous avons donc dressé une liste d'entreprises d'où un nom est clairement ressorti : AT&T... Lorsque nous en sommes arrivés aux ultimes négociations, M. De Benedetti m'a convoqué pour me dire : "Eh bien, je crois que la structure financière de l'entente doit être construite en rapport avec les principes de base suivants". Il a jeté sur une feuille de papier les éléments qu'il était prêt à donner à AT&T, ceux qu'il voulait avoir en échange... En fait, l'entente que nous avons signée correspond exactement à celle que De Benedetti avait élaborée au départ... »

L'affaire qu'Olivetti avait conclue avec AT&T n'était que la première d'une série qui devait mener l'entreprise vers l'affirmation de sa présence à l'échelle mondiale par le moyen d'ententes et d'acquisitions, selon trois axes marqués par l'intégration et les échanges de réciprocité :

1. Un axe vertical descendant afin de mieux maîtriser l'interface avec le client. Par exemple, en 1983, l'acquisition d'une participation de 33 p. 100 dans Micro Age (une chaîne américaine de magasins d'ordinateurs, participation haussée à 48 p. 100 en 1984), une participation de 32 p. 100 dans TABS (une chaîne

britannique de magasins d'ordinateurs, en 1984), une participation de 55 p. 100 dans Bit Shop (une chaîne italienne d'ordinateurs, en 1984) et une participation majoritaire dans Start (une chaîne allemande, en 1985).

2. Un axe vertical ascendant afin d'acquérir de nouvelles technologies (investissements de capitaux de risque, participation dans des sociétés de capitaux de risque et lancement d'une entreprise à capital de risque, Olivetti Partners C.V.) et afin de protéger l'approvisionnement en pièces d'importance stratégique (Teknecomp, issue de la fusion de trois filiales, maintenant le plus important fabricant européen du secteur des circuits imprimés de type professionnel).

3. Un axe horizontal, peut-être le plus important et le plus visible. Par exemple l'affaire AT&T (1983-1984), l'entente de type OEM (Original Equipment Manufacturer) signée avec Xerox US (1985), l'entente avec Toshiba en matière de bureautique (Toshiba a acquis une participation de 20 p. 100 dans Olivetti Japon en 1985), l'acquisition de la société Acorn (1985), l'entreprise en participation avec Cit-Alcatel dans le domaine de la bureautique (1985), l'entreprise en participation avec Bull dans le secteur des guichets automatiques (1985), l'entente avec Volkswagen (1986; cette société a acquis une participation de 5 p. 100 dans Olivetti tandis que cette dernière prenait une participation de 95 p. 100 dans Triumph Adler) et enfin une entreprise en participation avec Canon pour la production en Europe d'équipements de photocopie (1987).

Au dire de M. Mancinelli, plusieurs raisons militent en faveur de cette stratégie. D'abord le développement rapide de la technologie raccourcit progressivement la durée de vie des produits et nécessite en même temps une augmentation des fonds alloués aux activités de Recherche et Développement. En second lieu, la croissance explosive du secteur de la technologie informatique a connu un certain ralentissement dans les années 80. En conséquence, seule une présence simultanée dans le plus grand nombre possible de marchés peut permettre d'atteindre un volume de production adéquat et d'amortir les investissements requis en Recherche et Développement. Les ententes inter-sociétés favorisent le partage des coûts et la mise en commun des ressources technologiques; elles permettent d'éviter le dédoublement des efforts et apportent des avantages réciproques. Les ententes et les alliances servent ces objectifs : par elles, les entreprises deviennent des acteurs privilégiés sur des nouveaux marchés de grande envergure, tout en ayant immédiatement accès au savoir-faire du partenaire et en acquérant une technologie qu'elles n'auraient pas pu élaborer assez rapidement par leurs propres moyens.

Ces mesures semblent constituer le fil conducteur de l'action menée par Carlo De Benedetti chez Olivetti au cours des cinq dernières années. Il a bâti pendant ce temps un empire personnel en prenant cette société comme base. Aujourd'hui, il passe deux jours par semaine au siège social d'Olivetti. Il consacre le reste de son temps aux activités internationales du groupe.

La troisième étape : tous les espoirs sont permis

La voie est libre

À partir de 1984, Carlo De Benedetti commença à accroître rapidement ses avoirs. Selon M. Levi, M. De Benedetti entrevit une foule d'occasions d'affaires par la voie des marchés internationaux, sous forme de création d'entreprises issues de l'agencement des ressources financières disponibles et d'équipes de gestion adaptées. Il croyait que le capitalisme connaîtrait un second souffle. Il s'engagea donc dans l'édification de nouvelles entreprises, voyant là une voie rapide. Il croyait que l'Italie offrait des occasions uniques en raison d'une conjoncture où la crise économique avait rendu le bon sens aux syndicats, aux travailleurs et aux représentants du secteur public, incitant les industriels à investir davantage dans leur pays.

Selon les termes de De Benedetti : « L'année 1984 a constitué un point tournant dans ma vie. Même si j'ai beaucoup donné à Olivetti en assurant sa survie, j'en ai retiré une grande crédibilité sur la scène internationale. J'ai redressé la situation chez Olivetti et je me suis dit : "Maintenant je peux m'attacher à bâtir un groupe de sociétés" [42]. »

En 1985, il se consacra à l'élargissement de ce groupe. En février, De Benedetti se diversifia davantage en acquérant au dernier moment IBP (Industria Buitoni Perugina), maison de fabrication de pâtes et de chocolat ; ce faisant, il coupait l'herbe sous le pied de la société française BSN-Gervais. En mars, il acheta Sabaudia, qu'il utilisa comme société de portefeuille de second niveau pour chapeauter ses diverses activités dans le secteur industriel. En avril, il signa une entente avec IRI pour acquérir SME, entreprise diversifiée en alimentation située à Naples, pour la somme de 500 milliards de lires. « J'ai en tête de créer une multinationale italienne de l'alimentation », avait-il affirmé. Les sociétés Buitoni et SME auraient constitué à elles seules un des plus gros groupes européens du secteur alimentaire. Mais M. Craxi suspendit l'autorisation de l'État en affirmant que le prix était trop bas et que la vente devait faire l'objet d'une enchère. En guise de réponse, Carlo De Benedetti intenta des poursuites contre IRI et révéla publiquement qu'il avait refusé de verser des pots-de-vin lorsqu'on le lui avait demandé. Plus tard en 1985, il fit de Cofide (Compagnia Finanziaria De Benedetti) la société de portefeuille chapeautant l'empire financier de sa famille. Il fit également l'acquisition d'une tranche de 18,5 p. 100 de Valeo, société française de fabrication de pièces d'automobiles. En 1986, il fonda Cerus, société de portefeuille regroupant ses avoirs en France, à la tête de laquelle il plaça M. Alain Minc, ancien directeur aux finances de Saint-Gobain. C'étaient les premières étapes de ce qu'il appela sa « stratégie globale » selon laquelle il assurait sa présence sur les principaux marchés par le biais de sociétés de portefeuille régionales dirigées par des gestionnaires issus de la région visée, faisant appel à des capitaux régionaux pour acquérir des entreprises de la région. En neuf mois, Cerus haussa son capital à 4,4 milliards de francs et assura sa croissance par l'acquisition d'une importante participation dans Yves Saint Laurent (vêtements et parfums).

À la fin de 1984, De Benedetti détenait le contrôle de 3 entreprises inscrites à la bourse avec une capitalisation de 3 000 milliards de lires ; à la fin de 1985, il en possédait 6 pour une capitalisation de 5 000 milliards ; à la fin de 1986, les entreprises étaient au nombre de 16 et la capitalisation s'élevait à 15 600 milliards de lires. En 1985-1986, il joua le rôle du chevalier blanc dans une tentative de prise de contrôle entre la Banca Popolare di Milano (l'acquéreur) et la Banca Agricola Milanese (la société cible). Il se retrouva détenteur d'intérêts substantiels dans la société cible même si la prise de contrôle avait réussi. En 1987, il fit l'acquisition d'une participation de 5 p. 100 dans le groupe anglais Pearson, qui détenait notamment le contrôle du *Financial Times*, de *The Economist* et de Penguin Books. Il accepta également de siéger au conseil de Shearson Lehman Bros., son associé dans Cofide, et au conseil de Finanza & Futuro, société italienne de fonds communs de placement qu'il avait fondée en 1987.

Il procéda à de nombreuses autres acquisitions, moins importantes, ce qui contribuait à assurer encore davantage la croissance rapide du groupe. La nature et le taux de croissance de ses avoirs ont fait l'objet de critiques. Certains prétendaient que De Benedetti était un financier, et non un industriel, et qu'il s'était servi de ses acquisitions pour édifier un empire qui n'avait ni queue ni tête à cause de sa diversification excessive.

En guise de réplique aux critiques de ses nombreuses transactions, M. Minc affirme que De Benedetti ne peut se comparer aux *raiders* américains : « Il est prêt à entrer dans une entreprise à l'occasion d'une prise de contrôle, mais il ne vend pas après coup [...] C'est un bâtisseur, pas un *raider* » [43]. M. Vitale, président d'Euromobiliare, abonde dans le même sens : « C'est un bâtisseur d'empire. Le but de sa vie, c'est de jouer un rôle de plus en plus important sur la scène européenne » [44]. M. Bergé, associé d'Yves Saint Laurent, va encore plus loin : « M. De Benedetti est un artiste. Il est compétent. Il a besoin de prendre des décisions rapides... C'est un homme de vision. C'est une homme d'émotions » [45].

Ses détracteurs soutiennent de plus que, bien qu'il fasse preuve de compétence dans la réorganisation des entreprises qu'il acquiert, il lui manque la structure administrative adaptée au large éventail de ses sociétés. Carlo De Benedetti rétorque : « Certains affirment que Cofide n'est qu'une coquille vide dont je me suis servi comme levier personnel... En réalité, il s'agit d'une entreprise à double fonction. La première est d'être l'actionnaire principal de sociétés industrielles, ce qui est fait par CIR. La deuxième est d'être directement responsable de l'exploitation de services financiers... La structure du groupe est presque complète. Nous sommes présents dans quatre secteurs et nous voulons assurer notre croissance au moyen d'acquisitions, de sociétés de participation et d'alliances selon quatre secteurs d'activité : la bureautique, l'alimentation, la machinerie et les pièces d'automobiles... Nous sommes le contraire d'un conglomérat : dans un conglomérat, il n'y a qu'un seul centre de gestion. Nous avons des équipes de gestion distinctes et des cotes différentes sur le marché des actions. Olivetti est une entité distincte de Buitoni bien que les deux entreprises relèvent d'une même société mère, ce qui ne nuit pas lorsqu'il s'agit d'aller chercher des fonds » [46]. Il affirme ne pas avoir l'intention d'ajouter d'autres secteurs à son groupe, sauf dans un but de gain de capital à court terme : « Il peut y avoir des participations minoritaires dans n'importe quel secteur puisque l'objectif est uniquement de toucher un gain de capital... L'exemple le plus probant des dernières années est Saint Laurent... L'objectif était de mettre sur pied un groupe diversifié dans lequel les différents secteurs (avec des niveaux variés de risque et de profitabilité) s'équilibreraient les uns les autres... assurant ainsi à l'épargnant une certaine sécurité » [47].

Le mot d'ordre dans le groupe devint la consolidation, une attitude appropriée étant donné les prévisions de rendement pour 1987 de la société vedette Olivetti. La division informatique de AT&T avait perdu 800 millions de dollars en 1986, entraînant par le fait même une diminution de ses commandes d'ordinateurs personnels à Olivetti ; les commandes avaient été de 40 000 en 1987 alors qu'elles s'étaient élevées à 215 000 en 1986. L'entreprise risque de se retrouver derrière Compaq Computer et Tandy selon un article du numéro d'août 1987 de *Business Week* [48]. Qui plus est, Olivetti ne détient que 7 p. 100 des marchés anglais, français et ouest-allemand. De Benedetti l'avait prévu : « l'année 1987 sera difficile », avait-il écrit dans un rapport de mi-exercice adressé aux actionnaires.

Et ensuite ?

En mai 1987, au lendemain de l'annonce de l'entente Pearson, Cerus fit l'acquisition d'une participation majoritaire dans Dafsa, le groupe d'information financière le plus important de France. Peu de temps après, M. De Benedetti mit sur pied en Espagne une société de portefeuille portant le nom de Cofir, semblable dans sa structure à la société française Cerus. Il tentait de réaliser là ce qu'il avait accompli en Italie et ce qu'il est en train de faire en France, soit acquérir et diriger à profit un certain nombre d'entreprises distinctes.

L'année 1988 : un changement de cap ?

Au début de 1988, De Benedetti commença à faire des offres sur SGB, la Société générale de Belgique, conglomérat touchant quelque 1 200 entreprises, et responsable du tiers de l'économie belge. Le but recherché dans cette prise de contrôle était de créer une société de portefeuille européenne. À cause de sa taille, de sa localisation et de sa structure d'actionnariat, la SGB semblait correspondre à ses exigences.

Au cours de ce processus de prise de contrôle, il fonda la société Europe 1992 comme société de portefeuille pour regrouper les actions qu'il détenait dans SGB. Ses membres comprenaient Cerus, Cobepa, Gevaert, CBI et Shearson Lehman. Les sociétés Philips et Nestlé avaient accepté en principe de s'y joindre. Les rumeurs allaient bon train sur la façon dont De Benedetti entreprendrait la réorganisation de l'entreprise pour la rendre plus efficace.

Dans ce qui se transforma en bataille teintée de nationalisme, De Benedetti réussit à s'approprier le contrôle de 48 p. 100 des actions de la société, affrontant une alliance franco-belge dirigée par la société française de portefeuille Suez, laquelle détenait le contrôle de 51 p. 100 des actions et tous les nouveaux sièges ouverts au conseil d'administration. Selon certaines évaluations, De Benedetti consacra 1,6 milliard de dollars à cette affaire, ce qui taxa ses ressources tant au niveau de la gestion que de sa position financière. En avril 1988, il se retrouva dans une impasse.

Dans le dernier épisode que la presse intitula « *Dallas* sans les femmes », De Benedetti, Suez et AG annoncèrent avoir signé un contrat de société à la fin de juin 1988. Selon cette nouvelle entente, Suez et le groupe E.G. détiennent le contrôle de SGB en matière de gestion. De Benedetti est l'un des trois nouveaux vice-présidents. Il siège au comité de direction et a le droit de nommer au moins trois membres du conseil d'administration. Il continue de détenir une position équivalant à 16 p. 100 dans SGB, il abandonne les poursuites judiciaires contre l'émission de nouvelles actions et vend la deuxième moitié de ses actions à Suez et à Sodecom, société contrôlée par Suez, pour la somme d'environ un milliard de dollars. De plus, il augmente sa propre participation dans Suez de 1 à 4 p. 100 environ, ce qui en fait un des cinq principaux actionnaires. Suez maintient de son côté ses intérêts de 10 p. 100 dans Cerus, la société de portefeuille de De Benedetti en France [49].

De Benedetti se dit très heureux des transactions qui ont eu lieu au cours des six derniers mois : « À la fin de décembre 1987, ma société de portefeuille de bout de ligne, CIR, avait 500 millions de dollars de dettes et 51 p. 100 de Buitoni (vendus depuis pour un milliard de dollars). Maintenant, nous avons des liquidités, nous avons haussé notre participation dans Olivetti de 15 à 20 p. 100, nous avons une participation majoritaire dans Suez et dans La Générale. Si je pouvais faire cela tous les six mois, je serais très heureux » [50].

Durant cette période, De Benedetti a vendu Buitoni à Nestlé pour 1 800 milliards de lires, soit 10 fois ce qu'il en avait payé en 1985. Cela représente un changement dans sa stratégie ; trois ans auparavant, alors qu'il achetait Buitoni, il avait affirmé que le fait de s'intéresser à l'alimentation, domaine peu risqué où la marge de profit est mince, équilibrerait les autres secteurs beaucoup plus risqués. De plus, il a vendu la tranche de 5 p. 100 qu'il détenait dans Pearson moins d'un an après l'avoir acquise. Il a soulevé certaines questions sur son image de bâtisseur. En même temps, il a porté la participation de CIR dans Olivetti à son plus haut niveau, soit environ 20 p. 100, consolidant par le fait même ses assises industrielles.

De Benedetti continue de se décrire comme un industriel plutôt que comme un financier, quoique les prises de contrôle hostiles qu'il a menées suggèrent qu'il commence à se sentir plus à l'aise dans le monde de la finance. Au cours des mois de mars et avril 1988, il a confirmé la position d'AT&T dans Olivetti en la portant à 21,23 p. 100. De Benedetti a de plus acquis le contrôle de la maison d'édition Mondadori, une affaire de 900 millions de dollars, alors qu'il était en concurrence avec l'actionnaire majoritaire, Leonardo de Mondadori, qui dirigeait la faction familiale opposée à cette prise de contrôle. De plus, il a réussi à acquérir des intérêts majoritaires dans Credito Romagnolo, la deuxième banque privée d'importance en Italie[51].

Depuis l'affaire SGB, la moitié des avoirs de De Benedetti sont détenus hors d'Italie. Selon l'un de ses principaux adjoints, la ventilation de ses éléments d'actifs en valeur marchande établit à 20 p. 100 (671,6 millions de dollars) la technologie informatique, y compris Olivetti, à 16 p. 100 (537,28 millions de dollars) les pièces d'ingénierie et d'automobiles, à 8 p. 100 (268,64 millions de dollars) l'édition, à 17 p. 100 (570,86 millions de dollars) la SGB, à 25 p. 100 (839,5 millions de dollars) Cerus et les autres investissements à l'échelle internationale et à 14 p. 100 (470,12 millions de dollars) les « autres intérêts »[52].

La société européenne de portefeuille que De Benedetti a en tête commence à prendre forme par le réseau tissé entre Cofide en Italie, Cerus et Suez en France, de même que SGB en Belgique. La prochaine étape de la stratégie de De Benedetti semble consister à jouer un rôle de plus en plus éminent dans les prises de contrôle, les fusions et les acquisitions interpays d'ici 1992.

En exposant ses pensées sur l'avenir, Franco De Benedetti faisait la remarque suivante : « Mon frère n'a rien d'un analyste. Sa véritable force consiste à simplifier les choses à l'extrême ; c'est à la fois son atout et son point faible ». M. Mancinelli ajoute : « Il aime travailler ; il aime réaliser des transactions et créer de la richesse. Il se tourne toujours vers l'avenir. Il veut être un bâtisseur au sein de la société... D'un point de vue plus humain, il a évolué, dans le sens qu'il ressent maintenant davantage que par le passé l'énorme responsabilité qui lui incombe. De plus, il est plus seul qu'avant. Il a peu de véritables amis, en dépit de toutes ses relations. Et maintenant, ses enfants ont grandi... » Comme Carlo De Benedetti le dit lui-même : « Le but ultime, c'est d'être heureux ». Il précise sa pensée : « Je ne crois pas à un bonheur qui ne serait pas fondé sur l'effort, la souffrance et le travail » [53].

NOTES

1. Salvadore Gatti, Espresso, 14 décembre 1986, p. 40.
2. Toutes citations ne renvoyant pas à des références proviennent d'entrevues réalisées par les auteurs du cas.
3. *Le Journal du dimanche*, 17 novembre 1986.
4. *Le Point*, Martine Leventer, 16 juin 1986, p. 77.
5. *Epoca*, Carla Stampa, 6 mai 1983, p. 44.
6. *Le Journal du dimanche*, 17 novembre 1986.
7. A. Statera, *Un Certo De Benedetti*, Milano, Sperling & Kupfer, 1984.
8. Carla Stampa, *Epoca*, 6 mai 1983, p. 44
9. *Ibid.*
10. *Ibid.*
11. *Ibid.*
12. *Ibid.*
13. *Ibid.*
14. Melton Davis, *Scanorama*, avril 1985, p. 60-67.
15. Carlotta Tagliarini, *Genius*, janvier 1986, p. 25
16. Carla Stampa, *Epoca*, 6 mai 1983, p. 44.
17. *Ibid.*
18. *Ibid.*
19. *Figaro*, 16 avril 1986.
20. Georges Bosio, *Figaro Magazine*, 29 novembre 1986, p. 116.
21. Carla Stampa, *Epoca*, 6 mai 1983, p. 44.
22. *Ibid.*
23. Carlotta Tagliarini, *Genius*, janvier 1986, p. 27.

24. Pour comprendre à fond l'importance de ces points de vue, il faut revoir le contexte politique et social de l'Italie d'alors. Après que la crise économique de 1974 se fut déclarée, le Parti communiste (PCI) obtint 33,4 p. 100 du vote aux élections de 1975 et le Parti démocrate-chrétien (PDC), 35,3 p. 100. Le PCI avança la thèse du « compromis historique » en proposant une alliance avec le PDC. À ce moment, une vague d'attentats terroristes commença à déferler sur le gouvernement. La société Fiat était profondément touchée par la crise du pétrole, et richesse devint synonyme de péché. Carlo De Benedetti croyait, tout comme d'autres esprits libéraux, que pour empêcher le PCI de devenir totalitaire, il fallait créer un autre pôle politique, un pôle libéral. Ce parti se voulait différent du PDC. Il serait fondé par la classe bourgeoise qui avait depuis 30 ans délégué ses pouvoirs au PDC. De concert avec Agnelli qui avait signé une entente d'indexation avec les syndicats, De Benedetti donna son appui à une attitude d'ouverture à l'égard du PCI afin de résoudre les problèmes d'une façon « technocratique ». Cette position n'avait rien de procommuniste. C'était plutôt un geste tactique dans le but d'amener la gauche à participer à la solution des problèmes plutôt qu'à s'opposer systématiquement au système industriel (lequel était à ce moment-là dans un état désastreux). Cette stratégie avait pour but d'aider l'aile « sociale-démocrate » à dominer le PCI. À partir de ce moment, De Benedetti se consacra non seulement à la recherche du profit mais à la défense du rôle social des industriels italiens. Il croyait qu'il y allait de leur responsabilité de favoriser et de promouvoir une société différente, plus efficace et meilleure. Il devint avec Gianni Agnelli un des ardents défenseurs de ce passage du paléo-capitalisme au capitalisme italien moderne. Il était convaincu que les industriels de ce pays « n'auraient aucune raison d'y vivre » si cette transformation n'avait pas lieu.

25. Carla Stampa, *Epoca*, 6 mai 1983, p. 44.

26. Melton Davis, *Scanorama*, avril 1985, p. 60.

27. *Le Journal du dimanche*, 17 novembre 1986.

28. Carla Stampa, *Epoca*, 6 mai 1983, p. 44.

29. *Ibid.*

30. Salvatore Gatti, *Espresso*, 14 décembre 1983, p. 45.

31. *Gazzetta Del Popola*, 4 octobre 1979.

32. Carla Stampa, *Epoca*, 6 mai 1983, p. 44.

33. Ronald Henkoff, *Newsweek*, 24 décembre 1984, p. 36.

34. Ernesto Auci, *Sole 24 Ore*, 17 décembre 1978, p. 1.

35. Carlotta Tagliarini, *Genius*, janvier 1986, p. 28.

36. Salvatore Gatti, *Espresso*, 14 décembre 1986, p. 43.

37. Carla Stampa, *Epoca*, 6 mai 1983, p. 44.

38. *Ibid.*

39. *Elettronica Domani*, juin 1984.

40. *Business Week*, 9 janvier 1984, p. 28.

41. Allan Piper, *International Management*, avril 1986, p. 22.

42. Salvatore Gatti, *Espresso*, 14 décembre 1986, p. 43.
43. *Wall Street Journal*, 7 avril 1987, p. 1.
44. *Ibid.*
45. *Ibid.*
46. Alan Friedman, *Financial Times*, 19 septembre 1986.
47. Salvatore Gatti, *Espresso*, 14 décembre 1986, p. 43.
48. *Business Week*, 24 août 1987, p. 42-47.
49. Kamm and Nelsonm, *The Wall Street Journal*, 17 juin 1986, p. 20.
50. Dickson, Friedman, *Financial Times*, 17 juin 1988.
51. *Business Week*, 2 mai 1988, p. 14-15.
52. Dickson, Friedman, *Financial Times*, 27 juin 1988.
53. *Business Week*, 24 août 1989, p. 42-47.

ANNEXE I

La structure du groupe en 1988 :
L'empire Benedetti

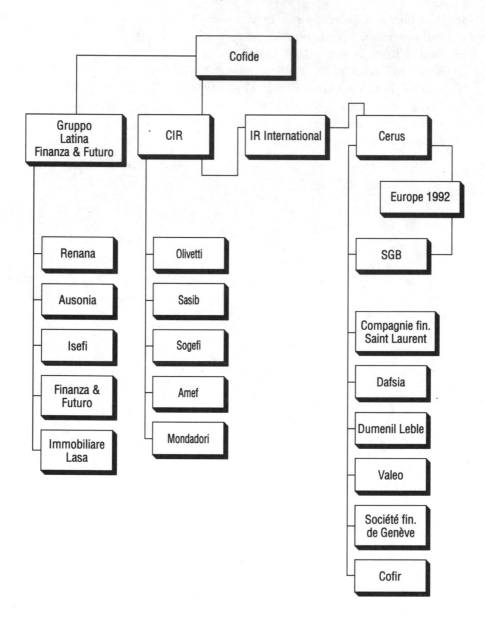

ANNEXE II

Qui contrôle Cofide ?

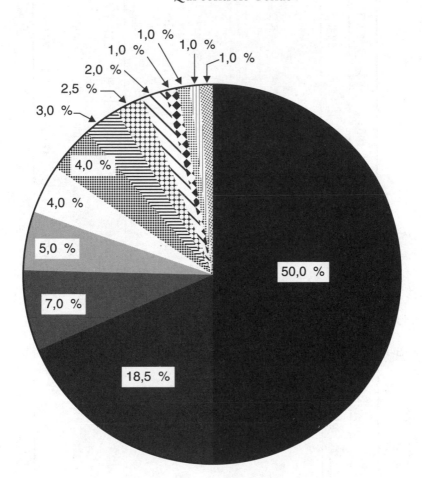

- ■ Carlo De Benedetti
- ■ Market Float
- ■ Paleocapa
- ▨ Pirelli
- ☐ Shearson Lehman
- ▦ Suez Group
- ⊟ Generali
- ⊞ Mediobanca
- ◰ Olayan
- ◈ Dreyfus Corp.
- ▦ Loambard Odier
- ⫿ Nomura Sec
- ▨ S G Warburg

ANNEXE III

Survol : dix ans chez Olivetti
(données consolidées)

(milliards de lires)	1977	1978	1979	1980	1981	1982	1983	1984	1985	1986
BÉNÉFICE NET	1 365,2	1 555,8	1 852,7	2 180,2	2 887,9	3 341,4	3 736,2	4 578,0	6 140,5	7 316,9
RÉSULTATS NETS :										
Avant recherche et développement					95,6	82,8	187,4	324,8	427,2	513,2
Après recherche et développement					95,6	102,8	295,3	356,0	503,7	565,5
RÉSULTATS NETS ET BÉNÉFICES (%) :										
Avant recherche et développement		pertes : 88			3,3	2,5	5,0	7,1	7,0	7,0
Après recherche et développement					3,3	3,1	7,9	7,8	8,2	7,7
AVOIR DES ACTIONNAIRES	912,0				582,4	954,8	1 202,1	1 958,3	2 279,7	3 153,7
ENDETTEMENT NET		935,8	859,2	761,4	844,4	862,9	726,0	319,3	190,0	(407,4)
NOMBRE D'EMPLOYÉS (en fin d'année)		61 535	55 931	53 339	53 471	49 763	47 800	47 613	48 944	59 091

Les racines infantiles
du monde adulte[1]
par Melanie Klein

Quand on envisage d'un point de vue psychanalytique le comportement des êtres humains dans leur milieu social, on doit se demander comment l'individu se développe depuis sa prime enfance jusqu'à sa maturité. Un groupe — qu'il soit restreint ou étendu — est formé d'un ensemble d'individus entretenant des rapports les uns avec les autres ; c'est pourquoi l'intelligence de la vie sociale implique nécessairement celle de la personnalité individuelle. Explorant l'évolution d'un individu, le psychanalyste se voit ramené, par étapes successives, jusqu'à la prime enfance. J'insisterai donc en premier lieu sur les tendances fondamentales qui existent chez le jeune enfant.

Les différentes manifestations des difficultés que présente le petit enfant — colères, manque d'intérêt à l'égard de l'entourage, incapacité de supporter la frustration, expressions fugaces de tristesse — n'ont longtemps reçu que des explications d'ordre physique. Avant Freud, on avait tendance à considérer l'enfance comme une période de bonheur parfait et l'on ne prenait guère au sérieux les divers troubles qui la perturbaient. Avec Freud, nous avons progressivement compris la complexité de la vie affective de l'enfant et la profondeur de ses conflits. Nous avons été conduits ainsi à pénétrer plus avant dans le psychisme

---

Cet article est le dernier de ceux destinés à un large public débordant celui des spécialistes de la psychanalyse, les autres étant « À propos du sevrage » (1936) et « Amour, culpabilité et réparation » (1937). Avec un minimum de termes techniques, Melanie Klein donne ici un aperçu de ses découvertes et de ses théories, soulignant en particulier l'influence constante du développement infantile sur la vie adulte, qu'elle soit individuelle ou sociale.

infantile et à mieux saisir ses rapports avec le processus psychique de l'adulte.

Grâce à la technique du jeu, que j'ai mise au point en analysant de très jeunes enfants, et grâce à l'acquisition d'autres progrès techniques, j'ai abouti à de nouvelles conclusions concernant les tout premiers stades de la prime enfance et les couches les plus profondes de l'inconscient. Cette connaissance rétrospective prend appui sur l'une des découvertes cruciales de Freud, à savoir la situation transférentielle : au cours d'une analyse, le patient actualise dans sa relation avec l'analyste des situations et des émotions anciennes, je dirais même les plus archaïques. La relation qui s'établit avec le psychanalyste porte parfois, même chez les adultes, la marque de certains traits infantiles : dépendance extrême, besoin d'être guidé, allant de pair avec une méfiance tout à fait irrationnelle. Il appartient à la technique psychanalytique de reconstruire le passé à partir de ces manifestations. Freud a découvert le complexe d'Œdipe chez l'adulte avant de le retrouver à l'œuvre chez l'enfant. J'ai eu, quant à moi, l'occasion d'analyser de très jeunes enfants et de faire ainsi connaissance de façon plus intime avec leur vie psychique, en allant jusqu'à une compréhension du psychisme du nourrisson. La méticuleuse attention que j'ai prêtée au transfert dans la technique du jeu m'a permis de saisir à quel point la vie psychique de l'enfant — et plus tard celle de l'adulte — se trouve influencée par les émotions et les fantasmes inconscients les plus précoces. C'est sous cet angle que je compte présenter, en utilisant le moins de termes techniques possibles, les conclusions auxquelles je suis parvenue concernant la vie affective du jeune enfant.

J'ai avancé l'hypothèse selon laquelle le nouveau-né vit une angoisse de nature persécutive, tant au cours de la naissance que lors de son adaptation à la situation postnatale : il ressent inconsciemment, et sans pouvoir s'en rendre compte intellectuellement, tout malaise, comme si celui-ci lui était infligé par des forces hostiles. Qu'on lui procure un certain bien-être — quand il perçoit par exemple une chaleur particulière, quand on le porte affectueusement dans les bras, ou quand il se sent gratifié parce qu'on le nourrit —, ce bien-être est aussitôt ressenti comme provenant de forces bienfaisantes ; il favorise par là l'instauration de la première relation d'amour du nourrisson à une personne ou, comme dit le psychanalyste, à un objet. Selon moi, le nourrisson a une connaissance innée et inconsciente de l'existence de sa mère. Nous savons que les jeunes animaux se tournent immédiatement vers leur mère et trouvent chez elle de quoi se nourrir. L'animal humain n'est pas différent à cet égard et ce savoir instinctif constitue le fondement de la relation originelle. Le bébé, à peine âgé de quelques semaines, lève déjà les yeux vers le visage de sa mère, reconnaît ses pas, le contact de ses mains, l'odeur et le contact du sein ou du biberon qu'elle lui donne : autant de signes qu'une relation, pour primitive qu'elle soit, est instaurée.

Le nourrisson n'attend pas seulement d'être nourri par sa mère ; il désire en être aimé et compris. Dans les stades les plus précoces, la mère exprime son amour et sa compréhension par la façon dont elle s'occupe de son bébé ; il s'instaure ainsi une sorte d'unité inconsciente fondée sur le rapport qui se crée entre l'inconscient de la mère et celui du nouveau-né. Le sentiment d'être compris qu'éprouve le nourrisson sous-tend la première relation fondamentale de sa vie. En même temps, la frustration, le malaise et la douleur — le tout vécu comme persécution — se mêlent aux sentiments à l'égard de la mère qui, au cours des premiers mois, représente pour l'enfant la totalité du monde extérieur : tant le « bon » que le « mauvais » lui semblent provenir d'elle. Il en résulte une attitude ambivalente, même dans les meilleures conditions possibles.

La capacité d'amour et le sentiment de persécution sont profondément enracinés dans les processus psychiques les plus précoces du nourrisson. Ils concernent avant tout la mère. Les pulsions destructives et les affects qui les accompagnent — tels que la rancune due à la frustration, la haine qu'elle anime, l'incapacité à se résigner, l'envie de l'objet omnipotent, à savoir de la mère dont dépendent vie et bien-être —, toutes ces émotions éveillent l'angoisse de persécution. *Mutatis mutandis*, elles resteront tout aussi actives plus tard dans la vie. Car les pulsions destructives à l'égard d'un autre susciteront toujours le sentiment que cet autre, à son tour, deviendra hostile et pourra user de représailles.

Des circonstances extérieures défavorables ne peuvent qu'accroître l'agressivité innée qui, inversement, se trouve atténuée par l'amour et la compréhension que reçoit le jeune enfant ; ces facteurs agissent tout au long du développement. Mais, alors que l'on accorde maintenant aux circonstances extérieures une importance croissante, on sous-estime encore celle des facteurs internes. Or les pulsions destructives, dont l'intensité varie selon les individus, font partie intégrante de la vie psychique, même lorsque les circonstances sont favorables ; nous devons donc considérer le développement de l'enfant et les attitudes des adultes comme résultant de l'interaction de facteurs internes et externes. Une observation attentive des nourrissons atteste l'existence d'une lutte entre l'amour et la haine : certains éprouvent un ressentiment intense lorsqu'ils se sentent frustrés ; ils en témoignent par leur incapacité à accepter la gratification lorsqu'elle suit une privation. Leur avidité et leur agressivité innées sont plus intenses que chez ceux dont les colères sont soudaines et passagères. Un nourrisson capable d'accepter la nourriture et l'amour prouve qu'il peut surmonter relativement vite le ressentiment qui naît de la frustration et retrouver ses sentiments d'amour lorsque la gratification lui est de nouveau offerte.

Avant de poursuivre ma description du développement de l'enfant, il est nécessaire de définir brièvement, du point de vue psychanalytique, les termes de « soi » et de « moi ». Selon Freud, le moi est la partie organisée du soi, constamment influencée par les incitations pulsionnelles mais les gardant sous son contrôle grâce au refoulement ; le moi dirige toutes les activités, établit et maintient la relation avec le monde extérieur. Le soi couvre l'ensemble de la personnalité et comprend non seulement le moi mais toute la vie pulsionnelle que Freud a désignée par le terme de *ça.*

Par mes recherches, j'ai été amenée à admettre que le moi existe et fonctionne dès la naissance, et qu'outre les fonctions déjà mentionnées il assume une tâche importante, celle de se défendre contre l'angoisse suscitée tant par la lutte intérieure que par les facteurs externes. De plus, le moi est à l'origine de nombreux processus, parmi lesquels, en premier lieu l'« introjection » et la « projection ». Je traiterai plus loin d'un processus aussi important, celui du « clivage », qui sépare aussi bien les pulsions que les objets.

Nous devons à Freud et à Abraham d'avoir découvert que l'introjection et la projection jouent un rôle considérable tant dans les troubles mentaux graves que dans la vie psychique normale. Je n'entends pas décrire ici comment Freud, en étudiant la psychose maniaco-dépressive, fut amené à reconnaître dans l'introjection le processus constitutif du surmoi, ni comment il a déterminé la relation d'importance vitale qui existe entre le surmoi, le moi et le ça. Avec le temps, ces concepts fondamentaux ont connu de nouveaux développements. Mon travail psychanalytique avec des enfants m'a permis de reconnaître que l'introjection et la projection entrent en jeu dès le commencement de la vie postnatale, en tant que toutes premières activités d'un moi qui opère dès la naissance. Envisagée sous cet angle, l'introjection signifie que le monde extérieur, son impact, les situations vécues par le nourrisson et les objets qu'il rencontre ne sont pas seulement appréhendés comme appartenant au milieu extérieur mais sont intériorisés par le soi, devenant ainsi partie intégrante de la vie intérieure. Même chez l'adulte, on ne saurait apprécier celle-ci sans tenir compte de ce qu'une continuelle introjection ajoute à la personnalité. La projection, qui se déroule simultanément, implique qu'il existe chez l'enfant une capacité à attribuer à son entourage toutes sortes de sentiments, parmi lesquels prédominent l'amour et la haine.

L'amour et la haine à l'égard de la mère dépendent de la capacité du nourrisson à projeter sur elle toutes ses émotions, ce qui la transforme en un objet bon aussi bien que dangereux. Aussi enracinées dans la prime enfance que soient l'introjection et la projection, ce ne sont pas seulement des processus infantiles. Elles font partie des fantasmes, à l'œuvre dès la naissance, qui façonnent l'image que l'enfant se fait de son entourage ; l'introjection de cette image modifiée du monde extérieur affecte le psychisme de l'enfant. Ainsi se trouve constitué un monde intérieur façonné en partie à partir d'une image du monde extérieur. Autrement dit, le double processus de l'introjection et de la projection contribue à l'interaction des facteurs internes et externes, interaction qui se retrouve tout au long de la vie, tout comme l'introjection et la projection qui persistent et se modifient au fur et à mesure de la maturation mais gardent toute leur importance dans la relation que l'individu établit avec le monde environnant. Ainsi, même chez l'adulte, le jugement de réalité n'est jamais tout à fait libéré de l'influence qu'exerce son monde intérieur.

J'ai déjà souligné que les processus de projection et d'introduction doivent être considérés comme des fantasmes inconscients. Comme l'écrit Susan Isaacs, « le fantasme est avant tout le corollaire mental, le représentant psychique de la pulsion. Il n'y a pas de pulsion, pas de besoin ni de réaction pulsionnelle qui ne soient vécus comme fantasme inconscient. [...] Un fantasme représente le contenu particulier des besoins ou des sentiments (par exemple : des désirs, des craintes, des angoisses, des sentiments de triomphe, de l'amour ou du chagrin), qui dominent le psychisme à un moment donné [2]. »

Les fantasmes inconscients ne sont pas assimilables aux rêveries (bien qu'ils s'y rattachent), mais constituent une activité psychique appartenant à des niveaux inconscients très profonds et accompagnent toute impulsion vécue par le jeune enfant. Par exemple, un nourrisson affamé peut s'accommoder momentanément de sa faim en hallucinant la satisfaction de téter, et ressentir toutes les sensations de plaisir qu'il éprouverait normalement, telles que le goût du lait, la chaleur du sein, les bras et l'amour de sa mère. Mais le fantasme inconscient peut aussi bien représenter le contraire : le nourrisson se sent alors privé et persécuté par le sein qui refuse de lui accorder satisfaction. Les fantasmes — dont la complexité va croissant et qui se réfèrent à un registre plus vaste d'objets et de situations — se poursuivent tout au long du développement et accompagnent toutes les activités ; ils ne cessent jamais de jouer un grand rôle dans la vie psychique. L'influence qu'exerce le fantasme inconscient dans la création artistique, dans l'œuvre scientifique et au cours des activités de la vie quotidienne ne saurait être surestimée.

L'introjection de la mère constitue un facteur fondamental du développement : sous ses « bons » aspects — en tant qu'elle prodigue son amour, son aide, et nourrit l'enfant — la mère est le premier bon objet que le nourrisson intègre à son monde intérieur, sa capacité à le faire étant, selon moi, jusqu'à un certain point innée. Dans quelle mesure le bon objet peut-il s'intégrer suffisamment pour devenir une partie intégrante du soi, cela dépend de l'intensité de l'angoisse de persécution — donc du ressentiment qui doit rester modéré. En même temps, l'attitude aimante de la mère contribue pour une large part à la réussite de ce processus d'intégration. Si la mère est intériorisée dans le monde intérieur de l'enfant en tant qu'objet bienveillant sur lequel on peut compter, le moi y trouve une force supplémentaire : car le moi s'organise surtout autour de ce bon objet et l'identification avec les bons aspects de la mère permet d'établir de nouvelles identifications utiles au sujet. On perçoit une telle identification avec le bon objet dans l'imitation par l'enfant des attitudes et des activités de sa mère, dans son jeu ou dans son comportement à l'égard d'enfants plus jeunes par exemple. Une profonde identification à une « bonne » mère permet aussi à l'enfant de s'identifier plus facilement à un « bon » père, et plus tard à d'autres figures amicales. Ainsi, son monde intérieur finit par contenir surtout des objets et des sentiments « bons » ; ces bons objets semblent répondre à l'amour que leur porte l'enfant. Tout ceci contribue à former une personnalité stable et rend possible l'extension des sentiments amicaux et de la sympathie à l'égard d'autrui. Bien entendu, une bonne entente des parents entre eux, leur attitude affectueuse à l'égard de l'enfant, une atmosphère familiale heureuse jouent un rôle capital dans la réussite de ce processus.

Toutefois, aussi « bons » que soient les sentiments de l'enfant à l'égard des deux parents, l'agressivité et la haine n'en demeurent pas moins actives. La rivalité du petit garçon avec le père, dont l'origine remonte à ses désirs pour la mère et aux fantasmes connexes, en est une manifestation. Une telle rivalité trouve son expression dans le complexe d'Œdipe que l'on peut observer chez les enfants âgés de trois, quatre ou cinq ans, mais qui en réalité s'installe bien plus tôt : dès que le nourrisson commence à soupçonner le père de vouloir détourner de lui l'amour et l'attention maternels. Le complexe d'Œdipe présente de grandes différences chez le garçon et chez la fille ; je me bornerai ici à en souligner une seule : le garçon, au cours de son développement génital, retourne vers l'objet originel — la mère — et est à la recherche d'objets féminins — ce qui s'accompagne d'une jalousie à l'égard du père et des hommes en général ; la fille doit, dans une certaine mesure, se détourner de sa mère et trouver l'objet de ses désirs dans le père et plus tard dans d'autres hommes. En fait les choses sont moins simples car le garçon est également attiré par le père et s'identifie à lui ; un élément d'homosexualité fait donc partie du développement normal. Quant à la fille, sa relation avec la mère, et avec les femmes en général, ne perdra jamais de son importance. Le complexe d'Œdipe n'est ainsi pas uniquement composé de sentiments de haine et de rivalité à l'égard de l'un des deux parents et d'amour envers l'autre, mais vient se compliquer de sentiments d'amour et de culpabilité dans les relations au parent rival. Le complexe d'Œdipe est donc le lieu d'un grand nombre de conflits affectifs.

Revenons maintenant à la projection. La projection de soi-même, ou celle d'une partie de ses propres pulsions et sentiments sur autrui, entraîne une identification avec cet autre, identification qui est différente de celle que produit une introjection. Car, si un objet est intégré dans le soi (introjecté), le sujet acquiert certains traits qui appartiennent à cet objet et subit leur influence. En revanche, quand on projette une partie de soi-même sur autrui, l'identification se fait par attribution à l'autre de certaines de ses propres qualités. La projection a de nombreuses conséquences. Nous avons tendance à attribuer aux autres — au sens de : mettre en eux — certaines de nos propres émotions, de nos propres pensées ; selon que nous sommes nous-mêmes équilibrés ou que nous nous sentons persécutés, cette projection sera soit de nature amicale, soit hostile. En attribuant une partie de nos sentiments à un autre, nous comprenons ses sentiments, ses besoins, ses satisfactions ; en d'autres termes, nous nous mettons dans la peau de l'autre. Certains individus vont si loin dans ce sens qu'ils sont entièrement absorbés par autrui et deviennent incapables de tout jugement objectif. En même temps, l'introjection excessive compromet la force du moi parce que l'objet introjecté en vient à le dominer complètement. Si la projection est surtout de nature hostile, toute sympathie réelle et toute compréhension d'autrui s'en trouvent altérées. Le caractère même de la projection est donc d'une importance considérable dans nos relations avec autrui. Si le jeu entre l'introjection et la projection n'est pas dominé par l'hostilité ni soumis à un sentiment de dépendance exagéré, mais se déroule de façon équilibrée, le monde intérieur s'en trouve enrichi et les relations avec le monde extérieur, améliorées.

J'ai mentionné plus haut le clivage auquel le moi infantile tend à soumettre les pulsions et les objets ; je tiens un tel processus pour une des activités primordiales du moi. Cette tendance au clivage résulte en partie du fait que le moi précoce manque de cohésion. Mais — et je dois encore me référer à mes conceptions personnelles — l'angoisse de persécution renforce le besoin de maintenir séparés l'objet aimé et l'objet dangereux, par conséquent celui de maintenir le clivage entre l'amour et la haine. Car la conservation de soi du nourrisson dépendra de la possibilité qu'il aura d'avoir confiance en une « bonne » mère. En clivant les deux aspects et en n'en gardant que le bon, le nourrisson sauvegarde sa croyance en un bon objet et, partant, sa capacité de l'aimer ; c'est là une condition essentielle à sa survivance. Il lui faut préserver au moins une partie de ce sentiment pour ne pas se trouver exposé à un monde entièrement hostile qui menacerait de le détruire, d'autant qu'un tel monde hostile serait aussi construit au-dedans de lui-même. Certains nourrissons manquent de vitalité au point de ne pouvoir être maintenus en vie ; c'est probablement qu'ils n'ont pas été capables d'établir une relation confiante avec une « bonne » mère. D'autres affrontent avec succès de grandes difficultés pour autant que leur vitalité leur permet d'utiliser l'aide et la nourriture que leur offre la mère. Je me souviens d'un enfant qui, après un accouchement long et difficile, compliqué d'un traumatisme obstétrical, fut mis au sein qu'il accepta aussitôt avidement. Il en est de même de certains nourrissons ayant subi de graves interventions chirurgicales immédiatement après la naissance. D'autres, dans des circonstances similaires, ne peuvent survivre en raison des difficultés qu'ils éprouvent à accepter la nourriture et l'amour : ils n'ont pas été capables d'instaurer la confiance et l'amour à l'égard de la mère.

Au cours du développement, le processus du clivage va se modifier tant dans sa forme que dans son contenu, mais d'une certaine façon il ne sera jamais définitivement abandonné. Selon moi, les pulsions destructives omnipotentes, l'angoisse de persécution et le clivage prédominent au cours des trois ou quatre premiers mois de la vie. J'ai décrit l'ensemble de ces mécanismes et des ces angoisses sous le nom de « position paranoïde-schizoïde », position qui, dans les cas extrêmes, constitue la base de la paranoïa et la schizophrénie. Les sentiments destructifs à ce premier stade s'accompagnent d'éléments tels que l'avidité et l'envie, qui jouent un rôle particulièrement perturbateur d'abord dans la relation à la mère, et ensuite avec les autres membres de la famille ; en fait la perturbation peut se faire sentir tout au long de la vie.

L'avidité varie considérablement d'un nourrisson à l'autre : certains ne peuvent jamais être satisfaits car tout ce qu'ils pourront recevoir ne suffira jamais à combler leur avidité. L'avidité s'accompagne d'un besoin impérieux de vider le sein maternel et d'exploiter toutes les sources de satisfaction sans tenir compte d'autrui. Un nourrisson très avide peut, sur le moment, jouir de ce qu'il reçoit ; mais, aussitôt la gratification reçue, il se sent insatisfait : il cherche à exploiter d'abord sa mère, puis tout autre membre de sa famille auprès de qui il quête l'attention, la nourriture ou toute autre forme de gratification qui pourrait lui être accordée. L'angoisse d'être privé, dépouillé, de ne pas être assez bon pour être aimé, ne fait qu'accroître l'avidité. Le nourrisson si avide d'amour et de soins se sent également mal assuré dans sa propre capacité d'aimer, angoisse qui vient à son tour renforcer l'avidité. Cette situation est fondamentalement identique, qu'il s'agisse de l'avidité d'un enfant plus âgé ou de celle de l'adulte.

Quant à l'envie, il n'est guère facile d'expliquer comment une mère qui nourrit et s'occupe de son nourrisson peut aussi devenir l'objet de son envie. Mais, toutes les fois que l'enfant a faim, ou qu'il se sent négligé, sa frustration fait naître le fantasme d'une mère qui le prive délibérément de lait et d'amour, ou d'une mère qui les garde pour elle. De tels soupçons constituent la base de l'envie. L'envie, de façon inhérente, n'est pas seulement le désir de posséder, mais aussi le besoin impérieux de détruire la jouissance qu'un autre pourrait trouver auprès de l'objet convoité : un tel besoin tend à détériorer l'objet lui-même. Une envie très intense, qui cherche à détériorer l'objet, perturbe la relation à la mère et par la suite à autrui ; cela signifie aussi qu'aucune jouissance complète n'est possible : l'objet désiré a déjà été détérioré par l'envie. En outre, si l'envie est très intense, la « bonté » ne peut être assimilée, intégrée à la propre vie intérieure ; elle n'entraîne donc jamais un sentiment de gratitude. En revanche, être capable de jouir entièrement de ce qui a été donné, et d'éprouver de la gratitude à l'égard de celui qui le donne, retentit aussi bien sur la structure du caractère que sur les relations avec autrui. Ce n'est pas sans raison que les chrétiens commencent le bénédicité par les paroles : « Que le Seigneur nous rende véritablement reconnaissants de ce que nous allons recevoir. » Ce qui est là demandé, c'est le pouvoir de connaître la gratitude qui doit apporter le bonheur et nous délivrer de la rancune et de l'envie. J'ai entendu une petite fille dire qu'elle aimait sa mère plus que quiconque car qu'aurait-elle fait si sa mère ne lui avait donné naissance et ne l'avait nourrie ? Ce profond sentiment de gratitude, lié à sa capacité d'éprouver du plaisir, s'exprimait par sa générosité et le respect d'autrui dont elle témoignait. Une telle capacité d'éprouver du plaisir et de la gratitude permet d'avoir, tout au long d'une vie, une gamme étendue d'intérêts et de jouir de plaisirs variés.

Au cours du développement normal, avec l'intégration croissante du moi, les processus de clivage s'atténuent ; l'enfant devient plus apte à comprendre la réalité extérieure, à rapprocher dans une certaine mesure ses pulsions antagonistes, enfin à faire la synthèse des bons et des mauvais aspects de l'objet. En d'autres termes, on devient capable d'aimer les autres en dépit de leurs défauts et de ne pas voir le monde soit « tout en noir, soit tout en blanc ».

Le surmoi — la partie du moi qui critique et contrôle les pulsions dangereuses, dont Freud avait d'abord fixé approximativement l'apparition vers la cinquième année — manifeste son activité bien avant. Selon moi, c'est au cours du cinquième ou sixième mois que le nourrisson s'effraie des conséquences de ses pulsions destructives et de son avidité, et du mal qu'il pourrait ou a pu infliger aux objets aimés. Car il ne sait pas encore faire la différence entre, d'une part, ses désirs et ses pulsions, d'autre part leurs effets réels. Son sentiment de culpabilité le pousse à protéger ces objets et à réparer le tort qu'il leur a causé. L'angoisse qui en résulte est surtout de nature dépressive ; les émotions qui l'accompagnent et les défenses dressées contre elle font partie du développement normal ; je les ai décrites sous le nom de « position dépressive ». Les sentiments de culpabilité qu'il nous arrive à tous d'éprouver ont leurs racines dans la prime enfance ; les tendances à la réparation jouent un rôle important dans nos sublimations et dans nos relations d'objet.

Si nous observons des nourrissons, ils nous semblent déprimés par moments, ceci sans motif extérieur apparent. Ils essaient aussi de faire plaisir aux personnes de leur entourage par tous les moyens dont ils disposent : en souriant, en ayant des gestes enjoués, ou en essayant de faire manger la mère en introduisant dans sa bouche une cuillerée pleine de nourriture. À cette même période apparaissent souvent des inhibitions alimentaires et des cauchemars, symptômes qui atteignent leur point culminant au moment du sevrage. Le besoin d'affronter les sentiments de culpabilité s'exprime encore plus clairement chez des enfants plus âgés ; ils se livrent alors à diverses activités constructives et témoignent d'un besoin excessif de faire plaisir et de rendre service dans leur relation aux parents ou aux frères et sœurs, ce qui n'exprime pas seulement l'amour qu'ils leur portent mais aussi un besoin de réparation à leur égard.

Freud tient le processus de « perlaboration » pour une partie essentielle du processus psychanalytique. C'est la possibilité donnée au patient de passer et de repasser par ses émotions, ses angoisses, ses situations anciennes, tant dans sa relation à l'analyste que dans sa relation aux autres et dans les diverses situations de sa vie actuelle et passée. Cependant, une sorte de « perlaboration[3] » se produit aussi, dans une certaine mesure, au cours du développement individuel normal. L'adaptation à la réalité extérieure s'améliore et l'enfant parvient ainsi à se faire une image moins fantasmatique du monde environnant. Il se familiarise peu à peu avec le fait que toute absence de sa mère est suivie d'un retour, ce qui rend ses absences moins effrayantes : la crainte d'en être abandonné diminue d'autant. Ainsi, il translabore progressivement ses premières craintes, et en vient à s'accommoder de ses conflits pulsionnels et affectifs. À ce stade, l'angoisse dépressive prédomine tandis que l'angoisse persécutive s'estompe. À mes yeux, de nombreuses manifestations d'apparence bizarre, des phobies difficilement explicables, des idiosyncrasies que l'on peut noter chez de jeunes enfants, sont à la fois l'indice et la modalité d'une translaboration de la position dépressive. Si les sentiments de culpabilité ne sont pas excessifs chez l'enfant, un impérieux besoin de réparation et d'autres processus inhérents à la maturation les apaisent. Pourtant, les angoisses dépressives et persécutives ne seront jamais totalement surmontées ; elles peuvent resurgir sous l'effet d'une tension externe ou interne, bien qu'un individu relativement normal puisse faire face à cette résurgence et retrouver son équilibre. Toutefois, des tensions trop intenses risquent de perturber le développement et de compromettre la formation d'une personnalité forte et bien équilibrée.

Après avoir abordé les angoisses paranoïdes et dépressives, et ce qu'elles impliquent — même si je l'ai fait ici sous une forme excessivement simplifiée — je me propose d'envisager maintenant les effets de ces processus sur les relations sociales. J'ai souligné que l'introjection du monde extérieur se répétait tout au long de la vie. Toutes les fois que nous pouvons admirer quelqu'un — ou au contraire le mépriser ou le haïr — nous intériorisons en même temps quelque chose qui lui appartient ; nos attitudes les plus profondes sont façonnées par de telles expériences. Dans le premier cas, il s'agit d'un enrichissement, d'un fonds de souvenirs précieux ; dans le second, nous percevons le monde extérieur comme détérioré, et notre intérieur s'en trouve appauvri.

Je ne puis que mentionner ici l'importance des expériences réelles — favorables et défavorables — vécues par le nourrisson dès la naissance, d'abord auprès de ses parents et, par la suite, au contact d'autrui. Les expériences auxquelles nous confronte le monde extérieur sont d'une importance capitale tout au long de la vie. Cependant, même chez le nourrisson, ce qui importe avant tout, c'est la façon dont les influences extérieures seront interprétées et assimilées par l'enfant, ce qui dépend largement à son tour de l'intensité des pulsions destructives et des angoisses persécutives et dépressives. Nos expériences adultes subissent pareillement l'influence de nos attitudes fondamentales qui peuvent aussi bien nous aider à affronter nos malheurs que transformer en calamités de petites déceptions pour peu que la méfiance et la commisération de nous-mêmes l'emportent.

Les découvertes freudiennes qui concernent l'enfance devraient nous faire mieux comprendre les problèmes éducatifs, mais on les a souvent mal interprétées. Élever des enfants avec trop de sévérité renforce assurément la tendance au refoulement ; mais rappelons-nous que trop d'indulgence peut nuire à l'enfant tout autant qu'une trop grande coercition. Ce que l'on appelle : « la libre expression de soi », peut présenter beaucoup d'inconvénients, tant pour les parents que pour l'enfant. Alors qu'autrefois l'enfant était souvent victime de la discipline que lui imposaient ses parents, ceux-ci risquent à présent de devenir les victimes de leur rejeton. On connaît l'histoire de cet homme qui ne put jamais goûter au blanc de poulet : enfant, c'était la part réservée aux parents, et devenu père à son tour, voici que seuls ses enfants y avaient droit. Dans l'éducation des enfants, il importe de maintenir une juste mesure entre un excès et une carence de rigueur. Il faut savoir passer sous silence certains méfaits anodins ; mais si l'enfant persiste dans son manque de considération, il faut montrer sa désapprobation et exiger davantage.

Nous devons aussi envisager l'indulgence excessive des parents sous un angle différent : alors que l'enfant peut essayer de profiter de l'attitude de ses parents, il se sent en même temps coupable de les exploiter ; il éprouve le besoin de certaines contraintes qui pourraient le rassurer et qui lui permettraient de respecter ses parents : condition essentielle à l'établissement de bons rapports avec eux comme à la reconnaissance du respect qu'on doit à autrui. N'oublions pas, par ailleurs, que les parents qui souffrent trop de la « libre expression » de leurs enfants — quelque effort qu'ils fassent pour la tolérer — en éprouvent forcément une rancune qui retentira sur leurs attitudes à l'égard de l'enfant.

J'ai déjà mentionné que l'enfant réagissait violemment à toute frustration ; or il n'y a pas d'éducation possible sans quelque frustration. L'enfant garde une rancune amère pour tout échec ou toute imperfection qu'il perçoit dans son entourage, et sous-estime alors le bien reçu ; il projettera violemment ses griefs sur ceux qui l'entourent. De telles attitudes se rencontrent souvent chez l'adulte. En comparant les sujets qui peuvent tolérer la frustration sans trop de ressentiment et qui sont capables de retrouver leur équilibre rapidement après une déception, à ceux qui cherchent à rendre le monde extérieur responsable de tout, il nous sera facile de mettre en évidence les effets nuisibles d'une projection hostile. Car la projection d'une rancune éveille chez les autres une contre-réaction d'hostilité. Rares sont ceux qui, suffisamment tolérants, peuvent supporter une accusation — même implicite — qui chercherait d'une certaine façon à les rendre coupables. Souvent, une telle attitude de leur part peut nous les faire détester ; nous apparaissons alors à leurs yeux comme des ennemis : leur méfiance à notre égard ainsi que leurs sentiments de persécution ne font qu'augmenter, et une telle relation ne peut aller qu'en se détériorant.

Un des moyens de faire face à la méfiance excessive est de tenter d'apaiser les ennemis réels ou imaginaires, ce qui réussit rarement. On peut, bien sûr, se concilier certaines personnes par la flatterie, ou par des compromis, surtout si leurs propres sentiments de persécution demandent à être apaisés. Mais une telle relation est toujours précaire et fait place à une hostilité réciproque. Je souligne en passant les répercussions que peuvent avoir de telles fluctuations dans les attitudes des chefs d'États sur les relations internationales.

Le monde extérieur réagit de façon très différente lorsque l'angoisse de persécution se fait moins intense et que la projection, en attribuant aux autres des sentiments bienveillants, ouvre la voie à la sympathie. Chacun de nous connaît des personnes qui inspirent la sympathie. En donnant l'impression de nous faire confiance, elles font naître chez nous des sentiments d'amitié. Je ne parle pas de celles qui tentent de se forger une popularité fallacieuse. Au contraire, ce sont les personnes sincères, ayant le courage de leurs opinions, qui finissent par s'attirer le respect et même l'amour.

Que les premières attitudes puissent exercer leurs effets tout au long d'une vie se trouve illustré lorsque certaines relations aux premières images se reproduisent ; les problèmes non résolus au cours des toutes premières années sont revécus, mais sous une forme nouvelle. Par exemple, les attitudes à l'égard d'un subordonné ou d'un supérieur reproduisent dans une certaine mesure la relation à un frère ou à une sœur plus jeunes, ou à l'un des parents. Une personne âgée, bienveillante et amicale, ravive inconsciemment la relation à des parents ou à des grands-parents aimés, alors qu'une autre, condescendante et désagréable, réveille les attitudes de révolte infantile à l'égard des parents. Nul besoin pour cela qu'il y ait une ressemblance physique ou mentale avec les images qui servent de modèles, ni qu'elles aient le même âge ; il suffit que leurs attitudes présentent des points communs. Lorsqu'un sujet se trouve entièrement sous l'emprise des situations et des relations qu'il a vécues au départ, il ne peut porter que des jugements erronés sur les autres et sur les événements. Dans des conditions normales, une telle reviviscence de situations initiales reste circonscrite et peut être corrigée par un jugement objectif. En d'autres termes, il peut nous arriver à tous de subir l'influence de facteurs irrationnels, mais nous ne sommes pas dominés par eux dans la vie.

La capacité d'amour et de dévouement, ressentie en premier lieu à l'égard de la mère, évolue par la suite et trouve de nouvelles voies : par exemple, on se consacrera à des causes diverses considérées comme justes. Ainsi un nourrisson, aimant et se sentant aimé, éprouve un plaisir qui, plus tard dans la vie, se trouvera transféré non seulement à ses relations aux autres mais aussi à son travail et dans tout ce qu'il estimera digne de ses efforts. D'où un enrichissement de la personnalité, une capacité de trouver des satisfactions dans le travail ; la voie est ouverte sur toute une gamme de sources de satisfaction.

Ce désir précoce de réparation vient s'ajouter à la capacité d'amour et se retrouve dans tous nos efforts pour atteindre les buts que nous nous sommes fixés, ainsi que dans les relations avec autrui. De toutes nos sublimations, qui dérivent des premiers intérêts de l'enfant, ce sont les activités constructives qui prennent le plus d'élan car l'enfant sent inconsciemment qu'il répare ainsi ceux qu'il aime et qu'il a endommagés. Cet élan ne perd jamais de son intensité bien que très souvent il ne soit pas identifié comme tel dans la vie courante. Nul d'entre nous n'est jamais totalement exempt de culpabilité ; c'est là un fait irrévocable qui comporte une très grande utilité, car il implique un désir jamais complètement comblé, celui de réparer et de créer, chacun selon ses propres possibilités.

Tous les services rendus à la société bénéficient de ce besoin. Dans les cas extrêmes, des sentiments de culpabilité incitent certains individus à se sacrifier pour une cause ou pour autrui, voire les mènent jusqu'au fanatisme. Quand certains sujets risquent leur propre vie afin de sauver celle des autres, il ne s'agit pas forcément de quelque chose du même ordre. Car ce n'est pas tellement la culpabilité qui les pousse alors à agir que leurs possibilités d'aimer, leur générosité et leur identification à la personne en danger.

J'ai déjà souligné l'importance que prend, pour le développement, l'identification aux parents et, ultérieurement, à autrui ; je voudrais insister maintenant sur l'aspect particulier d'une identification ayant atteint son but et dont les effets se prolongent dans la vie adulte. Lorsque l'envie et la rivalité ne sont pas trop intenses, on peut, en se mettant à la place d'autrui, jouir par procuration des plaisirs des autres comme s'ils étaient les siens propres. L'enfant peut neutraliser l'hostilité et la rivalité du conflit œdipien en se mettant à la place des parents et en jouissant de leur bonheur. À l'âge adulte, les parents peuvent partager les plaisirs de leurs enfants sans y faire obstacle pour autant qu'ils sont capables de s'identifier à eux et de les voir grandir sans en éprouver un sentiment d'envie.

Au cours du vieillissement, cette attitude prend une importance particulière lorsque les plaisirs de la jeunesse deviennent de plus en plus inaccessibles. Dans la mesure où les gens âgés gardent la gratitude de leurs satisfactions passées, ils peuvent jouir de tout ce qui est encore à leur portée. Une telle attitude est source de sérénité et leur permet de s'identifier à la jeunesse. Ainsi celui qui est à la découverte de jeunes talents et cherche à les encourager — que ce soit dans ses fonctions de professeur ou de critique ou, autrefois, en tant que mécène — ne peut le faire que dans la mesure où il peut s'identifier à eux ; en un sens, il ne fait que répéter sa propre vie, réalisant parfois par personne interposée les buts qu'il s'était fixés et qu'il n'était jamais parvenu à atteindre.

À tous les stades, c'est grâce à cette aptitude à l'identification que nous devenons heureux de pouvoir admirer la personnalité et l'œuvre d'un autre. Si nous ne parvenons pas à apprécier la réussite et les qualités d'autrui — ce qui signifie que l'idée de ne jamais pouvoir rivaliser avec eux nous est intolérable — nous serons privés de certaines possibilités de bonheur et d'enrichissement. Le monde apparaîtrait bien plus pauvre à nos yeux si nous n'avions pas l'occasion de nous rendre compte que la grandeur existe et existera toujours. Une telle admiration éveille aussi quelque chose en nous et accroît indirectement notre foi en nous-mêmes. C'est une des nombreuses façons selon lesquelles des identifications d'origine infantile deviennent une partie importante de notre personnalité.

Un des facteurs qui rendent fructueux un travail d'équipe est l'aptitude à pouvoir admirer les réussites d'autrui. Si l'envie n'est pas trop intense, nous pouvons éprouver du plaisir et être fiers de collaborer avec des individus qui sont parfois plus doués que nous, car nous nous identifions à ces coéquipiers plus talentueux.

Le problème de l'identification reste cependant d'une extrême complexité. Lorsque Freud découvrit le surmoi, il le découvrit comme faisant partie de l'instance psychique qui dérive de l'influence parentale — influence qui devient partie intégrante des attitudes fondamentales de l'enfant. Dans mon expérience avec de jeunes enfants j'ai appris que, dès le plus jeune âge, la mère et bientôt tout l'entourage de l'enfant se trouvent intégrés dans le soi : ceci est la base de diverses identifications, tant favorables que défavorables. J'ai déjà rapporté des exemples d'identifications qui s'avèrent utiles à la fois pour l'enfant et pour l'adulte. Mais l'entourage, qui joue un rôle capital dès le début, fait aussi que les aspects défavorables des attitudes de l'adulte à l'égard de l'enfant vont gêner son développement en suscitant la haine et la révolte ou, au contraire, une soumission trop docile. En même temps, l'enfant intériorise cette attitude hostile et irritée de l'adulte. Des parents trop rigides ou qui manqueraient d'amour et de compréhension exercent une influence sur la formation du caractère de l'enfant : en s'identifiant à eux, celui-ci pourra être amené à répéter dans sa vie ce qu'il a subi lui-même. Il arrive ainsi qu'un père ait recours, pour élever ses enfants, aux mêmes méthodes erronées qu'avait utilisées son propre père. Mais la révolte contre les erreurs commises à son égard au cours de l'enfance peut aboutir à une réaction contraire, celle de prendre à contre-pied l'éducation reçue. Ce qui mène à un autre excès évoqué plus haut, celui d'une indulgence exagérée. Savoir tirer la leçon des expériences vécues au cours de l'enfance, et se montrer alors plus compréhensif et tolérant à l'égard de ses propres enfants ainsi qu'à l'égard d'autrui, même en dehors du cercle familial, est un signe de maturité et d'un développement harmonieux. Être tolérant ne signifie pas être aveugle face aux défauts d'autrui. La tolérance implique la possibilité de reconnaître ces défauts et de demeurer, en dépit d'eux, capable de coopérer avec les autres, voire de les aimer.

En parlant du développement de l'enfant, j'ai insisté tout particulièrement sur l'avidité. Voyons maintenant le rôle que joue l'avidité dans la formation du caractère chez l'enfant, et l'influence qu'elle aura sur les attitudes de l'adulte. Il est facile de constater que l'avidité joue un rôle destructeur dans la vie sociale. Le sujet avide désire toujours davantage, dût-il priver tous les autres. Il n'est pas vraiment capable d'avoir des égards et d'éprouver de la générosité. Je ne me réfère pas ici aux seuls biens matériels mais aux situations sociales et au prestige.

Une avidité très intense et l'ambition peuvent aller de pair. L'ambition sous toutes ses formes, qu'elle soit utile ou nuisible, se manifeste dans tout comportement humain. Il n'y a aucun doute que l'ambition aide à réaliser des projets mais, si elle reste le seul élément moteur, elle risque de compromettre toute collaboration avec autrui. L'individu très ambitieux demeure toujours insatisfait en dépit de toutes ses réussites, tout comme un bébé avide que rien n'arrive jamais à satisfaire. Nous connaissons tous ce genre de personnage avide de succès, et qui ne semble jamais satisfait de ses réussites. Un des traits qui caractérisent une telle attitude — dans laquelle le sentiment d'envie joue aussi un rôle important — est l'incapacité de laisser les autres jouer un rôle de premier plan. Il leur est seulement permis de jouer un rôle secondaire tant qu'ils ne menacent pas la prééminence de l'ambitieux. Un tel homme est incapable et peu désireux de stimuler et d'encourager les jeunes, de crainte de se voir supplanté par l'un d'entre eux. Une des raisons pour lesquelles l'ambitieux semble puiser si peu de satisfaction de sa réussite est due au fait qu'il porte moins d'intérêt à la tâche à laquelle il se consacre qu'à son prestige personnel. Cette description nous permet d'entrevoir l'étroite relation entre l'avidité et l'envie. Le rival n'est pas seulement celui qui dépouille l'autre et s'empare de sa situation ou lui vole ses biens, c'est aussi celui qui possède des qualités précieuses qui provoquent l'envie et un désir de déprédation.

Même l'ambitieux trouve une satisfaction à aider les autres dans leur participation à la tâche commune, si l'avidité et l'envie ne sont pas excessives. C'est là une des attitudes sur lesquelles repose la réussite d'un leader. On peut déjà dans une certaine mesure percevoir une telle attitude chez l'enfant qui est fier des réussites d'un frère ou d'une sœur plus jeunes, et déploie beaucoup d'efforts pour les aider. Certains enfants exercent même un pouvoir intégrateur au sein de la famille ; toute l'atmosphère familiale devient plus agréable grâce à leur attitude amicale et coopérante. J'ai vu des mères impatientes, qui ne peuvent tolérer les difficultés, s'améliorer au contact de tels enfants. Dans leur vie scolaire, ces enfants parviennent à établir des rapports amicaux et coopérants avec les autres enfants de la classe, sans pour autant faire sentir leur supériorité, comme s'ils assumaient une sorte de direction morale.

Revenons à la question du leader : si celui-ci s'imagine être un objet haï, toutes ses attitudes antisociales s'en trouveront renforcées. Ces remarques s'appliquent d'ailleurs à n'importe quel membre d'un groupe. Nous pouvons constater qu'un individu incapable de tolérer la critique dans la mesure où elle éveille aussitôt son angoisse persécutive, non seulement en souffre mais éprouve aussi des difficultés dans ses rapports avec les autres ; il risque de nuire à la cause même à laquelle il se dévoue, ceci quels que soient son métier ou sa position sociale ; il témoignera ainsi de son incapacité à corriger ses erreurs et à savoir tirer parti de ce que d'autres peuvent lui enseigner.

Si nous envisageons notre monde adulte du point de vue des racines qu'il plonge dans la prime enfance, nous comprenons mieux comment notre psychisme, nos habitudes, nos opinions s'élaborent à partir de nos premières émotions et des fantasmes infantiles pour aboutir aux manifestations adultes les plus complexes et les plus subtiles. Une dernière conclusion s'impose : rien de ce qui a existé dans l'inconscient ne cesse jamais totalement d'exercer son influence sur notre personnalité.

Il nous reste à envisager un autre aspect du développement de l'enfant, la formation du caractère. J'ai rapporté quelques exemples qui montrent de quelle façon les pulsions destructives, l'envie et l'avidité, ainsi que les angoisses persécutives qui en découlent, perturbent l'équilibre affectif et les relations sociales de l'enfant. J'ai également parlé des aspects favorables d'un développement qui serait le contraire du précédent et j'ai tenté de montrer de quelle façon ils prennent naissance. J'ai essayé de faire sentir l'importante interaction des facteurs innés et de l'influence du milieu. En mettant tout l'accent sur cette interaction, nous saisissons mieux la façon dont se développe le caractère de l'enfant. Que le caractère d'un patient subisse des changements favorables au cours d'une analyse réussie a toujours été un des aspects les plus importants du travail psychanalytique.

Une des conséquences d'un développement harmonieux serait de promouvoir l'intégrité et la force de caractère, qui retentissent à la fois sur la confiance qu'aura l'individu en lui-même et sur ses relations avec le monde extérieur. Il est facile de constater qu'une personnalité véritablement sincère et authentique exerce ses effets sur autrui. Même ceux qui ne possèdent pas ces qualités en sont impressionnés et ne peuvent s'empêcher de respecter l'individu sincère et intègre, car il est pour eux une image de ce qu'ils auraient pu être, ou pourront encore peut-être devenir. De telles personnalités font reprendre quelque espoir pour le monde en général, et éveillent une plus grande foi dans le bien.

J'ai souligné, pour conclure, l'importance du caractère qui, selon moi, est à la base de tout accomplissement humain. Tout développement social vigoureux a pour fondement les effets qu'un bon caractère exerce sur les autres individus.

Post-scriptum

Lors d'une discussion avec un anthropologue, celui-ci éleva des objections concernant ma conception du développement du caractère : comment pouvait-on prétendre le fonder sur quelque chose d'aussi général ? Pour sa part, ce qu'il avait rencontré le conduisait à une appréciation toute différente. Par exemple, dans un des groupes qu'il avait étudiés sur le terrain, la duplicité et la tricherie étaient considérés comme des qualités admirables et le fait d'épargner la vie d'un adversaire comme un signe de faiblesse. Je lui demandai si, dans certaines circonstances, on pouvait montrer de la clémence. Il me répondit que si la victime réussissait à se placer derrière une femme de façon à se trouver partiellement cachée par ses jupes, on lui laissait la vie sauve. Il me dit aussi qu'on épargnait la vie d'un ennemi si celui-ci s'abritait dans une tente appartenant à un homme, ou encore s'il cherchait refuge dans un sanctuaire.

Mon interlocuteur tomba d'accord avec moi lorsque j'interprétai la tente, la jupe et le sanctuaire comme des symboles de la « bonne » mère protectrice. Il convint encore que la protection de la mère s'étendait au frère (ou à la sœur) haï — l'homme qui s'abrite derrière les jupes de la femme — et que l'interdiction de tuer quelqu'un qui s'est réfugié dans la tente de son ennemi nous renvoyait aux règles de l'hospitalité. Il existe ainsi un lien fondamental entre l'hospitalité et la vie de famille, entre les relations qui s'établissent parmi les enfants et surtout les relations avec la mère. Car la tente est une représentation de la mère qui protège la famille.

Je cite cet exemple pour montrer qu'il existe peut-être des liens entre des cultures qui paraissent totalement différentes. Ces liens sont à chercher dans la relation au bon objet originel, la mère, quelles que soient les modalités sous lesquelles certaines déviations du caractère se trouvent acceptées, voire admirées.

NOTES

1. Source : Melanie Klein, *Envie et gratitude* (et autres essais), Gallimard, Paris, 1968, p. 96-117.

2. ISAACS, S. : « Nature et fonction du fantasme » (1952), in *Développements de la psychanalyse*, p. 79-80, trad. française.

3. Le terme de *working-through*, utilisé [...] par l'auteur, ne saurait être rendu en français par un seul vocable, car il est pris dans deux sens différents.

   D'une part, Melanie Klein l'emploie comme équivalent du terme *Durcharbeitung* par quoi Freud désignait un certain processus du travail analytique. Dans le *Vocabulaire de la psychanalyse* (1967), Laplanche et Pontalis proposent « perlaboration » pour traduire *Durcharbeitung*, « processus par lequel l'analyse intègre une interprétation et surmonte les résistances qu'elle suscite. Il s'agit d'une sorte de travail psychique qui permet au sujet d'accepter certains éléments refoulés et de se dégager de l'emprise des mécanismes répétitifs [...] La perlaboration est indiscutablement décrite comme le travail effectué par l'analysé. Les auteurs qui, après Freud, ont insisté sur la nécessité de la perlaboration n'ont pas manqué de souligner la part qu'y prenait toujours l'analyste. » Aussi, chaque fois que Melanie Klein se réfère au *working-through* du travail analytique, [on utilise le mot français] perlaboration.

Pourtant le *working-through* apparaît aussi dans ces textes avec un sens différent. Il s'agit alors d'une « élaboration psychique » particulière s'effectuant au cours de l'évolution du sujet : ensemble de processus qui permettent de résoudre et de dépasser certaines positions affectives de la prime enfance, comme la position dépressive. En cela ce travail n'est pas suscité ni maintenu par l'intervention de l'analyste, mais représente un mode évolutif « spontané », dont la réussite ou l'échec dépend des divers facteurs, externes ou internes rencontrés. On peut considérer ce processus comme un remaniement des affects et des relations d'objet qui amènent la réduction du clivage intrapsychique et qui favorisent l'intégration du moi. À ce titre, il nous a paru nécessaire d'en marquer la différence, mais aussi la parenté avec la perlaboration en cours d'analyse ; nous avons donc choisi de désigner un tel processus par le terme de *translaboration*. Cette translaboration, qui se rapproche de l'élaboration psychique — ainsi qu'elle se trouve décrite dans le *Vocabulaire* —, en reste cependant distincte car Melanie Klein ne semble pas se référer aux « opérations d'un appareil psychique » mais à un dépassement de positions affectives grâce à un certain potentiel évolutif dans la perspective d'une maturation psychique.

TROISIÈME PARTIE

L'idéalisation, le narcissisme et le leadership

L'idéalisation, le narcissisme et le leadership
par Laurent Lapierre

Dans cet ouvrage, nous avons adopté la perspective de la subjectivité pour réfléchir aux questions touchant le leadership et pour tenter de comprendre en profondeur ce phénomène complexe de nos organisations et de notre société. Comment expliquer les liens qui peuvent s'établir entre un leader et la mission qu'il se donne et l'organisation qu'il choisit de diriger ? Comment expliquer les liens qui se créent entre un leader et les personnes qui acceptent de le suivre ? L'idéalisation et le narcissisme sont deux défenses psychologiques qui permettent de lever le voile sur ce phénomène et de proposer un début d'explication.

Même si l'on préconise la plus grande rationalité possible dans les rapports interpersonnels, même si l'on souhaite que les décisions politiques ou administratives se fassent à partir d'analyses rationnelles, basées sur des évaluations « objectives » des talents et des capacités des dirigeants, des besoins, des forces et des faiblesses de l'organisation qu'ils dirigent et des occasions ou menaces présentes dans un environnement donné, il nous faut reconnaître qu'une part d'imaginaire (de fantasme) teinte nos rapports aux idées, aux idéologies, aux missions, aux organisations et aux personnes qui les dirigent. Nous projetons toujours quelque chose de nous-même qui nous fait voir ces réalités en partie selon nos désirs. C'est toujours sa propre vision qu'on apprécie (ou qu'on rejette) quand on est fasciné ou troublé par la vision d'un dirigeant.

En même temps qu'on valorise le « réalisme », nous savons aussi qu'il est « réaliste » d'accepter qu'une certaine idéalisation et un certain mépris soient présents dans toute relation pédagogique, dans toute relation amoureuse et dans tout rapport d'autorité. De la même façon que les enfants idéalisent leurs parents et que les parents idéalisent leurs enfants par la projection mutuelle de leurs désirs, la relation leader-adeptes est marquée par l'idéalisation. L'épreuve de la réalité atténue l'idéalisation, mais ne la fait jamais disparaître. La perfection humaine n'existe pas. C'est difficile à accepter pour la plupart des enfants qui ont besoin d'idéaliser les premières personnes significatives de leur existence, et plus tard dans leur développement, des œuvres, des causes ou des projets qui leur tiennent à cœur. Comme le mécanisme psychologique de la projection où elle prend sa source, l'idéalisation est donc jusqu'à un certain point inévitable. Plus encore, elle est nécessaire aux rapports humains : elle constitue les fondements du leadership et le ciment des liens existants entre les leaders et ceux qui les suivent (adeptes, disciples, collaborateurs, équipiers, subordonnés, etc.).

S'il n'y a pas de la part de la personne qui assume le leadership une certaine et saine idéalisation de ses propres capacités, elle ne se proposera pas et ne s'affichera pas comme leader. S'il n'y a pas de la part des personnes qui la suivent une certaine et saine idéalisation de leur leader, il n'y a pas non plus de leadership qui puisse tenir. C'est l'idéalisation de part et d'autre qui explique la nature intense de la relation qu'on observe dans certains cas de leadership. C'est pour tenter de mieux comprendre diverses manifestations de l'idéalisation, cette facette cruciale de l'imaginaire du leader, que Kets de Vries et Miller parlent de sa disposition narcissique. Ils soutiennent que la qualité et l'intensité de son développement narcissique est une des composantes critiques de son action. Le narcissisme, comme l'agressivité et la culpabilité que nous avons examinées dans la première partie, est une des composantes essentielles du psychisme humain. À notre époque, des psychanalystes en ont fait le paradigme par excellence de leur investigation (Grundberger, 1975 ; Kohut, 1971 ; Kohut et Wolf, 1978). On parle même, en Amérique, d'une culture du narcissisme (Lasch, 1978).

L'idéalisation est au cœur du narcissisme. Le narcissisme, rappelons-le, ce n'est pas l'amour de soi ; c'est l'amour d'une image idéalisée de soi (des autres et du monde), construite pour ne pas voir la réalité de soi (des autres et du monde), nécessairement défectueuse. On veut échapper « imaginairement » au sentiment de défaut, de limite ou d'insuffisance. Au cours du développement, l'imperfection de soi (et de ses parents en soi) peut devenir insoutenable pour le sujet. Il peut alors se défendre inconsciemment en s'idéalisant pour masquer sa déception, sa haine ou son mépris de soi. Le mépris est la face cachée de l'idéalisation.

Le pseudo-amour de soi du narcissisme sert à cacher une certaine haine de soi, un sentiment de vide intérieur, sentiment que même les êtres humains les plus riches intérieurement, et dont les contributions sont exceptionnelles, peuvent éprouver.

Dans le texte qui nous servira à réfléchir sur les histoires de cas de cette troisième partie, Kets de Vries et Miller identifient trois types de narcissismes qui permettent de mieux comprendre cette disposition narcissique des leaders dont ils parlent :

— le narcissisme réactif, basé sur un sentiment persistant d'impuissance causé par le sentiment de ne pas avoir été suffisamment aimé, choyé. Certains individus combattent ce sentiment en entretenant l'image d'être unique, exceptionnel, comme si le fait d'avoir souffert ou d'avoir été éprouvé leur donnait des droits spéciaux. Mus par le fantasme du succès sans limite, ils veulent dominer de façon froide, impitoyable, grandiose et exhibitionniste ;

— le narcissisme *self-deceptive* (auto-illusoire), basé sur le sentiment que l'individu est absolument aimable et parfait. La personne n'a pas appris à modérer l'image grandiose qu'elle se fait d'elle-même parce que les réponses qu'on lui a fournies, alors qu'elle était enfant, n'étaient pas adaptées à la réalité. Ces réponses ont sur-stimulé la perception qu'elle se faisait d'elle-même. Il en résulte des difficultés dans les relations interpersonnelles, une hypersensibilité à la critique, la peur de l'échec, la quête d'idéal et un profond besoin de se sentir aimé ;

— le narcissisme constructif qui fait que l'individu n'éprouve pas le besoin de déformer la réalité pour traiter avec les frustrations de la vie. Il dégage une sensation de vitalité positive, dérivée de la confiance qu'il a en sa propre valeur. Il fait montre d'ambition, de hardiesse, de sens de l'humour, de créativité, de ténacité et de fierté.

Si l'on accepte qu'il y a chez tout être humain une disposition narcissique, un besoin d'être admiré et d'être louangé pour échapper à son insécurité et à sa solitude, on comprend que l'idéalisation soit nécessaire à l'humanité et qu'elle soit au cœur de ce qui pousse des personnes à vouloir faire figure de leaders. Poussée à l'extrême, l'idéalisation peut conduire au déni de la réalité, à la désillusion et au mépris lorsque l'inévitable déception arrive. La question est toujours la même. Où se situe l'équilibre ? Comment ne pas être victime de l'idéalisation ? Comment exercer son jugement sur l'idéalisation de soi, qu'on connaît par expérience, et l'idéalisation qu'on fait des autres ou que les autres font de nous ?

Cinq études de cas vont nous permettre de voir comment l'idéalisation se manifeste chez des leaders et chez les gens qui les suivent. Encore une fois, il ne s'agit pas de juger ; il s'agit de sentir. Peter Marsh a idéalisé la performance d'acteur qui lui permet de réussir à refaire des images de marque, comme sa mère l'a fait avec lui-même pour lui permettre d'échapper à son milieu d'origine méprisé. Coco Chanel a idéalisé son père et son enfance en s'inventant une histoire qui l'affranchissait d'une réalité trop pénible. Cette même capacité d'imaginer et ce même esprit d'indépendance sont probablement à l'origine du désir ou de la force qui l'ont poussée à inventer une mode capable d'affranchir la femme des « costumes » qui l'asservissaient en féminisant notamment des vêtements masculins. Pierre Péladeau a idéalisé la mission de gagner qu'il a hérité de sa mère pour venger l'échec de son père. Michel Hidalgo a idéalisé la beauté et le plaisir du jeu pour échapper à une anxiété de compétition trop grande à supporter pour lui, pour ses équipiers et le public français. Enfin, Lucien Pfeiffer a idéalisé la coopération et la participation pour échapper au pouvoir de l'argent et à son autoritarisme. Chacune de ces histoires de cas nous renseigne sur nos propres idéalisations, sur nous-même et sur la nature humaine. Elles visent à enrichir notre connaissance subjective, contribuant ainsi à une meilleure compréhension et à l'exercice d'un jugement plus éclairé.

BIBLIOGRAPHIE

Grundberger, B., *Le Narcissisme*, Paris, Payot, 1975.

Kohut, H., *The Analysis of the Self*, New York, International Universities Press, 1971.

Kohut, H. et Wolf, E.S., « The Disorders of the Self and their Treatment : An Outline », *The International Journal of Psychoanalysis*, 59, 1978.

Lasch, Christopher, *The Culture of Narcissism* (American Life in an Age of Diminishing Expectations), New York, Norton, 1978.

Peter Marsh
La performance d'acteur et l'image du succès

> Si une représentation doit se produire,
> les témoins en général doivent être capables
> de croire que les interprètes sont sincères.
> C'est là la position structurelle de la sincérité
> dans le théâtre de la vie. Les interprètes
> peuvent être sincères — ou faux mais
> sincèrement convaincus de leur propre
> sincérité — mais cette sorte de prise de
> conscience pour soi n'est pas nécessaire à la
> sincérité de la représentation.
> Erving Goffman
> *The Presentation of Self in Everyday Life*

On définit la publicité comme étant le moyen de faire connaître quelque chose publiquement dans le but d'accroître l'intérêt pour cette chose. C'est une activité particulièrement intéressante pour le psychiatre parce qu'elle met en lumière et même exploite le conflit, le plaisir ou la difficulté que nous connaissons tous à distinguer le réel de l'imaginaire. Je reçois souvent en consultation des gens qui ne se sentent pas désirables, qui ne trouvent pas les moyens de projeter leur personnalité de façon à ce que les autres trouvent leur compagnie agréable. Ils se sentent effrayés et intimidés par ce qu'ils croient être une absence de personnalité. Une grande partie de la publicité moderne joue délibérément sur ces préoccupations : tous les objets, de la bière aux voitures de

Ce cas a été tiré de Clare, Anthony, *In The Psychiatrist's Chair*, The Hogarth Press, London, 1984. Il a été traduit par Yannick Portebois et revu par Geneviève Sicotte sous la direction du professeur Laurent Lapierre.

Ce cas est destiné à servir de base à la discussion en commun et ne prétend pas présenter un exemple de solution correcte ou fautive des problèmes d'administration.

sport, en passant par les cuisines et les caméras, sont mis en marché en fonction de l'impact qu'ils auront sur l'acheteur. Le monde de la publicité substitue au réel sa propre réalité, son monde particulier dans lequel les salons sont toujours propres et ordonnés, les jardins bien entretenus et colorés, les familles harmonieuses et nucléaires, et où les conversations portent sur les besoins et leur satisfaction.

Mais la publicité fait plus que simplement créer un monde de fantaisie et le substituer habilement au réel. Elle crée subtilement des stéréotypes — l'homme d'affaires prospère, le brillant médecin, le banquier fiable, l'acteur jovial — en unissant des caractéristiques sociales choisies, des attitudes morales, des habitudes de comportement ainsi que des façons de parler ou de se vêtir. Elle procure un guide instantané et facile des rôles sociaux. L'utilisation des acteurs bien connus du public, des personnalités de la télévision et des sportifs estompe encore plus la ligne déjà trouble séparant la réalité du monde de ces individus et le monde de la publicité, dans lequel ils consentent à passer pour un cachet plus ou moins appréciable.

Quand je décidai d'interviewer quelqu'un du monde de la publicité, mon producteur, Michael Ember, suggéra Peter Marsh. La vie de Peter Marsh — locomotive d'une des agences européennes connaissant le plus fort taux de croissance — se lit comme un scénario mettant en vedette un *self-made millionaire*. Il naquit à Hull, en Angleterre, en 1931. Son père était tourneur et polisseur de laiton, et Peter Marsh fut élevé dans une tradition fortement socialiste et méthodiste. Après avoir travaillé comme libraire et comme acteur, il entra en publicité entre autres par le biais de la BBC et d'une société de production de commerciaux télévisés située à Manchester. En 1966, avec Rodney Allen et Mike Brady, il forma la société Allen, Brady & Marsh (ABM). Leur premier compte fut celui de la manufacture de tapis Cyril Lord (compte qui allait s'avérer plutôt désastreux puisque l'entreprise fit faillite). Depuis, des contrats fort avantageux pour annoncer, par exemple, la British Rail, la Midland Bank et Woolworth's ont été signés. Ils ont permis à ABM de devenir l'une des dix plus importantes agences de publicité britanniques.

Ce qui rend Peter Marsh particulièrement intéressant, c'est que les méthodes employées pour la reconstruction de l'image d'une entreprise, par exemple celle de British Rail, semblent être les mêmes que celles qu'il a utilisées pour refaire sa propre image. Car Marsh a renié Hull, ses origines modestes et son environnement socialiste et méthodiste, aussi résolument et fermement qu'Arnold Wesker chérit et cultive ses racines dans le East End Stepney. Au cours des années, Marsh a exprimé son regret d'être né dans la classe ouvrière ; il se voyait à Hull comme un étranger, un intrus dans sa propre ville. Depuis ce temps, sa réussite a pris l'image d'une entreprise capitaliste sans complexes et complètement à l'opposé des valeurs politiques et philosophiques de ses parents. Marsh organise son propre marketing avec un souci maniaque du détail, depuis les vêtements irréprochables, le monocle, les boutons de manchette en or et la canne à pommeau d'argent jusqu'au manoir, aux dîners fins et à l'aura de richesse et de succès qu'il vise à dégager. Il se vend lui-même, très habilement et sans fausse honte.

Par tout cela, Peter Marsh incarne bien la notion, décrite et analysée de façon très convaincante par le sociologue américain Erving Goffman, que la façon dont nous sommes perçus par les autres, la « sincérité », la « droiture » ou la « franchise » qu'on nous attribue dans nos rapports sociaux, sont largement déterminés par notre « performance ». Goffman définit la performance comme étant l'activité d'un individu durant une période de temps donnée, période déterminée par la présence continue de l'individu devant un même auditoire et par l'existence d'une influence quelconque de l'individu sur cet auditoire. Notre façon d'agir entraîne une performance chargée de signes, qui confirment et éclairent de façon spectaculaire certains aspects de notre « moi » que nous souhaitons voir acceptés comme faisant intrinsèquement partie de notre personnalité. Dès l'enfance, la plupart d'entre nous reçoivent des conseils, des indications et des instructions de mise en scène sur lesquels nous construisons, et que nous développons de façon à ce que nos performances d'adulte soient « naturelles », « spontanées » et cohérentes. Il arrive que la première éducation d'un individu soit interrompue, que son rôle, pour ainsi dire, ne soit pas bien appris. Il en résultera alors une certaine confusion et une certaine perplexité dans la vie adulte ; l'individu, d'une façon récurrente, aura le sentiment de ne pas savoir quel comportement, quelle réaction ou même quelle émotion conviennent à chaque situation. Dans la plupart des cas cependant, le développement de la personnalité et des opinions, des valeurs, du sens des convenances et du discours qui l'accompagne est un processus continu.

Mais certains individus rejettent complètement le scénario que leur propose la vie et choisissent d'écrire leur propre rôle. Un exemple connu de tous est celui de Brendan Bracken. Né dans le quartier irlandais de Templemore dans le nord du Tipperary, de souche catholique et républicaine, il se fraya un chemin à travers les domaines les plus jalousement exclusifs de la vie politique et sociale britannique, cela avant l'âge de 25 ans et en se « britannisant » en cours de route. La transformation de Peter Marsh, malgré qu'elle soit de moindre envergure, offre cependant des ressemblances frappantes avec celle de Bracken. Marsh semble avoir souhaité désespérément échapper à son milieu. Comme Bracken, Marsh n'appréciait guère qu'on lui rappelle son passé. Je soupçonne Marsh, comme Bracken, de n'avoir pas été un écolier populaire, parce que perçu comme trop péremptoire et égoïste — un de ses camarades d'école en garde ce souvenir précis. Si l'on se fie à la biographie pénétrante de Charles Lysaght, Bracken apprit avec assiduité les façons et les valeurs d'un Britannique de la haute société, classe à laquelle il n'appartenait pas, à laquelle il aspirait passionnément et qu'il pénétra jusqu'à un certain point. Au cours des entrevues, Marsh souligne lui aussi l'effort qu'il a dû faire pour apprendre les manières, le rôle et les répliques dont les gens issus du monde du « big business », de la richesse et du pouvoir sont pétris.

Dans ce contexte, il est intéressant de noter la fréquence des métaphores théâtrales et l'engagement de Marsh dans le monde du théâtre dont nous avons parlé, engagement bref mais singulièrement important. « Le monde n'est pas qu'une scène », déclare Goffman ; il ajoute cependant que les moments cruciaux où il ne l'est pas sont difficiles à identifier. La plus grande partie de la vie de Peter Marsh se déroule sur une scène ; par conséquent, certaines indications scéniques doivent être respectées. « Si vous désirez être traité en roi, agissez en roi » : c'est ainsi que le jeune Peter Marsh, bien que sans le sou, voyageait en première classe plutôt que d'économiser parce qu'il préférait les traitements de faveur à l'argent. Il porte une attention toute particulière à ses vêtements, aux tableaux l'entourant, à la musique qu'il écoute, parce que d'une façon plus vraie pour lui que pour bien d'autres, ces manifestations de goût personnel le définissent, le situent par rapport au monde.

J'avais une patiente qui avait la réputation peu enviable de dire tout ce qu'elle pensait, ce qui faisait d'elle une personne extrêmement seule. Je lui dis un jour : « Pourquoi ne pas garder vos réflexions pour vous et agir de façon plus sociable ? » Elle eut l'air consterné et m'objecta que ce que je lui proposais n'était pas autre chose qu'une duperie. En un sens, elle avait raison. On suppose souvent qu'il y a une correspondance entre ce que nous sommes et notre comportement. Marsh inverse le rapport entre les deux termes. Là où ma patiente insiste sur le fait que ce qu'elle est détermine son comportement, Peter Marsh suggère que son comportement détermine ce qu'il est. Il agit comme un entrepreneur dynamique, agressif et à la réussite éclatante, et les gens croient que c'est cela qu'il est, « à l'intérieur ». C'est une stratégie classique en publicité : dites-leur que la Guinness est bonne pour eux, et nom d'un chien, elle le sera !

Comme la publicité, la vie de Peter Marsh est une version exagérée de la vie ordinaire. Mais alors que la plupart des gens ne sont pas constamment conscients qu'ils jouent, déclamant leur rôle et s'intégrant dans le groupe des autres acteurs, Peter Marsh l'est. Le prix de cela, comme il l'explique lui-même, est que sa vie est une dynamo compulsive, sans cesse en mouvement, où la peur de l'échec plutôt que la satisfaction apportée par le succès est la source de l'élan implacable qui le pousse à l'action. Il redoute aussi la perte de contrôle pour l'excellente raison que puisque la vie est une « scène », une « pièce », il doit toujours être prêt et sûr de lui : « Il ne peut pas y avoir d'aparté s'il n'y a pas auparavant un rôle ». Reste-t-il une place pour la spontanéité ?

Dans la première des entrevues qui composent cet ouvrage[1], j'ai demandé à Glenda Jackson si la performance sur scène empruntait aux émotions et aux passions hors scène. Elle répondit qu'elle en doutait, soulignant que ce qui se passait sur scène était prévu et que chacun savait ce que l'autre allait dire. Ainsi, la vie sur scène est plus prévisible, plus rassurante et plus maniable que la vie hors scène. Pour contourner le côté imprévisible et insécurisant de la vie hors scène, Peter Marsh transforme celle-ci en une pièce. Il en devient l'acteur principal et le metteur en scène, et les gens avec lesquels il est en contact sont des compagnons de scène. Le temps qu'il prend à organiser des réunions sociales, de grands dîners ou de simples déjeuners intimes ne peut à notre avis s'expliquer que par sa vision particulière de la vie. Dans son anxiété à garantir que sa vision du monde est la bonne, Peter Marsh impose son personnage sur son univers, beaucoup plus que n'importe lequel des huit autres individus interrogés dans cet ouvrage[2]. Cela explique peut-être pourquoi il est le seul homme d'affaires qui ait réussi parmi eux !

Dans un article paru dans *Punch* (qui portait bien entendu sur le succès), Peter Marsh évoquait un aveu qu'aurait fait sir Peter Hall : il vivait dans la peur constante qu'un jour, « ils » le découvriraient; c'en serait alors fini de son succès, de sa position, de sa réputation et de sa solvabilité. Que sir Peter ait dit ou non pareille chose n'est pas la question : mais cela avait fait une forte impression à Peter Marsh. En un sens, il n'a rien à craindre ; il a suffisamment révélé de choses sur la façon dont il s'est construit pour que les gens soient satisfaits de ce qu'ils « savent » de lui. D'un autre côté, sa peur est compréhensible. Son existence n'est pas simplement construite sur un personnage fabriqué, mais sur la destruction et l'élimination d'un personnage antérieur qui, de temps en temps, ressurgit. Il y a de curieuses omissions dans mon entrevue avec Marsh : on ne parle pas beaucoup de son père ni de sa mort, mais énormément de sa mère. Il y a étonnamment peu de mentions des frères et sœurs, même s'ils sont tous vivants. Il n'évoque que brièvement son mariage raté (on peut ici suggérer que le Peter Marsh qui se maria était probablement plus près de Hull et de ses valeurs que l'actuel homme d'affaires). Mais ce qui rend cette entrevue fascinante est l'assurance avec laquelle Peter Marsh — beaucoup plus franchement que bien d'autres — décrit l'énorme tâche qu'il a accomplie en fabriquant un nouveau Marsh, alors que la plupart d'entre nous se contentent d'apporter quelques changements mineurs à leur personnalité de départ. Mais Marsh souligne que son audace est une autre preuve que ses talents et ses capacités « sont innés et qu'ils auraient émergé de toute façon ». Dans l'article de *Punch*, il écrivait : « Je suis persuadé que pour certaines personnes le succès est aussi inévitable que le lever du soleil à l'Est et son coucher à l'Ouest ». Cette vision particulièrement déterministe tranche sur sa philosophie de la libre entreprise et sur son apparente conviction que les gens ont besoin d'adhérer à sa vision de la vie, du pouvoir, de l'accomplissement, de l'argent et du prestige. Alors pourquoi cette insistance intermittente sur le côté inné de son succès ? Qu'on me permette une supposition : je crois que Peter Marsh ne peut pas supporter l'idée que le secret de son succès puisse être retrouvé dans son foyer maintenant méprisé de Hull. Une telle idée a peut-être quelque chose à voir avec une mère ambitieuse, fière et trop possessive. Elle est sans doute due aussi à d'autres expériences, plus décisives, qui semèrent en lui une puissante peur de l'échec, dont Marsh reconnaît aujourd'hui qu'elle le tient éveillé la nuit et le pousse toujours plus loin, vers de nouveaux sommets, alors que la logique et une autre vision du monde lui suggéreraient de rester là où il est. Contrairement à Marsh, je doute de l'importance du rôle de la fatalité : étant donné l'importance pour le nouveau Peter Marsh de ne rien devoir à l'ancien, je comprends cependant pourquoi il préfère voir les choses de cette façon.

Clare : Peter Marsh, que ressentez-vous à parler de votre vrai moi ?

Marsh : C'est très agréable pour la vanité. Il y a sans doute une légère appréhension à aller derrière le clinquant pour voir ce qui brille vraiment dessous. Je dirais que c'est un plaisir coloré d'un peu d'appréhension.

Clare : Dans un sens, cette entrevue avec vous est un peu différente de la plupart des autres composant ce livre [3]. On pourrait dire que la publicité et la psychiatrie sont à l'opposé l'une de l'autre dans leur rapport au temps. Je m'intéresse au passé. Vous, on le voit à travers ce que vous avez dit et écrit, êtes intéressé par le présent et par l'avenir. Vous accentuez les traits positifs, votre but est la réussite. Je suis intéressé, non pas aux défauts, mais certainement aux problèmes que les gens ont surmontés et à ceux qu'ils continuent de surmonter. Que trouvez-vous dans cette entrevue ? Pourquoi vous préoccuper de ce genre d'activité ?

Marsh : Premièrement, si l'on prend la publicité elle-même, on y trouve environ trois mille personnes de quelque importance — par là, j'entends le management, les gens de création, etc. Alors vous travaillez avec une élite à l'esprit vif, humaine, consciente du monde qui l'entoure et créative. C'est un milieu de travail passionnant. Je crois également — et je fais partie sûrement de cette catégorie — que tous les gens doués pour la publicité recherchent, consciemment ou non, le stress. L'adrénaline est une drogue qui intoxique, et toute votre vie se passe à gagner des batailles. J'ai reçu à dîner chez moi hier soir un client très important pour lequel nous avons fait une présentation. Nous cherchions à changer une façon de penser en rassemblant des faits et en usant de logique, de persuasion et de recherche. À la fin, parce que vous avez réussi à bien communiquer, vous éprouvez une intense satisfaction, et puis vous mangez ensemble. Cela met en jeu non seulement les capacités intellectuelles et affectives, mais cet ingrédient magique qu'on appelle la personnalité.

Clare : Mais qu'est-ce que cela a à voir avec ce regard que vous portez sur vous-même ?

Marsh : Je crois que nous devons tous trouver le lieu où nous nous sentons à l'aise. Comme bien des gens, j'ai trouvé ce lieu accidentellement : la publicité.

Clare : Alors pourquoi vous donner la peine de vous livrer à cet exercice si vous vous sentez bien ?

Marsh : Cette entrevue ? Elle fait partie du développement de l'ego. Certains aiment que l'on se confie à eux, d'autres qu'on parle d'eux. Et puis vous sentez que vous pouvez avoir des choses intéressantes à dire, car vous devez apprendre beaucoup au fur et à mesure que vous avancez.

De plus, celui qui réussit est membre d'une petite minorité, d'une élite. Je suis très élitiste. Par conséquent, il n'est pas contradictoire que vous et moi ayons une conversation à travers ce microphone. Vous apprenez quelque chose, et moi aussi.

Clare : Vous avez confiance, généralement parlant, en ce qui sortira de cette entrevue ?

Marsh : Oui, oui, oui. Un peu moins de ce qui peut sortir de cette forme d'entrevue. Si vous prenez pour titre *In the Psychiatrist's Chair*, c'est que vous cherchez clairement à aller derrière le personnage public — celui qui se présentera presque automatiquement, par réaction — pour comprendre ce que cachent la douleur, les problèmes et les faiblesses. C'est pour cela que j'ai relevé le défi, parce que cette entrevue en vaut vraiment la peine, et qu'elle est par conséquent plus dangereuse : si vous cherchez ce qui se cache, on peut être amené à révéler dans l'intimité ce qu'on ne dirait pas en public.

Clare : Est-ce juste de dire qu'en temps normal, vous n'auriez pas beaucoup de temps à consacrer à vous examiner ainsi le nombril ?

Marsh : Non, je crois que par sa nature même, mon métier s'intéresse au comportement humain. Nous faisons beaucoup de recherches, et par là...

Clare : Je voulais parler d'un tel examen comme d'une fin en soi. Vous parlez des retombées d'affaires et des avantages professionnels que vous en tirez ; je l'entends comme une activité de plein droit.

Marsh : J'y crois entièrement.

Clare : Pourquoi ?

Marsh : Parce que j'ai commencé par être un acteur. Un bon acteur doit être un observateur perspicace des attitudes et du comportement humains. Il faut également savoir déchiffrer les caractères. C'est une partie de mon travail ; un froncement de nez, un pincement des lèvres, un léger mouvement de la bouche peuvent dire beaucoup sur les gens. Cela m'intéresse beaucoup.

Clare : Vous penchez-vous souvent sur votre passé ?

Marsh : Parfois, mais je crois que nous apprenons des choses et que nous en tirons des leçons une fois pour toutes. Je crois, par exemple, que tout homme doit, à un moment donné, couper le cordon ombilical. Quand vous avez compris cela, vous l'observez ensuite chez les autres. J'ai un copain de 56 ans qui téléphone tous les jours à sa mère. Il a un problème !

Clare : Est-ce que votre mère vit toujours ?

Marsh : Non, elle est décédée.

Clare : Avez-vous éprouvé de la difficulté à couper le cordon ombilical ?

Marsh : Ça a été davantage un processus d'usure qu'une coupure nette. Si vous êtes le moindrement intelligent, vous avez une vidéocassette dans la tête qui enregistre le moindre événement, même quand vous n'en êtes pas conscient. J'ai remarqué que les filles, autour de la puberté, vers 12 ans, jugent leur mère en tant que femme. Elles peuvent même en dire : « Quelle vieille hypocrite ! » Et l'on voit alors la mère tenter de rejeter sa fille et de la dénigrer auprès de son père. Je m'empresse d'ajouter que cela n'est pas arrivé dans ma famille, mais je l'ai déjà observé. Je crois que les hommes mûrissent moins vite que les femmes et restent dépendants de leur mère assez longtemps. C'est à l'adolescence qu'on commence à la regarder avec les yeux grands ouverts.

Clare : Quelle sorte de femme était votre mère ?

Marsh : Je crois qu'elle me ressemblait beaucoup. Elle avait une forte personnalité. Elle avait des dons pour la musique et elle était énergique et résolue. Malheureusement, sur le plan des émotions, c'était une sorte de vampire, vraiment.

Clare : Dans quel sens ?

Marsh : Dans le sens que si vous êtes un bel enfant, comme je l'étais, un enfant doué, comme je l'étais, dans un milieu ouvrier, vous jurez dans le paysage. Elle a retiré énormément de satisfaction et de gloire de mes succès. Ce qu'on apprend avec le temps, c'est qu'il s'agit d'une relation à sens unique. Elle en tire profit mais n'investit pas beaucoup. On s'aperçoit parfois que certaines personnes ne se sont pas entendues avec l'un ou l'autre des parents, ou même avec les deux. Alors ils apprennent à les juger.

Clare : Vous souvenez-vous d'un moment où vous avez commencé à réaliser cela ?

Marsh : C'est difficile à isoler. C'est un peu comme les couleurs de l'arc-en-ciel qui se fondent les unes aux autres. Vous commencez par faire certaines constatations, par exemple qu'elle n'est pas très bonne maîtresse de maison, que la maison n'est pas aussi propre que vous le souhaiteriez, qu'il se joue un certain chantage émotif.

Clare : Croyez-vous en avoir été marqué ?

Marsh : Oh bien sûr, inévitablement.

Clare : De quelles sortes de séquelles s'agit-il ?

Marsh : Je crois que le processus d'apprentissage dans la famille est inné et inconscient. Quand vous en êtes rendu à fonder votre propre famille, vous considérez ce que vous avez appris et vous vous dites : J'apprends ici des choses que j'aurais dû absorber par osmose. Par exemple ma relation avec les enfants : j'ai dû apprendre le rôle de père parce que je ne crois pas que ma mère ait très bien réussi à me l'enseigner.

Clare : Quelles sont vos relations avec les femmes ?

Marsh : Si je pense à la puberté et après, je crois que tout homme énergique a un quotient sexuel élevé, ou disons des capacités sexuelles importantes. Alors, pas de problème particulier.

Clare : L'un des problèmes quand on est un bel enfant est qu'on reçoit beaucoup d'attention des gens plus vieux, généralement des femmes. Il devient facile pour l'enfant de retenir l'attention sans faire trop d'efforts. Une relation spéciale peut alors se développer avec les femmes, une relation de pouvoir en quelque sorte.

Marsh : Oui, je crois que cette attention affaiblit, malgré qu'elle soit agréable sur le moment. Elle est déformante. Si je pouvais rejouer ma vie, je m'efforcerais certainement d'éliminer cela parce qu'on devient trop conscient de soi et trop timide. Je crois que vous avez visé juste. De la part des femmes âgées, il y a certainement flatterie et engagement personnel. Cela peut conduire à des engagements d'une nature douloureuse et profonde.

Clare : Est-ce que cette habileté à manipuler les gens vous a procuré et vous procure encore un certain plaisir ?

Marsh : Oui. Tous ceux qui réussissent doivent être comme cela. « Manipuler » a une connotation péjorative. On doit diriger, et diriger par l'exemple...

Clare : J'ai employé délibérément un mot à connotation péjorative parce que je veux aborder quelque chose de presque honteux. Vous savez que vous pouvez manipuler les gens et cela en soi vous procure un certain plaisir. Avez-vous pris conscience de cela tôt dans votre vie ?

Marsh : Tout à fait, oui. Très tôt, vous le reconnaissez à certaines réactions plutôt qu'à un procédé que vous auriez appliqué. C'est seulement par un examen rétrospectif que vous pouvez dire : cela relève d'un procédé. On appelle cela le charme. Mais là c'est la fin, parce que vous vous mettez à en faire un usage conscient.

Clare : Est-ce que quelqu'un — une petite amie, ou un intime — vous a déjà accusé d'être manipulateur ?

Marsh : Non, non, non. Je veux dire qu'on le voit par leur réaction. Mais les femmes n'ont pas tendance à avoir cette attitude d'esprit clinique.

Clare : De quelle sorte de réaction parlez-vous ?

Marsh : La personne qui m'analyse le mieux et qui fait le plus délicatement la part des choses est ma femme. Elle a un esprit pénétrant. Elle m'amène à m'analyser de façon très saine et me dit quelles sont mes motivations. Elle vise absolument juste. Mais c'est la seule femme que je connaisse qui soit capable de faire cela.

Clare : Mais avant que vous la rencontriez ?

Marsh : Je n'avais pas de relation aussi profonde — voilà le résultat de vingt-cinq ans de mariage.

Clare : Un autre des problèmes qu'un bel enfant rencontre est que les gens autour de lui, ses pairs par exemple, ne l'aiment pas beaucoup. Cela peut conduire à une sorte d'aliénation.

Marsh : Il y a différents niveaux dans la classe ouvrière : il y a la classe ouvrière supérieure, la classe ouvrière moyenne, et le reste. Je suis issu de la classe ouvrière supérieure ; mais même alors, vous n'êtes malgré tout pas partie intégrante de votre environnement, et les gens le savent. C'est comme au Népal, quand on choisit une petite fille pour être princesse ; elle fait partie de la communauté, mais elle en est séparée. On est très conscient d'en être séparé.

Clare : Vous n'aimiez pas beaucoup cet environnement ?

Marsh : Je le détestais intensément parce que mes aspirations étaient ailleurs.

Clare : Mais nous parlons de vous alors que vous n'étiez qu'un petit garçon !

Marsh : Oui. À 10 ans, je suis devenu extrêmement conscient de cela, et j'ai consciemment amélioré mon accent.

Clare : Pourquoi ?

Marsh : Parce que je voulais échapper à cet environnement dans lequel je me sentais désespérément mal à l'aise, et dans lequel je me sentais étranger.

Clare : Vous n'aimiez pas l'accent de Hull ? Votre père l'avait-il ?

Marsh : Non, son accent était un peu comme celui de Peterborough, ce n'était pas celui de Hull. L'accent de Hull est affreux. Mes parents n'avaient pas un accent vraiment laid.

Clare : Vous n'avez pas adopté l'accent de votre père ?

Marsh : Non, non, non, non, non, non ! Mes aspirations n'avaient rien à voir avec ma famille, vraiment rien à voir.

Clare : Vous avez donc essayé d'avoir un nouvel accent dès l'âge de 10 ans ?

Marsh : Oh oui, oui, oui.

Clare : Alors dès le début de l'adolescence, vous établissiez une distance entre vos camarades d'école et vous ?

Marsh : Oui, absolument, absolument.

Clare : Comment prenaient-ils la chose ?

Marsh : Les gens reconnaissent que vous êtes différent. À 11 ans, je suis allé au lycée. Si vous êtes une étoile de la troupe de théâtre, si vous êtes un soprano, doué par surcroît d'une jolie voix, comme c'était mon cas, si toutes vos activités sont musicales et artistiques, par définition vous êtes différent. La transformation de la voix devient alors naturelle parce que, si vous apprenez le chant, votre accent doit par conséquent devenir plus pur.

Clare : Aviez-vous des amis ?

Marsh : Oui, oui.

Clare : Cultivez-vous encore des amitiés datant de cette période ?

Marsh : Oui, mais il y a une grande distance entre nous maintenant. Justement, dans deux semaines, je vais dîner avec un camarade d'école. Il est vice-maréchal de l'armée de l'air, c'est un type qui a d'une certaine façon ressurgi de nulle part. Par définition, il y a peu de gens avec lesquels on peut rester en contact justement parce qu'on en a été séparé. Vous devez vous en séparer, vous n'y pouvez rien.

Clare : Retournez-vous souvent dans votre famille ?

Marsh : Non, non, non.

Clare : Êtes-vous ému quand vous y allez ?

Marsh : On ne peut jamais échapper à ses racines ou à ses antécédents. Je réagirai toujours à la façon de parler du Nord, aux attitudes du Nord, à la vue de l'eau brune de la Rivière Humber, à son odeur qui vous frappe presque et à ces rudes visages. Tout cela fait partie d'un héritage, on ne peut y échapper.

Clare : À cette époque, vous semblez avoir lutté pour vous libérer d'une sorte de désordre ou de chaos. De quoi s'agissait-il ?

Marsh : N'importe qui ayant vécu dans une maison désordonnée... Vous avez un sens de l'ordre qui donne vraiment une cohérence à la personnalité. Vous réagirez de manière excessive, jusqu'à un certain point, en ce qui concerne votre apparence, l'organisation, etc. Je l'ai constaté chez de nombreuses personnes.

Clare : Y avait-il un désordre émotionnel dans la maison familiale ?

Marsh : Une combinaison. Le désordre physique, qui existait jusque dans une certaine mesure, se reflétait aussi, je crois, dans un désordre émotionnel. Par conséquent, vous intégrez cela à votre propre environnement.

Clare : Est-ce que cela signifie que vous avez développé une violente intolérance au désordre ?

Marsh : Tout à fait. Vous devenez intolérant, et c'est un réflexe que vous développez, plutôt que d'avoir des exemples pour vous guider. Vous devez apprendre à vous coucher tôt, à vous donner un rythme vous-même. À dix ans, je me servais d'un presse-pantalons parce que je voulais être élégant. C'est encore une façon de se créer une personnalité, mais sans repères. Vous sur-réagissez et vous devenez intolérant. C'est un trait de caractère fréquent chez ceux qui réussissent. S'ils étaient assis sur cette chaise, vous constateriez qu'ils réagissaient plutôt violemment à certaines choses qui les troublaient quand ils étaient enfants. J'ai commencé à mal dormir à 10 ans ; cela aussi c'était de l'inquiétude. Heureusement, je peux fonctionner en ne dormant que trois ou quatre heures par nuit.

Clare : Vous étiez inquiet et malheureux ?

Marsh : Oui. L'un et l'autre sont la même chose.

Clare : Quand vous repensez à tout cela comme vous le faites maintenant, ressentez-vous certaines de ces émotions ?

Marsh : Superficiellement, mais pas en profondeur. C'est comme quand vous ouvrez un de vos vieux cahiers d'exercices scolaires et que vous voyez cette grosse écriture informe. Vous la reconnaissez, mais vous en êtes loin.

Clare : Alors ce qui vous reste de cette période est une certaine colère ?

Marsh : Je crois que profondément cela peut être rattaché à l'intolérance.

Clare : Est-ce que cette colère est alimentée par d'autres gens gardant des souvenirs plus positifs d'environnements similaires ?

Marsh : Non, non, non, non. Mais la colère et l'agressivité ressortiront si quelque chose, le désordre par exemple, rappelle cette période. Vous réagirez plus vivement que quelqu'un qui n'a pas connu ce problème.

Clare : Vous avez un frère ; quel âge a-t-il ?

Marsh : Le début de la trentaine.

Clare : Vous avez aussi une sœur plus âgée que vous. Est-elle beaucoup plus vieille ?

Marsh : Environ trois ans, trois ou quatre ans.

Clare : Quelles sont vos relations avec elle ?

Marsh : Elles sont, disons, distantes.

Clare : A-t-elle changé d'accent ?

Marsh : Non.

Clare : Qu'a-t-elle pensé de votre transformation ?

Marsh : C'est comme quand un membre de la famille devient une vedette de football : la famille réagit et change son approche.

Clare : Non, pas exactement, parce qu'en faisant ce que vous faites, que vous le vouliez ou non, vous portez un jugement presque public sur Hull et son accent, son style de vie, ses valeurs, etc. Ce n'est pas simplement un talent avec lequel vous êtes né : c'est une toute nouvelle façon de vivre qui a été adoptée et cela affecte ceux qui ne l'ont pas fait, l'entourage et la famille.

Marsh : Mais, Anthony, vous voyez cela clairement, en rétrospective, assis dans votre bureau londonien. Si nous revoyons mon enfance, je suis là, un enfant chantant, jouant, en représentation, faisant des discours depuis le premier jour.

Clare : Mais votre sœur devait ressentir quelque chose à propos de cela ?

Marsh : Oui, mais je n'en ai jamais parlé avec elle, alors il est très difficile de savoir ce qu'elle ressentait. Je me souviens que le chanoine de l'église locale disait : « Ce garçon ira loin ». On s'habitue à entendre les gens parler ainsi.

Clare : Ce que je voudrais savoir, c'est quel impact croyez-vous que votre affirmation de vous-même a eu sur les autres membres de votre famille ?

Marsh : Je ne m'y suis jamais arrêté. Je suis trop préoccupé par moi-même.

Clare : Est-ce que c'est ce qu'ils disaient de vous ?

Marsh : Non, non, non. C'est ce que je dis de moi.

Clare : Vous ne dites pas cela comme si c'était une réflexion concernant la vie de tous les jours.

Marsh : Non, je dis que quand on a eu à faire ce bond social et économique, c'est un acte majeur d'énergie, de volonté et d'engagement, parce qu'on n'a pas de précédents pour nous guider, pas de culture dans laquelle puiser, personne pour nous aider. On finit par ne voir que ce qu'il y a devant soi, littéralement.

Clare : Vous dites n'avoir eu personne pour vous aider ; mais vous aviez une sœur de trois ans plus vieille que vous ?

Marsh : Oui, oui, oui. Mais les autres n'avaient pas été coulés dans le même moule intellectuel, ils n'avaient pas les mêmes aspirations. C'est un fait. Les enfants réagissent sans rationaliser ; ils réagissent à leur environnement.

Clare : Je vous parle de soutien émotif, pas intellectuel.

Marsh : Vous pouvez avoir un soutien émotif. Mais si vous ne pouvez pas avoir de dialogue significatif parce que, comme enfant, vous trouvez cela difficile, vous vous servirez et répondrez au soutien émotif, sans plus.

Clare : Que fait votre sœur ?

Marsh : Elle est à la retraite.

Clare : Et votre frère ?

Marsh : Il est travailleur social.

Clare : Travailleur social : voilà qui est différent de ce que vous faites !

Marsh : Ne me faites pas parler des travailleurs sociaux !

Clare : Pourquoi ?

Marsh : Quand vous êtes dans la libre entreprise et que, comme moi, vous payez énormément de taxes, quand vous avez créé une entreprise comme nous l'avons fait, trois hommes et une secrétaire, vous réalisez que l'argent ne tombe pas du ciel. Vous devez le susciter. Vous mettez tout ce que vous avez en jeu, votre maison, votre famille, votre respectabilité. Après, vous posez un regard un peu circonspect sur les sommes affectées aux services sociaux, etc. Vous vous rendez compte que cela a augmenté de 50 p. 100, aucune économie ne peut soutenir un pareil investissement public.

Clare : Que dirait votre frère de cela ?

Marsh : Je n'en ai pas la moindre idée. Qu'il fasse ce qu'il a à faire.

Clare : Vous n'avez jamais discuté de ces choses ?

Marsh : Non, non, non.

Clare : Je ne sens pas beaucoup d'attachement émotif entre les autres enfants de votre famille et vous ?

Marsh : Non. Mais il y a une différence de quinze ans entre nous. Maintenant, j'ai quitté ma région natale, alors il est difficile d'avoir une relation familiale quand vous n'y êtes pas.

Clare : Et votre père ?

Marsh : Mon père est mort à 58 ans.

Clare : Quelles étaient vos relations ?

Marsh : Très bonnes, très bonnes. Quand vous vieillissez, vous acquérez cette connaissance ; vous regardez derrière et vous vous dites : mon Dieu que j'aimerais qu'il vive encore. Je ne suis pas le seul à dire cela. C'était un homme très croyant, un bon syndicaliste, un bon supporteur du Parti travailliste. Toute sa vie tournait autour du mot « bon ».

Clare : Vos souvenirs de lui sont meilleurs que ceux que vous gardez de votre mère ?

Marsh : Oui, oui, oui. Parce qu'on réagit positivement aux bonnes choses, tout le monde le fait.

Clare : Mais, en ce qui vous concernait, il n'avait pas les mêmes pouvoirs manipulateurs que votre mère ?

Marsh : Non. Je crois que beaucoup d'hommes n'ont pas les mêmes pouvoirs manipulateurs que les femmes, parce que c'est le moyen pour elles d'arriver à leurs fins. C'est pourquoi le mouvement de libération des femmes n'a aucun sens. Si l'on revient à mon père, je garde un souvenir de lui, qui date de la guerre — j'étais encore un enfant. Il travaillait 10 ou 12 heures par jour sur les chantiers militaires, il avait à peine le temps de se reposer puis il retournait travailler. Je me rappelle qu'il m'amenait à la chapelle méthodiste, nous chantions les cantiques et tout le reste. Il aidait sa mère qui vivait dans une situation de plus en plus difficile. On n'est pas insensible à un homme bon.

Clare : Une féministe pourrait objecter que la raison pour laquelle votre mère investissait tant de ses besoins émotifs en vous est qu'elle n'avait rien d'autre.

Marsh : C'est une hypothèse.

Clare : Qu'en pensez-vous ?

Marsh : Je la conteste totalement.

Clare : Pourquoi ? Qu'avait votre mère, à part le talentueux Peter Marsh ?

Marsh : Je trouve difficile de répondre à cela. On n'est pas avec ses pairs quand on parle de ses parents. L'âge n'est pas le même, les expériences sur le plan des émotions et l'environnement non plus. C'est là que les parents sont jugés, justement ou injustement. Mes enfants me jugeront à leur tour, justement ou injustement.

Clare : Mais essayez de répondre. Vous étiez important pour elle.

Marsh : Oui, mais je crois — cela me vient beaucoup de ma femme — que quand vous regardez vos enfants, vous regardez la seule forme d'immortalité que vous ayez. Ce que vous leur donnez n'a pas à vous être rendu ; ils le donneront à leur tour à leurs enfants. Je crois en cela. Je ne crois pas que ma mère m'ait donné quoi que ce soit dans le but que je le transmette à mon tour. Je crois qu'elle a plus retiré, je suis assez intelligent pour le réaliser.

Clare : Que retirait-elle de vous ?

Marsh : De la satisfaction, de la satisfaction. Et ce n'est pas rare, pas rare du tout.

Clare : Vous voulez dire que vous avez été montré comme un animal savant ?

Marsh : Oui.

Clare : Exploité ?

Marsh : Oui.

Clare : Exhibé ?

Marsh : Oui, oui.

Clare : Mais, paradoxalement, vous lui devez alors vos habiletés les plus importantes ?

Marsh : Tout dépend de ce que vous voulez dire par « devoir ». Mes capacités innées auraient fini par émerger de toute façon.

Clare : Pourquoi dites-vous cela ?

Marsh : Parce que cela est programmé en nous.

Clare : Mais c'est aussi hypothétique que l'objection que vous avez faite tout à l'heure.

Marsh : Non, non, non. Ce n'est pas hypothétique. J'ai observé les gens qui réussissent, cela me fascine complètement.

Clare : Oui, mais je parle de vous.

Marsh : Pour relier cela à moi, comme vous dites que c'est hypothétique, j'essaie de réfuter votre hypothèse.

Clare : Vous ne réussirez pas à prouver que vos talents sont innés. C'est un problème qui a résisté aux scientifiques et qui leur résiste encore. Vous arriverez peut-être à trouver un de vos ancêtres qui avait les mêmes talents.

Marsh : Non. Je veux citer en exemple des gens que j'ai connus. Vous dites : D'où vient leur succès ? Vous réalisez qu'il existe un facteur x qui leur permet de réussir en dépit de leur environnement parce qu'il y a cette énergie — et tous ceux qui réussissent ont plus d'énergie que la moyenne.

Clare : Il existe une école de pensée très respectée qui soutient que l'une des caractéristiques courantes est la présence d'une mère forte.

Marsh : Bon, cela est possible.

Clare : Vous êtes réticent à me concéder cela.

Marsh : Peut-être. J'essaie seulement d'apporter un autre argument selon lequel le succès pourrait découler de capacités innées, où vous agissez en dépit de certains facteurs et non à cause d'eux — ce qui est une hypothèse raisonnable.

Clare : Elle est raisonnable. Mais je crois que la raison pour laquelle vous privilégiez cette hypothèse est qu'elle offre certains avantages sur le plan émotif. Elle vous libère de toute dette. Vous êtes votre propre maître. Vous pouvez vous éloigner de votre milieu librement. Personne ne vous doit rien et vous ne devez rien à personne. Cependant, il y a quelque chose dans l'hypothèse qui suggère que l'habileté de votre mère à vous décrire comme un grand interprète, à vous exhiber comme un acteur, à admirer votre jolie voix, à clamer au monde : « Ce Peter Marsh est admirable et c'est mon fils » peut être directement liée à ce que vous êtes maintenant : un grand personnage public. Cela semble vous déranger.

Marsh : Non, cela ne me dérange pas. Si on prend les parents de Menuhin, particulièrement sa mère, la mère d'Ivor Novello et la mère de Noel Coward, elles ont consciemment utilisé tous les stratagèmes à leur portée pour favoriser et développer la carrière de leur fils. D'accord ? Maintenant, si on revient à mon cas, je dirais : « Bien ». S'il y avait un rapport, j'agréerais et je hocherais la tête vigoureusement. Oui, j'ai fréquenté la Choir School de York, oui j'ai été mis en contact avec une agence théâtrale : mais aucune de ces choses positives ne sont survenues par elle, son attitude était passive, elle ne faisait que prendre. Si on prend John Osborne — nous étions dans le milieu du théâtre en même temps — il est arrivé à la conclusion, en regardant sa mère, qu'elle n'avait peut-être pas fait tout ce qui était en son pouvoir pour l'aider dans sa carrière. Il a été honnête à ce propos. Je pose une distinction intellectuelle entre les Noel Coward, les Ivor Novello et leurs mères — la façon dont elles sont positivement intervenues dans la carrière de leur fils — et celles qui ne le font pas. Je dois faire cette distinction.

Clare : Vous aimez beaucoup Menuhin comme comparaison. Pourquoi ?

Marsh : Peut-être parce que c'est un homme très célèbre, et que son talent s'est manifesté très tôt, autour de sept ans. En retournant cela dans sa tête, on finit par établir une analogie.

Clare : Mais son talent est très précis. Avez-vous un talent comparable ?

Marsh : Je n'y ai jamais pensé en ces termes. Je n'ai certainement pas un don aussi fort que le sien au départ.

Clare : Mais je suis frappé par le fait que, quand vous cherchez des comparaisons, vous utilisez généralement des exemples d'ordre musical, et particulièrement celui de Menuhin.

Marsh : Oui, mais j'ai également mentionné Ivor Novello et Noel Coward : ils avaient des talents plus diffus. John Osborne est dramaturge. J'ai écrit des pièces mais elles n'étaient pas aussi bonnes.

Clare : Mais Yehudi Menuhin revient souvent. Je l'ai remarqué à maintes reprises.

Marsh : Je trouve cela difficile à expliquer autrement que par le fait que c'est une analogie commode.

Clare : Quand nous parlions de l'origine des talents ou de la façon dont ils ont été encouragés, nous aurions dû spécifier de quels talents il s'agissait.

Marsh : Oui. Mais encore une fois, ces choses arrivent en dépit des circonstances et des gens, et non à cause d'eux. Si vous avez une jolie voix, vous avez une jolie voix ; si vous avez l'oreille musicale, vous l'avez ; si vous avez le sens du rythme, vous avez le sens du rythme. Cela vous semble naturel.

Clare : Mais quels sont vos talents ?

Marsh : Je me souviens de ma première journée d'école, quand j'avais cinq ans. On m'assigna immédiatement le rôle de King Cole, le croiriez-vous ; et je me promenais en chantant : « Rub a Dub Drum a Dub Drum, Today's Monday come come come... » On ne leur avait rien mis dans la tête, mais ils disaient : « Oh, je crois que ce garçon ne serait pas mal... », et tout ça. Je cherche à comprendre pourquoi on est positionné ainsi et pourquoi on le fait naturellement, sans même y penser. C'est vous qui êtes demandé pour lire en classe, on vous demande d'imaginer une histoire, de chanter. Vous savez que vous êtes demandé parce qu'eux-mêmes réagissent à la perception qu'ils ont de vous. Tout ce que vous faites vous est naturel et vous n'y avez même pas songé.

Clare : Malgré la description que vous avez faite de votre environnement, celui-ci vous a en fait cultivé. Vous étiez sans cesse choisi, distingué. Dans un environnement où se seraient côtoyés de nombreux Peter Marsh, vous n'auriez peut-être jamais émergé.

Marsh : Non. Je crois qu'un groupe d'égaux conduit à l'excellence parce qu'il engendre la comparaison. Il produit de l'énergie et peut vous faire donner un meilleur résultat encore.

Clare : Mais il ne produit pas de sentiment d'exclusivité.

Marsh : Peut-être pas. Si j'avais eu le choix de naître dans le confort de la classe moyenne, avec pour résultat un désir moins grand de réussite, j'aurais choisi sans hésiter cet état, permettez-moi de vous le dire.

Clare : Soumettons cela à un examen objectif. Le fait que vous veniez de Hull et la construction de votre nouvelle personnalité sont directement liés à votre succès actuel. On ne peut penser à l'un sans l'autre. Quand vous dites que vous auriez préféré venir au monde autrement, nous ne parlons pas uniquement de votre passé : nous parlons de maintenant, du présent. Voulez-vous dire que tout ce que vous faites — votre énergie, votre réussite, etc. — ne sont pas des choses que vous auriez désirées ?

Marsh : C'est une excellente question ! Ce que je fais maintenant est la parfaite réalisation de ce qui a précédé, et toutes mes actions et mes activités ont été alimentées par cette source originelle dont nous parlions. Si j'étais né dans la classe moyenne, j'aurais eu les mêmes aptitudes — l'énergie, le dynamisme, le talent pour la musique, le don de l'organisation. Elles auraient été canalisées dans un champ plus significatif, peut-être pour arriver moins douloureusement au même résultat.

Clare : Mais vous devez rencontrer des gens issus de cette classe moyenne que vous auriez préférée, des gens qui ont eu beaucoup plus de chance que vous et qui doivent avoir certains talents. Vous devez alors secrètement — peut-être même pas secrètement — constater le peu qu'ils en ont tiré ?

Marsh : J'ai suspendu à mon mur une devise : « Rien au monde ne réussit comme la persévérance ». Et elle continue ainsi : « L'éducation ne garantit pas le succès ; le monde est rempli de paresseux éduqués ». Je crois que peu importe votre environnement, si vous êtes destiné à être un raté, vous serez un raté, c'est inévitable. On ne peut pas programmer les gens pour ce qu'ils n'ont pas.

Clare : Cette image récurrente de programmation est intéressante. Pendant que nous discutions, vous avez mentionné diverses influences qui, prises globalement, apparaissent aussi déterminantes que les gènes. Si je vous concède, pour une minute, l'idée du talent inné, quelles sont les influences dans la société qui suscitent l'épanouissement ou l'atrophie du talent ? Le tableau que vous brossez de votre milieu suggère qu'il ne favorisait pas l'épanouissement. Pourtant, comme vous le décrivez, il a été en fait très favorable !

Marsh : Si vous étiez né dans le Sud plutôt que dans le Nord et que les théâtres londoniens vous étaient accessibles, ainsi que les agents de théâtre londoniens, les galeries d'art et tout le reste, vous auriez un bien meilleur départ parce que vous considéreriez cette vie métropolitaine comme faisant naturellement partie de votre culture. Contrairement à la vie à Hull, où il n'y a qu'un théâtre, et où l'on va une fois par année au New Theatre voir le spectacle de Noël. Hull n'a qu'une galerie d'art et aucun agent de théâtre. En dépit du peu de stimulation, vous pouvez réussir. Si vous transportez cette personne à Londres, où toutes ces choses sont facilement accessibles, elle s'épanouira plus rapidement, plus complètement et plus profondément. Alors je dis qu'on s'épanouit en dépit du milieu, et non à cause de lui. Vous dites que c'est à cause de lui ; je dis que c'est en dépit de lui. Dans un milieu culturel différent, une personne se serait épanouie plus rapidement, et peut-être mieux.

Clare : Quels sont les aspects de votre personnalité que vous aimez moins ?

Marsh : Que j'aime moins ? Je dirais l'intolérance. Prenez mes enfants : ils ont été en contact avec des gens avant même qu'ils puissent comprendre quoi que ce soit. Nous amenions ma fille au restaurant alors qu'elle n'avait que quatre mois. Ils n'ont jamais eu à penser à la communication sociale. Cela survenait, tout simplement. Tandis que si vous devez gravir l'échelle sociale, vous franchissez une barrière émotive le jour où vous entrez dans un hôtel quatre étoiles. Comment se conduire lors d'un cocktail, comment organiser une réception ? Si ces choses ont fait partie de votre environnement, vous les absorbez, vous n'avez qu'à les programmer seulement si elles n'en ont pas fait partie. Si quelqu'un connaît une autre façon, je serais ravi de l'entendre, mais elle n'existe pas. Cela peut conduire à l'intolérance en certaines occasions. Vous ne tolérerez pas une mauvaise organisation ou un comportement négligé. Parfois, vous ne supporterez pas un désaccord, parce que vous savez et êtes convaincu d'avoir raison.

Clare : Quelle sorte d'adversaire êtes-vous ?

Marsh : Plutôt coriace, dirais-je. Je ne voudrais pas m'avoir pour ennemi.

Clare : Pouvez-vous préciser votre pensée ?

Marsh : Quand vous êtes déterminé à gagner — et par cela, je ne veux pas dire à n'importe quel prix ou au détriment des vraies valeurs, non, pas du tout. Vous choisissez un domaine et ce domaine doit être juste et honnête parce que je crois très fortement en une morale chrétienne. Je crois en ces valeurs morales, alors il faut être logique et conséquent avec cela. Mais cela étant dit, soyez sur vos gardes parce que je gagnerai tout ce qui vaut la peine d'être gagné.

Clare : Est-ce que l'importance de votre obsession de gagner vous dérange ?

Marsh : Non, c'est un élément fondamental du caractère. Vous devez seulement répondre à ce que vous êtes.

Clare : Cela vous préoccupe 24 heures par jour ?

Marsh : Oui, oh oui.

Clare : Ainsi, vous dormez mal. Le regrettez-vous ?

Marsh : Oui, mais il faut le voir comme étant une partie du prix à payer. Il y a un prix pour tout. Si vous êtes un grand athlète, il y a la douleur physique, si vous êtes un grand chanteur d'opéra, c'est encore autre chose. Je considère cela comme un des risques de la vie. Par exemple, je prenais des notes, cette nuit, à trois heures.

Clare : Mais les gens comme vous ont un impact sur ceux qui les entourent. Vous avez parlé de votre femme qui, à l'évidence, semble quelqu'un de tout à fait remarquable. Qu'en est-il de vos enfants ?

Marsh : Ils sont remarquables à leur façon. Je crois qu'ils tiennent cela de ma femme qui a su créer le foyer, l'amour dont ils avaient grandement besoin. Je veux dire que tous les enfants ont désespérément besoin d'amour. Non pas qu'il y avait une lacune chez nous.

Clare : Mais il ne doit pas être facile d'avoir dans une maison un père comme vous, si imposant ?

Marsh : Pas facile, non ; c'est pourquoi, en certaines occasions, elle s'est interposée entre mes exigences et leurs conséquences sur les enfants.

Clare : À cause de cette intolérance dont nous avons parlé, en rapport avec l'organisation.

Marsh : Cela se manifeste dans la famille, absolument. Quand vous regardez l'histoire des pères qui réussissent — je ne nommerai personne publiquement — on trouve un grand nombre de politiciens, d'hommes d'affaires en vue, de musiciens qui ont eu de graves difficultés avec leurs enfants.

Clare : Quel est le domaine où vous montrez le plus d'intolérance dans vos rapports avec vos enfants ?

Marsh : Je crois que je m'attends à ce qu'ils agissent comme des automates dans certaines situations. Mais on apprend à reconnaître cela.

Clare : Quelles situations ?

Marsh : Considérer la maison un peu comme le bureau, et de là, s'attendre à ce qu'ils réagissent de la même façon que des employés de bureau, ce qu'ils ne sont évidemment pas ; on apprend cela avec le temps. Je crois que cela a été une des parties les plus enrichissantes de mon développement. Demain, je vais avec mon fils au Queen's Park Ranger ; nous allons nous asseoir et discuter du match, puis nous ferons une promenade, etc. Je crois que c'est une partie du processus d'apprentissage qui se poursuit jusqu'au jour où la grande faucheuse nous emporte. Et même là nous apprenons : nous apprenons à quoi ressemble cette formidable transition. J'ai vu des enfants d'autres mariages qui ont souffert d'une façon ou d'une autre à cause d'un emploi ou parce que les parents ont eu à déménager, etc. Ce n'est pas un cas unique et je ne crois pas que mes enfants ont souffert plus que la moyenne, grâce au foyer solide que nous avons construit.

Clare : Êtes-vous intolérant à l'égard des échecs ?

Marsh : Je dirais que je ne suis intolérant qu'à l'égard des échecs voulus, prévisibles et qui sont dus à une faiblesse de caractère plutôt qu'à des événements incontrôlables. Si quelqu'un reçoit une tuile sur la tête et que, en conséquence, sa performance est affectée, il a droit à toute la compassion du monde. Je passe beaucoup de temps à traiter des cas comme celui-là ; mais si quelqu'un est ivrogne, qu'il n'utilise pas ses capacités, c'est différent.

Clare : Vous êtes votre propre patron et celui de nombreuses autres personnes ; c'est ce que vous aimez. En fait, il y a peu de choses dans votre vie que vous délégueriez volontiers aux autres.

Marsh : Ma femme — je ne contrôle pas ma vie à la maison. Je lui délègue tout.

Clare : Dans quelle mesure laissez-vous votre travail de côté quand vous êtes chez vous ?

Marsh : Je le fais autant que je le peux, mais cela varie selon le jour et la semaine.

Clare : Mettez-vous votre travail de côté quand vous prenez des vacances ?

Marsh : Pas entièrement, mais c'est là que ma femme est merveilleuse : elle m'aide à m'arrêter. Et je vais discuter de certaines choses avec elle afin d'avoir son avis.

Clare : Mais en définitive, elle souscrit à votre éthique ?

Marsh : L'éthique du travail constant ?

Clare : Pas seulement celle-là, mais aussi celle des Entreprises Peter Marsh, ce qui inclut également l'environnement domestique.

Marsh : Non, elle garde notre vie privée très séparée parce que nous sommes des gens qui aimons l'intimité. C'est pourquoi nous partons les fins de semaine. Elle souscrit évidemment à ce que je fais, à ma façon de le faire, à nos buts et objectifs. Nous avons une grande compatibilité en ce qui concerne ce que nous croyons bon ou ce que nous croyons mauvais. C'est l'essence d'un mariage : pas un bon homme ne peut faire de bonnes affaires sans une bonne femme.

Clare : Mais nous parlons du fait que vous ne faites pas que contrôler votre vie : vous vous assurez que presque tous les éléments en soient programmés, pour employer votre expression. Cela va même jusqu'à des vétilles. Par exemple, une réception sera planifiée plusieurs semaines à l'avance. Vous pouvez n'avoir invité que six personnes, les menus seront envoyés et les gens recevront des instructions sur la façon de se présenter.

Marsh : Pas des instructions : l'information appropriée leur sera donnée afin qu'ils profitent au maximum de leur soirée.

Clare : Imaginons qu'ils ne suivent pas les instructions ?

Marsh : Vous proposez une hypothèse improbable. Les gens qui veulent venir à des réceptions sont des hommes d'affaires importants, des politiciens, ou peu importe. Ils réagissent à une bonne organisation parce que sinon c'est le désordre et le chaos. C'est pour cela que vous invitez par écrit et que vous confirmez, que vous informez les gens de ce qu'ils doivent porter et que vous assignez des places à table.

Clare : Ne dites pas « vous », parce que je ne fais rien de cela...

Marsh : Mais moi, je le fais certainement, et d'autres le font aussi. Je ne suis pas le seul à le faire.

Clare : Quand vous commencez à parler de choses que vous faites, vous employez le pronom « vous ». Vous vous adressez à moi comme si je le faisais aussi. Vous contrôlez le monde jusqu'au point où, quand vous faites quelque chose, vous présumez que tout le monde fait comme vous.

Marsh : Non, je ne fais pas cela.

Clare : Nous venons d'en avoir la preuve linguistique !

Marsh : Non : vous prenez un fait linguistique et vous extrapolez jusqu'à l'absurde !

Clare : Mais les gens n'envoient pas, pour une réception, des instructions expliquant ce qu'il faut porter et des menus détaillés longtemps à l'avance, même s'ils ont une vie sociale très active ! Vous savez qu'ils ne le font pas !

Marsh : Puis-je corriger les faits ? Les gens envoient une invitation et suggèrent l'habillement ; parce que si tout le monde est en smoking et que vous arrivez en tenue de ville, vous ne serez pas à l'aise. C'est une préoccupation pour vos hôtes.

Clare : Pour un déjeuner ordinaire ?

Marsh : Non, non. Pour les réceptions. Certains dîners requièrent le smoking.

Clare : Mais vous spécifiez l'habillement pour les déjeuners aussi !

Marsh : Pas pour les déjeuners. Vous direz « informel » pour qu'il n'y ait pas de confusion. Les femmes, particulièrement, veulent savoir si elles devront porter une robe longue ou courte, ou peu importe. Je n'ai pas créé d'instructions ; c'est une réponse à quelque chose. En ce qui concerne les menus, ce sont les arrangements que vous faites, en tant qu'hôte, pour vous assurer que tout est au bon endroit au bon moment. Cela n'a rien d'extraordinaire : vous cherchez à bâtir un contexte hors du comportement social normal et efficace.

Clare : Et vous dirigez votre vie domestique et sociale avec autant de contrôle que votre entreprise ?

Marsh : Absolument, et les gens adorent ça.

Clare : Je ne suis pas en position de dire s'ils aiment cela ou non. Ce qui m'intrigue, c'est la raison qui vous pousse à agir ainsi, à diriger de cette façon votre entreprise. Parce que la seule alternative que vous voyez est le spectre terrifiant de ce que vous appelez, pour employer vos termes, le « chaos ».

Marsh : Absolument.

Clare : Chaos ! Pour vous, le chaos englobe n'importe quoi, depuis l'effondrement de votre empire jusqu'au téléphone d'une lady demandant si elle doit porter une robe longue ou courte !

Marsh : C'est un mot parapluie : je n'appellerais pas cela chaos ! Approfondissons ceci : vous reconnaissez le bien-être et le confort engendrés par une soirée bien organisée. Si l'allée menant à la maison est longue, vous devez penser : « Mon Dieu, s'il pleut ce soir, qu'arrivera-t-il à nos invités ? ». Alors on fournit les parapluies. Les gens arrivent, particulièrement votre femme, avec sa robe longue et ses cheveux parfaitement coiffés. Si elle doit traverser l'allée sous la pluie, sa soirée sera gâchée. Mais un soin attentif aura fourni le parapluie pour donner à votre femme son confort social. Je m'inquiète pour votre femme, Anthony, pas pour la mienne ! C'est comme planifier une représentation au théâtre. Si tout n'est pas méticuleusement prévu, si tout n'est pas au bon endroit au bon moment, les acteurs se cogneront les uns sur les autres, trébucheront sur le décor ; quand ils chercheront le revolver, il ne sera pas dans le bureau ; quand ils voudront faire feu — s'ils l'ont trouvé — il ne partira pas. La vie est comme cela. Quand d'importantes sommes d'argent sont engagées, quand vous faites une présentation pour un client qui peut vous apporter un compte de plusieurs millions de livres, si tout n'est pas prévu, vous diminuez vos chances de gagner. C'est comme la Coupe de la British Football Association : vous n'avez qu'une seule chance de la gagner !

Clare : Je suis sans voix, et ceux qui me connaissent savent que cela n'est pas courant ! Puis-je vous faire remarquer qu'il y a un prix — ce thème récurrent — à payer pour cela : quand tout est planifié de telle façon qu'on a pensé à tout, il n'y a pas de spontanéité.

Marsh : Sottises !

Clare : En fait, la seule personne qui puisse être spontanée, c'est vous.

Marsh : Puis-je vous dire quelque chose ? C'est comme une farce au théâtre : si vous la planifiez et la répétez jusqu'à ce qu'elle soit impeccable, cela vous permet d'improviser et d'être spontané selon la situation, parce que vous êtes sûr de votre texte, de vos mouvements, de votre costume et de tout le reste. Vous ne pouvez être spontané que lorsque vous avez un cadre qui vous donne cette aisance d'esprit vous permettant de l'être. Cela vous donne la possibilité de faire face à l'imprévu et d'en tirer profit de façon à ce que les gens demeurent à l'aise. Sans cette planification, vous ne pouvez pas être spontané. Je suis un perfectionniste et les gens qui possèdent cette qualité, ou qui en sont affligés, comme vous voulez, seront parfois sérieusement incommodés par certaines choses, même quand il s'agit d'un exercice abstrait. Cela fait partie de la vie. Vous ne pouvez empêcher votre esprit de fonctionner. Vous examinez quelque chose et vous vous dites : mon Dieu, que c'est mal fait !

Clare : Est-ce que ce qui heurte ou dérange ce sens de l'ordre vous irrite ?

Marsh : Tout à fait, oui. Absolument.

Clare : Même quand je fais exprès de vous provoquer ?

Marsh : Parfois oui, bien sûr.

Clare : Je suis frappé par le fait que l'autre image que vous utilisez pour décrire votre vie soit celle d'une pièce de théâtre. Je n'ai aucun doute quant au rôle que vous tenez.

Marsh : Absolument ! Le rôle principal, le centre de la scène !

Clare : Vous tenez deux rôles alors, parce que vous êtes également le metteur en scène.

Marsh : Cela se pourrait, oui, cela se pourrait bien !

Clare : Il ne suffit pas de dire « cela se pourrait bien » : en fait, les événements que vous décrivez sont des pièces dont vous écrivez le texte et que généralement vous produisez.

Marsh : Je ne contesterais pas cela, je ne contesterais pas cela.

Clare : Déléguez-vous beaucoup ?

Marsh : Autant que possible. Mais parfois, la délégation peut vouloir dire l'abdication.

Clare : Si vous deviez prendre des vacances, pourriez-vous couper le téléphone et partir pour Acapulco, ou garderiez-vous le contact ?

Marsh : Je garderais le contact.

Clare : Vous continueriez à prendre des décisions importantes ?

Marsh : Mon secteur d'activité est très mouvant. C'est comme le premier ministre : Margaret Thatcher ne coupe pas le téléphone quand elle part, parce qu'on pourrait envahir soudainement les Falklands. Notre business bouge aussi vite, et je dois réagir et être responsable des décisions stratégiques.

Clare : J'imagine qu'il y a un secteur que vous ne contrôlez pas, où vous êtes un suiveur obéissant : la vie domestique.

Marsh : À bien des égards, certainement. Je ne contesterais pas cela une seule minute.

Clare : Par exemple, qui organise les vacances ?

Marsh : Ma femme, et brillamment. On en parle ensemble mais c'est elle qui les organisera, brillamment. Cependant, je vais me plaindre vigoureusement si quelque chose ne me plaît pas, et tout à fait injustement. Et je me ferai répondre que je me plains injustement.

Clare : Y a-t-il des aspects de votre vie que vous regrettez ? Vous avez été marié une première fois : le regrettez-vous ?

Marsh : Cela s'est passé il y a 25 ans. C'est comme l'analogie du livre d'exercices de l'enfant : vous le reconnaissez mais cela ne fait plus partie de vous.

Clare : Êtes-vous devenu le nouveau Peter Marsh depuis ce temps, avec le nouvel accent, les bijoux en or et le monocle ?

Marsh : Pas les bijoux en or. Je ne pouvais pas me les permettre en ce temps-là !

Clare : Mais vous étiez en voie de transformation ? Ce n'était pas en tant que garçon de Hull que vous vous êtes marié la première fois ?

Marsh : Cela date de si longtemps qu'il est difficile d'en juger raisonnablement. Quand on arrive dans le monde dans lequel je suis, c'est tellement différent et irrésistible et cela couvre tellement de choses ; c'est un monde merveilleusement satisfaisant parce qu'il couvre tous les aspects des arts et de la musique, du comportement d'affaires, des attitudes sociales, des voyages, peu importe. Il est difficile de regarder derrière, vers Hull ; c'est trop loin.

Clare : Est-ce que cela a duré longtemps ?

Marsh : Pas tellement, non. Environ 18 mois, je pense.

Clare : Rétrospectivement, est-ce que cela signifie que vous avez un défaut et que vous devez être sur vos gardes ?

Marsh : Je crois que tous les gens sont plus conscients de leurs talents que de leurs faiblesses. Mais vous prendrez note de ce dans quoi vous excellez et vous tenterez de le faire le mieux possible. Si vous êtes futé, vous ne ferez pas ce pour quoi vous n'êtes pas doué, ou vous le ferez faire par quelqu'un d'autre. Ma femme est bien meilleure que moi pour organiser les vacances, et par conséquent, elle le fera brillamment. Elle est également plus intuitive que je ne le suis, alors je tiens compte de ses jugements sur les gens.

Marsh : Oui, oui.

Clare : Que voudriez-vous que votre fils devienne ?

Marsh : Non, ça ne se définit pas du tout en ces termes. Tout ce que je veux, c'est qu'ils atteignent les objectifs qu'ils se seront fixés. Les problèmes que nous avons eus ont été minimes. Ils ne boivent pas, ne se droguent pas et ils n'ont pas de problèmes. Mais je ne voudrais pas qu'ils soient comme certains décrocheurs que j'ai vus. Cela me causerait beaucoup d'inquiétude.

Clare : Supposons que votre fils désire devenir travailleur social, comme votre frère ?

Marsh : J'essaierais de le dissuader de s'engager dans cette profession stérile. Si, malgré tout, il avait de bonnes raisons et s'il allait arriver à quelque chose, alors d'accord. La décision finale lui appartiendrait, mais je crois qu'il peut être utile de donner un peu de sagesse parfois.

Clare : Désireriez-vous qu'il vous ressemble ?

Marsh : Il ne pourrait pas être comme moi parce qu'il n'a pas connu le même environnement. Il sera beaucoup plus à l'aise et, de là, il agira selon son goût. Vous ne pouvez jamais reproduire ce que les gens ont fait, jamais. Vous ne le pouvez pas.

Clare : Diriez-vous que vous êtes un homme heureux ?

Marsh : La réponse facile est oui, parce que vous faites ce que vous avez envie de faire. Je crois que si vous aviez questionné Sebastian Coe à ce sujet, il aurait hésité et ensuite répondu oui. Pour atteindre le bonheur, vous devez accepter la douleur et les problèmes inévitables qui l'accompagnent. Alors, oui, je suis heureux.

Clare : Vous sentez-vous toujours poussé par une énergie ?

Marsh : Oui, toujours, toujours.

Clare : Souhaiteriez-vous parfois vous reposer ?

Marsh : Si je souhaitais me reposer, cela signifierait que mon énergie intérieure changerait de direction ou perdrait de l'élan, alors j'agirais en conséquence parce que, maintenant, je suis assez riche pour pouvoir dire : d'accord, changeons de direction.

Clare : Vous êtes assez riche, n'est-ce pas, pour flâner sur une plage, écouter votre musique préférée et vous dire : au diable tout cela ?

Marsh : En fin de compte, oui.

Clare : Les gens doivent se demander pourquoi vous ne le faites pas ?

Marsh : C'est pourquoi ils sont actuellement chez eux au lieu de se faire interviewer par vous : ils ne comprennent pas.

Clare : Que ne comprennent-ils pas ? Que ce qui vous motive doive vous motiver toujours ?

Marsh : La motivation est programmée en vous et c'est une réalité de la vie. Je ne suis pas un cas particulier, c'est commun à tous ceux qui réussissent.

Clare : La seule chose que vous ne pouvez pas contrôler, c'est de pouvoir vous arrêter. Il doit y avoir des moments, probablement aux petites heures de vos nuits sans sommeil, où vous souhaiteriez pouvoir le faire ?

Marsh : Oh oui, mais c'est temporaire, et vous savez que c'est temporaire.

Clare : Sentez-vous parfois que vous pourriez perdre le contrôle ?

Marsh : Parfois vous sentez que vous prenez les dispositions pour que cela n'arrive pas.

Clare : Vous sentez-vous parfois déprimé ? Vous demandez-vous : « Pourquoi est-ce que je fais tout cela ? »

Marsh : Vous devenez déprimé, tout le monde est déprimé quelquefois. Il faut apprendre que la dépression est temporaire et vous passez à travers. Pas un désastre ne m'abat, parce que vous savez que vous vous en sortirez finalement.

Clare : Alors vous regardez en avant avec une grande confiance ?

Marsh : Oui, parce que j'ai compris que quand vous croyez être arrivé, vous ne l'êtes pas : ce n'est qu'une jonction sur la voie.

Clare : Pourriez-vous me dire en face que vous n'avez pas peur de craquer ?

Marsh : Non. Je n'ai pas peur.

Clare : Pourquoi pas ?

Marsh : Parce que je prends les moyens pour que ça n'arrive pas. Je connais la force de mon caractère et de ma constitution physique, je sais quelle tension ils peuvent supporter. Je serai capable de juger si cette force diminue, de juger de ma capacité de réagir à une situation. Si cela se produit, je prendrai les mesures qui s'imposent.

Clare : Mais est-ce qu'il n'est pas arrivé à de grands hommes de craquer ?

Marsh : J'ai vu des hommes craquer. C'est pourquoi nous retournons à la sécurité domestique, à cette confiance totale que j'ai en ma sécurité domestique, à l'amour et à la chaleur de la famille dans lesquels je me réfugie. Je ne me brûle pas physiquement autrement que dans mon travail : pas de boîtes de nuit, je ne bois pas, je ne me drogue pas. Je suis fort physiquement et je m'économise. Je me surveille ; n'oubliez pas que je suis un habitué du stress et que je sais le reconnaître. Je sais quand je suis très fatigué, tendu, quand je réagis de façon exagérée à une situation même si je ne peux pas empêcher cette réaction. Vous regardez quelque chose que vous avez attentivement observé durant un grand nombre d'années. Vous avez également observé les autres au cours de ces années et vous savez quand les gens vont craquer. Vous pouvez le lire en eux, très, très précisément.

Clare : Dans ce sens, vous êtes maître de votre destin ?

Marsh : Vous devez l'être.

Clare : Vous considérez-vous comme un homme sympathique ?

Marsh : À certains égards, oui. Oui, je crois.

Clare : Y a-t-il des choses que vous sentez que les gens acceptent moins bien ?

Marsh : Vous devenez intolérant à tout, sauf au succès.

Clare : C'est comme une drogue.

Marsh : Et comme une drogue, c'est délicieux.

Clare : Vous en êtes dépendant.

Marsh : Absolument, et c'est très excitant.

Clare : Quand viendra l'état de manque, le tolérerez-vous ?

Marsh : Je le tolère maintenant. Vous devez en être capable. Les gens qui ne peuvent pas échouer sont eux-mêmes un échec, et je ne pourrais pas supporter d'échouer à cela non plus.

NOTES

1. Rappelons que ce texte est tiré de *In the Psychiatrist's Chair*, un recueil d'entrevues accordées au psychiatre Anthony Clare par des personnalités provenant de divers domaines. Ces entrevues ont d'abord été diffusées à la BBC.
2. *Idem.*
3. *Idem.*

Coco Chanel
L'esprit d'indépendance et la liberté créatrice

> Chanel, une dessinatrice de mode ? Allons
> donc ! Un capitaine d'industrie, un des
> derniers grands chevaliers industriels et
> créateurs de ce pays.
>
> Françoise Giroud,
> *L'Express*[1]

Qui était Coco Chanel ? Une femme d'affaires endurcie, trouvant sa satisfaction uniquement en dépréciant ses employées ? Ou une créatrice entreprenante, s'acharnant à refaire son image et à réparer l'humiliation de son enfance au cours de laquelle elle connut la pauvreté et l'abandon ?

Elle est née à une époque où les Françaises ne pouvaient ni voter, ni conduire une automobile. Pourtant, en 1935, Gabrielle « Coco » Chanel était la fondatrice, la propriétaire, l'administratrice et la force créatrice soutenant une maison de mode parisienne employant 4 000 femmes, et ayant vendu 28 000 robes en Europe, au Moyen-Orient et en Amérique. De plus, elle était présidente des Parfums Chanel, les fabricants de Chanel nº 5. Son entreprise a été décrite comme « le plus grand empire jamais construit par une femme »[2].

Même si ce n'est qu'en 1958 qu'elle reçut l'Oscar de la Mode des mains de Stanley Marcus, Coco Chanel avait révolutionné la mode féminine 40 ans plus tôt, durant la Première Guerre mondiale. « Son but était de donner une nouvelle silhouette aux femmes, de fournir à ses

---

Ce cas a été entièrement traduit par Geneviève Sicotte, sous la direction du professeur Laurent Lapierre, avec l'autorisation de Harvard College. Les traducteurs sont seuls responsables de l'exactitude de la traduction. Copyright 1992 par The President and Fellows of Harvard College.

Le cas original intitulé « Coco Chanel (1883-1971) » (0-488-006, copyright 1987) a été préparé par Anthony W. Artuso, sous la direction du professeur Abraham Zaleznik, pour servir de base à la discussion en commun et ne prétend pas présenter un exemple de solution correcte ou fautive des problèmes d'administration.

riches clientes un travail de première qualité, des vêtements si parfaitement exécutés qu'on ne les verrait nulle part. "La mode ne doit pas
venir de la rue, mais doit descendre vers elle", disait-elle » [3].

Guidée par cette philosophie créatrice, Chanel simplifia le vêtement féminin, l'adaptant à une vie active, ce qui lança dans le monde
de la mode un nouveau modèle : celui de la femme libérée. Certains
qualifieraient sa créativité de subversive, parce qu'on n'y trouvait pas la
splendeur d'apparat qui avait cours alors. En effet, Chanel considérait le
« cérémoniel » dans la mode comme étouffant. D'autres expliqueraient
ses goûts par son tempérament. « Avec elle, l'encombrement était une
obsession. Elle disait : "Parfois, je ne peux même pas supporter une
couverture sur moi" » [4].

Pourtant, en 1939, sans crier gare, Coco Chanel ferme la Maison, alors
extraordinairement réputée, et passe de la scène publique à l'obscurité de
la retraite. Plus surprenant encore, en 1953, après une absence de 14 ans du
monde de la mode, et âgée de 70 ans, elle effectue un retour parce qu'elle
s'ennuie — retour qui ne l'empêchera pas de continuer à se plaindre de
l'ennui. Quoi qu'il en soit, en 1958, elle employait 400 personnes, et
vendait 7 000 tailleurs par année. Pourtant, Chanel n'est pas satisfaite. Elle
proclame à chaque collection qu'il n'y en aura pas d'autres. Dans ses
dernières années, elle décrivit sa vie comme un échec, elle-même se
sentant emprisonnée par son milieu de travail, bien que la création de
robes et de vestons lui procurât un refuge sûr. Pour un observateur, son
« échec », son idée « d'emprisonnement » par sa propre bonne fortune
peuvent sembler l'œuvre de Chanel elle-même. Pour elle néanmoins, le
mode de vie qu'elle menait était un obstacle ne lui laissant pas même la
liberté « d'aller acheter les choses dont j'ai besoin » [5].

À sa mort, en 1971, Chanel était devenue l'une des femmes les plus
riches au monde. Elle laissait une fortune évaluée à plus de 10 millions
de dollars à un trust qui la distribua à des œuvres de charité. Parmi ces
œuvres se trouvait un fonds établi pour aider les ouvriers victimes de la
perte accidentelle de leurs mains. Elle avait mis ce fonds sur pied après
avoir été atteinte de paralysie à la main droite en 1966.

Les premières années (1883-1908)

Gabrielle Chanel naquit le 19 août 1883, à l'Hôpital des pauvres de
Saumar, en France. Son père, Albert Chanel, commis-voyageur, était

absent au moment de sa naissance. À l'époque, lui et la mère de Gabrielle, Jeanne, n'étaient pas encore mariés ; ce qu'ils firent en 1884. Gabrielle était la deuxième fille d'une famille qui compterait un jour trois filles et deux garçons.

Gabrielle grandit dans un milieu très pauvre. Son père devant voyager la plupart du temps, sa mère, en dépit d'une santé fragile, essayait toujours de le suivre, amenant avec elle Gabrielle et sa sœur aînée. La mère de Gabrielle, qui souffrait de crises d'asthme chroniques, devait parfois retourner dans sa famille, à Courpière, mais elle y restait à peine le temps de se rétablir. Durant une de ces convalescences, alors que les enfants étaient encore très jeunes, sa mère laissa Gabrielle et sa sœur à des parents fermiers, et alla rejoindre son mari. Par la suite, elle revint quelques fois à Courpière, le temps d'accoucher, de se rétablir, puis elle repartait courir les routes à nouveau. En 1893, malgré les objections de sa famille, elle emmena encore une fois Gabrielle et sa sœur aînée en voyage. En 1895, sa santé se détériore sérieusement, et elle meurt le 16 février à l'âge de 33 ans. Encore une fois, quand l'événement est d'importance, son mari est absent lors de son décès.

Peu après la mort de Jeanne, Albert confie les garçons à l'assistance sociale, donne les filles à sa famille, et disparaît — Gabrielle n'entendit plus jamais parler de lui. Ses grands-parents, à leur tour, envoient Gabrielle, alors âgée de 12 ans, dans un orphelinat tenu par une communauté de religieuses catholiques, où elle continue à subir l'humiliation inhérente à une personne née dans la pauvreté et qui a, comme Chanel, une conscience aiguë de cette origine. Cette humiliation s'accentue quand, quelques années avant son vingtième anniversaire, Gabrielle est envoyée dans un pensionnat de Moulins qui consent à l'accueillir gratuitement. Là, les écarts entre les étudiantes accueillies par charité et celles qui paient sont cruellement visibles par les différences dans l'habillement et le logement. Sa pauvreté certaine empêche Gabrielle de se vêtir à sa guise, alors que les filles du pensionnat ont, elles, les moyens et le pouvoir de choisir leurs vêtements (signes manifestes de richesse et de pouvoir).

En 1903, Gabrielle quitte le pensionnat pour aller travailler comme petite main à Moulins. Elle commence aussi à chanter dans un café. Bien qu'elle ait rêvé d'une carrière de chanteuse, la tentative de Gabrielle au Théâtre de Vichy en 1905 se révèle un échec. Elle retourne à Moulins pour une courte période, avant de partir pour Paris avec une tante qui a à peu près son âge. Après son retour à Moulins, elle rencontre son premier amant, Étienne Balsan, et vit avec lui dans sa propriété de Royallieu — comme une femme entretenue.

Même si les différents récits des premières années de Chanel ne concordent pas, le résumé qui précède reste fiable. Il diffère cependant considérablement de ce que Chanel elle-même racontait. Comme si elle était déterminée à supprimer un passé qu'elle méprisait, peut-être par anxiété de le voir réapparaître, Chanel « disait rarement la vérité lorsqu'on l'interrogeait sur sa jeunesse »[6]. Bien que ces mensonges ne semblent correspondre qu'à de pathétiques tentatives de dissimulation, on pourrait aussi les voir comme l'expression d'une volonté de se créer soi-même — volonté de définir sa personnalité, son apparence, et son histoire.

L'influence paternelle

Chanel raconta une série d'histoires contradictoires, en particulier à propos de son père. Elle dit ainsi à Truman Capote que son père avait été forgeron au pays Basque. D'autres fois, elle proclamait qu'il était marchand de vin. Elle insistait aussi pour dire qu'il n'avait pas abandonné sa famille, mais était allé faire fortune en Amérique et projetait de revenir les chercher.

Il y a un point sur lequel elle ne varia jamais : son père l'aimait, et elle l'aimait aussi. Chanel se rappelait qu'à l'époque où la pauvreté étouffait son âme d'enfant, elle trouvait un réconfort dans l'amour qu'elle percevait chez son père, ainsi que dans l'adoration qu'elle lui portait. Cependant, la rivalité allait bientôt changer son univers. Cette rivalité allait aiguiser la jalousie et la singulière possessivité de sa personnalité, et donnerait finalement naissance à l'impulsion qui allait la mener au sommet du monde des affaires.

Mais comment se déclencha un tel développement de la personnalité ? Est-ce à cause d'un manque d'amour de ses parents, ou encore d'une jalousie à l'égard de sa sœur ? Chanel disait elle-même que la rivalité qui l'opposait à sa sœur cadette pour obtenir l'affection de son père était intense. Elle se rappelait de la période précédant la naissance de sa sœur comme d'une époque idyllique. Dans son souvenir, cette époque n'était constituée que de « beaux jours, de plaisir, de bonheur » ; elle présumait même être née durant une période idéale[7]. Après la naissance de sa sœur cependant, l'existence de rêve de Coco se heurta à la dure réalité. Le tempérament de son père changea : il devint beaucoup plus assidu au travail, et apparemment moins aimant envers Chanel. Elle réagit en recherchant avidement son amour, cependant qu'elle blâmait sa sœur de la perte d'affection de son père.

Chanel croyait que son père la préférait à sa sœur. Cette affirmation contredisait pourtant la sensation que sa venue au monde l'avait déçu : il aurait souhaité un garçon. Néanmoins, à sa manière, elle rendait son amour à son père, mais d'une façon conditionnelle, car elle n'aurait « ... pas toléré qu'il ressente la même chose envers chacune de nous » [8].

Le récit que faisait Chanel à propos d'une relation extraconjugale de son père avec une servante était également déroutant. Son père, disait-elle, gardait une maîtresse de qui il eut un fils. Coco se vantait aussi d'avoir un pouvoir sur cette femme, mais n'était pas très claire quant à ce qui se passait réellement, ni sur ce que voulait dire ce « pouvoir » : « Je savais qu'elle couchait avec mon père — en fait je n'en savais rien. Je ne comprenais rien à ce genre de choses, mais je devinais, et je lui faisais peur en disant que j'allais tout raconter à ma mère » [9]. Évidemment, en raison de la pauvreté des Chanel, il est peu probable que son père ait jamais employé de servante avec laquelle il aurait eu une liaison.

Retrouver le souvenir de cette période tumultueuse, parfois rayée de la mémoire — surtout l'époque de la petite enfance —, était difficile pour Chanel. Le temps aidant, le désir de créer une image positive de quelqu'un qu'elle était « censée » avoir aimé surclassa souvent les éléments négatifs. Ses souvenirs se construisirent de façon contradictoire, et la réalité devint plutôt floue. Durant un moment de réflexion, peut-être alors que ses défenses n'étaient pas en alerte, Chanel confia : « On a un père, et on l'aime beaucoup, et on pense qu'il est parfait. Il n'était pas parfait, c'est tout » [10]. Même si certains le décrivirent comme un homme qui « vivait uniquement pour séduire, procréer, tout quitter et recommencer », et bien qu'il l'eût abandonnée, Chanel n'accepta jamais de critiques à propos de son père [11].

L'influence maternelle

Les souvenirs de Chanel étaient tout aussi flous à l'égard de sa mère. D'après elle, sa mère venait d'une famille riche, un statut que Coco s'appropriait elle-même dans un rejet complet de ses origines modestes. « J'aurais aimé naître dans une famille de paysans », dit-elle une fois dans une histoire qui parodiait la vérité, « je m'entends toujours bien avec eux » [12]. Chanel raconta aussi que le seul souvenir qu'elle gardait de sa mère était qu'elle mourût de tuberculose. En fait, c'est plutôt l'asthme qui l'emporta ; les symptômes semblaient sans doute similaires.

Le fait que Chanel ne parlât que rarement de sa mère amène à s'interroger sur leur relation, et sur l'influence de son décès sur Chanel enfant. Gabrielle sentit-elle à nouveau un manque d'amour, d'attention ? Subit-elle la même rivalité envers sa sœur pour l'amour de sa mère ? Et finalement, manifesta-t-elle ces sentiments, même bien des années plus tard, elle qui demeurait incapable d'accepter son enfance privée de toute affection ?

L'adolescence et l'âge adulte

Une fois adulte, et même sans doute auparavant, Chanel chassa de son souvenir les souffrances de son enfance et de son adolescence, ainsi que son expérience humiliante à cet orphelinat d'un autre siècle. Elle raconta plutôt avoir été gardée par deux tantes qui « avaient promis de m'élever, mais de ne pas m'aimer » [13]. Ces tantes étaient sans doute pure invention ; leur occupation variait de récit en récit.

Chanel dépeignit constamment son enfance comme ayant été extrêmement malheureuse. Le thème de la mort, incluant ses propres idées de suicide, dominait aussi ses souvenirs. Elle semblait cultiver un engouement pour la mort. « Nous habitions près d'un cimetière. Pour moi, un cimetière n'était pas un endroit triste, j'aimais ce lieu, et j'y allais aussi souvent que possible. Je leur apportais (aux morts) des fleurs autant que je pouvais, et des fourchettes, des cuillers, tout ce que je parvenais à dérober à la maison » [14].

Même après avoir atteint le succès, Chanel n'admit jamais à quel point ces premières années avaient pu la marquer.

Comme Chanel ne mentionna jamais sa brève carrière de chanteuse ; même l'origine de son surnom, « Coco », demeure enveloppée de mystère. Il se peut qu'elle ait acquis ce nom lorsqu'elle était chanteuse de café à Moulins : sa chanson favorite était « Qui a vu Coco au Trocadéro ? », et les spectateurs auraient pu réclamer l'artiste en scandant « Coco ! Coco ! ». Chanel disait plutôt que son père, n'aimant par le nom Gabrielle, l'appela « Petit Coco » jusqu'à ce qu'il trouve quelque chose de mieux. Selon Chanel, le nom lui resta. « C'était affreux, et j'aurais aimé m'en débarrasser, mais je ne le ferai jamais » [15].

Quels qu'aient été les événements marquants de ces jeunes années, ils laissèrent à Coco Chanel un brûlant désir d'indépendance et de contrôle de sa vie. Ainsi, même si en tant que maîtresse d'Étienne Balsan elle était bien pourvue, elle rêvait d'une entreprise à elle — un rêve d'argent et d'indépendance. Sa carrière sur scène ayant échoué, elle se tourna vers autre chose. Qu'elle en ait ou non entrevu consciemment les possibilités, le monde de la mode lui fournissait un excellent point de départ.

La carrière

L'industrie de la couture

En 1900, les maisons de mode parisiennes fournissaient une clientèle triée sur le volet. Seules les femmes les plus à l'aise — épouses de nobles, de hauts fonctionnaires et de bourgeois lancés — pouvaient s'offrir des vêtements taillés sur mesure. En général, un couturier présentait une collection à chaque saison, et la cliente pouvait commander une des robes présentées. La robe commandée était alors confectionnée sur mesure, ce qui assurait la rentabilité de l'entreprise. Avec l'avènement des grands magasins quelques années plus tard, les acheteurs de magasins remplacèrent les clientes particulières. Par la suite, le développement des *mass merchandisers* et du prêt-à-porter, particulièrement en Amérique, allait entraîner l'imitation et la vente sur une grande échelle des créations haute couture. Pourtant, les couturiers étaient plus que de simples tailleurs pour gens à l'aise. Ils concevaient et créaient toute la mode féminine.

Aussi, la production des collections, de même que leurs aspects financiers, étaient bien définis. En général, après avoir choisi les tissus qui allaient servir à la prochaine saison, le couturier dessinait les robes de sa collection. Les coupeuses et les petites mains de la maison confectionnaient les robes, les ajustant sur des mannequins vivants ou en toile. Le couturier examinait ensuite le vêtement porté par un mannequin, apportait les modifications nécessaires et renvoyait la robe une ou deux fois aux ouvrières, jusqu'à ce qu'elle soit parfaite.

Au tournant du siècle, la haute couture parisienne était dominée par trois hommes : Charles Worth, Paul Poiret et Jacques Doucet. Dire que leurs créations tendaient à l'extravagance serait un euphémisme :

une des robes de Poiret comprenait même des ampoules électriques. Un contemporain décrivait une femme élégante en ces termes : « Un véritable arsenal de paillettes, de bijoux, de corsets, de baleines, de fleurs et de plumes s'enroulait autour de ce majestueux et splendide autel des plaisirs » [16]. Les auteurs modernes sont moins éblouis : « Jupes longues, chapeaux encombrants, souliers étroits, talons hauts, tout entravait les mouvements des femmes et leur rendait nécessaire l'assistance d'un homme [17]... » Le sens des affaires de Chanel lui fit sentir qu'il y avait là une occasion à saisir. Sa mode serait élégante et simple : les coupes ne seraient pas étouffantes, mais exprimeraient plutôt son aspiration à une existence sans contraintes.

Les débuts (1908-1918)

En 1908, sur les instances de Chanel, Balsan et Arthur (Boy) Capel l'installèrent à Paris comme modiste. Bien que Balsan se soit d'abord montré réticent à l'idée de voir sa maîtresse gérer une entreprise, il l'approuva lorsque son ami Capel commença à s'intéresser à Chanel et à son projet d'une boutique de chapeaux. Les deux hommes l'aidèrent financièrement. Plus tard, une rivalité amoureuse s'installa entre Capel et Balsan. Capel l'emporta. Pour les deux hommes, l'idée était amusante : c'était comme regarder une enfant jouer, et cela les divertissait. Coco Chanel était consciente de cette attitude condescendante. Elle se rappelait : « Je pus créer ma Maison parce que deux hommes se battirent pour ma petite personne » [18]. L'engouement de Balsan et de Capel pour Chanel, curieusement, créa une nouvelle existence non seulement pour elle, mais pour tout le monde de la mode féminine. Elle dira d'eux, plus tard : « Ils ne comprirent pas à quel point cela était important pour moi » [19].

Les chapeaux de Chanel, pour la plupart de simples canotiers, contrastaient résolument avec les créations alors de mise, chargées de fleurs et de fruits. Ils furent immédiatement recherchés, et rentables. Même si elle avait grandi dans la pauvreté, Chanel en avait appris long sur les usages des gens aisés en vivant avec son riche amant Balsan. « Les riches l'avaient initiée au contact de l'argent, et cela l'aida à fixer les prix. Elle savait qu'ils débourseraient à grand-peine quelques sous pour les nécessités, mais qu'ils se mettraient en faillite pour des frivolités » [20]. Elle utilisa ces connaissances à bon escient pour la mise en marché de ses chapeaux.

Un simple chapeau acheté aux Galeries Lafayette [un grand magasin parisien] pour quelques sous, habillé d'un détail, d'un petit rien ici ou là et voilà, Madame, juste pour vous... Pendant qu'en soi-même on pense : idiote, si tu es trop bête pour le faire toi-même, alors paie, paie [21] !

Le prix demandé par Chanel pour ses chapeaux de commerce légèrement modifiés était sans doute de quatre à cinq fois supérieur à son investissement.

Avec son nouvel amant, Boy Capel, pour seul bailleur de fonds, l'entreprise de Chanel prit régulièrement de l'expansion. En 1910, elle emménagea dans des locaux plus vastes, rue Cambon. En 1912, elle ouvrit une seconde boutique à la station balnéaire de Deauville. En 1915, Coco Chanel entra officiellement dans le monde de la couture ; elle innovait en utilisant un lainage jamais utilisé auparavant pour des vêtements féminins. Puis, elle ouvrit aussi une boutique à Biarritz, et pénétra le marché espagnol. En 1916, elle employait 300 personnes, et put rembourser Boy Capel. À la fin de la Première Guerre, la Maison Chanel était solidement établie.

La maturité (1918-1939)

Durant les années 20 et 30, la Maison Chanel continua à prospérer. Le style Chanel s'adaptait parfaitement à l'époque. La Première Guerre avait détruit la rigide culture victorienne, et les femmes commençaient à mener une vie plus active. Les vêtements de Chanel, simples, dégagés des parures encombrantes, donnaient aux femmes émancipées des années 20 la liberté qu'elles recherchaient. L'extrême simplicité des vêtements les rendait aussi plus rentables : là où Poiret utilisait pour un pantalon dix mètres de tissu, Chanel n'en employait qu'un, mais demandait les prix de Poiret.

Bien que Coco Chanel n'ait certainement pas inventé toutes les tendances de cette époque frivole, elle y contribua fortement. Elle lança la mode des cheveux courts en coupant les siens et ceux de ses mannequins. Elle popularisa aussi les bains de soleil — auparavant inconcevables. Elle féminisa des vêtements masculins : elle disait que certaines de ses premières robes avaient été inspirées par un chandail de polo [22].

La diversification de ses produits s'avéra rentable. En 1924, elle s'associa avec les industriels de la parfumerie Pierre et Paul Wertheimer, et fonda les Parfums Chanel, afin de produire Chanel n° 5 et d'autres fragrances. En 1934, Chanel dessinait aussi des accessoires sur une large échelle.

Chanel réalisa que les États-Unis représentaient un vaste marché inexploité. « Chanel est aussi américain qu'un hamburger », dit-elle lors d'une visite à New York en 1929[23]. Quelques années plus tard, elle était à Hollywood, concevant des robes pour les stars de Sam Goldwyn. Elle était même prête à délaisser son idéal de simplicité pour gagner des parts du marché. « Aux États-Unis, où elle percevait [...] une survivance de la haute couture, Coco [...] était prête à faire des concessions[24].

Quoi qu'il en soit, en 1939, elle ferma la Maison Chanel. L'idée de cette fermeture remonte probablement à une grève des employées en 1936, qui mena Chanel à un compromis après de longues et amères négociations. En tyran bienveillant de la mode qu'elle était, Chanel resta généreuse avec ses employées ; elle mit même à leur disposition une maison de campagne à Mimizan. Un biographe dit cependant que Coco Chanel ne pardonna jamais à ses employées d'avoir fait la grève — d'avoir osé la défier. Sa conception des ouvriers obéissant passivement et démontrant de la gratitude envers leur bienfaiteur — conception peut-être issue de son enfance pauvre — s'effondrait. La fermeture inattendue de 1939 peut avoir été sa revanche.

Le début de la Seconde Guerre mondiale, en 1939, n'est sans doute pas étranger à sa décision, bien que la guerre ait eu peu d'effet en France avant l'occupation allemande de 1940. D'ailleurs, la Première Guerre n'avait pas arrêté Chanel : son entreprise s'était agrandie en dépit de la menace que faisaient peser sur Paris les zeppelins et les obus allemands.

La décision de fermer boutique peut aussi avoir une autre raison : pour la première fois en 20 ans, la Maison Chanel affrontait une dure concurrence de la part d'une nouvelle créatrice, Elsa Schiaparelli. Le style Chanel était devenu un classique qui variait peu de saison en saison ; cette créatrice italienne le mettait en péril avec des créations inédites.

Schiaparelli fit des vagues sur la scène de la mode parisienne pour la première fois en 1927 quand une de ses créations fut désignée « chandail de l'année » par Vogue. Coco Chanel demeurait encore pour l'instant la souveraine incontestée. En 1936 cependant, les créations de Schiaparelli et de Chanel se partageaient les pages de *Vogue*. Même si au moins un biographe prétend que cette rivalité n'affecta pas l'entreprise de Coco, sa collection de 1938 — la dernière avant la retraite — suivait point par point celle de Schiaparelli. Quand Schiaparelli lança son « shocking pink » en grande pompe, Chanel rétorqua avec des robes de style gitan. Même si les goûts de Schiaparelli étaient diamétralement opposés à ceux de Chanel, leurs modes de fonctionnement étaient comparables. Comme Chanel, elle avait un surnom, « Schiap » ; comme Chanel, elle comptait beaucoup d'amis parmi les grands artistes de l'époque ; enfin, elle drainait la clientèle de Chanel. Dans le monde changeant de la mode, Coco Chanel avait cessé d'être une iconoclaste, pour devenir la cible d'iconoclastes comme Schiaparelli.

La retraite (1939-1953)

L'événement historique le plus important durant la retraite de Chanel fut l'occupation de la France par l'Allemagne nazie. L'effet que cet événement eut sur Coco Chanel, s'il en eut un, n'est pas clair : un biographe dit que l'égocentrisme de Chanel l'empêcha d'être affectée par l'occupation. Néanmoins, elle fut soupçonnée de collaboration avec les Allemands. En septembre 1944, peu après la Libération de Paris, des résistants français l'arrêtèrent sur la foi de ces soupçons. Même s'ils la relâchèrent après quelques heures d'interrogatoire, elle en demeura outrée, et ne pardonna jamais à Charles de Gaulle ni à la Résistance : « Ces Parisiens, à la Libération, avec leurs manches de chemises relevées... Quatre jours plus tôt, quand ils étaient avec les Allemands, ils n'avaient pas relevé leurs manches », disait-elle avec mépris[25]. Un autre biographe soutint que Chanel elle-même faisait partie de la Résistance, à cause de ses relations avec les Anglais et de son amitié avec Winston Churchill.

Les accusations de collaboration sont fondées sur la relation que Chanel entretint à Paris durant la guerre avec un baron allemand surnommé Spatz (« Moineau »), baron que Chanel soutenait avoir rencontré avant la guerre. Même si Spatz travaillait sans aucun doute pour les nazis, son dévouement au Reich peut être remis en question. De treize ans le cadet de Chanel, Spatz, jeune homme aux bonnes manières, n'était pas connu pour son engagement politique ou amoureux. Son indépendance peut avoir séduit Chanel, qui ne se maria jamais, mais garda plutôt jusqu'à sa mort le contrôle de sa vie.

La principale préoccupation de Spatz durant l'Occupation était de passer inaperçu du haut commandement allemand qui aurait pu l'assigner loin de Paris et de sa petite vie confortable avec Chanel. Quoi qu'il en soit, trois ans plus tard, la Libération força Spatz à quitter Paris et Chanel.

Même si un nuage assombrit l'existence de Chanel après la Libération, son sort ne fut pas aussi dur que celui d'autres supposés collaborateurs. Plusieurs femmes ayant eu des relations avec des Allemands firent face à d'innombrables humiliations : la tête rasée, une croix gammée dessinée sur le front, on les forçait à déambuler nues dans les rues. Chanel s'arrangea pour échapper à ces représailles, et gagna la Suisse sans difficulté. Elle habita là-bas huit ans, ne retournant en France que pour de brèves visites. Plus tard, elle obtint un visa pour les États-Unis.

Le retour (1953-1971)

Invoquant son ennui et le besoin de travailler à nouveau, Chanel réouvrit la Maison en 1953. Même si ses ateliers étaient restés à peu près vides, elle en avait gardé la jouissance. Par conséquent, elle réouvrit à ce même emplacement de la rue Cambon qui avait vu ses débuts avant la Première Guerre. Elle dut sentir que les souvenirs de l'Occupation étaient suffisamment affaiblis pour lui permettre de retourner sans problème à Paris. Peut-être jugea-t-elle plutôt que l'économie française, ébranlée par l'effort de guerre, était redevenue assez solide pour assurer la rentabilité d'une industrie de luxe comme la mode. Mais bien certainement, après 14 années, le souvenir du style de Chanel s'était estompé, et elle se retrouva encore une fois iconoclaste — cette fois à l'époque de la mini-jupe plutôt qu'à celle des corsets. Les Parfums Chanel fournirent la moitié de ses frais initiaux, et Coco Chanel présenta sa collection de retour en février 1954.

Bien que la presse anglaise et française ait réagit négativement, qualifiant sa nouvelle collection de « rétrospective mélancolique » et de « fiasco », la réaction américaine fut considérablement plus enthousiaste. Les acheteurs de la Septième Avenue — qui achetèrent la collection sans même l'avoir vue — trouvèrent qu'elle se vendait bien. L'édition américaine de *Vogue* déclarait : « Si la simplicité de ses lignes n'est pas nouvelle [...] son influence ne saurait être démenti ». *Life* ajoute : « Elle influence déjà tous les secteurs. À 71 ans, Gabrielle Chanel crée plus qu'une mode, une révolution »[26]. Une des raisons pour lesquelles ses créations furent si populaires en Amérique était qu'elles correspondaient à l'industrie du prêt-à-porter, mais s'adressaient encore à l'élite.

Chanel continuait à passer inaperçue en Europe. Les années 60 sont l'ère de la mini-jupe, mais Chanel refuse de raccourcir les siennes, arguant que le genou n'est pas esthétique. Elle attaque méchamment des créateurs comme Dior et Cardin, prétendant qu'un homme ne saurait concevoir une robe. Elle prend les grands moyens pour se démarquer de ses compétiteurs, ne montrant jamais ses collections publiquement comme ils le font. Un des couturiers les plus commerciaux, Pierre Cardin, encourt ses plus vives critiques, probablement à cause de son aventure avec sa propre cliente et amie, Jeanne Moreau. Chanel ne pardonna jamais, ni à l'un ni à l'autre.

Lorsqu'elle présentait une collection, Chanel était anxieuse. Elle s'en plaignait à un biographe :

> Si vous saviez l'affreux trac qui m'envahit. Le jour de présentation de la collection, je dîne rue Cambon (à la Maison Chanel), je prends un Noripin, puis je m'assieds dans les escaliers [dans la salle pour voir le spectacle]. Après cela, je ne sais plus où je suis, mes nerfs lâchent [27].

Un autre biographe qui connut Chanel dans ses dernières années rapporte qu'elle préparait perpétuellement sa « dernière » collection. C'était un rituel qui la gardait en vie. Chanel elle-même disait : « Pour moi, la mode n'est pas amusante — c'est presque quelque chose de suicidaire » [28].

Même si la reconnaissance universelle tarda à venir, Coco Chanel influença néanmoins 90 p. 100 du prêt-à-porter. Son obstination fut payante : en 1971, ses ventes à Paris étaient en hausse de 30 p. 100. Un des biographes conclut ainsi : « Mademoiselle Chanel sort victorieuse de la guerre déclarée contre son style » [29]. Malheureusement, Chanel n'allait pas jouir des fruits de la victoire. Elle mourut le 10 janvier 1971.

La femme d'affaires

La patronne

Même si Chanel recherchait dans son entreprise le pouvoir de contrôler sa vie, elle se battit aussi durement pour contrôler les autres. Elle ne possédait pas les connaissances techniques qui lui auraient donné une confiance sereine en ses capacités, et à cause de cela dépréciait souvent des employées compétentes. Elle révéla aussi son insécurité en devenant de plus en plus inflexible et autoritaire avec l'âge. Elle disait : « Je ne me laisserai pas piétiner dans l'entreprise que j'ai moi-même créée... Les gens veulent que l'on soit gentil... La gentillesse n'abat pas de travail... c'est la colère qui en abat » [30]. Un jour, discutant d'un congé avec ses ouvrières, Chanel dit : « D'accord, si vous ne voulez pas travailler, nous ne travaillerons pas, mais je vous traiterai toutes en fainéantes » [31]. Ses relations avec les employées étaient toujours tumultueuses. Par exemple, elle congédia et réengagea tellement souvent sa secrétaire, Lilou, qu'elle en perdait le compte. Parfois la colère de Coco tendait à la paranoïa, et elle soupçonnait chacune de ses ouvrières de vol.

L'une d'entre elles dit que Chanel ne les complimentait jamais et que si elle arrivait à les garder, c'était uniquement à cause de leur amour de la mode, et non de leur dévotion pour elle. Jamais elle ne se mêlait aux employées dans les ateliers ; elle appelait plutôt les ouvrières pour leur dire ce qu'elle désirait. En dépit de son ton autoritaire et de son flair naturel pour la mode, elle avait de la difficulté à exprimer ses volontés, car il lui manquait l'expertise technique nécessaire. Pourtant, lorsque les résultats ne correspondaient pas à ce qu'elle avait imaginé, elle fustigeait ses employées.

Durant une période de travail, un observateur entendit Chanel dire à une contremaîtresse : « Je vous l'ai dit hier. Vous devez ôter ce pli. Pourquoi ne m'avez-vous pas obéi [32] ? » Que cet ordre ait vraiment été donné la veille n'était même pas à discuter, remarqua l'observateur. La contestation aurait seulement prolongé la session de travail.

Une ancienne employée dit du caractère hautain et impérieux de Chanel : « Quand un essayage n'allait pas, elle entrait dans des rages terribles. Elle adorait rendre les gens furieux. Croyez-moi, je pleurais souvent en ce temps-là » [33].

Coco Chanel savait aussi être dure avec ses mannequins. Par exemple, elle insistait pour que toutes portent les cheveux courts ; un jour, elle congédia un mannequin parce qu'ayant coupé ses cheveux — sur son ordre pourtant — elle était moins jolie. Le métier de mannequin pouvait être difficile, et humiliant. En décrivant le traitement que Chanel faisait subir aux vêtements lorsqu'elle les modifiait, un observateur conclut :

Presque rien n'est laissé sur le mannequin qui, quelques instants plus tôt, avait semblé élégant, excepté quelques morceaux de tissu épars, posés comme des chiffons. Finalement, le mannequin est renvoyé à l'atelier avec un mot presque gentil, qui doit excuser tout le reste[34].

Être mannequin pour Chanel exigeait aussi de rester sourde aux commentaires personnels. Lors d'un essayage, Chanel passa la main sur la poitrine du mannequin. « Ce modèle est censé être plat, et regardez-le ! Elle n'a pas de poitrine, et la robe lui en fait une[35] ! »

Malgré tout, Chanel inspirait ses ouvrières. Des contremaîtresses qui auraient craint de travailler pour une femme découvrirent que son charme aplanissait bien des difficultés. Un mannequin qui travailla plus tard chez d'autres couturiers exprima aussi la satisfaction qu'il y avait à travailler avec Coco Chanel. « La robe était conçue sur nous, modelée d'après nos réflexes et les mouvements de notre corps. Nous pouvions presque sentir la fusion entre notre peau et le tissu. Je n'ai plus jamais eu cette impression »[36]. Chanel elle-même disait se sentir très proche de ses mannequins. Elle se voyait en elles. Elles furent décrites comme ses filles, sa cour, ses successeurs possibles — et même, dit la rumeur, comme ses amantes, mais Chanel démentit cela.

Chanel et la création

Parce qu'elle n'avait pas de formation technique en dessin de mode, Chanel envisageait le processus créateur de manière non conventionnelle. Tandis que la plupart des couturiers commencent par des esquisses, Coco décrivait tout simplement ce qu'elle voulait à ses coupeuses. Quand la robe proposée était assemblée, Chanel la voyait pour la première fois sur un mannequin. Alors elle se mettait au travail, coupant, pinçant, épinglant le tissu sur le mannequin même. Elle renvoyait ensuite aux ateliers le vêtement, qui devait être refait. Ce processus pouvait se répéter 20 ou 30 fois avant qu'elle ne s'avoue satisfaite. Chanel mettait en pratique son propre conseil en ce domaine : « Travaille sur le vêtement jusqu'à ce que tu en détestes même la vue »[37].

Chanel se rendait compte que sa manière de fonctionner était inhabituelle. Elle avoua que les couturiers qui ne l'avaient pas prise au sérieux à ses débuts avaient raison. Par exemple, pendant un moment, ses modistes faisaient toutes ses robes, parce que Coco n'avait pas réalisé qu'elle pouvait engager des ouvrières spécialisées.

Le directeur de Chanel des années 1957-1958 décrivit ainsi la créatrice :

Elle n'était pas le génie créateur qu'elle aurait souhaité être. Elle répétait toujours les mêmes modèles, changeant seulement quelques détails. Elle n'était pas vraiment une couturière. Elle avait le chic pour défaire un ouvrage, et le renvoyer aux ateliers pour qu'il soit assemblé de nouveau. Les talents les plus précieux de la firme Chanel résidaient chez les contremaîtresses, qui étaient de vraies professionnelles [38].

Que cet avis soit fondé ou non, elle aimait son travail. Lorsqu'elle travaillait, « quelque chose d'indicible saisissait Coco, et la plongeait dans son élément... Son alter ego désespéré, l'enfant abandonné, était toujours en danger... (parce que) Coco Chanel ne pouvait pas coudre. Alors elle coupait » [39]. Coco exprima très bien pourquoi son travail lui apportait tant de satisfaction : « Lorsque j'ai eu à choisir entre un homme que j'aimais et mes robes, j'ai toujours choisi les robes... le travail a toujours été une sorte de drogue pour moi [40]... »

La partenaire

En tant que jeune femme dans une société et une profession dominées par les hommes, Chanel dut user de prudence dans les associations d'affaires. Les femmes d'affaires à cette époque étaient rares, et considérées comme des cibles vulnérables. Mais Chanel était néanmoins tout à fait capable de prendre soin d'elle-même, comme son avocat en témoigna plus tard :

Mademoiselle Chanel avait une série d'éminents « conseillers », mais en réalité ils étaient... des pions, qu'elle déplaçait avec une étonnante compréhension intuitive de la psychologie... Nous tombions tous dans le piège, même quand nous savions être manipulés. Son souci du détail et sa capacité de concrétiser les idées étaient remarquables. Elle ne laissait cependant rien transparaître de tout cela [41].

Ses relations avec les frères Paul et Pierre Wertheimer furent particulièrement litigieuses et tumultueuses ; elles se terminèrent en poursuites judiciaires qui durèrent jusqu'à la mort de Chanel. Pierre, qui avait tout du séducteur, avait apparemment des ambitions amoureuses à l'égard de Gabrielle ; elle, de son côté, n'était pas intéressée. Elle rusa avec les deux frères, et ils firent de même avec elle.

Pendant l'Occupation, Chanel tenta de tirer profit du fait que les Wertheimer, qui étaient Juifs, avaient fui devant l'invasion nazie, en laissant la société de parfums entre les mains d'un curateur. Prétextant une loi nazie qui permettait la saisie des biens détenus par des Juifs, Chanel tenta d'acquérir l'entreprise. Heureusement pour les Wertheimer, leur curateur aryen et quelques pots-de-vin bien placés chez les Allemands sauvèrent leur société des griffes de Chanel.

Pour leur part, les Wertheimer profitèrent aussi de la guerre pour tenter d'abuser de Chanel. D'après leur accord, celle-ci avait cédé aux Wertheimer les droits de toutes les marques de parfums qu'elle avait mises en marché sous le nom Chanel. En échange, elle recevait 10 p. 100 du profit des Parfums Chanel en France, plus 10 p. 100 de chaque nouvelle succursale ouverte dans le monde. La part de Chanel fut presque réduite à néant pendant la guerre, alors que les Wertheimer vendirent les Parfums Chanel à leur nouvelle corporation aux États-Unis : Chanel inc., New York.

La paix en Europe ne ramena pas la paix entre Coco et ses partenaires en parfumerie. En 1946, Coco envoya « en cadeau » aux acheteurs de New York des échantillons de son n° 5 original. Comme la formule du n° 5 vendue par les Wertheimer était modifiée, ceux-ci se sentirent plutôt en mauvaise posture. En 1947, Chanel obtint le droit de produire des parfums, ainsi que 180 000 $ US, 20 000 livres anglaises et 5 millions de francs en dommages. Elle obtint aussi des redevances de 2 p. 100 sur toutes les ventes en gros de parfums Chanel à travers le monde, plus un monopole sur les ventes en Suisse.

En dépit de ces luttes judiciaires, les Wertheimer soutinrent Chanel lors de son difficile retour, et payèrent, par l'entremise des Parfums Chanel, 50 p. 100 des coûts de sa rentrée. Ils la soutinrent même encore plus lorsqu'elle menaça de vendre ses robes sur une grande échelle. Après tout, Chanel n° 5 perdrait sa précieuse image d'exclusivité si les robes Chanel envahissaient le marché. Même si les Wertheimer achetèrent plus tard la Maison Chanel, c'est elle qui continua à la diriger.

Plus tard, Chanel fut indignée lorsqu'on lui chercha un successeur. En fait, elle rompit avec son mannequin préféré, Marie-Hélène Arnaud, qui, en tant que supposée héritière, devenait menaçante pour Chanel. Commentant cet épisode, un biographe en conclut que Coco « comparaissait perpétuellement devant son propre tribunal — non pas pour recevoir sa condamnation et sa sentence, mais pour se justifier elle-même »[42].

Coco Chanel et la création de mythes

Chanel était une créatrice de mythes douée, mais aussi compulsive, comme l'indique l'écart entre la réalité de son enfance et les récits fantaisistes qu'elle en fit. D'un côté, elle comprenait clairement tout ce qu'il fallait faire pour bâtir une réputation, mais elle niait avoir inventé des histoires, disant à un biographe : « Je ne raconte jamais de mensonges. Je n'aime pas vivre dans l'ambiguïté » [43].

Ses récits fantaisistes étaient certainement importants pour l'image de la Maison Chanel. « Je vends du prestige », dit-elle un jour en décrivant son produit [44]. La célébrité constitue une autre clé de son succès en affaires : elle ressemblait plus à la fondatrice d'un ordre qu'à une personnalité de la vie parisienne. On comprend qu'on ait pu dire à ce propos : « Mademoiselle Chanel fonda l'ordre des sœurs de la Beauté » [45].

Chanel voulait que ses clientes triées sur le volet aient le sentiment d'acheter du prestige ; elle fit donc en sorte que la presse populaire la remarque. Elle acquit cette notoriété en donnant des robes à des femmes du monde temporairement à court d'argent, en faisant équipe avec des Russes nobles (venues à Paris pour fuir la révolution russe), ainsi qu'en engageant plusieurs princesses comme mannequins.

Chanel comprit aussi que pour être une célébrité, il faut agir comme une célébrité. Une employée se rappelle à quel point Chanel jouait bien ce rôle :

> Vous auriez dû la voir, émergeant de sa Rolls-Royce en face de la Maison, sur le coup de midi... Elle était une reine ! Elle restait jusqu'à deux ou trois heures, parfois plus tard si elle avait à voir des clients prestigieux. Elle se retirait ensuite dans son atelier à dessin, où elle recevait beaucoup [46].

Chanel connaissait la valeur des symboles d'identité personnelle. Lorsqu'elle travaillait sur les mannequins, elle avait toujours, suspendus autour du cou, des ciseaux prêts à couper tous les détails superflus. Ces ciseaux étaient pour elle un symbole si puissant qu'à l'Exposition des Arts et Techniques de 1937, à Paris, l'étalage de Coco comprenait une assiette de cristal gravée d'une paire de ciseaux coupant du tissu. Sous les ciseaux était inscrite la phrase suivante : « J'ai utilisé ces ciseaux pour couper tout ce qui était de trop dans les créations des autres. Coco Chanel » [47].

Chanel aimait aussi raconter que sa mode était plus le résultat d'un accident que d'un concept étudié. Par exemple, elle prétendait avoir lancé la mode des cheveux courts pour les femmes, et l'avoir fait par accident. Elle raconta qu'un soir, alors qu'elle se préparait pour aller à l'opéra, une valve de gaz sauta et provoqua une explosion dans son appartement, brûlant ses cheveux. Pour camoufler les dommages, Chanel coupa ses longues boucles. Les cheveux longs étant de mise à cette époque, ce nouveau style créa un grand remous parmi la foule qui se pressait à la première. Bien qu'il soit vrai que ce nouveau style ait retenu l'attention, sa coiffure n'était aucunement accidentelle. En fait, elle emprunta l'idée des cheveux courts à la célèbre danseuse Caryathis, qui était apparue avec une telle coiffure dans un ballet de Stravinsky trois années plus tôt, en 1913. Un biographe conclut de l'histoire de Coco : « Plus qu'un accident, nous devons imaginer un acte délibéré, une décision calculée par la femme d'affaires de sang-froid qu'elle était devenue » [48].

En dépit de ses paroles et de ses actes qui paraissaient destinés à mousser sa publicité, Chanel semblait trouver écrasante l'attention qu'on lui portait. « Je suis exploitée », se plaignait Coco Chanel à la fin de sa vie, « on m'a transformée en objet » [49]. Étant donné son désir de publicité, on peut imaginer que Chanel souhaitait ardemment assister à l'ouverture de la comédie musicale Coco en 1966 à Broadway, comédie vaguement basée sur sa vie. Avant l'événement, cependant, sa main droite devint paralysée, et Chanel dut être hospitalisée. Même si Coco tenait toujours l'affiche, trois mois plus tard, lorsqu'elle fut guérie, elle ne la vit jamais. Peut-être en trouvait-elle le thème angoissant. Alan Jay Lerner, l'auteur du livret de Coco, raconte : « Coco est une femme qui a tout sacrifié pour son indépendance, et qui, l'ayant acquise, paie en retour le prix exhorbitant de la solitude » [50]. Le seul commentaire de Coco à propos du livret fut le suivant : « Je ne fais pas grand-chose — je suis juste assise là et tout passe devant moi. Ils viennent et me chantent les airs que j'ai aimés » [51].

Les dernières années

Vers la fin de sa vie, Coco Chanel devint un critique irascible. Avec une sorte de détachement impérial, elle lançait des traits d'esprit mordants sous forme de maximes ironiques, projetant de publier un jour un recueil de ces énoncés laconiques. Quelques-unes de ces maximes sont reproduites à la fin de cette histoire de cas. Un biographe dit que Chanel, à la fin de sa vie, avait « une fois pour toutes condamné tout ce qu'elle avait vu et tout ce dont elle avait entendu parler »[52]. Un autre biographe suppose que les raisons de ces aphorismes résident dans son insécurité profonde. « Son besoin de blesser, pour vérifier qu'elle était aimée, ses constantes condamnations — ces deux traits étaient des formes de vengeance »[53].

Par exemple, Coco Chanel invitait fréquemment des célébrités à dîner, mais dès leur départ, elle les calomniait devant les personnes qui restaient. « Les gens doués de petits talents m'ennuient à mourir », dit-elle un jour à un biographe[54]. Chanel n'épargnait pas ses critiques à ses amis. Selon Jean Cocteau, « elle vous regardait tendrement, puis vous égorgeait »[55].

À la fin de sa vie, Coco Chanel n'avait pour tout entourage que quelques amis proches et des domestiques. Aussi mouvementées qu'aient été ses relations personnelles et commerciales, le monde de la mode rendit hommage à Coco Chanel lorsqu'elle mourut en 1971[56].

NOTES

1. Pierre Galante, *Mademoiselle Chanel*, Henry Regnery Co., 1973, p. 86.
2. Marcel Haedrich, *Coco Chanel : Her Life, Her Secrets*, Boston, Little, Brown and Company, 1971, p. 247-248.
3. Edmonde Charles-Roux, *Chanel*, New York, Alfred A. Knopf, 1975, p. 6.
4. Claude Baillen, *Chanel Solitaire*, New York, Quandrangle/The New York Times Book Co., 1971, p. 108.
5. *Ibid.*, p. 143.
6. Galante, *op. cit.*, p. 29.
7. Haedrich, *op. cit.*, p. 29.
8. Baillen, *op. cit.*, p. 169.
9. *Ibid.*, p. 70.
10. Haedrich, *op. cit.*, p. 23.
11. Charles-Roux, *op. cit.*, p. 14.
12. Baillen, *op. cit.*, p. 73.
13. Galante, *op. cit.*, p. 13.
14. *Ibid.*, p. 12.
15. Haedrich, *op. cit.*, p. 23.
16. *Ibid.*, p. 93.

17. Charles-Roux, *op. cit.*, p. 96.
18. Haedrich, *op. cit.*, p. 72.
19. *Ibid.*, p. 81.
20. *Ibid.*, p. 93.
21. *Ibid.*, p. 84.
22. Haedrich, *op. cit.*, p. 91.
23. Baillen, *op. cit.*, p. 99.
24. Galante, *op. cit.*, p. 162.
25. Haedrich, *op. cit.*, p. 148.
26. Charles-Roux, *op. cit.*, p. 366.
27. Baillen, *op. cit.*, p. 149.
28. *Ibid.*, p. 68.
29. Haedrich, *op. cit.*, p. 267.
30. *Ibid.*, p. 80.
31. *Ibid.*, p. 226.
32. Galante, *op. cit.*, p. 239.
33. *Ibid.*, p. 239.
34. Haedrich, *op. cit.*, p. 247-248.
35. Galante, *op. cit.*, p. 213.
36. Baillen, *op. cit.*, p. 66.
37. Galante, *op. cit.*, p. 248.
38. Baillen, *op. cit.*, p. 57.
39. Galante, *op. cit.*, p. 111.
40. *Ibid.*, p. 88.
41. Haedrich, *op. cit.*, p. 200.
42. Baillen, *op. cit.*, p. 117.
43. *Ibid.*, p. 76.
44. Galante, *op. cit.*, p. 7.
45. *Ibid.*, p. 39.
46. Charles-Roux, *op. cit.*, p. 300.
47. *Ibid.*, p. 126.
48. Haedrich, *op. cit.*, p. 199.
49. *Ibid.*, p. 208.
50. *Ibid.*, p. 209.
51. Galante, *op. cit.*, p. 264.
52. Baillen, *op. cit.*, p. 186.
53. *Ibid.*, p. 122.
54. *Ibid.*, p. 15.
55. Galante, *op. cit.*, p. 60.

56.   La version originale anglaise de cette histoire de cas réalisée à la Harvard Business School contenait des photographies des créations, des personnes et des lieux qui y sont mentionnés. Elles ne sont pas reproduites dans cet ouvrage.

QUELQUES DATES IMPORTANTES

19 août 1883	Naissance de Gabrielle (Coco) Chanel
	Hôpital des pauvres de Saumar
16 février 1895	Mort de sa mère, Jeanne (asthmatique)
	Chanel est placée dans un orphelinat
1903	Premier emploi (petite main à Moulins)
	Chanteuse dans un café
1905	Échec au théâtre de Vichy
1905	Début de sa relation avec Étienne Balsan (Royallieu)
1909	Début à Paris comme modiste
1910	Déménagement rue Cambon
1912	Ouverture de la boutique de Deauville
1915	Ouverture d'une boutique à Biarritz
1924	Fondation des Parfums Chanel
1927	Début de la concurrence d'Elsa Schiaparelli
Années 30	Marché américain... « haute couture »
1936	Grève de ses employées
1939	Fermeture de la Maison Chanel
	Retraite (relation avec le baron Spatz)
1944	Arrestation par des résistants français
1953	Retour
10 janvier 1971	Décès de Chanel à l'âge de 88 ans.
	Fortune : 10 millions de dollars distribués à des œuvres de charité.

MAXIMES ET SENTENCES *de Gabrielle Chanel*

Les femmes peuvent tout donner avec un sourire et, avec une larme, tout retirer.

La mode est toujours un reflet de l'époque, mais on l'oublie si elle est bête.

Se déguiser est charmant ; se faire déguiser, c'est triste.

Feindre la naïveté vous donne l'air plus sot que l'aveu de votre ignorance.

La coquetterie est une conquête de l'esprit sur les sens.

Les trouvailles sont faites pour être perdues.

La bonté, c'est l'amour : la générosité, une forme de la passion.

La nature vous donne votre visage de vingt ans ; la vie modèle votre visage de trente ; mais celui de cinquante ans, c'est à vous de le mériter.

La vraie générosité, c'est d'accepter l'ingratitude.

Si vous êtes née sans ailes, ne faites rien pour les empêcher de pousser.

La parure, quelle science ! La beauté, quelle arme ! La modestie, quelle élégance.

La richesse économe, le faste prétentieux, les libéralités sordides sont les armes les plus sûres du suicide de la fortune.

On peut vous aimer malgré de grands défauts, mais vous haïr pour de vraies qualités ou de grandes vertus.

On ne peut ouvrir de barrières que celles que l'on a soi-même fermées.

L'innovation ratée, c'est pénible ; la reconstitution, c'est sinistre.

Pour une femme, trahir n'a qu'un sens : précisément celui des sens.

Il n'y a que la vérité qui n'ait pas de bornes.

Le dégoût est souvent l'arrière-garde du plaisir, et souvent l'avant-garde.

Le « bon goût » ruine certaines valeurs réelles de l'esprit : le goût tout court, par exemple.

Il est un moment où l'on ne peut plus toucher à une œuvre : c'est lorsqu'elle est à son pire.

On peut en être réduit à tromper par un excès de délicatesse dans l'amour.

La mode est une reine et parfois une esclave.

Le visage est un miroir où se reflètent les mouvements de la vie intérieure : accordez-lui beaucoup de soins.

Puisqu'il est convenu que les yeux sont le miroir de l'âme, pourquoi ne pas admettre que la bouche soit aussi l'interprète du cœur.

Les seuls beaux yeux sont ceux qui nous regardent tendrement.

La délicatesse de l'oreille n'est pas toujours en rapport avec celle du cœur.

Par la coquetterie, même le cours du temps s'arrête pour les femmes.

Il y a des gestes d'amour et de tendresse qui n'ont de source que dans le dévouement.

Nos maisons sont nos prisons ; sachons y retrouver la liberté dans la façon de les parer.

On peut s'accoutumer à la laideur, à la négligence jamais.

C'est le propre d'un esprit faible que de se vanter d'avantages que le hasard peut seul nous donner.

Publiées dans *Vogue*, France, 1938.

BIBLIOGRAPHIE

Baillen, C., *Chanel Solitaire*, New York, Quadrangle/The NY Times Book Co., 1971.

Charles-Roux, E., *Chanel*, New York, Alfred A. Knopf, 1975.

Charles-Roux, E., *Chanel and Her World*, London, The Vendome Press, 1979.

Galante, P., *Mademoiselle Chanel*, Henry Regnery Co., 1973.

Haedrich, M., *Coco Chanel : Her Life, Her Secrets*, Boston, Little, Brown and Company, 1971.

Pierre Péladeau
Gagner

Premier contact

Le salon du treizième étage où l'on nous fait attendre Pierre Péladeau est richement décoré : meubles de cuir, tableaux nombreux, luxueuse moquette qui feutre l'atmosphère... Une grande bibliothèque de bois sombre étale avec sobriété le dos de ses volumes — il n'y a que des ouvrages de la Pléiade, papier bible sous couvertures de maroquin rehaussé d'or.

Pierre Péladeau arrive en coup de vent et nous avertit qu'il sera à nous dans un moment. Il doit voir deux de ses vice-présidents et saluera sûrement en passant quelques-uns de ses employés. Nous sommes enfin introduits dans son bureau. Si le décor est le même — tableaux de Cosgrove, de Marc-Aurèle Fortin et d'Albert Rousseau, sculptures, un raffinement de bon goût — l'atmosphère change radicalement. Le débit rapide, les intonations théâtrales et le rire sonore de Pierre Péladeau animent le lieu, de même que la musique de Beethoven qu'il fera jouer durant toute la rencontre, à un volume assez élevé pour que nous nous inquiétions de l'enregistrement de l'entrevue. Mais on ne dit pas à Pierre Péladeau de baisser le volume, ou du moins on n'ose pas...

Ce cas, préparé par Geneviève Sicotte et Laurent Lapierre, a été présenté dans le cadre du séminaire « Les grands défis des vice-présidents Ressources Humaines dans les années 90 », organisé par le Centre de Perfectionnement de l'École des Hautes Études Commerciales, du 19 au 21 octobre 1988. La rédaction de ce cas a été rendue possible grâce au financement du Centre de Perfectionnement de l'École des Hautes Études Commerciales (Montréal).

Les innombrables articles parus sur lui en témoignent : Pierre Péladeau suscite la curiosité. Alcoolique réformé et militant, entrepreneur de grande culture, ne dédaignant pas un langage parsemé de jurons, homme à femmes et homme de foi, indépendantiste et capitaliste, Pierre Péladeau, s'il ne jugeait à l'instar de Platon que l'économique est supérieur au politique, aurait pu être premier ministre.

À le voir dans ce lieu, il n'est pas surprenant qu'il définisse son activité d'entrepreneur et de leader comme un acte créateur, au même titre que la musique, la peinture ou... la pêche ! Pour lui, l'homme a besoin d'agir et de créer, c'est une « nécessité basée sur une question émotive »[1]. D'entrée de jeu, c'est donc de Pierre Péladeau en tant qu'homme qu'il sera question : son enfance, ses parents, ses études et ses débuts comme entrepreneur, ses démêlés avec l'alcool, ses relations avec les autres aujourd'hui, etc. Il n'exprime aucune réticence à parler de lui, au contraire :

> Beethoven a écrit la plus belle musique du monde parce qu'il n'a parlé que de ce qu'il a vécu : ses angoisses, ses peurs, ses amours, ses joies. Il n'a pas parlé de la vie de Bach mais de sa vie à lui, et c'est pour ça que c'est beau[2] !

L'enfance

Pierre Péladeau est né le 11 avril 1925. Il était le cadet d'une famille comptant déjà six autres enfants, trois filles et trois garçons. La mère de Pierre Péladeau, Elmire, était âgée de 43 ans lorsqu'elle eut ce dernier enfant. Son père, Henri, en avait 40.

Même si Pierre Péladeau n'a pas toujours été riche, il ne provient pas, comme beaucoup le croient, d'un milieu défavorisé. Sa famille résidait à Outremont. Henri Péladeau était un homme d'affaires prospère, commerçant en bois qui exploitait aussi plusieurs immeubles sur l'avenue du Parc, et que son personnel domestique nombreux ne classait pas parmi les familles les moins aisées de la rue Stuart. Une série de revers vint cependant contrecarrer la marche de ses affaires. L'année de la naissance de Pierre Péladeau, son père perdit tout et dut, pour éviter une faillite honteuse, effectuer la cession de ses biens. Il ne put jamais rétablir sa fortune, et mourut dix ans plus tard. Si la famille continua à résider à Outremont après la ruine, son train de vie diminua notablement. Plus de chauffeur ni de bonnes...

Comme Pierre Péladeau avait 10 ans à la mort de son père, il ne garde presque aucun souvenir de lui. Il se souvient de sa maladie, un cancer. Mais en fait, il dit conserver essentiellement des souvenirs bâtis sur ce que sa mère lui a raconté :

Tout ce que je sais, c'est que c'était un brave homme, un honnête homme, un homme bon [3].

Si elle lui a donné cette image lointaine et idéale de son mari, sa mère transmettait aussi à son fils un autre message :

Elle disait que si mon père l'avait écoutée, il n'aurait pas fait faillite. Ça, elle l'a répété bien des fois [4]...

Pierre Péladeau reconnaît que l'échec de son père, combiné à l'intense soif de réussite que lui avait inculquée sa mère, ont pu le pousser à vouloir combattre, à faire mieux et à réussir là où Henri Péladeau avait échoué. En effet, répondant à une question où on lui demandait ce qu'il aimerait dire à son père s'il pouvait s'entretenir avec lui, il explique :

Je dirais que j'ai bâti grâce à lui. Que c'est en réaction à son échec que j'ai ressenti le besoin de faire quelque chose, et que j'aurais tellement aimé le faire avec lui [5].

Elmire Péladeau eut sur son fils une influence déterminante. Il le reconnaît facilement et même avec fierté. Sa mère est aux yeux de Pierre Péladeau le type même de l'être exceptionnel, elle réunit toutes les qualités qu'il demande aujourd'hui à ses collaborateurs ou à ses enfants.

On dit que derrière chaque homme, il y a une femme ; c'est vrai, mais c'est plus souvent qu'autrement la mère que la femme.

Ma mère avait du nerf. Ce n'était pas une femme qui avait peur, ce n'était pas une femme qui reculait sous quelque chef que ce soit ; une femme extrêmement orgueilleuse, fière. Elle était très autonome et cultivée.

Je l'ai vue pleurer une seule fois : elle avait 83 ans, elle était à l'hôpital. Elle était dans un lit avec des barreaux, et elle pleurait parce qu'elle ne pouvait pas descendre du lit. Elle pleurait de rage ! Ma mère n'était pas une braillarde [6].

À cette force de caractère et à cette détermination, Elmire Péladeau alliait une retenue extrême de ses émotions. C'était une femme à l'apparence rigide, presque militaire — Pierre Péladeau l'a déjà comparée à Catherine de Russie — qui limitait les effusions avec ses enfants :

> Ce n'était pas une femme, une dispensatrice d'affection. Quand elle m'embrassait, c'était sur le front, et tout juste. Et ce n'était pas souvent[7] !

Est-ce à cause de cette distance, ou parce que ses exigences ne semblaient jamais satisfaites, que Pierre Péladeau enfant n'aimait pas sa mère et même plus :

> Je la haïssais à mort ! Je la haïssais et j'avais la nette impression qu'elle me haïssait elle aussi, que j'étais de trop... bref, que nous n'étions à notre place ni l'un ni l'autre[8].

Ce sentiment allait cependant changer lorsque son père mourut et qu'il put occuper une place différente auprès de sa mère. Il se sentit appuyé et encouragé dès ses débuts comme entrepreneur, c'est-à-dire quand il avait 14 ou 15 ans. Il apprit à voir dans ces exigences la façon qu'avait Elmire Péladeau d'exprimer son affection et son estime. À travers cela, elle voulait avant tout lui enseigner une attitude dont elle avait fait une sorte de credo :

> Elle disait toujours : « il faut jouer pour gagner ». Ma mère ne perdait pas. Elle jouait au bridge deux ou trois fois par semaine, c'était un groupe de quatre femmes qui jouaient ensemble pour cinq cents. Eh bien, il fallait qu'elle les gagne, ses cinq cents, et elle gagnait ! Elle jouait aux cartes pour gagner, pas pour jouer ou pour s'amuser. Et elle était comme cela continuellement[9].

Lorsque Pierre Péladeau se mit lui aussi à « jouer pour gagner », sa mère lui prodigua sans réserve son soutien et ses encouragements.

> Elle était si fière de lui ! Jeune homme d'affaires, elle écoutait quotidiennement ses exploits avec un tel intérêt et une telle admiration qu'elle fut pour lui un ressourcement perpétuel. Elmire avait toujours aimé les affaires et elle put les vivre par procuration à travers ce jeune champion qui donnait des coups, en recevait, mais demeurait toujours le héros, le prodige éblouissant qui gagnait tout le temps.

À peine venait-il d'acheter une entreprise qu'elle l'encourageait à se porter acquéreur d'une autre. Il connut d'autant mieux sa mère qu'il était devenu très tôt son protecteur. Encore aujourd'hui, il a une admiration extraordinaire pour la force d'Elmire [10].

L'adolescence

Si les parents de Pierre Péladeau ont eu une influence déterminante sur son destin, c'est cependant au collège et dans ses premiers emplois qu'il commença à manifester le caractère et les aptitudes qui allaient faire de lui un magnat des affaires.

Toutes ses études peuvent se caractériser par quelques mots clés : révolte, dérision, débrouillardise seraient de ceux-là. Au collège Jean-de-Brébeuf, Pierre Péladeau ressentit durement sa position d'enfant d'une famille dorénavant modeste face à la richesse de ses camarades. Brébeuf était alors le collège où se formait l'élite : un Pierre Elliott Trudeau, par exemple, faisait chaque matin le trajet qui le menait au collège dans le confort d'une limousine avec chauffeur. Pierre Péladeau, lui, parcourait à pied une distance d'environ deux milles. Ce n'était cependant pas l'envie qui tenaillait le jeune étudiant, mais un profond sentiment d'injustice. Chaque jour, à l'heure du goûter, le collège offrait aux élèves une petite brioche, que ceux-ci accompagnaient d'une bouteille de lait à cinq cents. Pierre Péladeau n'avait pas la pièce de monnaie nécessaire. Il prétextait qu'il n'aimait pas le lait et tentait d'étouffer sa rage en avalant sa brioche ! Enfin, un fait qu'il ne connut que bien plus tard confirme sa position marginale au collège :

Ma mère avait passé un marché avec le recteur : elle payait à moitié prix. Quand je l'ai su, ça m'a terriblement choqué, j'étais furieux contre ma mère. J'étais au collège comme « quêteux », par charité [11]...

Cet ensemble de facteurs contribua à développer chez le jeune garçon une grande frustration, qu'il assouvissait alors en rêvant à sa richesse future.

Au collège, les autres avaient de l'argent dans leurs poches, moi je n'avais pas un sou. Je me sentais à part. Je me suis dit : « Ça ne sera pas toujours comme ça! Bientôt, je vais tous pouvoir vous acheter, bande de caves! » J'ai commencé à penser comme ça vers 10 ou 12 ans [12].

Mais ces projets ne suffisaient sans doute pas à endiguer la révolte de Pierre Péladeau, car il devint aussi assez turbulent. Il devait aller au collège Sainte-Marie pour faire ses belles-lettres, mais son séjour y fut de courte durée. Il en fut expulsé pour avoir séché un cours… à la taverne. Il revint donc à Brébeuf pour terminer ses études, mais subit là aussi les foudres de l'autorité, cette fois pour une question de politique. C'était l'époque de la conscription. Le général Laflèche, candidat libéral dans Outremont, appuyait évidemment cette mesure. Il avait comme adversaire Jean Drapeau. Ce dernier représentait les conscrits; sa contestation de la conscription lui valait une hostilité non déguisée de la part des institutions et des médias. Seul le journal *Le Devoir* présentait la position de Drapeau de façon honnête. Le groupe de Drapeau s'organisa donc pour faire distribuer ce journal gratuitement dans tout Outremont afin de faire connaître son programme. Des étudiants du collège Brébeuf furent recrutés à cette fin. Pierre Péladeau était de ceux-là. Le collège avait quant à lui des obligations envers les adversaires de Drapeau et il n'appréciait pas la contre-publicité. Refusant de se soumettre, Pierre Péladeau dut aller terminer sa scolarité à la faculté de philosophie de l'Université de Montréal.

Parallèlement à ses études, Pierre Péladeau avait commencé à manifester son esprit d'entreprise. L'été, il était responsable de l'entretien de courts de tennis à Outremont, mais ses bénéfices venaient surtout de la concession de restaurant du terrain, où il vendait illégalement de la bière aux joueurs altérés. L'hiver, juste avant Noël, il vendait des sapins de porte en porte ou au coin des rues. Il raconte plaisamment de quelle façon il palliait son manque de capital de départ. Il achetait ses sapins le vendredi et s'arrangeait pour se les faire livrer en fin d'après-midi. Une fois que les arbres étaient déchargés par le cultivateur, Pierre Péladeau lui annonçait qu'il payait par chèque. Celui-ci, dépité mais ne voulant tout de même pas recharger son camion, repartait avec un chèque qu'il ne pouvait encaisser que le lundi. Les ventes de la fin de semaine assuraient à Pierre Péladeau des fonds suffisants pour couvrir le chèque à la réouverture des banques.

Tandis qu'il préparait sa licence en philosophie, Pierre Péladeau s'intéressa tout particulièrement à Nietzsche. Il fit ensuite son baccalauréat en droit à l'université McGill, bien qu'il admette aujourd'hui ne rien connaître au droit. Il passa ses examens de justesse ; il menait en effet une existence tumultueuse, peu propice au succès académique. Se voyant comme un futur imprésario, il organisait des « débats oratoires » sur des sujets farfelus, remplissant ses salles... et sa caisse. Ce fut aussi à cette époque qu'il toucha au journalisme pour la première fois. Enfin, la vie de célibataire, avec ses multiples intrigues amoureuses et ses fêtes perpétuelles où l'alcool était généreusement mis à contribution, ne laissait pas beaucoup de temps à l'étude.

S'il réussit la plupart de ses examens à force d'étude frénétique à la dernière minute, Pierre Péladeau connut cependant l'échec dans un domaine.

> Dans ma dernière année de droit, j'ai coulé [...] mon examen de comptabilité. Cet échec a peut-être été pour moi une des grandes victoires de ma vie. J'ai compris qu'il me fallait m'entourer de très bons comptables si je voulais réussir en affaires. Cet échec m'a aussi appris qu'il serait sage de doubler ce comptable-là d'un très bon avocat.
>
> Bien que je sois diplômé en droit, j'étais le premier à reconnaître que je n'y connaissais rien et que le droit, sans expérience valable, c'est de la chansonnette. Cet échec a donc été pour moi un grand atout. Comme quoi il faut savoir retourner un échec en une victoire [13].

Les maîtres

Indépendant et jaloux de sa liberté, Pierre Péladeau s'est toujours débrouillé pour ne pas avoir de patron. Dans la même optique, il n'a pas eu durant sa jeunesse de maître ou de mentor. Tout au plus mentionne-t-il le père Éthier, à la faculté de philosophie. C'était un dominicain qui, mettant à profit ses origines rurales, enseignait la métaphysique selon des méthodes très personnelles. Déjà ennemi de la prétention, Pierre Péladeau aimait en cet homme l'authenticité et la simplicité.

> Ses cours étaient basés sur des exemples de terrien, de cultivateur : « Tu as trois carottes, deux tomates puis deux livres de patates... », des exemples dans cet esprit-là. Il était drôle, sym-

pathique, et surtout authentique. Il enseignait la métaphysique qu'il vivait[14].

Mais les vrais maîtres de Pierre Péladeau ont surtout été de grands hommes, figures symboliques sur lesquelles il projetait son idéal.

À la faculté de philosophie, il avait étudié Nietzsche. La vision du monde que Pierre Péladeau avait développée dut trouver là une assise théorique qui lui convenait : il retint de Nietzsche un aspect bien précis, celui d'une division du monde entre forts et faibles. Depuis plusieurs années, il avait décidé de se ranger du côté des forts. Cette vision allait déterminer entre autres un solide athéisme que Pierre Péladeau conserva jusqu'à son entrée dans le mouvement des Alcooliques Anonymes (A.A.). Si aujourd'hui il soutient que rien n'est plus important pour lui que d'avoir la foi, il ne regrette pas cette période.

> J'avais vingt ans et je me fichais de Dieu et du diable. Ça a été une expérience qui m'a mis en place, qui m'a appris à ne me fier qu'à moi. J'ai été comme ça toute ma vie jusqu'à ce que j'entre dans les A.A., jusqu'à ce que je découvre Dieu dans les A.A. Je ne me fiais à personne, je réglais mes choses moi-même, je faisais, moi, ce que j'avais à faire. Ça a eu du bon[15] !

Si l'influence de Nietzsche s'est estompée avec le temps, l'autre héros romantique de la jeunesse de Pierre Péladeau, Beethoven, demeure toujours pour lui une référence centrale. Il a découvert le compositeur pendant ses années de droit. Il consacrait avec un groupe d'amis des soirées entières à l'écoute de musique classique. Pierre Péladeau donnait la place d'honneur à Beethoven, et ses amis devaient insister pour que d'autres compositeurs soient au programme.

> Pour lui, la musique de Beethoven allait au-delà de la simple construction mélodique. Beethoven recherchait de courts motifs renfermant des idées et des émotions puissamment expressives [...][16].

Il ne s'agissait pas d'une musique désincarnée : elle avait un sens parce que Beethoven, selon les mots de Pierre Péladeau, « parlait de ce qu'il avait vécu ». À travers l'art du compositeur, Pierre Péladeau en arrivait à voir en Beethoven un idéal humain.

> Le seul maître que j'ai eu en réalité, c'est Beethoven. C'est un homme qui n'a pas peur. C'est un homme qui défie le destin et

qui le bat. C'est un homme puissant, qui n'accepte pas la défaite [17].

L'exemple de Beethoven fut particulièrement utile à Pierre Péladeau lorsqu'il se trouva confronté à des phases de dépression, avant de cesser de boire.

> J'étais incapable de projeter la possibilité d'un insuccès, la possibilité que je puisse me tromper. C'est là que Beethoven a été extrêmement précieux pour moi. La tension, l'angoisse, l'anxiété, il les canalisait pour en faire autre chose, il transposait cela en joie [18].

Encore aujourd'hui, Beethoven est au centre de la vie de Pierre Péladeau, autant par sa musique que par son exemple. Pierre Péladeau considère que Beethoven est « l'homme qui a le plus apporté à l'humanité » [19].

Quebecor d'hier à aujourd'hui

La carrière d'imprésario de Pierre Péladeau ne vit jamais le jour : informé que le *Journal de Rosemont* était à vendre, il emprunta 1 500 $ à sa mère et l'acheta. C'était en 1950. Pierre Péladeau avait brièvement abordé le journalisme à l'université ainsi qu'au journal *Le Canada*, mais rien ne le destinait spécifiquement à une carrière dans ce domaine. L'absence d'hésitation et l'art de saisir l'occasion au vol caractérisent cette acquisition, des qualités qui sont encore aujourd'hui centrales pour Pierre Péladeau. Ces aptitudes semblaient couler de source chez lui. On pourrait voir là la raison pour laquelle il ne s'embarrasse pas d'explications théoriques : ce sont la pratique et l'action qui donnent des résultats.

> On devient entrepreneur en prenant la décision de l'être, d'abord, et en « fonçant dans le paquet », c'est tout. Ce n'est pas compliqué. Les affaires, c'est comme la vie. Il n'y a rien de compliqué là-dedans [20].

> Comme les Américains disent : « KISS : KEEP IT SIMPLE, STUPID. [21] »

Cette attitude devait porter fruit pour Pierre Péladeau. Deux ans après sa première acquisition, il possédait cinq hebdomadaires régionaux, il allait faire l'acquisition d'une presse d'imprimerie l'année suivante; l'empire Quebecor était en route. Pierre Péladeau devait démontrer à plusieurs reprises cet opportunisme positif. Sa réalisation la plus éclatante en ce domaine, et qui revêt un caractère symbolique, est sûrement le lancement du *Journal de Montréal*. Le *Journal* fut mis sur pied en trois jours lors d'une grève de *La Presse* en 1964. Mais d'autres exemples de cette capacité de réagir rapidement à diverses situations abondent. Le *Journal de Québec* fut mis sur pied en sept jours en 1967. Les Messageries Dynamiques, pour leur part, furent organisées en 24 heures : 50 camions furent achetés en un après-midi.

Malgré sa volonté profondément enracinée de toujours gagner, tout n'a pas été facile pour Pierre Péladeau. Son statut d'entrepreneur francophone dans un monde dominé par les anglophones, ses opinions politiques clamées bien haut, ses prises de position colorées face à l'establishment, tout cela ne lui apporta pas que des admirateurs. Son entreprise fut bien des fois confrontée à des manques de liquidités ou à des fournisseurs — imprimeries, distributeurs, papetières — dont les services laissaient à désirer, occupés qu'ils étaient à servir des clients plus respectables. Ces faits déterminèrent le type de croissance dans laquelle s'engagea Quebecor.

Depuis le jour où Pierre Péladeau a acquis le *Journal de Rosemont* jusqu'à l'acquisition de Donohue ou l'association avec Robert Maxwell, la structure de son entreprise a en effet évolué radicalement. Cette évolution s'est faite par l'acquisition et la création d'autres journaux et imprimeries ainsi que par une stratégie continue d'intégration verticale. À la fin de l'exercice financier 1989, on peut tracer le portrait suivant de Quebecor :

Quebecor inc. (la « Compagnie ») est une entreprise publique œuvrant dans le domaine des communications, au Canada et aux États-Unis, et elle emploie 17 100 personnes.

Par le biais de ses filiales Groupe Quebecor inc., Imprimeries Quebecor inc. et Mircor inc., la Compagnie exerce ses activités dans trois secteurs : édition et distribution, imprimerie, produits forestiers.

Groupe Quebecor inc. publie 4 quotidiens, 38 hebdomadaires régionaux, 2 hebdomadaires artistiques, 7 mensuels d'affaires, le *Super Hebdo* de Montréal, 13 magazines et des livres ; elle distribue des publications, des livres, des disques et du matériel photographique et fabrique également des albums photos et des calendriers.

Imprimeries Quebecor inc. regroupe les activités d'impression. L'acquisition en octobre 1988 de 23 ateliers du réseau d'imprimerie de Bell Canada Entreprises inc., ainsi que l'entente de principe afin d'acquérir Maxwell Graphics en font le premier imprimeur commercial au Canada et le deuxième en Amérique du Nord.

Mircor inc. regroupe toutes les activités des produits forestiers de Donohue inc. et ses filiales [22].

À cause de l'étendue de ses activités (voir les annexes I et II), la gestion de Quebecor exige aujourd'hui une planification serrée, des systèmes de contrôle, des services appropriés pour les différents secteurs de la société, etc. L'entreprise n'est plus l'affaire d'un seul homme, et pour répondre à cette réalité, Pierre Péladeau a dû déléguer des responsabilités.

Les collaborateurs

Cette démarche n'était pas nouvelle pour Pierre Péladeau. Conscient qu'il ne pouvait tout connaître, il s'était adjoint dès ses débuts deux collaborateurs essentiels : le comptable Charles-Albert Poissant et l'avocat Wilbrod Gauthier, qui exercent aujourd'hui leurs compétences là où celles de Pierre Péladeau s'arrêtent. Les collaborateurs sont très importants à ses yeux, et il leur demande une attitude précise.

> J'exige de mes collaborateurs qu'ils soient capables d'apprendre vite, qu'ils aient le sens de la décision et qu'ils en prennent sur leurs épaules. Ça ne me fait rien que quelqu'un fasse des erreurs. Je le comprends en autant qu'il pose des gestes. Évidemment, s'il n'y a que des erreurs, ça ne va pas. Mais ce qui m'intéresse, c'est la « moyenne au bâton » [23].

Pierre Péladeau s'attend à ce que ses collaborateurs soient autonomes. Son propre rôle est donc selon lui de mettre « les bonnes personnes aux bons endroits ». Le choix des collaborateurs est décisif parce qu'il met en jeu l'avenir de l'entreprise. Ainsi, s'il n'intervient pas dans le domaine de son vice-président aux Ressources humaines, l'engagement quotidien de nouvelles ressources, Pierre Péladeau s'assure d'être présent lorsqu'il s'agit de choisir des cadres supérieurs. Il a une liste de critères détaillée :

> Quelqu'un qui traîne de la patte, qui est incapable de prendre des décisions, je n'en veux pas. Je veux avoir quelqu'un qui fonce. Il ne faut pas non plus qu'il soit naïf. Enfin, j'ai horreur des snobs, des prétentieux. C'est pour cette raison que les M.B.A. me tombent souvent sur les nerfs : je n'en ai pas connu beaucoup qui étaient valables. Le reproche principal que je fais aux M.B.A., c'est qu'ils manquent sérieusement d'imagination. Or l'imagination, pour la gestion d'une affaire, c'est absolument capital : autrement, on tombe dans une gestion *by the book*. C'est surtout cela le malheur des M.B.A. [24]

Ces qualités ou ces défauts ne sont pas toujours décelables au premier abord, ou encore à l'examen des compétences d'un candidat. Pierre Péladeau privilégie donc un contact direct, où son flair et son instinct sont mis à contribution.

> Tu as beau avoir un curriculum vitæ extraordinaire, quand tu arrives dans les faits, ça ne fonctionne pas toujours. Alors je vais parler longtemps avec les candidats. Je vais aller manger avec eux, les regarder se tenir, les écouter parler de leur femme, de leurs enfants. Je les « passe au cash » [25].

Une fois que ce choix est effectué, que les « bonnes personnes sont aux bons endroits » [26], Pierre Péladeau considère que son rôle consiste essentiellement à motiver ses troupes.

> La chose la plus importante, c'est d'être un motivateur, de donner de l'élan aux gens. Il s'agit d'intéresser les gens à ce que je fais et à la façon dont je le fais, sans les empêcher de procéder à leur manière si elle est meilleure [27].

Mais il reconnaît lui-même que cette ouverture aux façons de faire des autres ne lui est pas toujours facile. Envers ses enfants particulièrement, il lui arrive d'être péremptoire. Mais finalement, dit-il, « on s'assoit et on se comprend ».

Trois des enfants de Pierre Péladeau travaillent chez Quebecor. À 66 ans, Pierre Péladeau pense évidemment à une retraite éventuelle. Un de ses enfants lui succédera-t-il à la tête de l'entreprise ?

M. Péladeau souhaite plutôt qu'il y ait un intérim entre lui et l'un de ses enfants. Après le prochain président et chef de la direction, « que le meilleur l'emporte » [28].

Le parti pris de Pierre Péladeau pour l'apprentissage par l'expérience a pu contribuer à déterminer le cheminement de ses enfants. Érik Péladeau a géré sa propre entreprise, les Étiquettes LeLys, avant de se joindre à son père. À son fils Pierre-Karl, qui désirait faire un M.B.A. à Harvard, il a fait valoir les avantages de travailler dans l'entreprise paternelle à divers dossiers d'acquisitions majeures.

Pierre Péladeau désire garder dans ses rapports avec ses collaborateurs la simplicité qu'il privilégie aussi dans tous les autres domaines. Les relations humaines sont donc basées sur une franchise exigeante.

Je suis simple avec tout le monde. Je ne crois pas que les gens me craignent, mais ils savent que je ne suis pas un fou. S'ils jouent au fou, ils savent que ça ne marchera pas. Je tiens à ce qu'ils me parlent directement. Ceux qui ont peur ne m'intéressent pas [29].

Pierre Péladeau déplore d'ailleurs que d'une façon générale, les gens soient gouvernés par la peur.

Il y a beaucoup de peur, alors que les gens devraient être motivés par l'amour. S'il y avait plus d'amour, il y aurait moins de peur [30]...

Les remarques de Pierre Péladeau nous mènent donc insensiblement à sa vision globale de l'existence. Il ne peut en aller autrement pour cet homme qui, ayant trouvé son équilibre, a aussi trouvé une cohérence unissant tous les domaines de sa vie.

Une vision du monde

L'actuelle vision du monde de Pierre Péladeau est sans doute fortement tributaire de son passé d'alcoolique. Non qu'il soit désabusé, aigri ou prématurément vieilli, au contraire : il a recanalisé une force négative en énergie constructive.

Le fait est connu, et lui-même n'en fait pas mystère : Pierre Péladeau a déjà eu de sérieux problèmes avec l'alcool. Il avait toujours tout mené de front : de multiples intrigues amoureuses, sa vie familiale, son entreprise qui à elle seule exigeait un engagement total, et des soirées et des nuits passées à « prendre un coup », tout cela pendant des années.

À cinq heures, quand j'avais fait ma journée, je faisais venir une couple de gars dans mon bureau et on partageait une bouteille de scotch. Après, vers sept heures ou sept heures et demie, on allait manger. Au restaurant, on prenait une ou deux bouteilles de vin, trois ou quatre cognacs, ainsi de suite... Il était 10 heures : on ne pouvait pas retourner chez nous tout de suite ! On avait tous une ou deux blondes, alors... Je rentrais chez moi à trois ou quatre heures du matin. C'était toujours comme ça[31].

Il aurait sans doute continué sur sa lancée pendant quelques années encore, tant que le corps aurait consenti à avancer. Mais c'est l'esprit qui se rebelle le premier : des remises en question incontournables s'imposèrent à Pierre Péladeau.

Ce n'est pas un homme heureux qui prend un coup. Impossible. Celui qui se « pacte la gueule », c'est parce que sa vie est pénible. Mais l'alcool est un dépresseur. Peu de gens savent cela. Ils s'imaginent qu'en prenant un scotch, ils vont se remettre d'aplomb. Ce n'est pas vrai, au contraire, on se « cale ». C'est ce qui m'est arrivé. Je n'avais plus d'intérêt pour quoi que ce soit : j'avais fait le tour du monde, j'avais la maison que je voulais, les aventures que je voulais, l'argent que je voulais. J'en avais soupé. J'ai passé à deux pouces de me tirer une balle dans la tête[32].

Mais les circonstances en décidèrent autrement. Une amie le poussant avec insistance à assister à une réunion des Alcooliques Anonymes, il finit par se rendre à son invitation. Il alla à plusieurs réunions, sans vraiment y participer, jusqu'au jour où le témoignage d'un alcoolique, Roger, le frappa de plein fouet. Pierre Péladeau s'était reconnu, et soudain commençait à accepter qu'il était peut-être, lui aussi, un alcoolique :

Roger parle et il parle d'endroits où il a pris un coup et il se trouve que je buvais aux mêmes places que lui. Les gars qui avaient parlé dans les autres assemblées avaient parlé de l'hôtel

Laliberté. Je n'ai jamais pris un coup là de ma vie, moi. Ni à Saint-Donat. Le Mansfield, je connais bien ça, le Copacabana aussi, et le Yacht-Club que j'avais connu et leur personnel aussi. C'est pas brillant mais, comme Roger avait bu aux mêmes endroits que moi, je me suis identifié à lui. Moi qui ai déjà pensé que j'étais intelligent, voilà que j'admettais que j'avais un problème d'alcool parce que le gars qui parlait avait bu aux mêmes endroits que moi. C'est fort, ça, non [33] ?

Aux Alcooliques Anonymes, Pierre Péladeau découvrit l'entraide et la fraternité, le don gratuit qu'il ne pouvait concevoir auparavant. Il changea de mode de vie, se mit à faire du sport. Depuis 11 ans, il nage tous les jours dans la piscine qu'il s'est fait construire chez lui. Il s'agit pour Pierre Péladeau d'une hygiène physique et mentale essentielle, en laquelle il trouve un ressourcement de ses énergies. Quand il nage, il dit ne penser à rien : c'est la plénitude et la régularité du mouvement qui importent alors. Il fait parfois venir un maître-nageur pour corriger son style.

Pierre Péladeau a donc appris à intégrer dans son quotidien la philosophie du « 24 heures à la fois ».

Le défi pour moi aujourd'hui, c'est de réussir la journée. Qu'est-ce que je vais faire pour la réussir correctement ? Je vais tenter d'apporter quelque chose autant à moi-même qu'à mon monde, aux gens qui sont autour de moi [34].

La foi

Peu après l'entrée de Pierre Péladeau dans le mouvement des Alcoolique Anonymes, la foi a commencé à faire partie de sa vie.

Je ne me souviens pas que les gens récitaient le « Notre Père » à la fin des assemblées. Ils le récitaient sans aucun doute mais je ne m'en souviens pas ! J'ai entendu seulement au moment où je fus prêt, puisque au début ça m'aurait choqué. J'ai découvert la foi plus tard [35].

C'est à l'occasion d'un voyage en avion entre Val-d'Or et Montréal que Pierre Péladeau allait avoir une première révélation. Matérialiste absolu, il était à l'époque complètement imprégné de cette façon de penser. Le monde pour lui était mené par l'argent. Pierre Péladeau raconte cette transition entre deux philosophies opposées :

On est cinq dans l'avion et je n'aime pas ça. J'ai même le sentiment que cet avion-là peut tomber parce que ça ne leur coûtera pas cher d'assurance, on n'est que cinq à bord ! J'aime pas ça ! Le gars qui pilote, je l'ai jamais vu de ma vie. Et il mène ma vie, là ! Il a ma vie dans ses mains. Tout à coup qu'il est « paqueté » ! Tout à coup, il m'est apparu clairement que si ce gars-là menait ma vie, il y avait quelqu'un qui menait la sienne. Je me suis dit que Dieu menait sa vie, et j'ai éprouvé un sentiment profond de sécurité [36].

La conviction de Pierre Péladeau est cependant éminemment personnelle. Pour lui, la foi n'est pas une affaire d'Église.

La religion catholique et la plupart des religions que je connais entretiennent chez leurs adhérents un sentiment de peur et de culpabilité.
Il y a une nette différence entre la religion et la spiritualité. La religion, c'est du commerce et la spiritualité, c'est la recherche de Dieu [37].
Je crois en Dieu. Je ne suis pas intéressé à aller dans les églises. Ils me font hurler, ils ne vivent que de symboles. Ce n'est pas cela, la foi. La foi c'est une relation avec Dieu, point. C'est simple [38].

S'il la vit sur le mode individuel, cela n'empêche pas Pierre Péladeau de faire partager sa foi et son expérience lorsque cela peut être utile. Il donne de nombreuses conférences aux Alcooliques Anonymes, mais aussi dans d'autres milieux. C'est qu'il est devenu central dans sa vie de donner.

Quand tu prends de l'alcool, tu ne peux pas découvrir la possibilité d'apporter quelque chose à autrui. C'est impossible parce que tu penses à toi et à rien d'autre. Les gens qui prennent de l'alcool sont incroyablement égoïstes d'un côté, mais ils ont en eux une possibilité extraordinaire d'altruisme [39].

Le don

Les activités extraprofessionnelles de Pierre Péladeau sont extrêmement variées et peuvent paraître disparates. Mais de son engagement au Pavillon Ivry-sur-le-Lac à la présidence du conseil d'administration de l'Orchestre métropolitain, il n'y a pas tant de distance. Pour lui, il s'agit toujours d'apporter son appui à ceux qui en ont besoin. Il s'occupe donc de la diffusion de la culture musicale avec l'Orchestre métropolitain, qu'il a contribué à sortir d'une impasse financière. De plus, pour faire connaître les jeunes talents musicaux du Québec, il a transformé la petite chapelle du chemin Sainte-Marguerite à Sainte-Adèle en salle de concert et d'exposition. Il est activement engagé dans l'administration du Pavillon Ivry-sur-le-Lac, qui s'occupe de la réhabilitation d'hommes ayant des problèmes d'alcool; l'Auberge du nouveau chemin œuvre dans le même sens pour les femmes. Il est aussi membre du conseil d'administration de la Maisonnée d'Oka consacrée au rétablissement des drogués. Fait que Pierre Péladeau n'aurait sans doute jamais imaginé, un des membres de sa famille a dû être hébergé à la Maisonnée d'Oka. Enfin, il s'intéresse activement au Centre de jeunesse Immaculée-Conception et à la Magnétothèque. Pour Pierre Péladeau, ces diverses activités ne sont certes pas qu'une question de « visibilité » :

J'ai découvert une chose dans la vie, c'est que plus tu aides quelqu'un, plus ça te revient. Plus on donne, plus on reçoit [40].

Il ne s'agit pas uniquement de faire un chèque pour satisfaire sa conscience. Au contraire, il faut en plus donner de sa personne. Donner de ses idées. Donner de ses talents [41].

C'est peut-être face aux mourants que Pierre Péladeau a effectué le don de soi le plus exigeant. Plusieurs de ses amis ont été atteints par le cancer et il les a accompagnés jusqu'au bout. Cela lui a donné l'occasion d'aller au-delà de la peur et de développer une réflexion intime et originale sur la mort.

Pierre Péladeau apprécie la simplicité, la franchise, la décision. La façon dont il voit le temps qui précède la mort est marquée par sa personnalité. Pour lui, c'est une sorte de moment de vérité.

Les gens qui ont leur mort à assumer ne trichent pas avec la vie qui leur reste [42].

La maladie est donc l'occasion de prises de conscience sur la vie, sur le sens de la vie. C'est ainsi qu'un de ses amis a pu lui dire :

> J'ai vécu toute ma vie dans le ressentiment. J'ai haï tout ma vie. J'ai haï tout le monde : mon père, ma mère, mes frères. J'ai haï mes patrons, mes amis. J'ai fait une erreur toute ma vie. La vie, c'est l'amour. Si j'avais aimé, je ne serais pas aussi malade [43].

Pierre Péladeau dit n'avoir pas peur de la mort, à cause de sa foi. Mais la maladie et la souffrance inutile lui sont inadmissibles. « Dieu est amour et ne veut pas plus la souffrance que le péché originel », affirme-t-il. Il a déjà mis un ami cancéreux devant une alternative : ou il prenait la morphine que lui prescrivait le médecin et qui aurait soulagé ses souffrances, ou Pierre Péladeau cessait d'aller le voir. Mais si la médecine peut soulager nombre de souffrances, elle ne peut éviter la déchéance physique qui accompagne certaines agonies. Pierre Péladeau ne peut tolérer cette déchéance, le fait de devenir un fardeau.

> J'ai vu un gars qui était membre des Alcooliques Anonymes, un ancien « bouncer » de club fait fort comme un arbre, sa paire de mains en faisait deux comme la mienne. Ce n'était pas un gars lettré, mais une nature d'homme. Il devait peser dans les 190 livres, et je l'ai vu descendre à 110, 105 livres. Il ne souffrait pas, il n'avait pas peur de la mort. Mais il était à la merci de tout le monde. Juste un détail : aller faire faire ses besoins naturels à un gars qui pèse 105 livres, c'est une « job ». Et ce n'est pas toujours joli [44]...

Pierre Péladeau explique que s'il était condamné, il refuserait d'imposer sa déchéance physique aux autres.

> Moi, je ne vivrai pas cela. Je veux éviter d'emmerder tout le monde autour de moi si on me diagnostiquait un cancer ou une maladie grave. Je me « tirerai » au moment qui fera mon affaire [45].

Il envisage cette fin sereinement, sans peur. La mort est pour lui un « processus naturel », et il en parle même avec ses proches, qui cependant n'ont pas tous ce degré de détachement. Cette volonté de choisir le moment de sa propre fin constitue en définitive un trait qui ne surprend pas chez Pierre Péladeau. N'est-il pas un homme qui a voulu, d'un bout à l'autre, décider de son destin ?

NOTES

1. Entrevue avec Pierre Péladeau réalisée en août 1988.
2. Michèle Parent, sous la direction de Marcel Côté. « Quebecor inc. », cas rédigé dans le cadre du séminaire en gestion stratégique « Le rôle du président », École des Hautes Études Commerciales, Montréal, 1988, p. 12.
3. Entrevue, *op. cit.*
4. *Ibid.*
5. Colette Chabot, *Péladeau*, éditions Libre Expression, Montréal 1986, p. 260.
6. Entrevue, *op. cit.*
7. *Ibid.*
8. *Ibid.*
9. *Ibid.*
10. Colette Chabot, *op. cit.*, p. 22.
11. Entrevue, *op cit.*
12. *Ibid.*
13. Colette Chabot, *op. cit.*, p. 145.
14. Entrevue, *op cit.*
15. *Ibid.*, p. 203.
16. *Ibid.*, p. 42.
17. Entrevue, *op. cit.*
18. *Ibid.*
19. Colette Chabot, *op. cit.*, p. 43.
20. Entrevue, *op cit.*
21. Colette Chabot, *op. cit.*, p. 140.
22. *Rapport annuel 1989*, Quebecor inc., p. 3.
23. Entrevue, *op cit.*
24. *Ibid.*
25. *Ibid.*
26. Daniel Boily, in *Finance*, 12 octobre 1987.
27. Entrevue, *op. cit.*
28. Jean-Paul Gagné, « Pierre Péladeau se cherche un président », *Les Affaires*, 18 juin 1988, p. 3.
29. Entrevue, *op. cit.*
30. *Ibid.*
31. *Ibid.*
32. *Ibid.*
33. Colette Chabot, *op. cit.*, p. 211.
34. Entrevue, *op. cit.*

35. Colette Chabot, *op. cit.*, p. 212.

36. *Ibid.*

37. *Ibid.*, p. 221.

38. Entrevue, *op. cit.*

39. *Ibid.*

40. *Ibid.*

41. Colette Chabot, *op. cit.*, p. 147.

42. *Ibid.*, p. 219.

43. *Ibid.*, p. 220.

44. Entrevue, *op. cit.*

45. *Ibid.*

ANNEXE I
Chronologie abrégée du développement de Quebecor inc.

1950
Achat du *Journal de Rosemont*
1950-1954
Acquisition de :
– *L'Est Montréalais*
– *Journal de Saint-Michel*
– *Guide de Saint-Laurent*
– *Guide de l'Est*
Fondation de l'Imprimerie Hebdo
1957
Lancement des *Nouvelles Illustrées*
1963
Fondation de l'Imprimerie Montréal-Magog
1964
Lancement du *Journal de Montréal*
1965
Constitution de Quebecor inc.
Fondation des Messageries Dynamiques inc.
1967
Lancement du *Journal de Québec*
1969
Acquisition de :
– *Échos-Vedettes*
– Imprimerie Dumont inc.
1970
Fondation des Encres du Québec inc.
1971
Fondation de l'Imprimerie Montréal-Magog
1972
Émission publique d'actions ordinaires et inscription à la Bourse de Montréal et à l'American Stock Exchange

1973
Acquisition de :
– Etco Photo Color ltée (janvier)
– 75 % des Éditions du Réveil ltée, Jonquière (octobre)
Emménagement du siège social au 225, rue Roy Est (octobre)
Fondation de Publications Fax inc. (octobre)
1974
Acquisition de :
– Les Publications du Nord-Ouest, Val-d'Or
– la revue *Vivre* (mai)
– Imprimerie Lebonfon, Val-d'Or (mai)
– *L'Écho Abitibien limitée* et sa filiale *The Val-d'Or Star*
– Imprimerie J.G. Roberge ltée
– *La Frontière*
– Rouyn-Noranda Press
– Le journal *Le Nordic Baie-Comeau/Hauterive*
Création de Quebecor Informatique
1975
Acquisition de :
– *Sunday Express*
– Les Éditions Nordiques, Baie-Comeau
– Wilson Publishing Co. of Toronto Ltd, puis fusion en août avec les opérations de Graphic Web Ltd (janvier)
– l'*Avenir de Sept-Îles Journal* (1974) inc. et sa filiale Les Éditions Le François inc. (décembre)
Constitution des Publications Quebecor (englobent les diverses publications achetées ou lancées par Quebecor)

1976

Acquisition du Service de Musique Trans-Canada ltée et sa filiale inactive Disbec inc. (février)

1977

Acquisition de :
- Graphic Web, Concord, Ontario
- des actifs de l'imprimerie Saisons Press Ltd.

Création des Éditions Quebecor, maison d'édition de livres

Lancement du *Philadelphia Journal*

1978

Acquisition des actifs de l'imprimerie Daisons Press Ltd

1979

Création du Groupe Quebecor inc. dans le but de fusionner certaines filiales de Quebecor inc., soit :
- Quotidiens Quebecor inc.
- Les Publications Quebecor (1975) inc.
- Les Publications Quebecor inc.
- Les Éditions Nordiques inc.
- Les Éditions du Réveil ltée
- Publications du Nord-Ouest inc.
- Les Distributions Quebecor inc.
- Les Messageries Dynamiques inc.
- Imprimerie Montréal Offset inc.
- Le Service de musique Trans-Canada (1979) inc.
- Etco Photo Color inc.
- Télémonde inc.

Investissement dans Télémonde inc. (40 %)

1980

Acquisition de :
- 51 % des actions émises des Annuaires unis (Québec) inc. (janvier)
- Les Publications Plein Jour inc. (juillet)

- Les Publications B.D.G. inc. (juillet)
- Les Publications Le peuple inc., Lévis (octobre), soit :
  - *Peuple-Courrier* de Montmagny (octobre)
  - *Peuple-Tribune* de Lévis (octobre)
  - *Peuple de la Chaudière* (octobre)
  - *Peuple-Hebdo* de Lotbinière (octobre)

Lancement de la revue *Filles d'aujourd'hui*

1981

Acquisition par 102249 Canada Ltd. de Communications des Cantons inc.

Acquisition de l'*Écho de la Lièvre* (octobre)

Arrêt de la publication du *Philadelphia Journal*

1982

Acquisition de :
- *L'Hebdo de Portneuf* (avril)
- L'imprimerie St-Romuald Offset (avril)
- L'imprimerie Barclay inc. (mai)
- L'hebdo *Le Point* (novembre)

1983

Acquisition de :
- *Winnipeg Sun* (février)
- Central Manitoba Publishing Co. (février)
- Québec Livres et du réseau de distribution de Hachette International Canada inc. (mai)

Investissement dans la Société Canadienne de Communications Premier Choix (5,1 %) (janvier)

Lancement des revues *Coup de peigne* et *Les idées de ma maison*

1984

Acquisition de :
- *Citoyen d'Asbestos* (mai)
- *L'Aviron* (mai)

– une majorité d'actions dans Les Studios Gosselin ltée (70 %) (juin)
– 50 % du Centre Éducatif et Culturel inc. (juin)
– Les Éditions Chaudet inc. et J.E.P. inc. (juillet)
– Beauce Média (septembre)
– L'imprimerie La Compagnie de l'Éclaireur ltée (novembre)

1985

Acquisition de :
– 80 % des actions de Wilson & Lafleur ltée (février)
– Les Éditions du Richelieu (mars)
– Pendell Printing inc. (mars)
– Photo Mitchell inc. (mars)
– 50 % des actions de Web Press Graphics Ltd. (Vancouver) (avril)
– Centre Couleur du Photographe Professionnel ltée (mai)
– Somerset Publishing Company inc. (août)
– Les Éditions Thélème inc. (août)
– Journal l'*Information du Nord* (novembre)

Création de :
– Une filiale américaine : Quebecor America inc.
– Média Distribution

Lancement de la revue *Allure* (août)

Participation dans Reliure Gala inc. (51 %) (octobre)

1986

Acquisition de six hebdomadaires régionaux :
– *Les Éditions du Richelieu* (janvier)
– *L'Écho du Nord* (janvier)
– Le journal *Le Mirabel* (janvier)
– *Le Sommet de Sainte-Agathe* (janvier)
– Le *Journal des Pays d'en Haut* (mars)
– *La Voix Gaspésienne* (octobre)

Acquisition de :
– Atelier de composition des Pays d'en Haut inc. (mars)
– Manufacture canadienne de calendriers ltée (avril)
– Une participation majoritaire de Quebecor America inc. dans The Eusey Press, inc. (avril)
– Prestolitho ltée (juin)
– Diffusion Franco Canadienne Les Presses de la Cité ltée (août)
– Judico inc. (novembre)
– Semline inc., la quatrième aux États-Unis (novembre)

Fusion de Trans-Canada avec Groupe de Musique Expert inc.

1987

Acquisition de :
– Beauport Express (février)
– Desmarais & Frères ltée (février)
– Journal l'*Informateur agricole* (mars)
– Forever Plastics Corp. (mars)
– *L'Exclusif* (avril)
– d'une part majoritaire de Modern Printing & Lithography inc. (US) (avril)
– Color Craft Litho inc. (mai)
– *Les Actualités d'Asbestos* (juin)
– *Le Soleil d'Orford* (juillet)
– une participation majoritaire dans Donohue inc. (juillet)
– *La Vallée de la Chaudière* (octobre)
– Librairie Yvon Blais (novembre)
– *The Record*, à Sherbrooke (décembre)
– Imprimerie Barclay inc. et Claybar inc. (décembre)
– Book Press inc. et de Holyoke Lithograph Co. inc. (décembre)
– Polypromotions-Roynon inc. (décembre)
– Les Studios Gosselin (30 %) (décembre)

1988
- Distribution R.D.C. (janvier)
- Gestion Saint-Laurent inc. (février) (Le Saint-Laurent Écho et Le Portage)
- Imprico Limitée
- Plamondon, Borgia Publicités inc. (mai) (Le Pont et Le Martinet)
- Western Press inc. (mai)
- Imprimerie Nationale Joliette ltée (juin)
- Société de Gestion Bélanger-Roy ltée (juin) (L'Information Mont-Joli)
- Distributions J.C. inc. (juin)
- Corporation de Développement des Laurentides (juillet) (Le Décideur)
- Vancouver Typesetting Co. Ltd. (juillet)
- Litho Repro Mtl (août)
- Distributions Courtemanche et Fils inc. (août)
- *Le Touladi* (août)
- Les Éditions Publi-Budget inc. (septembre)
- secteur imprimerie de BCE Publitech inc. et ses filiales (octobre) :
  - Ronalds
  - British American Banknote
  - Matthews Ingham and Lake inc.
  - Alphatext
  - Sanford Evans Communications Ltd.
- Annuaire téléphonique judiciaire et de Annuaire des Affaires du Québec (novembre)
- 80 % des Placements Le Nordais ltée (Les Éditions Le Nordais ltée) (décembre)
- Specialties Bindery inc. (décembre)

Emménagement du nouveau siège social de Quebecor au 612, rue Saint-Jacques (février)

Lancement du *Montreal Daily News* (mars)

Lancement du *Super Hebdo* (septembre)

Rachat des actions de SOGIC dans Groupe de Musique Trans-Canada (septembre)

1989

Acquisition de :
- Reliure Gala inc. (janvier)
- Federated Lithographers-Printers (Rhode Island) (novembre)

Annonce de l'acquisition de Maxwell Graphics (octobre)

Fermeture du *Montreal Daily News* (décembre)

Fusion avec TransMo inc. (avril)

Inauguration de l'imprimerie Ronalds, à Bromont (juin)

Investissement de 10 millions de dollars au *Journal de Québec* (août)

Relocalisation de Distribution Trans-Canada au 2620, route Transcanadienne, à Montréal (avril)

Relocalisation du secteur magazines au 7, chemin Bates, à Outremont (avril)

Restructuration de la Compagnie en trois filiales (février)

1990

Acquisition de :
- Maxwell Graphics (février)
- Presses rotatives avec sécheur de l'imprimerie Metroland (Ontario) (octobre)

Programme d'équité en matière d'emploi (février)

Programme de rachat d'actions (octobre)

ANNEXE II

Faits saillants pour l'exercice terminé le 31 décembre

	1990	1989	1988	1987
Exploitation (en milliers de $)				
Revenus	2 433 726 $	1 755 482 $	1 426 910 $	863 651 $
Bénéfice d'exploitation	153 106	156 866	195 801	100 626
Bénéfice tiré des activités maintenues	35 831	27 589	35 213	27 145
Bénéfice net	77 945	18 542	32 374	26 875
Fonds provenant de l'exploitation	232 000	202 741	218 624	106 894
Par action				
Bénéfice tiré des activités maintenues	1,52 $	1,17 $	1,78 $	1,46 $
Bénéfice net	3,31	0,79	1,63	1,45
Dividendes	0,24	0,24	0,22	0,18
Avoir des actionnaires	14,25	11,53	11,02	8,40
Nombre d'actions catégories A et B (en milliers)	23 566	23 569	23 568	18 579
Nombre d'actionnaires inscrits	1 864	2 287	3 588	2 789
Situation financière (en milliers de $)				
Fonds de roulement	453 363 $	180 299 $	199 892 $	210 007 $
Actif total	2 725 884	1 878 397	1 787 046	1 417 663
Avoir des actionnaires	340 469	271 679	259 816	156 002
Employés	17 100	13 100	12 500	8 900
Rendement de l'avoir moyen				
Tiré des activités maintenues	11,7 %	10,4 %	16,9 %	17,8 %
Net	25,5	7,0	15,6	17,6

Note : Tous les montants sont en dollars canadiens.
Source : *Rapport annuel 1990*, Quebecor inc., p. 1.

Michel Hidalgo ou la vérité de l'être
Gémellité et leadership[1]

Lorsque Michel Hidalgo arrête, comme prévu, sa carrière de sélectionneur national et directeur technique des équipes de France de football au cours de l'été 1984, il est l'un des personnage les plus populaires de France, un homme qui a su toucher le cœur des foules, créer un mouvement d'enthousiasme autour du football, écrire la plus belle page de l'histoire du football français : une équipe de France demi-finaliste de la coupe du monde 1982, championne d'Europe 1984, championne olympique 1984 enfin, grâce à la réussite immédiate de son successeur formé et désigné par lui, Henri Michel. Michel Hidalgo est alors proposé par le premier ministre pour devenir ministre des Sports (proposition qu'il refusera).

Triomphe absolu que rien ne laissait prévoir si l'on en croit les observateurs avisés du monde sportif et médiatique. À tel point qu'au moment du départ anticipé de Stefan Kovacs dont il est l'adjoint, pas un journaliste spécialisé ne pense à Michel Hidalgo. C'est du moins ce qu'indique G. Ernault, responsable de la rubrique football au quotidien *L'Équipe* : « ce n'est même pas concevable », se souvient-il, ayant encore en mémoire l'image de « porteur de ballons »[2] qui traînait aux basques de Michel Hidalgo dans les salles de rédaction des journaux sportifs. Celui-ci est, à ce moment, l'anti-leader par excellence tant sa discrétion, son effacement contrastent avec l'éclat de ses prédécesseurs.

Ce cas a été préparé par Gilles Amado, professeur à HEC-ISA, Jouy-en-Josas, France. Il est destiné à servir de base à une réflexion sur le leadership et à la discussion en commun. Il ne prétend pas présenter un exemple de solution correcte ou fautive des problèmes d'administration.

371

Le cas de Michel Hidalgo permet d'approfondir la réflexion à la fois sur les conditions d'émergence d'un leader et sur la nature psychosociale du leadership.

Le principal reproche qu'on puisse faire aux théories du leadership est en effet leur côté parcellaire trop univoque. Elles insistent tantôt sur la variable personnalité, tantôt sur la situation et le contexte ; lorsqu'elles intègrent les deux, elles sous-estiment la dimension inconsciente aussi bien au plan individuel que collectif.

Au-delà des recherches menées jusqu'à ce jour, j'aimerais montrer, à travers l'exemple de Michel Hidalgo, comment le leadership s'articule autour d'une constellation de variables étroitement imbriquées dont trois peuvent être considérées comme centrales :

- la légitimité technique du leader aux yeux des membres de son équipe et des experts du domaine ;
- la force de son identité personnelle, de ses convictions, sa consistance aussi, produits de sources inconscientes et de choix conscients ;
- la résonance émotionnelle de son style, de son message, de son identité dans l'imaginaire groupal et social.

La carrière de footballeur de Michel Hidalgo

L'image de Michel Hidalgo reste celle d'un très bon joueur de football, vif, inspiré, bon technicien même s'il n'est pas devenu une vedette en ce domaine.

Né en 1933 dans le nord industriel de la France, élevé dans une famille et dans une cité ouvrières, Michel Hidalgo commença très tôt à taper dans un ballon avec son frère jumeau Serge, puis à jouer des tours aux autres gamins dans les rues de la cité grâce à la ressemblance hallucinante entre les deux. « C'est d'abord dans les face à face permanents qui nous ont opposés balle au pied, pendant des heures et des heures, que j'ai découvert les joies du dribbleur et que j'ai commencé à cultiver des dons particuliers qui allaient s'épanouir ensuite », déclare-t-il dans le dernier chapitre de son livre, celui consacré à sa propre histoire[3]. Peut-être ces joies du dribbleur sont-elles assorties de sentiments plus complexes si l'on en croit l'énigmatique exergue qui préside à son « Hidalgo story » : « J'ai appris à dribbler en tête-à-tête avec

Serge, c'est-à-dire avec moi-même ». Mais nous reviendrons plus loin sur les effets possibles de la gémellité.

Toujours est-il que les frères Hidalgo commençaient à faire merveille dès l'âge de 14 ans dans une équipe de patronage. Là, ils furent très vite repérés (Michel surtout) par les entraîneurs d'un club plus huppé qui les engagèrent aussitôt, faisant même jouer Michel en catégorie senior alors qu'il était encore junior.

Les cinq buts qu'il marqua alors, un beau dimanche, au célèbre Havre Athlétic Club lui valurent quelques mois plus tard un transfert dans ce grand club où il signa son premier contrat professionnel, en 1952. Deux ans plus tard, il entrait au stade de Reims, équipe qui, avec Lille, dominait à l'époque le football français. Cependant, il y était difficile de décrocher une place de titulaire indiscutable dans une ligne d'attaque prestigieuse. Jeune au milieu de personnalités marquantes et de techniciens hors pair (Kopa, Fontaine, Jonquet, etc.), il ne réussit pas à s'épanouir aussi complètement qu'à Monaco où, trois ans plus tard (en 1957) il commença à prendre l'assurance d'un futur capitaine, jouant au milieu du terrain. « Je me suis glissé dans la peau d'un leader, d'un chef qui doit penser autant à la bonne marche de l'équipe qu'à son action personnelle. Je crois avoir surtout cherché à être un équipier disponible. Cette équipe monégasque respectait l'adversaire, jouait pour gagner autant que pour s'amuser » [4].

« Glissé » sans bruit, modestement, dans la peau d'un leader, c'est-à-dire d'un homme responsable des autres, « équipe », disponibilité de chacun envers la collectivité, respect de l'adversaire, plaisir du jeu, autant de thèmes qui deviendront centraux dans son style de management et qui furent expérimentés sur le terrain avec joie intérieure et succès à la clé. Car, à Monaco, Michel Hidalgo remporta la Coupe de France en 1959, le Championnat de France l'année suivante, le doublé Coupe-Championnat en 1963 en tant que capitaine de l'équipe. Une sélection heureuse (suite à une défection d'un joueur titulaire) en équipe de France en 1962 couronna une carrière somme toute très honorable.

Les années dans l'ombre

Du milieu des années 1960 à 1975, Michel Hidalgo disparut pratiquement de la scène publique. Joueur professionnel jusqu'en 1967, il continua à jouer chez les amateurs quelque temps, puis monta un magasin de diététique à Monaco. Toutefois, deux occupations allaient sans doute l'aider sur la voie du leadership. Il devint responsable syndical pour défendre les joueurs à une époque où ceux-ci étaient attachés complètement à leur club jusqu'à l'âge de 35 ans, taillables et corvéables à merci, les dirigeants ayant tout pouvoir pour transférer des joueurs dans un autre club, même contre leur gré.

Gérard Ernault considère qu'il fit là œuvre de pionnier, mû peut-être par ce sentiment de solidarité issu de son milieu d'origine. Original, il tranchait sur le groupe sans jamais se montrer agressif ni « pétardier ». Il était à la tête du mouvement beaucoup plus comme un animateur, « un leader en douceur », que comme un Robespierre.

Dans cette période intermédiaire, Michel Hidalgo passa aussi son diplôme d'entraîneur et il sortit major de sa promotion, concrétisant un goût et des capacités d'éducateur qui allaient pouvoir s'appliquer bientôt.

En 1970, il entra à la Direction technique nationale, nouvellement créée, ce qui fut considéré par beaucoup comme une voie sans issue pour un homme qui aurait pu briguer un poste plus prestigieux tel que l'entraînement d'un club. Adjoint de Georges Boulogne (Direction technique nationale) en 1972, Michel Hidalgo est un homme « très, très en retrait [...] qui semble confiné dans ce rôle d'obscur subalterne, [...] de porteur de ballons », indique Gérard Ernault. Lorsque Georges Boulogne se retire en 1973 après l'élimination de l'équipe de France de la Coupe du Monde, jamais il n'est question de Michel Hidalgo, pourtant son second, pour le remplacer. Fernand Sastre, président de la Fédération française de football, va alors chercher Stefan Kovacs en Hollande où il a dirigé une des équipes les plus prestigieuses du monde, l'AJAX d'Amsterdam. Kovacs, qui a suivi des stages en France et y a connu de nombreux entraîneurs, s'intègre facilement à l'univers du football français. Après un homme d'autorité et d'organisation tel que Boulogne, Michel Hidalgo se trouve alors confronté, avec Kovacs, à un « homme plein d'allégresse, de vivacité, d'astuce, qui savait tenir tout le monde sous le charme grâce à un bagout, voire à un baratin formidable... Michel Hidalgo, dans l'ombre de Boulogne et Kovacs, ces deux leaders, ne semblait plus devoir en bouger » explique G. Ernault. Peut-être Michel Hidalgo attendait-il son heure ? « Non... non... non, je ne pense pas qu'il espérait quoi que ce soit, qu'il avait projeté quoi que ce soit », poursuit G. Ernault, qui pense traduire là le sentiment de ses confrères de la presse spécialisée.

La surprise est donc grande lorsque, Kovacs rentrant prématurément en Roumanie, Fernand Sastre préfère Michel Hidalgo pour lui succéder à Albert Batteux et à Robert Herbin, tous deux entraîneurs des deux équipes les plus prestigieuses du football français, Reims et Saint-Étienne.

Le « réveil de la belle au bois dormant [5] »

Fernand Sastre avait-il senti qu'il suffisait de mettre Michel Hidalgo en confiance pour que son potentiel se révèle ? Sans aucun doute. Et il était bien placé pour jouer ce rôle de soutien, lui qui avait quelque chose d'un père au rayonnement incontestable, à la droiture rare, sans reproche, épris de justice comme son protégé. C'est donc fort de ce soutien que Michel Hidalgo va se révéler du jour au lendemain. « Car, ce qu'il faut bien dire », insiste G. Ernault, « c'est que là on découvre un autre gars, complètement ! »

Cet « autre » personnage affirme rapidement une identité assez claire et une gamme de capacités qui rappelle la trilogie « technique — conceptuelle — humaine » des talents nécessaires au manager efficace évoquée il y a longtemps déjà par R. Kahn [6].

Des options stratégiques radicalement nouvelles

Cet aspect est sans doute le moins connu du grand public, plus sensible au personnage humain d'Hidalgo. Et pourtant c'est celui qui conférera au sélectionneur national sa légitimité technique aux yeux des spécialistes et permettra de libérer l'enthousiasme des joueurs.

S'opposant au « football total » de Kovacs (tout le monde attaque, tout le monde défend), au « combat physique » de Boulogne (il faut se mesurer physiquement avec l'adversaire avant tout), Michel Hidalgo prône :
- un retour à la spécialisation des rôles : les attaquants attaquent, les défenseurs défendent ;
- l'insistance sur la technique et le jeu technique, court, rapide, qui est la force des joueurs français ;
- l'attaque et la prise de risque plutôt que l'économie tactique ;
- la priorité aux qualités individuelles des joueurs par rapport à un système de jeu définitif.

Michel Hidalgo s'appuie donc sur ce qu'il perçoit comme l'identité profonde du football français, plus ou moins disqualifiée dans le passé. Par là même, il proposera une réhabilitation du joueur français, jusque-là dénigré, mais aussi des formules techniques particulièrement audacieuses (l'association Platini-Giresse, une ligne centrale composée de trois n° 10, etc.) qui s'appuient sur la confiance d'Hidalgo dans le talent individuel des joueurs et dans leur capacité à inventer une interaction efficace. Selon G. Ernault :

> Michel Hidalgo aura été tout ce qu'on n'attendait pas, avec une vision vraiment à lui [...] il a fait une révolution tranquille.

Contrairement à Kovacs, il ne laissera pas passer un Michel Platini (l'un des meilleurs joueurs de l'histoire du football mondial) qu'il intègre tout de suite dans l'équipe, béat d'admiration devant tant de classe, de qualités esthétiques. Il opère, de plus, des choix judicieux parmi des jeunes joueurs et de moins jeunes qui n'avaient pas eu leur chance jusqu'alors.

Un « talent politique » très intuitif

Beaucoup d'observateurs ont dit de Michel Hidalgo qu'il a eu la chance de bénéficier d'une bonne « cuvée » de joueurs, d'une génération exceptionnelle. C'est sans doute vrai. Si, depuis 1960, l'équipe de France stagnait à un rang modeste dans le concert international, un mouvement avait toutefois été lancé pour contrecarrer un tel état de fait. Une politique systématique de détection des jeunes talents et de formation fut en effet mise en place sous l'impulsion de Henri Guérin dès la fin des années 60. La création de nombreux centres de formation et de l'Institut National de Football à Vichy en 1972 allait permettre l'éclosion de jeunes talents. Fernand Sastre comme Michel Hidalgo, très au fait du travail éducatif mené dans les centres, avaient flairé l'avancée dans l'ombre du football d'élite. D'une certaine façon, il n'y avait qu'à en profiter.

Par ailleurs, l'échec relatif de ses prédécesseurs servait objectivement Michel Hidalgo dans le développement de ses propres idées. Si la venue d'un des entraîneurs les plus célèbres du monde, tel Kovacs, n'avait pas apporté les résultats escomptés, quel était le risque à tenter quelque chose de différent ? Comment la presse sportive et les techniciens du football pouvaient-ils s'attendre à ce que Michel Hidalgo réussisse mieux que le grand Stefan Kovacs ? De plus, n'était-ce pas ce même Fernand Sastre qui était allé chercher Kovacs qui donnait aujourd'hui sa confiance à Michel Hidalgo ?

Les conditions se trouvaient donc réunies pour le mouvement, pour l'innovation. Michel Hidalgo souhaitait que ce mouvement soit partagé, collectif, sentant que rien ne pourrait se passer de profond sans le soutien des clubs français et de la presse. C'est pourquoi il s'appuya constamment sur les clubs, sollicitant l'avis de leurs entraîneurs, les engageant dans la reconquête d'une image pour le football français[7]. Sa disponibilité vis-à-vis de la presse fut qualifiée d'« inouïe » par Gérard Ernault. Toutes ses conférences de presse étaient préparées avec soin, avec le souci de présenter des images et des slogans pédagogiques. Toujours prêt à répondre aux questions, même les plus dures, Michel Hidalgo fit en sorte que, la plupart du temps, l'équipe de France soit une « maison de verre »[8], poussant son respect pour cette profession jusqu'au recrutement, dans son personnel, d'une personne directement chargée d'assurer la bonne régulation des relations avec la presse.

L'homme effacé qu'était Hidalgo jusqu'en 1976 apprivoisa même les médias au point de devenir un homme de communication recherché par toutes les chaînes de télévision pour des émissions sportives, voire culturelles. C'est que le personnage Hidalgo dépassait le cadre du football en raison de la nature même de son message.

« Habileté humaine » et philosophie de management

Ce troisième aspect est certainement le plus marquant, celui aussi qui peut nous conduire aux confins de l'imaginaire. Le talent de psychologue de Michel Hidalgo s'appuie sur une conception profondément humaniste qu'il a tenté d'allier avec l'efficacité sans que celle-ci prenne nécessairement le dessus. Tout tourne autour des notions de groupe, d'équipe, de solidarité, d'unité, de dialogue, de qualités de la personne, de plaisir du jeu, de responsabilité et de développement personnel.

Tout d'abord, finis les cris de guerre[9], les chants patriotiques démonstratifs de ses prédécesseurs :

Pas question de parler de couteaux entre les dents, de baïonnettes, de chars d'assauts ou de je ne sais quoi. Aborder la haute compétition mentalement, c'est primordial. Cela ne signifie pas pour autant qu'on se prépare à la guerre. Il s'agit en fait que chacun se prenne en charge, psychologiquement aussi bien que physiquement.

Nous formons un groupe au confluent des qualités et des ambitions de chaque joueur. Il ne faut surtout pas que ces qualités individuelles soient bridées. Il faut au contraire qu'elles s'intègrent dans la collectivité. La préparation mentale dont je parle, c'est arriver à ce que le mot *équipe* colle à notre peau [10].

Pour cela, il faut bien sûr un recrutement de valeur qui privilégie des joueurs techniquement forts mais pétris aussi de ces qualités humaines que Michel Hidalgo apprécie au point d'y faire référence explicitement quand on réclame son jugement sur l'un ou l'autre de ses joueurs.

La proximité avec ses joueurs est donc très grande sur le plan humain, et comme, techniquement, la cuvée est bonne, Michel Hidalgo peut laisser libre cours à ses valeurs, à sa philosophie du management, très démocratique, d'inspiration quasi lewinienne si l'on en croit sa réflexion sur l'autorité [11] :

Pour en revenir à l'autorité, j'estime pour ma part qu'elle n'est pas forcément une arme efficace. Le commandement autoritaire provoque des réactions de soumission passive ou d'agressivité. Ne pas avoir de goût pour l'autoritarisme ne veut pas dire en avoir pour le laisser-aller. Le meilleur moyen d'avoir de l'autorité sur les joueurs, c'est de leur faire comprendre qu'ils sont dignes d'intérêt, c'est donc par une collaboration, une concertation, qu'on peut aboutir à une véritable coopération.

Il faut entretenir constamment un dialogue discret avec les joueurs, une collaboration facilitée par un état d'esprit unitaire. S'il y a des oppositions, il faut les accepter pour les clarifier. La force de chacun doit renforcer celle de l'autre. Le vrai chef respecte et suscite l'initiative des joueurs, même s'il les oriente finalement vers ses propres certitudes. Il ne faut pas être au-dessus des joueurs, mais avec eux, leur permettre d'exprimer leur personnalité. La difficulté, bien sûr, est de concilier l'autorité avec la concertation. L'entraîneur doit posséder un esprit de synthèse, être capable d'utiliser toutes les opinions. Agir comme les autres n'est guère compromettant, agir avec les autres est plus difficile mais plus exaltant. La fonction d'entraîneur exige une certaine éloquence et un sens aigu des relations humaines.

Michel Hidalgo est donc bien conscient qu'une fois les joueurs recrutés, il convient surtout de créer un climat propice au travail. Même les schémas tactiques les plus élaborés ne seront rien s'il ne règne pas une entente entre les joueurs. D'où les stages répétés de trois jours à la veille des matches au cours desquels tous apprennent à se connaître, à travailler et à s'amuser ensemble.

L'unité du groupe, c'est essentiel, comme il le confirme à un journaliste qui lui demandait ce qui lui avait fait le plus plaisir après France-Écosse : « L'unité du groupe, l'identité de vues, le dialogue entre tous les participants. Avez-vous vu comment ils se concertent tous avant de tirer un coup franc [12] ? »

Hidalgo a créé son groupe. Il le protégera contre vents et marées, fermant même la porte aux journalistes à la veille d'un match capital de qualification pour la Coupe du Monde. « Le sélectionneur est un bouclier, affirme-t-il avec force. Il doit toujours défendre les joueurs, le jeu », ce qui peut le conduire à ce combat intérieur contre ses propres pulsions dont il dit lui-même qu'il l'oblige à adoucir, à édulcorer, à relativiser ses propres impressions et commentaires, au grand regret des journalistes sportifs, parfois déçus de propos pas assez nets et spectaculaires à leur goût.

Un autre trait caractéristique de son talent de psychologue, c'est la constance dans la confiance accordée aux joueurs choisis, même en cas de défaillance individuelle. Un cas illustre ce trait, celui de Didier Six, qui se trouvait au fond du désespoir après avoir raté ce penalty qui aurait ouvert les portes de la finale du Mundial 1982 à l'équipe de France. Tout le public avait encore en mémoire ce « drame » associé à un joueur par ailleurs considéré comme « fantasque ». Pour le protéger des quolibets du public parisien, Hidalgo ne le fit pas jouer à Paris tout de suite après la Coupe du Monde, mais il le nomma capitaine de l'équipe de France pour la première fois lors d'un match qui se déroula au Luxembourg. Michel Hidalgo restera fidèle à ses conceptions, à un style de jeu esthétique plutôt qu'à la recherche de la victoire à n'importe quel prix, à un fantasme, un idéal qu'il tentera de faire coller au réel. À la question d'un journaliste : « Votre discours tenu sur une sorte d'idéal de pureté fait-il aussi partie de cette fonction de rempart ? Est-il aussi un élément de dédramatisation de la compétition ? » Michel Hidalgo insistera pour montrer comment le rêve éveillé peut fonctionner comme un moteur de l'action humaine. « Non », répondra-t-il à la veille du Championnat d'Europe 1984, « c'est notre credo. Il faut toujours chercher à allier la beauté du jeu, exemple de sportivité, avec la recherche de la victoire. Chimère ? Je ne sais, mais c'est de cela que je rêve, haut et fort, pour ce mois de juin. Je redescendrai peut-être sur terre mais ce ne serait pas une catastrophe. Cela n'enlèverait rien à la richesse du groupe. Je ne ramènerai jamais tout à un simple critère de victoire ou d'échec ». Et comme pour montrer la légitimité d'un tel idéal : « Je ne trouve pas ce discours si paradoxal que cela. Vaincre n'est pas incompatible avec qualité de jeu. C'est toujours lorsqu'elle jouait bien que l'équipe de France a obtenu ses meilleurs résultats : 1958 et 1982 ».

Michel Hidalgo disait vrai lorsqu'il parlait ainsi en 1984, mais le parcours de son équipe fut loin d'être de tout repos.

Un parcours tendu (1976-1984) : credo, doutes, soutiens

Une telle philosophie devait être mise à l'épreuve du terrain, sous l'œil intrigué, voire narquois de certains spécialistes, qui se demandaient bien comment des principes aussi généreux pouvaient déboucher sur des victoires. C'était une « bonne » question qui allait alimenter les commentaires tout au long du parcours de l'équipe de France.

Un premier événement allait rapprocher le public de Michel Hidalgo et de son équipe : un arbitrage « scandaleux » d'un certain M. Foot à l'occasion d'un match de qualification capital pour la Coupe du Monde 1978. Michel Hidalgo en a pleuré, prenant fait et cause pour ses joueurs. « C'est tellement injuste de priver d'une victoire des joueurs qui se battent, se dépassent et sont à la merci d'un homme. Comme Saint-Étienne, cette équipe forme un bloc. À partir d'aujourd'hui, nous pouvons dire que nous avons une équipe de France » [13].

Ainsi naquit cette équipe d'Hidalgo, un soir d'octobre 1976 en Bulgarie, à l'occasion d'un mini-drame qui avait produit une immense émotion collective. Michel Hidalgo n'était pas au bout de ses peines. Il allait pourtant pleurer de joie un an plus tard, sous l'œil des caméras cette fois, à l'issue de la qualification pour la Coupe du Monde 1978. Première qualification pour une Coupe du Monde depuis 12 ans. Hidalgo en larmes : « C'était plus de faiblesse qu'autre chose, dira-t-il, je regrette de le faire en public, mais cela ne se commande pas ».

C'est aux alentours de cette période que l'équipe de France obtiendra des résultats exceptionnels, battant l'Allemagne et le Brésil. Le beau jeu payait, suscitant l'enthousiasme des foules. Mais l'équipe de France, à la veille de la Coupe du Monde, n'était encore que « la championne du monde des matches amicaux », comme on la qualifiait alors avec des sentiments mêlant le sarcasme et l'espoir. Au cœur de ces sentiments contrastés se trouvait Michel Hidalgo, avec sa pureté, sa « vision romantique et surannée », comme la décrit ce grand technicien du football qu'est J.P. Rethacker[14]. Le talent de cette équipe allait-il pouvoir se concrétiser dans une compétition aussi impitoyable que la Coupe du Monde en Argentine ? « Une grande fête, maintient Michel Hidalgo, voilà ce que devrait toujours être un événement sportif aussi considérable, même si son déroulement est entrecoupé de déceptions, de larmes et de drames »[15].

Tout commença dans le drame avec cette tentative d'enlèvement dont il fut l'objet juste avant le départ pour l'Argentine de la part de membres d'une organisation demandant le boycott du Mundial argentin. Michel Hidalgo en fut bouleversé au point d'envisager de ne pas aller en Argentine. Il s'y rendit quand même mais l'idée de fête s'était éteinte dans son cœur. « La Coupe du Monde ne représente plus pour moi ce qu'elle représentait il y a quelques mois »[16], déclara-t-il à la veille de son départ. L'extrême sensibilité du sélectionneur sera confirmée par lui-même à l'issue de cette Coupe du Monde, sous forme d'un aveu relatif à cet incident dramatique :

> Je voudrais signaler que pendant les huit premiers jours de la préparation en Argentine, j'ai été très perturbé par l'agression dont j'avais été victime la veille du départ. Il m'est resté un blocage, un poids dont je n'ai pu me défaire, la joie de participer à ce Mundial était envolée. Cela m'a empêché de voir toutes les choses, tous les multiples aspects du problème d'une façon décontractée. Déjà pris dans un engrenage implacable, je n'avais pas besoin d'un tourment supplémentaire[17].

L'équipe de France sera éliminée dès le premier tour du Mundial argentin, non sans avoir fourni un jeu de grande qualité, reconnu comme l'un des plus beaux par les experts du monde entier. Mais les faits étaient là aussi : deux défaites sur trois matches. Michel Hidalgo en voudra à une certaine presse d'avoir exagéré des incidents mineurs (par exemple, l'affaire des « chaussures » conduite par certains joueurs qui auraient souhaité obtenir une prime supérieure pour le port de chaussures Adidas), d'avoir « essayé ainsi de nous dresser les uns contre les autres, de fissurer le bloc »[18] comme il l'affirmera. Dans son tourment, le sélectionneur trouvera une certaine lumière grâce au groupe, à son équipe, au sein de laquelle le leader naturel qu'est Michel Platini fera écho spontanément aux désirs de cohésion chers à Michel Hidalgo. Un geste touchera profondément ce dernier au lendemain des deux premières défaites. Michel Platini viendra en effet lui dire :

> Si vous voulez, ne me faites pas jouer le dernier match contre les Hongrois. D'ailleurs, avec les copains, nous avons pensé qu'il serait peut-être bon de faire jouer les remplaçants afin que tout le groupe ait participé à cette Coupe du Monde [19].

Michel Hidalgo avait en lui-même cette intuition, mais attendait à ce moment-là pour sentir la réaction possible des titulaires. « Cet élan spontané et ce mouvement collectif et humain m'ont soulagé et bien aidé, en même temps qu'ils me touchaient profondément, me prouvant que le bloc restait homogène [20]... » C'est ce groupe qui l'aidera à poursuivre son chemin. Car, au retour d'Argentine, en 1978, l'espoir et la déception sont mêlés : le beau jeu n'a pas suffi et les controverses demeurent. Michel Hidalgo, encore sous le choc émotionnel de sa première Coupe du Monde, déclare : « J'aimerais rester deux ans en retrait pour souffler » [21], ce que ses supérieurs lui refusent, souhaitant le voir poursuivre son œuvre. Encouragé en particulier par le fidèle président Sastre, Michel Hidalgo accepte alors, en profitant pour restructurer son encadrement et améliorer l'équilibre familial en permettant à sa femme de trouver un emploi plus satisfaisant (de psychologue pour enfants et non plus d'instructrice).

Dès septembre 1978 démarrent les matches de qualification pour le Championnat d'Europe 1980. La France, à Paris, fait match nul contre la Suède [22], perd un point qui lui manquera toujours et sera éliminée de ce championnat d'Europe auquel elle ne participera même pas. L'« absence de réalisme » est l'expression utilisée par tous pour qualifier cette équipe, antithèse de l'équipe d'Allemagne, par exemple, qui lui donne une véritable leçon à ce niveau en automne 1980. L'image d'Hidalgo est toujours celle d'un humaniste, un peu rêveur, sensible, fragile, pas nécessairement adapté aux « combats » des compétitions modernes. Les critiques sont à leur comble à l'automne 1981 après deux défaites (contre l'Irlande et la Belgique) en matches de qualification pour la Coupe du Monde 1982 en Espagne. Hidalgo doit-il partir ? « Pour la première fois dans ma carrière de sélectionneur, je me suis senti vide, inutile, impuissant ; j'avais l'impression de ne plus tenir les rênes de l'équipe ; tout me glissait entre les doigts, comme de l'eau. Je me demandais vraiment ce que je pouvais faire, je me sentais soudain très seul, car la solitude, c'est le prix de l'insuccès »[23]. Hidalgo aurait sans doute craqué, comme il le reconnaît lui-même, sans le soutien permanent, solide, chaleureux d'un entourage d'autant plus précieux qu'il incluait, aux premiers rangs, les dirigeants du football français. C'est eux qui lui permirent d'« aspirer à nouveau à la lutte[24] » pour le combat de la dernière chance contre la Hollande, celui qui pouvait ouvrir les portes de la deuxième Coupe du Monde consécutive ou signer l'échec « définitif » de Michel Hidalgo.

Celui-ci allait resserrer les rangs, rappeler les anciennes gloires du football français pour donner la bonne parole, organiser des réunions de concertation, de préparation technique à huis clos, « renarcissiser » les joueurs en insistant sur leurs capacités plutôt qu'en analysant leurs faiblesses. Une réunion, plus que toute autre, avait été déterminante : le rendez-vous de Satolas, au cours duquel le sélectionneur avait tenu à mettre sa position en jeu face aux joueurs. « Moi-même, vis-à-vis d'eux, il fallait que j'assume pleinement la responsabilité des échecs. On m'avait reproché de ne pas être assez sévère ni assez répressif avec eux, et même à la limite de ne pas penser à quelques sanctions financières qui auraient pu soi-disant les toucher. Mais j'ai justement voulu leur dire dans mes causeries que je tenais à rester le même, que j'avais toujours privilégié un certain état d'esprit constructif, optimiste et humain, dans le sens de la dignité, sans jamais rabaisser les hommes dans la défaite »[25]. Ce rappel de son credo fut donc accompagné d'un appel « dramatique » : « Si c'est le mauvais choix, dites-le moi, et nous nous quitterons en buvant une coupe de champagne. Après tout, je me suis peut-être trompé moi aussi ». Fort de la sympathie et de l'adhésion de tous qu'il reçut en écho à son appel, le sélectionneur put donc responsabiliser chacun et son groupe pour parvenir à la victoire qui ouvrait les portes de l'Espagne. « Ce soir, nous sommes bien avec nous-mêmes. Le groupe dont je dispose est vraiment extraordinaire au plan humain », déclarera-t-il avec émotion au soir du 18 novembre 1981, date de la victoire contre la Hollande.

Pour la préparation de son second Mundial, Hidalgo inaugurera la formule du stage en altitude pour des raisons médicales (tonification physique), mais aussi afin de poursuivre un second objectif « plus important encore, de vivre une expérience de groupe à laquelle je tiens énormément au moment où le sport se déshumanise », confiera-t-il[26].

Cette coupe du monde espagnole démarra comme celle d'Argentine, par une défaite ressentie d'autant plus douloureusement qu'elle jetait un doute sur les bienfaits de la préparation en altitude. Heureusement, celle-ci allait peut-être produire ses effets positifs puisque l'équipe de France gagnait ensuite tous ses matches jusqu'à cette demi-finale dramatique où elle se trouvait éliminée après les prolongations, à l'issue de l'épreuve des penalties qui avait provoqué quelques arrêts du cœur dans les chaumières françaises. Parcours et match historiques, quatrième place mondiale, échec devant « l'ogre » allemand, encore mené 3-1 à deux minutes du coup de sifflet final et dont le goal avait sauvagement abattu un joueur français en toute impunité. Tout était en place pour conférer à cet événement l'aura d'une épopée étroitement associée au personnage profondément humain représenté par le sélectionneur.

Deux autres images allaient frapper l'imaginaire collectif : celle de Michel Hidalgo se précipitant pour sauver un tout jeune supporter français (muni d'un drapeau) des mains de la police espagnole à quelques minutes du début du match contre le Koweit (21 juin 1982) ; son état nerveux et physique enfin au cours de ce même match. Lorsqu'un émir koweitien descendit sur le terrain pour demander, du haut de sa splendeur, qu'un but français fût annulé, Hidalgo se précipita à son tour, vêtu d'un short et d'un polo rayé qui le faisaient ressembler davantage à un enfant qu'à un responsable d'équipe et l'auraient rendu « ridicule » face à ce cheikh majestueux et hautain, si l'on en croit plusieurs commentaires. En fait, ces deux images allaient montrer surtout la qualité de l'être qu'est Michel Hidalgo : sensible, vrai, amoureux de la justice, pourfendeur des faux-semblants. Elles restèrent gravées au fond du cœur d'un nombre croissant d'admirateurs de tous âges.

On ne pouvait plus nier la qualité du football français, ni sa capacité à dépasser ses limites dans une compétition d'envergure, même si l'échec face à l'Allemagne restait encore en travers du gosier. « Il faudra beaucoup de temps pour digérer cette défaite » pressentit Hidalgo, en ce soir de drame du 8 juillet 1982 à Séville. C'est que le football à panache avait été poursuivi même à 3-1 où n'importe quelle autre équipe aurait sans doute fermé, contrôlé, ralenti le jeu pour conserver un résultat qui conduisait la France à sa première finale dans l'histoire d'une Coupe du Monde.

Le plaisir du jeu et la philosophie d'Hidalgo n'avaient-ils pas atteint, là encore, leurs limites, privant même cette équipe, somme toute géniale, d'une victoire possible ? On pouvait reprocher, rêver. Le doute subsistait dans les esprits, d'autant plus crispant que l'équipe de France avait perdu contre l'Allemagne, ennemi historique. Après le match, certains joueurs et responsables allemands disaient même que, eux, à la place des Français, n'auraient jamais perdu un tel match, ravivant par là même un antagonisme dont Michel Hidalgo, indirectement, pouvait faire les frais aujourd'hui. 1940-1982 ? Les idées généreuses vaincues par la force, l'organisation, la masse athlétique, la brutalité, la technique froide ? Il y avait de cela.

Michel Hidalgo était attendu au prochain rendez-vous : celui du Championnat d'Europe organisé sur le territoire français, et pour lequel la France était qualifiée d'office. Cela signifiait qu'elle ne pouvait se mesurer à d'autres équipes qu'au plan amical, sans enjeu, jusqu'à l'échéance du mois de juin 1984. De plus, bénéficiant de l'avantage du terrain, elle était donnée favorite du tournoi. La France ne déçut pas ses supporters. Elle gagna ce championnat de belle manière, non sans avoir frisé la catastrophe en demi-finale, menée par le Portugal à cinq minutes du coup de sifflet final.

À ce moment précis, Hidalgo pouvait craindre d'être considéré par certains observateurs comme un humaniste mais aussi un « perdant » (échec d'Europe). Il devint un héros en cinq minutes grâce au sursaut de l'équipe qui gagna *in extremis* contre le Portugal puis l'Espagne, l'« ennemi » allemand ayant été éliminé plus tôt.

Le triomphe de Michel Hidalgo trouva ses prolongements dans celui de son successeur désigné, Henri Michel, qui, en charge de l'équipe olympique juste avant de le remplacer, gagna la finale aux Jeux Olympiques de Los Angeles devant le Brésil. Inouï ! Comme il l'avait laissé entendre, Hidalgo abandonna son poste pour rejoindre les bureaux de la Direction Technique Nationale et se remettre, surtout, de ses émotions.

Car ce qui est clair lorsqu'on parle du leadership de Michel Hidalgo aux spécialistes comme au public, c'est bien son côté émotionnel qu'il convient d'approfondir maintenant.

« Consistance » et influence sociale

À travers l'histoire (inachevée) de Michel Hidalgo, on découvre une tension permanente vers ce que les Anglais ont appelé *consistency*, c'est-à-dire un comportement conséquent, dimension que C. Faucheux et S. Moscovici ont développée et approfondie pour en faire l'une des sources essentielles de l'influence sociale[27].

À travers leurs recherches, ces auteurs ont en effet montré que le fait qu'une minorité ou une personne s'en tienne « solidement à un point de vue déterminé et le développe de manière cohérente semble devoir être une puissante source d'influence », et cela pour deux raisons essentielles.

En premier lieu, la consistance provoque une « stabilisation des propriétés de l'environnement », elle est un « facteur de stabilisation perceptive [...] qui permet de sélectionner parmi les informations les plus incertaines et les plus variées celles qui constituent le fondement sur lequel nous pouvons prendre appui ».

Ensuite, ajoutent-ils, « un comportement conséquent à la fois symbolise la confiance dans les options prises par l'individu ou le groupe, son engagement, et délimite clairement les alternatives auxquelles chacun est confronté »[28].

Enfin, ils distinguent consistance synchronique et consistance diachronique, la première correspondant à celle « qui résulte de l'identité de la réponse à un même stimulus », la seconde caractérisant l'identité de la position d'une personne, par exemple, tout au long de sa vie.

Cette théorie de la consistance s'applique tout à fait lorsqu'on pense à Michel Hidalgo et au type d'influence qu'il a engendré. La consistance diachronique qu'il a tenté de maintenir s'articule, rappelons-le, autour des notions clés suivantes :

- priorité à la qualité du jeu par rapport au résultat : jeu court, esthétique, avec recherche de la perfection technique, de l'harmonie collective ;
- priorité à la qualité individuelle et à la dynamique du groupe face aux schémas tactiques ;
- priorité au développement de la personne, à l'autonomie, à la responsabilité individuelle, à la dignité, au fair-play face à la dépendance, au truquage, à la rivalité, à la force ;
- protection du groupe quoi qu'il arrive.

De plus, fort de ses convictions, Michel Hidalgo dédramatisera constamment les résultats en tempérant l'ardeur des louanges comme la portée des critiques. Inlassablement, il répétera : « nous ne sommes pas des héros quand nous gagnons ni des toquards quand nous perdons », ce qui conférera à son groupe une sérénité importante. Hidalgo a d'une certaine façon agi comme l'architecte (rôle tenu par Henry Fonda) du film *Douze Hommes en colère*, en déplaçant la norme perceptuelle initiale et en manifestant une constance autour de la nouvelle norme.

Face à 11 jurés qui souhaitent déclarer coupable du meurtre de son père un jeune condamné, l'architecte montre en effet que la tâche du groupe n'est pas de répondre à la question de la culpabilité mais de savoir s'il y a ou non un « doute raisonnable » ; c'est en rappelant sans arrêt cette norme perceptuelle qu'il conduira progressivement l'ensemble du groupe à faire volte-face suite à la somme d'arguments petit à petit avancés en faveur du doute.

Comme lui, Hidalgo déplace la norme : la victoire n'est plus l'obsession, tout doit tendre vers la qualité du jeu, vers ce qui doit rester un jeu, une fête même. Souvenons-nous, à la veille du départ pour l'Argentine, de l'état d'esprit de l'équipe de France, décrit ainsi par Michel Hidalgo[29] :

> Nous sommes donc partis en Argentine comme on s'en va vers une fête. On nous a reproché cette attitude un peu décontractée, on aurait voulu que nous y allions comme à la guerre ; ce n'est pas notre philosophie et notre conception du sport, nous n'en changerons jamais.

Cette dernière affirmation montre bien la force de conviction qui, ébranlée parfois à l'occasion de revers, demeurera malgré tout.

Par ailleurs, cette conception du football, en elle-même, avait de quoi faciliter une consistance synchronique. Elle est en effet très positive pour les joueurs qui se trouvent ainsi libérés d'un carcan possible (dû à une tactique trop stricte), d'une image dévalorisée (de joueurs pas assez « physiques ») et peuvent dès lors donner libre cours à leur créativité. L'accord entre tous sur la conception du jeu prônée par Hidalgo fut encore facilité par le fait que cette conception « collait » comme par enchantement au talent d'artiste de Michel Platini, leader incontesté parmi les joueurs.

La synchronicité de la consistance développée par Hidalgo s'étend, par ailleurs, au-delà des joueurs, comme nous l'avons vu. Le dialogue permanent avec les entraîneurs, l'accord chaleureux avec les dirigeants, l'irradiation vers les autres équipes de France (juniors, espoirs, etc.) qui se mettent à gagner en s'inspirant du jeu de leur aînée constitueront, entre 1976 et 1984, les éléments constitutifs de ce mouvement d'ensemble qui a ranimé le football français.

D'une certaine façon, on peut dire en s'appuyant sur les travaux de C. Faucheux [30] que Michel Hidalgo n'est pas un homme de pouvoir et qu'il a gagné de l'influence précisément parce qu'il ne recherchait pas ce pouvoir mais souhaitait développer, fût-ce contre l'avis des spécialistes, une vision propre, fondée sur des valeurs élevées et une éthique. En ce sens, Hidalgo est proche de cette catégorie de leaders que S. Moscovici nomme « mosaïques » par opposition aux leaders « totémiques »[31]. Le leader mosaïque est celui qui se préoccupe du développement des potentialités des individus, qui se bat pour une cause, qui facilite le développement de structures sociales plus mûres, qui encourage l'autonomie, lutte contre la dépendance, l'identification, la modélisation, l'idolâtrie. Réaliste, il sait de quoi la réalité humaine est faite et comment conduire les individus vers le plus haut degré de développement. Au contraire, le leader totémique opère à un niveau beaucoup plus superficiel, utilisant ses suiveurs pour maintenir son pouvoir fait d'habileté, de flatterie, d'adaptation aux besoins les moins nobles.

Hidalgo correspond également d'assez près à la description faite par Harold Leavitt[32] du double aspect d'un vrai leader : à la fois *pathfinder*, innovateur, visionnaire, inventeur de normes et de valeurs, et *implementer*, traducteur sur le terrain, dans l'action, de ces principes et de ces visions.

Les propos que nous tenait G. Ernault illustrent parfaitement ces notions de consistance, d'influence et de mosaïcité :

> Même si l'équipe de France avait perdu la demi-finale du Championnat d'Europe contre le Portugal, son image aurait traversé le temps, en raison de l'esthétique ineffaçable. Cela passerait par-dessus le reste, au point que le leadership d'Hidalgo est un leadership auquel on n'aurait même pas demandé de résultats... Je ne pense même pas que la victoire de l'équipe de France contribue à le valoriser davantage.

Voilà qui laisse perplexe si l'on veut bien admettre que, dans le domaine du sport, les résultats comptent avant tout. Les entraîneurs, en général, « valsent », sont maintenus ou démis de leurs fonctions selon leurs résultats.

Si Hidalgo a pu échapper à cette logique et opérer un marquage aussi fort dans les esprits, c'est bien qu'il y a aussi dans son être et dans son message quelque chose qui fait écho à l'imaginaire social et individuel.

L'écho d'Hidalgo dans l'imaginaire social et individuel

Pour comprendre au fond le phénomène Hidalgo, il convient donc d'aller encore un peu plus loin. De même convient-il d'aller au-delà de la notion de consistance pour appréhender tous les aspects du leadership. Combien de personnages consistants autour de nous, en effet, restent-ils dans l'ombre, du moins confinés à une zone d'influence restreinte ?

Certes, la relative importance du football comme spectacle et loisir en France ainsi que son impact grâce aux grands moyens d'information constituaient déjà des atouts précieux pour Hidalgo, accrus encore par les succès remportés. Mais jamais un responsable d'une équipe sportive n'avait eu une influence si grande auprès des gens appartenant aux couches les plus diverses de la société. Alors pourquoi ? C'est que Michel Hidalgo touche l'imaginaire. Comme le remarque G. Ernault, questionné à ce sujet :

> Tout ce qu'il a préconisé en arrivant, toute cette dimension quasiment culturelle qu'il a proposée sous couvert du jeu, sous la forme du jeu... ça a une résonance beaucoup plus profonde que le jeu lui-même, ça touche à beaucoup de valeurs. Tout cela serait resté quoi qu'il arrive... c'est pour cela qu'Hidalgo est un personnage qui a dépassé le cadre du sport.

Un signe ? Lorsque ce même journaliste, à la suite du match contre le Koweit, émit quelques réserves à l'encontre du sélectionneur parce qu'il était allé sortir des mains de la police ce jeune supporter à quelques minutes d'un match capital, il reçut un courrier fou avec menaces de mort, ce qui montre combien ce geste avait touché le cœur des observateurs et pas seulement leur fibre nationaliste.

Au fond, Michel Hidalgo symbolise à sa façon la lutte permanente des instincts de vie et des instincts de mort, d'Éros contre Thanatos : la vie, la pureté, la douceur, le beau contre la force, le truquage. « Nous avons choisi la foi en l'homme, en sa capacité de grandir et de s'épanouir », déclarait-il à Christian Vella[33]. Vision rogérienne, presque mystique.

Il touche les sphères de l'idéal du moi, du désir, voire de l'illusion, quand il fait de sa vision du sport ce « refuge » superbe contre le mal du siècle :

> Il faut constamment lutter pour que le sport reste un refuge où l'on peut encore trouver les notions de loyauté et d'honnêteté, sans lesquelles il n'y a pas de qualités humaines. Le sport doit dominer de sa haute stature internationale et ne pas emboîter le

pas aux grands courants modernes, en évitant surtout l'affairisme et le fanatisme. Il faut fustiger ces germes négatifs, ainsi que la brutalité qui dégrade [34].

Son discours est donc bien celui d'un « humaniste égaré dans le football-business de l'ère moderne », comme le qualifie Jean Philippe Rethacker [35].

Mais Hidalgo, s'il s'était égaré dans le « football-business », l'était beaucoup moins dans la société française, du moins au regard des courants sous-jacents qui dynamisent et structurent cette société.

Les travaux du Centre de communication avancée sont éclairants à ce sujet. À l'aide de sondages et d'enquêtes psychosociales permanentes, les chercheurs de ce centre établissent une météorologie sociale et recensent les flux culturels, les vents dominants. Or, que nous disent-ils sur la période pendant laquelle Michel Hidalgo occupera ses fonctions ? Que les années 1974-1977 ont vu l'essoufflement et la disparition du courant porteur de l'idéologie culturelle du modèle industriel. La crise économique d'un côté, la crise du modèle d'autorité (avec les retombées des événements de Mai 1968) de l'autre allaient marquer un renversement des valeurs modernistes. La fin des années 70 et le début des années 80 allaient être marqués par une tendance au repli sur soi, à une certaine passivité et à l'individualisme, mais surtout par un faisceau antagoniste de qualité de vie composé des flux :

- « hédonisme, qui encourage la recherche dépensière des plaisirs sensoriels contre la pure fonctionnalité économique,
- transcendance, qui encourage la recherche de valeurs idéologiques ou spirituelles qualitatives, au-delà du matérialisme,
- symbolisme, qui encourage la recherche d'émotions, de passions, de rêves, où prédomine le cœur contre la tête froide des technocrates ou les calculs « trop » terre-à-terre,
- nature, qui recherche dans les lois de la nature une "vérité" et un équilibre de vie [36]. »

Hédonisme, transcendance et symbolisme, nous l'avons déjà vu, peuvent caractériser Michel Hidalgo et sa philosophie. Quant à la nature, écoutons ce qu'il disait en 1977 à Christian Vella [37] :

J'ai donc choisi de vivre au contact de la nature. On y retrouve intact l'instinct du vrai et du faux. Là, personne ne triche. Pas plus les êtres que les choses.

On comprend donc comment, en phase sans le savoir (ni le vouloir) avec ces courants culturels sous-jacents, Michel Hidalgo allait toucher l'imaginaire social. Sans doute conquit-il même son prestige auprès du public beaucoup plus profondément qu'auprès de ses joueurs, rassemblés occasionnellement. Ceux-ci, comme nous le savons, adhérèrent à son message surtout en raison de sa fonctionnalité : il les aidait à s'épanouir. Mais ce qui les toucha probablement le plus, ce fut l'émotionnalité, la fragilité apparente du sélectionneur, cette sensibilité à fleur de peau qui conduit Michel Hidalgo à se définir lui-même comme « un homme fusible »[38] qu'un peu trop de tension peut faire sauter. Il est d'ailleurs étonnant de voir à quel point les joueurs y ont été sensibles. Le seul document dont on dispose dans lequel les joueurs parlent de Michel Hidalgo est le numéro de *France Football*[39] paru juste après la victoire en Championnat d'Europe et à la veille de la retraite du sélectionneur. À la question « Quel est votre meilleur souvenir de Michel Hidalgo ? », la plupart des joueurs évoquent son visage et son émotion :

Amoros : L'image que je garderai de Michel Hidalgo a pour cadre France-Portugal à Marseille. Alors que nous étions tous rongés par l'anxiété sur le banc, lui était très calme. À 2-1 et même 2-2, il était impossible de lire le moindre sentiment sur son visage. À la limite, il avait une « gueule » un peu triste, mais il ne voulait pas le laisser paraître, ça se sentait. Et puis au troisième but, il a explosé. Il a jailli du banc. C'était extraordinaire de le voir ainsi. J'aime bien voir un entraîneur sortir de sa réserve et là, manifestement, il s'était bien libéré de ses angoisses. C'est l'image que je conserverai dans ma mémoire.

Bats : C'est un homme sensible qui cherche à cacher ce trait de caractère.

Bellone : J'ai été particulièrement impressionné le soir de la finale de l'Euro 84 par sa joie retenue comme s'il ne voulait pas être le seul à recueillir les félicitations. C'était beau de le voir pleurer.

Bossis : Mon meilleur souvenir est lié aux deux matches décisifs pour la qualification en Coupe du Monde contre la Bulgarie et la Hollande. J'ai été marqué par le fait qu'il pouvait être lui-même aussi marqué.

Ferreri : Je me souviendrai toujours du visage de Michel Hidalgo à la fin de France-Portugal à Marseille. Il était tellement tendu, tellement présent avec nous sur le terrain qu'il a littéralement explosé. En arriver à pleurer dans une occasion pareille, c'est humain, c'est vraiment lui.

Lacombe : L'image que je garderai toute ma vie de Michel Hidalgo, c'est son tour d'honneur après France-Bulgarie au Parc, qui nous qualifiait pour la Coupe du Monde. C'était bouleversant. Je ne l'avais jamais vu ainsi. J'ai revu le match à la télévision après. Son visage était défiguré par la joie. C'était extraordinaire.

Le Roux : Ce qui me frappe chez Michel Hidalgo, c'est son visage, un visage très expressif. En demi-finale à Marseille, je l'ai vu passer par tous les sentiments. D'une tête d'enterrement, quasiment, il est passé à un visage rayonnant, les larmes aux yeux. Ce match et la vision que je conserve de Michel Hidalgo resteront gravés dans ma mémoire.

Tusseau : Hidalgo, c'est son visage. Un visage tellement surprenant. À Marseille, entre le premier but de Domergue et le dernier de Platini, il a changé du tout au tout. À la fin du match, il avait pris un sacré coup de vieux. C'en était sidérant. C'est fou ce que son visage est expressif. Il n'arrive jamais à masquer ses sentiments. Son visage à Marseille, c'est vraiment l'image que je conserve de lui.

On peut avancer sans risque que l'un des éléments clés qui ont attaché les joueurs à Michel Hidalgo est bien cette sensibilité faite à la fois d'une proximité très grande avec l'événement et d'une empathie extrême avec les joueurs. Il assume d'ailleurs cette partie de lui-même, en dépit des railleries de certaines mauvaises langues : « C'est vrai, je suis un faible et un sentimental, reconnaît-il. De nos jours, il est délicat de l'admettre et surtout de le laisser transparaître. Mais je suis comme ça, je n'y peux rien, je ne peux pas me contrôler. Et d'ailleurs, je ne le cherche même pas » [40].

En ce sens, Michel Hidalgo est une personne qui assume cette « bisexualité psychique » propre à tout être humain, faite d'une coexistence de valeurs telles que l'autorité, la loi, la force avec la tendresse, la fragilité, la protection. Cette bisexualité psychique bien mise en évidence par les psychanalystes [41], Michel Hidalgo en est le porteur et le témoin aux yeux de tous, réveillant par là même toute l'ambivalence qui s'attache à une telle réalité commune à tous les être humains. Réalité plus ou moins refoulée, en tous les cas contradictoire avec les images d'autorité généralement véhiculées dans l'univers des responsables sportifs. Mais là encore, l'imaginaire collectif faisait écho. Alain de Vulpian, autre observateur et enregistreur de ces flux culturels, montrait [42] comment la fin des années 70 avait vu naître ce qu'il appelle le besoin d'intraception, c'est-à-dire ce besoin d'être en communication directe avec sa propre affectivité ainsi que le goût pour « une aptitude à comprendre (sentir) les autres comme de l'intérieur, par empathie... » Ce courant de sensibilité psychologique progressait de façon régulière et forte en 1980, entraînant de profondes modifications des relations interindividuelles, reflétant le désir d'autonomie des personnes, redonnant à la vie intrapsychique tout son attrait.

Michel Hidalgo a fourni à tous l'exemple d'un dirigeant qui accepte de compter avec ses émotions. Face à ses anxiétés de statut et de compétence, dont A. Zaleznik[43] a montré qu'elles guettaient tout dirigeant, le sélectionneur français a puisé dans sa propre consistance et dans ses joueurs les forces qui lui ont permis de surmonter les doutes. « Par moments, se souvient-il, je me reprochais d'avoir été si généreux, comme on dit, d'avoir été aussi disponible. Si je m'étais laissé aller à la déception, j'aurais eu envie de changer radicalement de méthode. D'être un autre. Peut-être aussi de me forcer à être vache. Mais il n'y avait que lorsque j'étais seul que je pensais à tout cela. Dès que je me retrouvais avec mes joueurs, j'oubliais ces sombres pensées, je redevenais moi-même[44].

Communion avec l'autre, foi en ses propres valeurs, deux traits dominants dont l'intensité ne laisse pas de surprendre. C'est la source de cette intensité qui doit être recherchée si l'on veut comprendre un tel leadership.

Gémellité, repères identificatoires, expériences émotionnelles

Au fond, la consistance ne s'improvise pas. Peut-être même ne s'apprend-elle pas. Elle est, selon nous, le produit de sources inconscientes et de repères plus conscients qui forgent la personne, l'être, dans son unicité. Nous voudrions ici avancer d'autres explications possibles pour comprendre la force émotionnelle du leadership d'Hidalgo.

La première a trait à la gémellité. On se souvient que la référence explicite y est faite par Hidalgo lui-même en exergue à son histoire. « Je pense qu'il est très important de parler ici de Serge pour expliquer ma vie et ma carrière », souligne-t-il même un peu plus loin[45]. Et il évoque les joies extraordinaires liées aux face à face, aux situations cocasses créées par l'« hallucinante » ressemblance avec son frère jumeau, ainsi que les moments plus difficiles, « lorsque les affaires se gâtaient » où « c'était encore plus extraordinaire car nous ne faisions vraiment plus qu'un, et les coups reçus par l'un étaient toujours rendus au centuple, ou tout au moins au double, par l'autre » [46]. Une telle symbiose rend la séparation souvent difficile et Michel Hidalgo le sait bien et le fait bien sentir lorsqu'il dit, à propos de celui qu'il considère comme son ombre et son double : « Seuls les hasards de notre vie de footballeurs professionnels ont pu nous séparer l'un de l'autre », après 20 ans de vie commune.

Plaisir intense avec le semblable, protection du double, tension dans la séparation, autant de problématiques existentielles dont les jumeaux font l'expérience plus que n'importe quel autre individu et qui laissent nécessairement des traces plus ou moins fécondes. Le professeur René Zazzo, spécialiste des jumeaux, a montré combien l'existence humaine était dialectique ; elle doit surmonter une contradiction essentielle : accorder le moi et l'autre et, d'une autre façon, assurer le passage de la nature à la liberté. « Chez les jumeaux, indique-t-il, et notamment les monozygotes, la tension, la difficulté de cette dialectique, est à son comble. Elle est sans doute exemplaire, par son excès, de notre condition à tous. Se dégager de l'indifférenciation originelle, devenir un couple, se dégager des forces aliénantes du couple, se connaître enfin comme individu unique et autonome en même temps qu'on connaît l'autre en sa liberté. Bien entendu, cette connaissance de la personne aimée n'est pas abstraite et détachée. Elle est, comme le disait Pascal, une connaissance du cœur » [47]. Cette connaissance du cœur n'est-elle pas l'une des constantes du mode relationnel mis en œuvre par Michel Hidalgo ? Lorsque Zazzo insiste sur la contrariété, la contradiction permanente chez le jumeau entre « le besoin d'être lié à autrui et le besoin d'être indépendant, entre la nécessité d'un duo pour l'affirmation d'un moi » [48], comment ne pas penser à la présence chaleureuse du président Fernand Sastre, toujours aux côtés d'Hidalgo dans les joies comme dans les peines, compagnon aux valeurs morales semblables qui a permis à son protégé de devenir ce qu'il pouvait être ?

Comment ne pas songer à cette connivence immédiate entre lui et Michel Platini, autre duo central dans la réussite du sélectionneur ? Là où un autre responsable aurait pu prendre ombrage de la gloire parfois intempestive de l'un de ses protégés [49], Hidalgo a immédiatement établi une relation quasi gémellaire. « Ce que les jumeaux peuvent contribuer à nous faire mieux comprendre, explique Zazzo [50], ce sont des genres d'attachement qu'il nous faut bien distinguer, tout ce qu'enferme le verbe aimer : la fraternité, l'amitié, l'amour charnel ». En tous les cas, démonstration a été faite au public français et international de la force de la fraternité et de l'amitié dans cette équipe de football, qualités qui ont pu se développer grâce à son entraîneur.

Si la dualité précède l'unité, comme l'affirme Zazzo, quoi d'étonnant également à ce que Michel Hidalgo se soit affirmé haut et fort après une « dualité » d'apprentissage dans l'ombre aux côtés de ses prédécesseurs, Georges Boulogne puis Stefan Kovacs ?

En écoutant cet autre spécialiste des jumeaux qu'est Frédéric Lepage[51] dire que la relation de vrais jumeaux est sans doute la seule « où s'observe parfois entre deux êtres un unisson affectif absolu », on lit alors de façon très attentive ce que le sélectionneur dit de ses joueurs. On est frappé de l'insistance sur leurs qualités humaines mais surtout sur les similitudes entre eux et lui.

Ce qu'il apprécie chez Giresse sonne un peu comme un écho à son propre parcours et à sa propre personnalité : ascension tardive, maintien d'une identité, révélation du chef : « Ce que je retiens avant tout chez Gigi, c'est le fait d'être parvenu au plus haut niveau tardivement [...] et surtout, il n'a pas changé dans la vie en devenant un chef sur le terrain »[52].

Troublante similitude avec lui également chez Bernard Lacombe, l'attaquant, un peu comme son double : « Regarde son visage. C'est celui d'un homme qui a pris des coups. Mais c'est aussi celui d'un homme tendre, qui a gardé quelque chose de l'enfance. Malgré les coups durs que la vie lui a réservés, Bernard n'exprime jamais l'amertume, l'aigreur. Dans la manière d'aborder un match, c'est la même chose, et c'est remarquable, surtout au poste qu'il occupe. Il y a toujours de la fraîcheur qui émane de ses propos et le temps n'a pas altéré cet état d'esprit. Bernard est un pur[53]. »

Souffrance, tendresse, enfance, fraîcheur, constance, pureté, autant de qualificatifs qui pourraient s'appliquer à Michel Hidalgo lui-même. De même que les appréciations portées sur Rocheteau, « équipier modèle et sportif loyal », Ferreri, « très disponible et ne pose pas de problème dans une collectivité comme la nôtre »[54], Battiston qui, « intelligent, porte un regard permanent sur l'actualité »[55] et constitue à ses yeux un interlocuteur privilégié, Le Roux qui manifeste sur le terrain une forme de culot qu'on « ne retrouve pas toujours dans la vie où il est plus discret et timide, avec une "mentalité" très saine, très belle, Yvon étant toujours accessible »[56], Bergeroo « sérieux, droit et toujours disponible »[57]. Amoros et Bellone, joueurs de Monaco comme lui, rappellent peut-être le joueur Hidalgo, le premier avec sa « drôle de santé, il sait tout faire.

Ce qu'il y a d'intéressant chez lui, c'est la force de caractère qui sort de l'ordinaire ; rien ne le perturbe »[58], le second avec sa « fraîcheur d'action, [sa] spontanéité, [il est le] boute-en-train de la bande »[59]. Quant à Michel Platini, c'est une « star mondiale qui a su, par sa gentillesse naturelle, par son intelligence, s'intégrer et tenir une place importante dans le groupe [...] estimé de tous [...] il a toujours des réactions de copain et joue non pour l'appât du gain mais pour le plaisir de gagner »[60].

Je me souviens moi-même très bien de la phrase surprenante lâchée à un journaliste par Michel Hidalgo à mon sujet à l'automne 1981 en pleine époque de doutes : « J'aime bien Gilles Amado parce qu'il est plein d'incertitudes ». Sans doute étais-je pour lui alors ce double non menaçant, spécialiste de psychologie de groupe et plein d'incertitudes en effet, chez qui il avait senti aussi la passion pour le football et le respect profond pour son œuvre personnelle, œuvre en sérieux danger à ce moment-là. Identification projective ? Empathie ? En tous les cas, une sensibilité à l'autre hors du commun. « Les jumeaux, dit encore Frédéric Lepage[61], abolissent comme un esclavage la solitude. Ils font table rase du principe de l'isolement dans lequel l'homme trouverait le sens de ses responsabilités. Ils dévalorisent celui qui se ferait un honneur de sa finitude, qui mesurerait sa grandeur à l'aune de sa solitude. Loin des chantres de la condition singulière, ceux qui s'attachent à glorifier la conscience stoïque d'un isolement irrémédiable, ils exaltent la communion. La gémellité est la *missa solemnis* de l'anti-solitude. Les hommes sont, par nature, solitaires, les vrais jumeaux sont, par nature, solidaires ».

Michel Hidalgo, chantre de la communion, de l'équipe, de l'entraide, de l'amitié, « bouclier » aussi contre toute attaque envers son groupe, ses joueurs, qui clamait après la défaite contre l'Italie[62] : « Je les défendrai toujours ». Si l'on accepte que le sélectionneur français ressemble fort à ce que F. Lepage appelle le « jumeau intégriste » qui « accepte les humiliations, les coups à l'exception de ceux qui blessent son double en soi », on peut alors avancer que Hidalgo a eu avec son équipe un rapport assez semblable à la relation gémellaire, ce qui lui a donné toute sa force. Sa tension aussi au regard de la séparation. Il est connu que Michel Hidalgo, à ses débuts surtout mais de façon latente tout au long de sa carrière de sélectionneur, a beaucoup souffert quand il lui fallait annoncer la liste des 11 joueurs sélectionnés : que dire aux autres ? Comment justifier au fond cette séparation ?

Rust, le gardien remplaçant, de l'avis de tous inférieur au gardien titulaire, évoque ce problème de façon très claire :

J'ai rarement eu l'occasion de parler avec Michel Hidalgo. Mais à chacune de nos rencontres, j'ai noté chez lui une sorte de gêne. J'en suis encore surpris aujourd'hui. Il me disait qu'il était désolé de ne pas pouvoir me faire jouer. Tant d'insistance de sa part m'a troublé. Je l'ai senti embarrassé face à moi. Il était emprunté mais il trouvait en même temps les mots justes. Moi, je savais très bien qu'il ne pouvait enlever Joël (Bats) de l'équipe pour me faire plaisir. À l'écouter, il voulait contenter tout le monde. Et comme il ne le pouvait évidemment pas, ça le perturbait. Voir un entraîneur de ce calibre réagir de cette façon, c'est une image peu banale, croyez-moi [63].

On peut donc dire, sans trop s'avancer, que l'expérience de la gémellité a sans doute sensibilisé fortement Michel Hidalgo à la profondeur de la fraternité humaine, aux douleurs de la séparation, aux difficultés de l'affirmation et de l'individuation trop solitaires, et l'a conduit à recréer cette unité perdue, dans un mouvement de réparation plein d'une tension dramatique et finalement victorieux. Le lien de Michel Hidalgo à son groupe s'apparente au « transfert fraternel » décrit par B. Brusset [64].

Si l'on peut donc considérer le vécu gémellaire d'Hidalgo comme l'une des sources de son inspiration, de son identité et de sa consistance, il n'en constitue pas la seule origine.

C'est lui-même qui nous indique ensuite les repères identificatoires qui allaient le marquer, ceux dont il dira :

Je leur dois beaucoup parce qu'ils m'ont permis en fin de compte d'acquérir ma personnalité en cherchant à être autre chose qu'un technicien et un scientifique purs et simples [65].

Ces trois repères sont tous trois des entraîneurs d'une valeur humaine exceptionnelle selon lui. Le premier, Elek Schwartz, le dirigea au Havre à ses débuts. C'est lui qui lui aurait ouvert l'esprit au-delà du football en l'initiant à la peinture et en l'encourageant à suivre des cours à l'École des beaux-arts. De là naquit un goût pour l'esthétique qui demeurera profondément enraciné et se concrétisera dans la recherche de la qualité presque artistique du jeu.

Batteux, à Reims, lui transmit son amour pour le football offensif et de qualité, « du geste pur, de la technique précise et fine, respectueux de

l'inspiration et de l'intelligence », de « la parole juste et claire »[66].
Enfin son maître Lucien Leduc, à Monaco, lui communiqua son « souci
éternel de la perfection, sa recherche permanente du progrès dans
l'entraînement, dans le jeu, dans la préparation, dans l'esprit collectif,
[...] sa volonté constante d'enrichir la valeur « humaine » des joueurs et
du groupe, peut-être aussi sa sensibilité et sa générosité « sans limites ».
Plus que les autres peut-être, ces trois personnage allaient contribuer à
bâtir le credo « footballistico-humaniste » de Michel Hidalgo.

Ce credo allait également porter le sceau de ces événements de la
vie, souvent douloureux, qui contribuent à ancrer les convictions, à
orienter sa vie, ses valeurs, ses choix. Sans entrer trop avant dans
l'intimité d'Hidalgo, qu'il souhaite protéger de toute publicité, il est
possible ici de faire référence à un événement qu'il a évoqué publiquement et qui a forgé en lui une certaine philosophie que l'on reconnaîtra
au passage :

> Un jour lorsque j'étais en stage, on m'a appris que mon fils était
> passé sous une voiture. Il s'en est sorti. Mais à ce moment-là, j'ai
> pu mesurer l'immensité du désespoir. Je me suis rendu compte
> combien tout pouvait être dérisoire. Ce match gagné ou perdu
> n'avait plus aucune importance par rapport à un tel drame.
> Ceux qui vivent ce genre de souffrance doivent sortir beaucoup
> mieux armés pour affronter l'existence. Ils doivent se faire une
> carapace si, physiquement, ils parviennent seulement à suppor-
> ter le choc. Cela devrait leur permettre aussi de devenir meil-
> leurs, de gagner en bonté et en générosité plutôt que de faire le
> trajet inverse. J'aimerais dire aussi à certains joueurs qui ont tout
> pour être heureux et qui se plaignent : « De grâce, n'en rajoutez
> pas, voyez un peu ce qui se passe autour de vous ».

On retrouve là cette sensibilité aux événements humains mais aussi
la capacité d'Hidalgo à en tirer des leçons pour lui-même comme pour
les autres.

Imaginaire et leadership : une synthèse

Ainsi, au terme de cette étude, comprend-on que Michel Hidalgo,
lors de sa nomination à la tête des équipes de France, n'avait de
l'effacement que l'apparence.

Il portait déjà en lui-même les éléments forts d'une identité qui ne demandait qu'à s'épanouir. Sans doute son vécu gémellaire l'avait-il prédisposé à ressentir les bienfaits de la fraternité humaine mais aussi les difficultés de l'individuation et des drames de la séparation ou de la perte de l'autre, ravivés par les expériences de la vie auxquelles il allait être confronté. De sa carrière de joueur et à travers des repères identificatoires forts, Hidalgo allait conserver le goût pour l'esthétique, l'ouverture d'esprit, l'amour pour le jeu d'attaque, le beau geste, la technique, la recherche, l'esprit collectif, la valeur humaine, la générosité. C'est l'intensité de ces expériences de la vie qui a sans doute permis à Michel Hidalgo de créer sa vision propre de l'équipe de France de football et de tenter de la maintenir de façon consistante. Car le combat a toujours existé entre le credo et le doute, non seulement dans l'esprit même du sélectionneur, mais aussi dans l'opinion publique qui projette ses désirs et ses craintes sur cette équipe. Son apprentissage d'entraîneur allait concrétiser ce goût pour le développement de la personne et ancrer plus solidement encore une conception de l'autorité fondamentalement démocratique, à base de concertation, d'entraide, de confiance et d'autonomie. L'observation des choses du terrain, dans l'ombre de ses prestigieux prédécesseurs, allait peut-être confirmer à ses propres yeux le bien-fondé de ses idées. Idées qu'il met donc en place d'emblée, dès sa nomination, à la surprise générale, et qui lui confèrent une légitimité non seulement auprès des experts qui approuvent les nouveaux choix techniques mais auprès des joueurs qui se voient ainsi libérés d'un carcan trop théorique au profit de leur créativité extrêmement solidaire. Le beau jeu plaît tout de suite au public et imprime à cette équipe un nouveau style, une identité qui en fait la « championne du monde des matches amicaux ». Les courants culturels sous-jacents à la société française de cette époque font écho à ce style.

À l'équation évasion sensorielle (hédonisme) + évasion émotionnelle (symbolisme) + évasion spirituelle (transcendance) + évasion physique (nature), s'ajoute ce besoin d'intraception qui permet au public de s'identifier en partie avec cette fragilité apparente, cette perméabilité à l'affect dont fait preuve Michel Hidalgo. Il devient un peu le symbole de la lutte de l'homme contre la machine et la technocratie, des forces du bien contre les forces du mal.

Ce propos du journaliste sportif Christian Vella[67], dès 1978, est édifiant à ce niveau :

La première larme en a fait un personnage de légende. Elle est née sous l'émotion d'une victoire sur la Bulgarie. La route de la Coupe du Monde était ouverte. Michel Hidalgo renouait d'un seul coup avec de vieilles traditions. Comme quoi le héros pouvait aussi être un homme avec ses faiblesses, avec ses joies. Avec un cœur. Il y avait tant et tant d'années qu'on nous parlait de technocratie, de cerveaux électroniques et autres gadgets sophistiqués qu'on s'était dit pour finir que l'homme ne pouvait plus être qu'un robot permanent. Enfin, l'homme qui réussit. Et puis, Hidalgo est arrivé avec ses yeux bleus d'enfant perdu. Et puis, il a réussi. Et puis, il a éclaté en sanglots, Et puis, il a parlé avec son cœur. C'était comme si d'anciennes vertus pouvaient encore aujourd'hui forcer les portes du succès. Une révélation. C'était une sorte de soulagement. La race des seigneurs, on veut bien. Mais, à tout prendre, on préfère encore celle des hommes. La race des êtres de chair et de sang qui n'ont pas branché leur âme sur une machine IBM. Hidalgo a ainsi porté sa condition humaine comme un étendard.

Héraut de l'humanisme retrouvé, Michel Hidalgo avait donc su sentir la montée en valeur du football français préparée par une politique de formation bien menée. Il cueillit les fruits de ce travail et créa son équipe comme on crée une œuvre d'art : en y projetant ses désirs, ses rêves, en utilisant sa technique et sa sensibilité. Confiance dans le talent individuel, création d'un climat de groupe, constance dans les choix, protection de l'équipe contre vents et marées, harmonie de l'ensemble. Chef d'orchestre doté d'un premier violon hors pair en la personne de Platini, il sut créer avec le leader informel de l'équipe une connivence naturelle faite d'admiration et de quasi-fraternité. La nature du lien social qui unit joueurs et sélectionneur est ici de nature émotionnelle. Hidalgo opère un transfert fraternel sur ses joueurs, jouant ce rôle de soutien du moi de chacun des joueurs déjà évoqué par le psychanalyste F. Redl[68] dans son travail sur la personne centrale. Notons que ce type de relation est très « fonctionnel » dès lors que se trouvent regroupés des joueurs qui sont les meilleurs de leur pays et n'ont donc rien à apprendre au plan technique. La nature de la tâche justifie donc, d'une certaine façon, un style de leadership très démocratique.

À la condition, toutefois, qu'une certaine efficacité en soit le produit. C'est à ce niveau que les doutes se produisirent, provoquant des tourments intérieurs qui auraient pu faire de cette expérience un échec, de Michel Hidalgo un « perdant ». L'extrême sensibilité du sélection-neur est, sans nul doute, le pôle de sa personne qui a attaché les joueurs à lui, comme si, à travers son émotion constante, ils avaient senti cet unisson, cette empathie, cet amour qu'il leur portait. Soutenus par cette affection, ils se trouvaient aussi glorifiés par le rayonnement de leur entraîneur auprès des médias et de l'opinion publique, source externe (très importante) de son leadership groupal. Les revers allaient ébranler sans cesse le bel édifice.

La seconde larme d'Hidalgo, un matin de tristesse, a balancé un blâme sur le personnage. Comme si les qualités anciennes ne pouvaient plus être que des défauts. « Il a craqué. Il n'est pas fait pour ce métier, se rengorgeaient les petits seigneurs de la guerre... » Son humanité n'était donc que de la faiblesse. La sensibilité de la sensiblerie. Il n'était pas capable d'être ferme et autoritaire avec ses joueurs[69].

Face aux inévitables doutes produits par la tension entre le beau jeu et l'efficacité réaliste, entre l'imaginaire et le réel, Hidalgo fut aidé par son propre désir de consistance (soutenu par ses expériences émotion-nelles) ainsi que par l'appui constant et chaleureux des dirigeants du football français qui remplirent une fonction d'étayage de la philosophie de management d'Hidalgo, de sa consistance, de son influence.

Il y a, à travers le cas présenté ici, des enseignements universels susceptibles d'éclairer les recherches sur le leadership. Les exemples que l'histoire nous a proposés des leaders les plus célèbres démontrent sou-vent qu'ils n'adaptent pas consciemment, volontairement leur style de leadership aux situations qu'ils rencontrent. Ils maintiennent plutôt une vision du monde, de leur environnement ou encore de leur projet, parfois contre les événements, au risque de voir leur influence effective limitée pendant un certain temps.

En ce sens, ils se distinguent des simples managers qui gèrent, c'est-à-dire qui s'adaptent. Des travaux tels que ceux de Tannenbaum et Schmidt[70] (qui aident les dirigeants à choisir leur style de leadership en fonction des situations) ou de Hersey et Blanchard[71] (qui demandent aux managers de moduler leur style en fonction du niveau de maturité du groupe) dans le domaine du management sont représentatifs de cette tendance adaptatrice proche d'une démarche de marketing classique.

Ce qui fait l'influence des leaders, c'est plutôt la force de leurs convictions et leurs résonances dans l'imaginaire groupal et social. La source de ces convictions est à rechercher dans les expériences émotionnelles des leaders, autant celles qui sont stockées inconsciemment que celles qui sont disponibles à la conscience sous forme de repères précis et stables. Ce sont ces expériences qui déterminent la force du credo, de la conviction, du projet et permettent de lutter contre les doutes, les opposants. Une telle consistance n'est toutefois source d'une influence sociale réelle que si elle entre en résonance avec l'imaginaire social constitué des valeurs, craintes et désirs sous-jacents ou manifestes partagés à une époque donnée.

Michel Hidalgo, à sa façon, est l'illustration de ce genre de personne. Le surprenant hommage lyrique que lui rendit, en juin 1974, le grand comédien du théâtre classique et acteur de cinéma Francis Huster, est tout à fait significatif de l'impact qu'a eu le sélectionneur français au-delà du monde de football (voir l'annexe « Signé Francis Huster »). Car, au strict plan du football, la question demeure dans l'esprit de beaucoup : Michel Hidalgo n'a-t-il pas eu beaucoup de chance de bénéficier d'une « cuvée » de joueurs de qualité exceptionnelle animée par celui — Platini — qui allait s'affirmer comme le meilleur footballeur du monde ?

Épilogue ?

Retiré en pleine gloire en 1984, Michel Hidalgo avait fixé lui-même le terme de son mandat.

Sans doute n'avait-il pas pensé terminer aussi brillamment ni avoir la force de préparer son équipe pour une troisième Coupe du Monde. Le successeur qu'il se choisit très tôt lui ressemblait, la sérénité apparente en plus. Joueur français talentueux, esthétique, respecté de tous, travailleur, partageant les valeurs et vues d'Hidalgo, il donne l'impression d'avoir une force tranquille. Hidalgo aurait-il choisi son idéal du moi ? « Homme fusible » qui aspirait au calme, sans doute Michel Hidalgo n'avait-il pas mesuré à quel point sa propre émotionnalité, sa fragilité apparente avaient pu constituer la source et le moteur d'un leadership aussi fructueux. La sérénité d'Henri Michel porterait-elle ses fruits de la même façon ?

Proposé pour être ministre des Sports, Hidalgo refusera par sentiment d'incompétence, retrouvant là sa modestie et sa prudence. Il le regrettera ensuite...

Confiné dans un travail trop discret et bureaucratique au siège social, la Division technique nationale, il en démissionnera à grand fracas[72] au début de l'année 1986, attiré par l'aventure que lui propose l'industriel français le plus célèbre du moment, Bernard Tapie, repreneur d'entreprises en difficulté, homme de médias à l'allure de play-boy et au charisme spectaculaire. C'est à l'automne 1985 que, convié par Gaston Deferre, alors maire de Marseille, à un déjeuner avec Mikhaïl Gorbatchev, Bernard Tapie avait proposé le défi : faire de l'équipe de Marseille la meilleure équipe de football d'Europe. C'est pour atteindre cet objectif qu'il propose à Michel Hidalgo le poste de manager général, avec des avantages financiers que le sélectionneur français n'a jamais connus.

Mais Marseille est célèbre pour son ambiance « mafieuse ». L'environnement de cette affaire ternit quelque peu l'image d'Hidalgo, qui, malgré ses hésitations, saute finalement le pas.

Il nous revient en mémoire, à ce sujet, la description faite par Frédéric Lepage du jumeau progressiste, celui qui s'oppose au jumeau intégriste :

> Le jumeau progressiste se sent moins serein que l'autre, moins assuré, moins ferme dans ses certitudes. Plus vulnérable, il est ballotté entre la douceur tiède de la cellule gémellaire et la tentation de l'inconnu, du mouvement, de la liberté, la soif d'indépendance... Après bien des hésitations, le jumeau progressiste s'attache au désir de « vivre sa vie », libre et sans liens, il se laisse tenter par le désordre et la vie en zigzag, il veut du mouvement et de l'indépendance[73]. »

Alors, Michel Hidalgo tiraillé par son double en lui ?

Jouy-en-Josas, mars 1986

* * *

Trois ans et demi plus tard, Michel Hidalgo se trouve à la fois désemparé et sur la touche malgré un parcours marseillais apparemment réussi. Certes, Marseille n'a pas encore gagné la Coupe d'Europe. Mais cette équipe transformée (qui jouait aux portes de la deuxième division lorsque Tapie accepta d'en assumer la charge) joue la finale de la Coupe de France en 1986 et 1987 et n'est éliminée qu'en demi-finales d'une Coupe d'Europe en 1988. En 1989, Marseille réalise le doublé Coupe et Championnat de France, remarquable succès qui décuple les ambitions de Bernard Tapie. Pour gagner enfin cette Coupe d'Europe, il charge Michel Hidalgo d'établir des contacts avec le meilleur joueur du monde à cette date, l'argentin Diego Maradona, sous contrat avec l'équipe de Naples. Piégé (?) [74] par un journaliste à qui il confie sans le vouloir l'objet de sa mission, il provoque par là même l'irréversible colère de Tapie. Celui-ci, qui affirmait que leurs destins étaient liés, se sépare symboliquement d'Hidalgo en lui retirant les attributions principales de son statut de manager général.

En fait, il semble que l'incident Maradona soit la goutte d'eau qui ait fait déborder le vase d'une tension croissante entre les deux hommes. On retrouve l'opposition des styles entre les deux leaders : gagner avant tout pour Tapie, créer un groupe pour Hidalgo. Tapie n'hésite pas à faire évincer le dirigeant du club, J. Carrieu, au printemps 1986 (il se suicidera un an et demi plus tard) puis en juillet 1988, Gérard Banide, l'entraîneur choisi par Hidalgo et dont les résultats ne satisfaisaient plus Tapie. Hidalgo refusera l'offre de Tapie de prendre sa succession et n'assurera qu'un bref intérim en compagnie d'un entraîneur de troisième division, Gérard Gili, qu'il aidera à prendre la suite puis à réaliser le triomphal doublé. Tapie lui en voudra de ce refus comme il lui en veut sans doute de coûter cher pour un emploi somme toute ambigu. Car, empêché d'avoir accès au terrain, domaine réservé de Banide, Hidalgo se trouve coincé dans ses fonctions de manager (nouvelles pour lui) par la présence de gestionnaires dont certains sont considérés comme remarquables.

Pendant ce temps, Henri Michel, le protégé d'Hidalgo, a subi à la tête de l'équipe de France un déclin qui l'a conduit à se faire remplacer, fin 1988, par Michel Platini.

Sa victoire aux Jeux Olympiques de 1984 puis sa troisième place en Coupe du Monde 1986 sont vite oubliées, mises rétrospectivement au compte d'une grande équipe qui marchait toute seule grâce au travail d'Hidalgo et au charisme de Platini. En dépit de sa grande honnêteté, son incapacité à faire vaincre de petites équipes mais surtout son manque de ressort, d'imagination, de contact, de réaction, d'émotion (selon les observateurs) le conduisent à la disgrâce, lâché brutalement par un nouveau président de la Fédération française de football (FFF) très différent du précédent.

Pendant ce temps aussi, les valeurs sous-jacentes à la société française semblent avoir changé. Culot, cynisme et réussite individuelle se sont infiltrés dans une société au sein de laquelle Hidalgo apparaît davantage encore que par le passé comme cet « humaniste égaré dans le football-business ». Mais un humaniste qui touche un salaire de très gros PDG et qui porte le titre de « manager général »...

Le couple Tapie-Hidalgo représentait en fin de compte un couple complémentaire à problématique très narcissique. Tapie, en Hidalgo, trouvait non seulement un maître du football et un homme de passion et de réussite comme lui-même, mais aussi une image de pureté, de droiture et d'humanisme susceptible de le servir dans ses desseins marseillais. De son côté, Hidalgo, toujours heureux de partager une mission avec un alter ego, avait trouvé dans ce repreneur victorieux d'entreprises en difficulté le personnage peut-être capable, au-delà de son aspect « m'as-tu-vu », de proposer un nouveau défi à son existence trop routinière et de l'aider à développer un esprit de conquête insuffisamment affirmé.

Complémentarité finalement précaire si l'on en juge par l'épilogue actuel. Pour qu'une direction à caractère bicéphale fonctionne bien, il y faut, comme nous l'avons montré ailleurs[75], une qualité d'empathie et de respect mutuel profonde.

Or, on sait bien que cette qualité-là est plus facile à développer face à ceux qui nous ressemblent que face à ceux qui nous remettent en question. Tapie se trouve sans doute plus à l'aise avec des « battants », des « punchers » du style de son attaquant Jean-Pierre Papin ou de vrais managers professionnels. Quant à Hidalgo, au cœur de son amertume actuelle, on retrouve ce besoin d'une vraie connivence, d'une entente profonde sur des aspects essentiels de son existence. En cet automne 1989, ne déclarait-il pas : « Maintenant je veux respirer. Dire merde à tout le monde, excepté à ceux qui ont sur la vie, les gens, le foot, des vues identiques aux miennes »[76].

À nouveau cette exclusive du double, du frère, du jumeau pour l'aider à franchir une étape difficile de sa vie ?

Jouy-en-Josas, septembre 1989
À suivre...

NOTES

1. Une version abrégée de ce texte a été publiée dans la revue *Gérer et comprendre*, n° 11, juin 1988, sous le titre « Hidalgo, un homme d'influence ».

    Nous tenons à remercier ici Michel Hidalgo, qui nous a autorisé à publier ce travail, ainsi que Didier Braun et Gérard Ernault, tous deux journalistes à *L'Équipe*, qui nous ont ouvert l'accès à de nombreuses informations. Cette étude n'aurait pu être réalisée sans leur collaboration.

2. Cette image peu flatteuse est celle qui s'attache à l'adjoint qui porte les ballons pour l'entraînement des joueurs.

3. Michel Hidalgo, *Football en bleus*, éditions Ramsey, 1982, p. 164.

4. *Ibid.*, p. 169.

5. Cette expression est de Gérard Ernault.

6. R. Khan, « The Skills of an Effective Administrator », *Harvard Business Review*, janvier-février 1955.

7. Il organisera même plusieurs rencontres entre entraîneurs de clubs qualifiés pour la Coupe d'Europe afin qu'ils échangent leurs expériences et se soutiennent les uns les autres.

8. « La france est une maison de verre. Elle se laisse approcher totalement à l'inverse de toutes les autres sélections. C'est que nous respectons la presse.

    – N'est-ce pas aussi stratégique ?

    – C'est un profond respect de la vérité qui nous dicte cette attitude et non pas une volonté de séduire. » *L'Équipe*, 7.2.1979.

9. Le sélectionneur français se fera d'ailleurs remarquer pour sa participation à des mouvements luttant contre la violence dans le sport.

10. *L'Équipe*, 7.6.1984.

11. Michel Hidalgo, *op. cit.*, p. 84.

12. *L'Équipe*, 4.6.1984.

13. *France Football*, juin 1984.

14. Michel Hidalgo, *op. cit.*, p. 10.

15. *Ibid.*, p. 14

16. *France Football*, juin 1984.

17. *L'Équipe*, 13.6.1978.

18. Michel Hidalgo, *op. cit.*, p. 38.

19. Michel Hidalgo, *op. cit.*, p. 42.

20. Michel Hidalgo, *op. cit.*, p. 42.

21. *L'Équipe*, 29.06.1978.

22. Menant 2-1 à quelques minutes du coup de sifflet final, elle continua à attaquer, portée par le public qui réclamait un troisième but...

23. Michel Hidalgo, *op. cit.*, p. 63.

24. Michel Hidalgo, *op. cit.*, p. 63.

25. Michel Hidalgo, op. cit., p. 67.

26. *L'Équipe*, 22.12.1982.

27. C. Faucheux et S. Moscovici, « Le style de comportement d'une minorité et son influence sur les réponses d'une majorité », *Bulletin du C.E.R.P.*, 1967, 16, 4, 337-360.

28. *Ibid.*, p. 355.

29. Michel Hidalgo, *op. cit.*, p. 36.

30. C. Faucheux, « Leadership, power and influence within social systems », Symposium on the Functionning of the Executive Power, Case Western University, Cleveland, octobre 10-13, 1984.

31. S. Moscovici, *L'Âge des foules*, 1981, Fayard, Paris.

32. H. Leavitt, *Pathfinding, decision-making and implementation* (non publié).

33. *L'Équipe*, 2.09.1978.

34. Michel Hidalgo, *op. cit.*, p. 32.

35. Michel Hidalgo, *op. cit.*, p. 10.

36. Bernard Cathelat, *Styles de vie, courants et scénarios*, 1985, Ed. d'Organisation, p. 30.

37. *L'Équipe*, 27.6.1977.

38. *L'Équipe*, 27.6.1977.

39. *France Football*, juillet 1984.

40. *L'Équipe*, 27.6.1977.

41. C. David, « La bisexualité psychique. Éléments d'une réévaluation » in *Revue française de psychanalyse*, 5.6, tome XXXIX, septembre-décembre 1975, p. 713-856.

42. A. de Vulpian, « L'évolution des mentalités : conformisme et modernité » in *Français qui êtes-vous ?*, *La Documentation française*, n° 5, 4627-4628, 30 juin 1981, p. 306-307.

43. A. Zaleznik, « Human Dilemmas of Leadership », *Harvard Business Review*, juillet 1963.

44. *L'Équipe*, 2.9.1978, interview de Christian Vella.

45. Michel Hidalgo, *op. cit.*, p. 164.

46. Michel Hidalgo, *op. cit.*, p. 164.

47. R. Zazzo, *Le Paradoxe des jumeaux*, 1984, Stock, Paris, p. 204.

48. *Ibid.*, p. 214.

49. Les exemples ne manquent pas d'entraîneurs entrés en rivalité avec des joueurs célèbres et conduisant leur équipe, de ce fait, à l'échec.

50. R. Zazzo, *op. cit.*, p. 204.

51. Frédéric Lepage, *Les Jumeaux*, 1980, Ed. Robert Laffont, Paris, p. 83.

52. *L'Équipe*, 17.5.1984.

53. *L'Équipe*, 21.5.1984.

54. *L'Équipe*, 28.5.1984.
55. *L'Équipe*, 29.5.1984.
56. *L'Équipe*, 25.5.1984.
57. *L'Équipe*, 4.6.1984.
58. *L'Équipe*, 1.6.1984.
59. *L'Équipe*, 5.6.1984.
60. Michel Hidalgo, *op. cit.*, p. 60.
61. Frédéric Lepage, *op. cit.*, p. 337.
62. *L'Équipe*, 6.6.1978.
63. *France Football*, juillet 1984.
64. B. Brusset, « Transfert fraternel et groupe », in *Frères et sœurs*, Éditions Sociales, 1981, p. 113-140.
65. Michel Hidalgo, *op. cit.*, p. 85.
66. Michel Hidalgo, *op. cit.*, p. 85.
67. « Le cœur en tête », *L'Équipe*, 2.9.1978.
68. F. Redl, « Émotion de groupe et leadership », in A. Levy, *Psychologie sociale, textes fondamentaux*, Dunod, Paris, 1970, p. 376-392.
69. *L'Équipe*, 2.9.1978.
70. A.S. Tannenbaum et W. Schmidt, « How to choose your leadership pattern », *Harvard Business Review*, n° 3, mai-juin 1973.
71. P. Hersey et K.H. Blanchard, *Management of Organization Behavior*, Englewood Cliffs, N.J. Prentice Hall, 1982.
72. Surpris en train de déjeuner avec le joueur de Bordeaux, Tigana, il fut accusé de préparer le recrutement de l'équipe de Marseille et, par conséquent, de manquer à l'obligation de réserve que lui imposait son statut au sein de la Direction technique nationale.
73. Frédéric Lepage, *op. cit.*, p. 83.
74. La controverse demeure sur cet incident : Michel Hidalgo a-t-il fait part de sa démarche à un journaliste ? A-t-il été trahi par un intermédiaire ?
75. G. Amado, « Psychopathologie du couple de direction », in N. Aubert, E. Enriquez, V. de Gaulejac, *Le Sexe du pouvoir*, Ed. de l'Épi, p. 337-354.
76. *L'Équipe-Magazine*, 9 septembre 1989, p. 37.

ANNEXE

Un homme d'allure encore juvénile est venu, hier matin très tôt, déposer une enveloppe sur le bureau du rédacteur en chef de « L'Équipe ». Le même qui, après le Mundial 82, avait tenu à remercier publiquement Michel Platini par l'intermédiaire de notre journal. Un certain Francis Huster. S'adressant cette fois à Michel Hidalgo, il écrit notamment :

« Vous avez donné pour toute la jeunesse de ce pays, et d'autres pays grâce aux médias, l'exemple que la solidarité d'un groupe, la générosité dans l'effort commun, l'absolu don de soi pour l'ensemble du groupe, le respect du vaincu, l'humilité du vainqueur, la force morale de ne s'avouer jamais battu, de lutter jusqu'à la dernière seconde pouvaient aider à remporter la victoire. »

Grâce à vous, à cet esprit pur, humble et généreux que vous avez su insuffler aux jeunes héros dont vous aviez la charge, je n'ai pas honte après coup d'avoir oublié la misère du monde et de m'être passionné pour cette poignée de mecs en short autour d'un ballon rond.

La France, c'est un pays sublime parce qu'il y a aussi et encore des gens comme vous qui détestent les honneurs, les médailles et qui n'ont d'autre ambition que celle d'offrir leur amour de la vie à ceux dont ils ont charge. Amour de la vie, amour de la loyauté, amour de la solidarité, amour de l'humilité. Pourquoi parler de Jeanne d'Arc, de Molière, de Stendhal ou de Camus à notre jeunesse, pourquoi leur enseigner Montaigne et Sartre, si chaque jour dans leur vie quotidienne ils découvrent qu'on leur a menti, que la vie n'est faite que de trahisons, que ce sont les méchants qui gagnent toujours ou presque, que les salauds l'emportent malgré tout et que tout est pourri ?

Où trouver foi dans les bonnes raisons ? Quand constater que la justice finit par triompher ? Sur un stade tout simplement. Grâce vous soit rendue.

Dieu a récompensé cette fois la France, Platini, Tigana, Giresse, Bossis et les autres pour s'être conduits avec un si grand cœur et une telle communion. Vous étiez, monsieur Hidalgo, la main de Dieu, Le football, après tout, n'est qu'un jeu. Mais quand il sert d'instrument de Dieu, il devient une morale.

Pardonnez-moi aussi, monsieur Hidalgo, de regretter votre départ, mais d'en mesurer justement la grandeur en un tel moment, encore une preuve de votre intégrité et de votre force de caractère. Et permettez-moi de vous souhaiter autant de bonheur dans votre vie privée que vous en avez apporté dans votre vie publique à la jeunesse sportive, à la jeunesse tout court, celle de France, aujourd'hui celle d'Europe, demain celle du monde, car lorsqu'on fait preuve comme vous de tant de vertus pour un jeu qui consiste à pousser un ballon dans une cage à filets, on doit servir d'exemple à cette jeunesse qui dans le jeu plus dangereux — jeu mortel — de la vie doit avoir une Foi porteuse d'amour et non de haine, semeuse de bonté et non d'égoïsme.

Voilà tout, monsieur Hidalgo. C'est difficile d'écrire sa passion et son respect à quelqu'un qui n'aime pas les honneurs et les compliments. Mais c'est un honneur de vous en faire au nom justement de cette jeunesse que vous avez tout au long de ce doux juin 1984 enthousiasmé, illuminé et rassuré. Quelle leçon d'amour des autres !

Francis Huster

Lucien Pfeiffer et l'épopée de Prétabail
Prêcher la solidarité du talent contre la domination des détenteurs de capitaux

Le Groupe Prétabail, vue d'ensemble

L'histoire de Prétabail, pionnier de nombreuses formes de crédit-bail (*leasing*[1]) et de services aux entreprises à la fin des années 60 et au début des années 70, constitue une véritable épopée dans laquelle Lucien Pfeiffer, fondateur du groupe, prend figure de guerrier avançant sur tous les fronts à la fois.

Né en 1921, diplômé des Hautes Études Commerciales à Paris en 1945, il participe, dès la Libération, à la création de plusieurs coopératives ouvrières. De 1948 à 1959, il vit au Cameroun, où il fonde des coopératives de consommation, de collecte et de commercialisation du cacao. Puis il établit, entre ces coopératives et l'Administration française — propriétaire des équipements et bâtiments d'exploitation —, des formules de « location-accession à la propriété ». Il se heurte alors à l'establishment, soit les compagnies exportatrices.

De retour en France, Lucien Pfeiffer est obsédé par le « mur de l'argent » qui barre les initiatives d'hommes riches en idées mais

Ce cas a été préparé par Roland Reitter, professeur aux HEC-ISA, Jouy-en-Josas, France, en collaboration avec Gérard Petit. Une première version de ce cas a été présentée dans le cadre du symposium international « L'imaginaire et le leadership », tenu à Montréal en mai 1986. Ce texte est destiné à servir de base à la discussion en commun et ne prétend pas présenter un exemple de solution correcte ou fautive des problèmes d'administration.

pauvres en capitaux. Voyant dans les formes de crédit-bail qu'il a lancées en Afrique un moyen puissant pour libérer l'entreprise du pouvoir de l'argent, il s'associe en 1962 à la Banque de Paris et des Pays-Bas afin de développer le crédit-bail industriel, ou crédit-bail d'équipement. Pour le compte de cette banque, il crée plusieurs filiales spécialisées dans le domaine, dont Locabail, société leader encore aujourd'hui. En 1964, il propose un nouveau type de crédit-bail, le crédit-bail immobilier, formule de location avec accession à la propriété s'appliquant aux immeubles industriels. Mais, en butte aux réserves de certains cadres de la banque qui ne partagent pas ses vues, il remet sa démission.

Le travail de développement du crédit-bail industriel que Lucien Pfeiffer entreprend ensuite marque déjà les premiers jalons de l'épopée Prétabail. N'obtenant aucun succès auprès des banques qu'il incite à adopter un tel mode de crédit, il se tourne vers les utilisateurs eux-mêmes : les industriels. En février 1965, avec une cinquantaine de dirigeants de moyennes entreprises, il fonde Prétabail Groupement d'entreprises. Cette coopérative se propose d'abord de présenter en bloc les dossiers de ses membres en investissement d'équipement aux sociétés de crédit-bail existantes, et ce, en les mettant systématiquement en concurrence. Cette stratégie échoue cependant car, irritées par cette mise en concurrence efficace, les sociétés de crédit-bail boycottent Prétabail ; dès octobre 1965, elles ne traitent plus les dossiers que directement avec les entreprises.

Il s'agit là d'un dur coup pour Prétabail. Cependant, loin de se décourager, Lucien Pfeiffer revient à son projet de crédit-bail immobilier. Ce nouveau dossier n'obtient cependant pas plus de succès auprès des banques, cela malgré une enquête réalisée auprès de 29 000 entreprises qui démontre les besoins en crédit-bail et l'impact de la formule proposée. Il se lance donc dans une campagne de promotion de son projet et réussit à rallier 103 sociétés qui souscrivent à raison de 0,1 p. 100 de leur chiffre d'affaires. Prétabail Immobilier est enfin créé.

Pourtant, le financement du crédit-bail immobilier n'est pas résolu, les banques refusant toujours de donner leur appui. Pfeiffer doit donc imaginer de nouveaux mécanismes de financement et les défendre auprès de l'État pour les faire adopter. La loi de juillet 1966 marque une première étape en définissant le champ d'activité des sociétés de crédit-bail et en donnant son fondement juridique au crédit-bail immobilier. Ce n'est cependant qu'en septembre 1967 qu'est promulguée une ordonnance reprenant l'ensemble des dispositions prônées par Pfeiffer. Elle crée les sociétés immobilières pour le commerce et l'industrie, ou SICOMI, qui cumulent deux avantages : la transparence fiscale et le droit de recourir directement à l'épargne publique. Prétabail Immobilier est alors transformé en Prétabail SICOMI. Placée sous la présidence de Pfeiffer, la société est liée à Prétabail Groupement d'entreprises par un contrat de gestion.

En réalisant cette performance inouïe consistant à inventer, puis à faire légaliser de nouveaux mécanismes économiques et un nouveau type juridique de société, Lucien Pfeiffer espère occuper toute la place financière. Il n'en est cependant rien. Les SICOMI se mettent à proliférer, la plupart émanant de groupes bancaires. Afin de faire face à cette concurrence inattendue, Pfeiffer doit accroître son volume d'affaires, renforcer ses réseaux d'accès à l'épargne publique, inventer de nouvelles modalités d'action, et surtout tenir son organisation sous tension afin d'augmenter la productivité et la créativité de chacun au service de la compétitivité de Prétabail.

Dès 1968, Prétabail diversifie donc ses activités de financement. Au crédit-bail mobilier s'ajoute le crédit-bail de voitures de tourisme et de véhicules utilitaires à travers Prétabail Auto et Transbail. En outre, Prétabail Sicomi est introduit à la bourse en 1970 et l'entreprise crée les Vari SICOMI, à capital variable, auxquelles s'associent des banques. L'année 1970 est également celle du rachat de la Compagnie générale de Bourse, chargée de diriger le réseau de démarcheurs, et de la prise de contrôle de la Société Fermière de Placement Immobilier, responsable de la promotion et de la gestion des immeubles construits par Prétabail. Présidées par Pfeiffer ou par un de ses proches collaborateurs, ces sociétés sont liées à Prétabail par un contrat de gestion.

Dans sa lutte concurrentielle, Pfeiffer doit par ailleurs doter Prétabail d'une image distinctive. Des concepts de nature idéologique démarqueront donc l'entreprise des groupes bancaires. Si pour ces derniers le crédit-bail n'est qu'une simple variante du crédit classique, pour Lucien Pfeiffer et son équipe, il s'agit de créer une nouvelle manière d'exercer le métier de propriétaire de biens de production. Selon eux, les entrepreneurs ont pour métier d'inventer, de produire et de vendre des biens et services, et non de gérer des machines et des immeubles. Il importe donc, afin de maximiser leur rendement en tant que producteurs, de les décharger de tout souci strictement lié aux fonctions du propriétaire, soit le choix, le financement, l'achat, l'assurance, l'entretien et le remplacement de l'équipement.

De ce postulat naît le concept du crédit-bail, « service complet » destiné à couvrir toutes les fonctions du propriétaire, concept qui sera riche en retombées pour Prétabail. En effet, selon Pfeiffer, les tâches qu'un industriel doit effectuer à titre de propriétaire d'équipement ont des chances d'être mieux remplies par une société de crédit-bail, qui peut s'adjoindre des spécialistes et traiter les problèmes en gros, ce qui a pour effet d'abaisser les coûts. Ainsi, en 1971, des contrats sont signés avec une compagnie d'assurances afin d'offrir aux adhérents usagers des conditions avantageuses pour la protection du matériel et des véhicules ; un service d'approvisionnement en biens d'équipement est mis en place ; des listes de matériel à remplacer sont dressées et diffusées auprès des membres ; et France Maintenance est créée pour l'entretien des divers équipements. Bientôt, l'idée de service complet dépasse les seules fonctions de propriétaire pour couvrir des secteurs administratifs tels que la sélection du personnel, la constitution d'une banque de personnel d'appoint, la formation continue et la mise en commun de matériel informatique. En 1973, finalement, on assiste à la création d'un réseau de conseillers d'entreprise.

Outre ces réalisations, Pfeiffer dissocie en 1972 le crédit-bail mobilier de Prétabail Groupement d'entreprises. Le crédit-bail mobilier est confié à Prétabail Équipement, et la société mère est rebaptisée Groupement français d'entreprises (GFE). Par ailleurs, en 1973, Pfeiffer et son équipe travaillent à la création d'un nouveau mécanisme, le crédit-bail actions. Au printemps 1974 cependant, au moment où, après de nombreuses démarches, le projet de Pfeiffer va faire l'objet d'une loi, Georges Pompidou meurt. Le projet est relégué aux oubliettes par le nouveau gouvernement.

Tout de même, en 1974, au terme d'une aventure de neuf ans entreprise avec le seul appui d'une cinquantaine d'industriels, Lucien Pfeiffer dirige un véritable empire financier constitué du GFE, regroupant 2 704 entreprises membres, et d'une constellation de sociétés. L'ensemble représente 650 millions de francs en fonds propres et près de 1,5 milliard de francs en immobilisations, et compte 1 750 employés salariés. Mais, dans la structure interne de cet empire, on ressent toutefois des difficultés ; des brèches se sont creusées au cours des dernières années, brèches que Pfeiffer parvient à colmater tant bien que mal. Au seuil de l'été 1974, alors que le premier choc pétrolier et qu'une politique stricte d'encadrement du crédit commencent à faire sentir leurs effets, plusieurs se demandent comment un groupe indépendant ayant connu une telle croissance s'accommodera du ralentissement économique (voir les annexes I et II illustrant en quelques chiffres la croissance de l'entreprise et les modifications apportées dans sa structure interne depuis 1971 jusqu'en 1974). Enfin, les banques réduisent brusquement leur appui au groupe, qui éprouve alors des problèmes de trésorerie et doit licencier une partie de ses employés.

En décembre 1974, après sept mois d'une dure bataille juridique pour garder le contrôle du groupe qu'il a fondé, Pfeiffer doit céder sa place à un administrateur provisoire, ne conservant que la présidence du GFE. Malgré tous ses efforts et ses démarches, il ne parviendra pas à reprendre ce contrôle. En 1975-1976, le groupe est divisé et de grandes sociétés se partagent les morceaux. L'épopée est alors terminée, et, de sa semi-retraite, Lucien Pfeiffer entreprend la rédaction de ses mémoires [2]. Dès les premières lignes, le ton est donné :

> J'ai commencé à écrire ce livre pour exorciser la fureur meurtrière qui m'habitait depuis novembre 1974. Tout, en effet, s'était ligué pour écraser l'une des rares alternatives à notre société figée dans la raideur de ses habitudes.
>
> Chaque journée me procurait sa ration de mensonges, de calomnies, de manquements à la parole donnée, de reniements de signature, d'intimidation, de chantage.
>
> Il s'agissait de personnes honorablement connues : des fonctionnaires, des banquiers, des magistrats. Je ne pouvais rien faire sinon subir, me battre, persévérer.
>
> Mais à ce régime, insidieusement, la haine de ces gens, de cet univers, vous enveloppe, vous pénètre et vous pollue.
>
> Il me fallait donc exorciser : on ne construit qu'avec amour. Si je continuais à haïr, c'en serait fini du « positif ». Cela signifierait ma destruction. Dès lors, ils auraient vraiment gagné, tous ceux dont l'alpha et l'oméga, le dieu véritable, est l'argent.
>
> Il me faut bien l'affirmer, encore et toujours : c'est contre les hommes d'argent que j'ai tenté de me battre. Et mon but, dans ce livre, est de dévoiler un peu plus clairement le diabolique mécanisme de pollution des esprits, voire de toute une civilisation : l'argent pris comme finalité exclusive.

Lucien Pfeiffer, à première vue

En même temps qu'il avait une vision bien précise du crédit-bail et du pouvoir d'entreprise, à dissocier du pouvoir de l'argent, Lucien Pfeiffer avait également des vues bien nettes sur le fonctionnement idéal d'une société et sur le rôle que chacun est appelé à y jouer. Ainsi, au fur et à mesure que les services offerts aux membres adhérents se multipliaient et que l'entreprise croissait en capital et en ressources humaines, les vues du président se concrétisaient au sein de l'organisation, une organisation qu'il avait fondée sur la participation.

Afin de bien faire connaître aux nouveaux employés l'entreprise et ses différentes réalisations, Pfeiffer avait conçu une bande sonore que chacun était invité à écouter lors de son embauche. Elle commençait ainsi :

> Sans doute, pour la plupart d'entre vous, est-ce une procédure inhabituelle que d'être accueilli dans l'entreprise pour laquelle vous allez travailler par la voix du président enregistrée sur bande magnétique. C'est que nous voulons faire ensemble une entreprise différente des autres — de celles que vous avez sans doute connues —, une entreprise où il fait bon vivre, où chacun trouve son épanouissement. C'est pourquoi je dois vous raconter l'histoire de Prétabail et, comme je ne peux le faire personnellement pour chacun d'entre vous, nous avons choisi cette procédure insolite...

Après s'être présenté et avoir fait l'historique du groupe Prétabail, Lucien Pfeiffer explique le système de participation mis en place au sein de l'entreprise.

La participation, c'est d'abord un état d'esprit

Ne vous attendez pas à trouver ici le paradis où tout le monde s'entend et est content de son sort. Cela, c'est du rêve, de l'évasion. En fin de compte, chaque groupe humain ne trouve que ce que chacun de ses membres lui apporte. Mais chez nous, il est affirmé, et j'y veille, que nous devons tous prendre notre sort entre nos mains, nous conduire comme des hommes et des femmes debout. Cela veut dire que chacun peut et doit prendre part à l'entreprise. Notre procédure de décision, que voici, a d'ailleurs été conçue en conséquence.

Tous ceux qui sont concernés et compétents doivent être appelés à participer à l'élaboration d'une décision.

Chacun doit, pendant cette phase, pouvoir s'exprimer librement et défendre sans entrave son point de vue.

Une fois la phase de l'élaboration terminée, le décideur (la personne mandatée pour prendre la décision) décide.

Le décideur est toujours celui qui se trouve au niveau hiérarchique le plus éloigné du PDG compatible avec le niveau de décision à prendre. Ainsi, une décision qui peut être prise par un manutentionnaire n'a aucune raison de l'être par le chef du service de l'intendance, et encore moins par le directeur des services communs ou par le PDG.

Une fois la décision prise, elle ne saurait être contestée. Mais en cas d'échec, ou lorsque la vie du groupe est en cause, c'est le décideur qui est contesté, soit par ses subordonnés, soit par ses supérieurs (ou les deux). Dans ce cas, il devra se démettre ou être démis.

Cet état d'esprit se manifeste également dans la manière de régler nos problèmes. Par exemple, nous avons refusé de nous décharger sur l'Entreprise (avec un grand E) du soin de couvrir nos risques. Nous les avons assumés avec solidarité. On ne se contente pas ici de pleurnicher ou de revendiquer, on retrousse ses manches et on agit.

La participation, c'est aussi une série d'organes de concertation

Nous avons introduit ce qu'en jargon technique on appelle la « direction participative par objectifs ». L'entreprise est donc subdivisée en 58 centres de coût, chacun ayant à sa tête un décideur mandaté pour engager les dépenses de son budget. Bientôt, en 1972, nous aurons autant de centres de profit. Ainsi, il y aura dépenses et recettes ; les décideurs auront barre sur celles-ci et celles-là, et seront responsables des profits de leur centre.

Nous avons bien sûr un Comité d'entreprise et des délégués du personnel. Originalité de ces deux organismes chez nous : nous ne faisons pas de différence entre cadres et non-cadres, et non plus entre membres titulaires et membres suppléants.

Par ailleurs, le Comité d'entreprise a créé plusieurs commissions : en informatique, en formation et emploi, en salaire et intéressement, en affaires sociales et en gestion. Tous les employés sont invités à faire partie de l'une de ces commissions, toutes très dynamiques.

Nous avons en outre des institutions originales, dont les SPAG (section permanente d'assemblée générale du personnel). Elles regroupent une vingtaine de personnes interservice, inter-hiérarchie, et vous en faites partie de droit. Elles se réunissent au moins une fois par mois et ont quatre missions : donner au Comité d'entreprise ou à la direction générale l'avis du personnel sur tous les sujets ; transmettre des informations à la hiérarchie ; recevoir des informations de celle-ci ; et permettre à ceux qui le désirent de faire l'apprentissage de l'animation de groupe et de l'expression orale ou écrite.

Finalement, nous avons la convention annuelle, le mot convention étant pris dans son sens américain, avec la notion de convenir-adhérer et de convenir-projeter. Il s'agit d'une réunion plénière, ou par SPAG, et elle regroupe tout le personnel. Échelonnée sur plusieurs jours, elle a pour but la réflexion et la concertation sur des grands sujets : en 1971, c'était la participation ; en 1970, la DPPO et les commissions du Comité d'entreprise ; en 1968 et 1969, les finalités et la charte.

La participation, c'est aussi des réalisations sociales originales

L'une de ces réalisations est le restaurant, auquel vous accédez par la « galerie des informations », où l'on trouve, sous forme de graphiques, textes et photos, tous les renseignements sur la vie de l'entreprise. La photo des nouveaux employés y est exposée pendant huit jours afin que tous les connaissent. Près du restaurant, il y a la cafétéria aux fauteuils confortables. Ces deux services sont gérés par une sous-commission du Comité d'entreprise.

La deuxième grande réalisation participative est le fonds de solidarité. Constitué d'une retenue de 1 p. 100 sur nos salaires et d'une part au moins égale versée par l'entreprise, il sert à défrayer les journées de maladie et les congés de maternité. La création d'un tel fonds a suscité bien des discussions et, finalement, ce sont les concepts de solidarité et de responsabilité qui ont triomphé. On ne se contente pas, chez nous, de pleurnicher, de revendiquer et de se décharger de ses problèmes sur le voisin ou l'entreprise; on agit par nous-mêmes. Chez nous, c'est là une des formes de la participation.

De plus, nous adhérons collectivement à une mutuelle qui rembourse le complément, non pris en charge par la Sécurité sociale, des frais de maladie, de chirurgie et des soins dentaires. Les cotisations à la mutuelle sont prises en charge par nous et l'entreprise, à raison de 50 p. 100 chacun. Enfin, nous avons un système de rente de retraite et de prévoyance pour tous, cadres et non-cadres, qui constitue un modèle du genre, et nous avons adopté un système d'intéressement original.

Nous voici au terme de cette journée d'accueil. Je me rends parfaitement compte que vous êtes écrasé sous cette avalanche d'informations, alors je vous laisse...

Pfeiffer, vu par lui-même

Les réalisations sociales de Lucien Pfeiffer sont très nombreuses, et sa griffe est nettement perceptible aussi bien dans la structure interne de Prétabail que dans les innovations inscrites par l'entreprise au sein du marché financier. L'énergie qu'il lui a fallu déployer afin d'imposer et de concrétiser ses vues, c'est avant tout dans son système de valeurs et dans sa conception de l'homme, regroupé en personne morale, qu'il l'a puisée. Voici sa pensée sur quelques sujets :

Le couple et la famille

La cinquantaine passée, j'adhère, bien sûr, à un certain nombre de valeurs. Tout homme qui prétend mener sa vie construit au fur et à mesure du temps son système de valeurs. Obligatoirement ! Sinon, il ne conduit rien ; c'est un chien crevé au fil de l'eau, un zombie.

Je crois que l'homme peut, avec d'autres hommes, créer de nouvelles personnes morales collectives, dont le ciment est l'amour. Les deux auxquelles je suis profondément attaché sont le couple et la famille. Qu'un homme et une femme puissent, à la vie à la mort, compter l'un sur l'autre, est sans doute ce qu'il y a de plus merveilleux au monde. Et que ce couple puisse créer une famille, nouvelle personne morale, est une des conditions de base à l'épanouissement humain. Ma femme et moi avons dix enfants et nous les avons voulus dès notre mariage.

Que le couple et la famille soient attaqués aujourd'hui par tout ce qui se proclame progressiste est toujours un sujet d'étonnement incrédule pour moi. Ils réclament un monde sans argent, un monde d'égalité, de solidarité, où l'amour est la règle universelle, et ils veulent détruire les deux seules organisations humaines où tout cela est possible. Je suis pour tout ce qui encourage et protège le couple s'accomplissant dans la famille, et contre ce qui le sape ou le détruit.

Le voisinage

Au-delà de la famille, j'ai fait l'expérience de la communauté du voisinage. Le voisinage est quelque chose de très fort, mais il s'est perdu dans nos villes idiotement anonymes. Je l'ai recréé en Afrique, puis en France. Des amis et moi avons construit une unité de voisinage composée de sept foyers. Naturellement, chacun est chez soi, soit en appartement, soit dans un pavillon. Le tout est encadré de verdure et doté d'équipements collectifs à la mesure des sept foyers qui comptent une trentaine d'enfants. C'est vivant, solidaire et enrichissant. Évolutif aussi puisqu'il y a des habitations de différentes dimensions, dont certaines sont extensibles ou compressibles. Chaque famille devrait avoir droit à ce type d'habitat. Mais aucun parti politique n'a intégré cela à son programme ; c'est sans doute trop concret.

Les villes devraient être aménagées en quartiers composés d'unités de ce genre, disposant d'équipements collectifs à la dimension de ces fédérations d'unités. Je rêve d'une ville où tous les habitants se rendraient à leur travail à pied, circulant à travers des parcs. Les entreprises et les quartiers s'imbriqueraient harmonieusement par la volonté des hommes qui auraient leur mot à dire dans leur quartier, leur ville, leur entreprise ou fédération d'entreprises. Cela signifie que toutes nos villes sont à abattre et à refaire.

L'entreprise

Je prépare avec Prétabail les outils pour concevoir et réaliser ce changement de l'environnement global, seul susceptible de résoudre d'un coup des problèmes qui restent autrement sans solution et dont on reporte le malaise dans l'entreprise.

L'entreprise telle que je l'entends n'est pas la société de capitaux. C'est une entité, une personne morale qui rassemble ceux qui veulent travailler ensemble. La société de capitaux ne regroupe que ceux qui lui apportent des biens ; elle achète ensuite le travail d'hommes et de femmes qui n'en font pas partie, mais qui pourraient vouloir entreprendre ensemble. Croyez-vous que les actionnaires veulent entreprendre ensemble ? Plaisanterie ! Ils veulent faire des profits !

Je n'ai jamais pu supporter l'idée que quelqu'un s'arroge le droit de commander sous prétexte qu'il tient les cordons de la bourse. C'est pourquoi j'ai, en 1948, inventé le crédit-bail. C'était la solution pour que les entrepreneurs échappent à la domination de ceux qui détenaient l'argent et les moyens de production. Je ne veux pas faire de discours idéologique ; je pense seulement que le pouvoir fondé sur la propriété a de moins bons effets que celui fondé sur le consensus.

Prétabail est basée sur cette valeur fondamentale. Je l'ai formée en coopérative car les sociétés industrielles et commerciales qui fournissent le capital doivent jouir du pouvoir en raison de leur adhésion, et non de leur apport financier. Pour ma part, je me suis refusé à tout ce qui m'aurait rendu propriétaire du groupe ou de l'une de ses sociétés. Je m'attache à construire l'entreprise, puis la fédération d'entreprises.

Outre sa confiance en la capacité de toute personne morale, Lucien Pfeiffer ne nie pas, au contraire, l'importance de sa personnalité, de son moi propre dans son système de valeurs.

Transformer l'environnement

Je n'ai pas le culte de la personnalité, je ne fais pas de narcissisme, mais je suis bien obligé de constater que, dans mon système de valeurs, « moi » joue un rôle primordial. Mon épanouissement et ma réalisation personnelle déterminent mon comportement. Aussi loin que je me souvienne, si l'environnement ne permettait pas l'épanouissement de ce moi, j'étais amené à transformer cet environnement ou à en changer.

C'est ainsi que j'ai toujours été chef de bande, leader, partout où j'ai vécu, et que j'ai changé de pays, de travail chaque fois que je ne parvenais pas à changer l'environnement afin d'être heureux. J'en ai souvent changé, à l'ahurissement des gens, car si je me souviens bien, c'était chaque fois en quittant la sécurité et l'aisance pour trouver le risque et une vie matérielle plus difficile.

Je suis heureux quand je peux changer quelque chose qui me paraît insatisfaisant pour moi ou mes proches. Mais ce goût de l'action n'est pas de l'activisme. Je n'agis pas pour la notoriété, ne fréquentant que des gens que j'aime bien et ne ressentant nullement un besoin de respectabilité sociale. C'est pourquoi j'ai refusé et refuserai toujours tout ce qui, de près ou de loin, ressemble à une décoration. Je n'agis pas non plus pour ce chatouillement que provoque la puissance chez certains orgueilleux, et je ne travaille pas pour l'argent ou l'acquisition de biens matériels. Je vis simplement, sans grands besoins personnels, et je me sens mal à l'aise dans le luxe. Non, je crois plutôt agir en vue de transformer mon environnement ; mes proches sont alors plus heureux, et me rendent donc plus heureux.

La volonté

Tout cela nécessite une ascèse personnelle et suppose que l'homme peut être ou devenir autre chose que le produit de ses conditionnements. C'est fondamental. Je suis contre le fait de mettre ses fautes sur le dos du système ou de rendre celui-ci responsable de son inaction.

Mes grands-parents ont commencé à travailler alors qu'ils étaient à peine pubères. Ils travaillaient parfois jusqu'à 15 heures par jour et n'ont jamais eu de congé payé. La plupart des ouvriers se soûlaient au moins une fois la semaine, mais je n'ai jamais vu mes grands-pères ivres. Plutôt que de dépenser leur paye au bistrot, ils cultivaient un jardin ouvrier.

Dans un même milieu donc, dans les mêmes conditions de vie, il y a des hommes, des femmes qui sont malheureux, pourrissant dans la crasse, la drogue, la délinquance, alors que d'autres sont heureux, se dépassent, se cultivent. Foutaise que cette thèse du conditionnement du milieu. La volonté y peut quelque chose. Dans tous les livres que mon père m'a offerts, il y avait la même dédicace : « Vouloir, c'est pouvoir. » Et le scoutisme a été un bon apprentissage de dépassement pour moi. Mon adolescence a été marquée par ce mouvement et certains de mes camarades d'alors sont aujourd'hui chez Prétabail. Se priver de manger, de boire, de dormir, pousser la fatigue jusqu'à ses limites, tout cela a toujours le même sens pour le louveteau, le scout, le routier que j'ai été ; cela veut dire se dépasser.

Je suis toujours en admiration devant les paroles de l'aviateur ayant traversé les Andes à pied après un accident d'avion : « Ce que j'ai fait, aucun animal ne l'aurait fait. » Cela va à l'encontre des théories des matérialistes et des gauchistes. Tant pis, ils se donnent peut-être bonne conscience de leur lâcheté devant la vie, mais avec quel résultat final ?... Et je me moque que les prétendus révolutionnaires d'aujourd'hui, qui veulent casser la baraque, tournent cela en dérision. Il leur faudra bien se mesurer avec des hommes de cette trempe quand ils oseront enfin faire autre chose que de transmettre leur démission violente ou alanguie devant la vie.

Se dépasser, forcer son corps ou son esprit à des actes qu'il ne ferait pas sans l'exercice d'une volonté forte, pour quoi faire ? Pour le plaisir, bien sûr ; je crois à la dimension ludique, plus particulièrement lorsque la compétition entre en jeu. Mais aussi, et surtout, pour influencer les autres, les convaincre de constituer une unité nouvelle. C'est sans doute pour cette raison que j'ai été un passionné de théâtre, d'art dramatique. Pour cette raison aussi que je m'intéresse à tout ce qui est hypnotisme, magnétisme, psychologie des foules, pouvoirs inconnus des hommes. Quand j'étais jeune, mes livres avaient des titres comme *Deviens un chef, L'Éducation de la volonté,...*

Toutes ces valeurs sur lesquelles Pfeiffer s'est appuyé au cours de sa carrière, il les a développées peu à peu, au fur et à mesure qu'il vieillissait et qu'il était confronté à des gens, à des situations.

La famille

De vieille souche alsacienne, je suis né à Mulhouse que j'ai quittée en 1935 pour Strasbourg. J'ai été profondément marqué par ce contexte : un peuple souvent envahi, le contact de deux civilisations, la tentation de l'autonomisme, la force du centralisme, l'existence d'une forte minorité juive. Mon grand-père est né français, mon père allemand. Ma langue maternelle est l'alsacien et j'ai été puni à l'école pour l'avoir parlé plutôt que le français. Je me suis battu avec des juifs qui nous envahissaient ; j'ai été antisémite. Je ne le suis plus.

Je suis né dans un milieu modeste. J'ai eu trois sœurs plus jeunes que moi de 2, 7 et 16 ans. Deux d'entre elles ont été tuées dans un bombardement en 1944 à Grenoble où nous étions réfugiés. J'ai été marqué par mes parents, et plus encore par mes grands-parents qui étaient ouvriers. Ils ont économisé toute leur vie durant afin que leurs enfants étudient. Un de mes grands-pères a travaillé pendant 50 ans dans une même entreprise. Il a été décoré par le ministre du Travail et ça a été le plus beau jour de sa vie. Mais, trois ans plus tard, il avait fait son temps. Alors, avec sa médaille, ils l'ont fichu à la porte, sans retraite bien sûr. Cette injustice saignante m'a profondément marqué.

Mes parents aussi ont travaillé pour qu'on s'instruise. Petits commerçants en tissu, ils ont été laminés par la crise de 1929. Mon père est alors devenu représentant en parfumerie. Puis, à son compte, il a fait de l'aménagement de magasins ; il rêvait d'être architecte. Chez nous, on ne jetait rien ; tout pouvait resservir, ne serait-ce qu'un clou, un bout de papier ou de ficelle. Impensable de ne pas couper l'électricité en quittant une pièce, ressource dont on usait parcimonieusement en se levant avec le jour et en se couchant tôt.

Mes enfants, nés à l'ère de la consommation, s'esclaffent lorsque je réagis devant un film où l'on casse et l'on jette tout. Dès le premier jour où j'ai gagné ma vie, je me suis fixé comme règle d'épargner et d'investir la moitié de ce que je gagnais. Excepté quelques rares périodes de grande pénurie, c'est ce que j'ai fait ; j'ai économisé 50 p. 100 de mes revenus bruts, alors que la moyenne nationale est de 17 p. 100. Ça peut être facile quand on gagne largement sa vie, mais j'ai réussi à le faire même dans les situations les plus modestes que j'ai occupées et réoccupées chaque fois que j'ai recommencé ma vie à zéro.

L'autorité

Mon père a été sélectionné aux Jeux Olympiques de 1924. Comme « malgré nous » il a fait la guerre dans l'armée allemande, mais il était animé par un immense amour pour la France. Un jour, dans une tranchée, il n'a échappé aux balles que parce qu'il s'est évanoui au moment où un Français le mettait en joue. Et cela, alors qu'il essayait de rejoindre la tranchée française après avoir faussé compagnie aux Allemands. Il était très strict. J'ai le souvenir de quelques solides raclées jusqu'à l'adolescence. Puis nos rapports ont évolué, devenant des rapports d'égalité, d'amitié. Aujourd'hui, je suis son patron dans une affaire qui dépend de Prétabail ; il dit que l'élève a dépassé le maître. Ma mère, elle, nous a élevés avec beaucoup d'amour, toujours prête à recevoir nos amis. Malgré sa douceur, je me suis plus tard rendu compte qu'elle était bien plus autoritaire que mon père. Mais là où j'ai le plus été confronté à l'autorité, c'est lorsque je suis venu à l'Exposition universelle de Paris en 1937. Mes parents n'ayant pas assez d'argent pour aller à l'hôtel, je logeais chez ma marraine. Bonne à tout faire chez un industriel, elle n'avait pas le droit de m'abriter. Je me rappelle sa peur panique à l'idée que son patron me découvre. Vivre un tel rapport d'autorité à 15 ans, ça compte. J'ai ensuite vu que mon père subissait ce même rapport au travail. Je l'ai aidé à se déconditionner, le convainquant de renégocier un contrat. Plus tard, j'ai négocié ses droits à la retraite.

Quant à ma manière de mener ma maisonnée, elle est plus autoritaire que celle de mon père. Mais les temps ont changé, les enfants se rebellent plus facilement que du temps de ma jeunesse. Et quand les miens se rebellent, je réagis mal. Par exemple, j'ai horreur des cheveux longs. C'est physique. Pour moi, c'est intimement lié au désordre. On ne trouve plus les choses où l'on s'attend à les trouver ; hommes et femmes sont confondus. Cela va de pair avec un comportement hermaphrodite. C'est aussi un signe d'immaturité intolérable. Certes, on peut se rebeller contre la société ; je suis moi-même en révolte. Mais je ne me contente pas de signes mineurs de contestation dans le but de choquer les autres ; je me donne la peine d'aller en profondeur.

L'éducation

Mon adolescence a été marquée par le mouvement scout. Profondément. J'ai suivi toute la filière. Certains de mes camarades d'alors sont à Prétabail. En Alsace, l'éducation était puritaine et, à l'école, les garçons et les filles étaient séparés. J'étais du type chahuteur et bagarreur ; nous formions des clans et ma principale activité était de mener le mien à l'assaut des autres.

Lorsque la guerre a éclaté, ma famille s'est repliée à Épinal. J'étais dans une classe mixte, et je découvrais la philosophie. J'ai passé une classe de philo merveilleuse. Mais en juin 1940, les Allemands sont arrivés. Nous avons vécu un été d'exode et grâce à mes camarades scouts, qui s'étaient donné un point de ralliement postal, nous nous sommes retrouvés en Tarn-et-Garonne. J'ai passé mon bac de philo tout en faisant les foins.

C'est dans cette atmosphère de début d'occupation que j'ai dû décider de ma carrière. J'hésitais entre le journalisme, la politique et l'administration. C'est un vieil ecclésiastique, mon professeur de philosophie thomiste, qui m'a recommandé les Hautes Études Commerciales. Selon lui, ma condition sociale ne me permettait par de réussir en politique et les journalistes, mis à part quelques grands noms, crevaient de faim. J'ai réussi le concours des HEC grâce aux langues, grâce à une dissertation sur ce que je voulais faire après l'école. J'y racontais, en allemand, que j'aimerais construire un monde nouveau dans un pays neuf parce que, dans le nôtre, tout avait fichu le camp.

Les années de guerre

Avant d'aller à Paris faire mes HEC, j'ai dû m'engager dans le groupe Jeunesse et Montagne, qui remplaçait alors le service militaire. Mes meilleurs souvenirs : la période où seul, sac au dos, j'allais d'un camp à l'autre monter des spectacles et animer des groupes.

En 1942, c'est le choc de l'hiver parisien et du rationnement. Je me plonge dans le travail aux HEC ; en quelques mois, je perds 14 kilos. Je serais sans doute mort de faim sans le mari de ma concierge qui, caviste dans un cabaret, m'invite parfois à dîner. En décembre, la résistance me recrute ; je n'en connais que des aspects moches, qui n'ont rien à voir avec ce qu'on raconte dans les livres et les films. Je suis ensuite réquisitionné par le Service de travail obligatoire (STO) qui m'apprend le métier d'ajusteur. Cela me sert à mieux saboter le travail qu'on nous confie ; c'est alors la règle du jeu. Puis le STO m'affecte aux scouts de France à Lyon. En 1943, j'épouse une cheftaine de louveteaux grenobloise, étudiante en sciences.

J'ai connu les grands bombardements de Lyon et de Grenoble. Mes deux sœurs y ont trouvé la mort. Pendant des heures, j'ai cru que ma femme gisait aussi sous les décombres. Sensation éprouvante que de se croire veuf si jeune. Plus tard, je devais rejoindre des copains scouts dans le maquis du Vercors, le jour même où la division Vlassov a attaqué la région. J'y suis allé après, pour y retrouver mes amis fusillés, achevés à coups de pelle. La veille de la Libération à Grenoble, un milicien me surprend et épaule. Je ne dois la vie sauve qu'à un réflexe incroyable : je l'engueule en allemand, et il s'y laisse prendre.

À la Libération, l'encadrement militaire nous prend en charge. Écœuré par son incompétence, je préfère rester civil et rentre à Paris terminer mes HEC. Promotion extraordinaire : 53 étudiants mariés. Je prends ainsi conscience du décalage entre l'enseignement traditionnel et ce que nous avons vécu ; la réalité n'est pas aux HEC. Je me lance alors dans une autre expérience passionnante, le groupe Économie et Humanisme. Je rejoins la communauté de travail de Marcel Barbu, puis je me joins à Jean Le Chatelier, qui crée les chantiers de Rochebrune. Nous avions de grands espoirs puisque de grosses sociétés fonctionnaient en autogestion. Mais ça été un échec. Je suis alors parti vers un pays neuf car je suis un homme tourné vers l'action et que l'action doit s'exercer sur l'environnement immédiat.

Aujourd'hui

L'homme peut et doit devenir autre chose que le produit de ses conditionnements. Cela me met en opposition avec la plupart des courants de pensée actuels, ce dont je me moque, mais aussi avec certains cadres de Prétabail, ce qui me préoccupe. Combien de fois ai-je entendu : « Ce n'est pas la faute des gens, mais de la société. » Avec cette théorie, on excuse tout et le laxisme s'installe, corrompt.

Récemment, je me suis rendu compte que des employés passaient l'heure du lunch à faire des appels personnels. J'ai fait surveiller les lignes et la standardiste a recensé 32 appels acheminés sans l'autorisation du chef de service. J'ai décidé de supprimer l'usage du téléphone pour tout le monde à cette heure, et j'y ai vu la promesse d'une crise prochaine. Des cadres m'ont désapprouvé en mettant les torts sur le système. Je ne suis pas d'accord! La participation ne peut se faire à sens unique; chacun doit y mettre du sien.

J'ai beaucoup misé sur la participation, mais j'ai aussi dû en revoir l'application. Par exemple, au moment d'emménager dans de nouveaux locaux. Les cadres avaient opté pour un immeuble neuf et luxueux, que nous occupons depuis 1970, au lieu de deux immeubles à rénover. J'ai jugé que le dynamisme d'une équipe valait plus qu'une économie d'un million par an. Mais ma confiance dans leur jugement et leur motivation en a été altérée. Cela pèse encore lourdement sur des décisions stratégiques. J'ai donc été amené à formuler une procédure de prise de décision qui dit qu'un homme seul, le décideur, a le droit de décider, à l'encontre de l'avis de ceux qu'il doit consulter.

Certains de mes subordonnés sont frustrés et je les comprends. Ils travaillent sur un produit, alors que je travaille déjà à autre chose. Ils craignent que je leur demande de me suivre, mais sont frustrés si je m'adresse à d'autres. Dans toute organisation, il se produit un phénomène de cour et les relations affectives jouent un grand rôle. Tout le monde veut être proche du patron. Par exemple, nous avons eu des réunions sur « le GFE dans 10 ans ». C'était fécond, mais perturbant aussi pour certains, car cette évolution les éloigne de moi. Mais il n'y a pas de jalousie entre mes proches collaborateurs; les autres acceptent bien le fait que les membres de ce petit groupe sont exceptionnels. Par contre, il y en a entre ceux qui montent les échelons, et il y a le problème des gens qui ont cessé d'être fiables à 100 p. 100. J'exige à la fois compétence et adhésion aux grandes orientations.

J'ai aussi senti un mouvement d'envie envers ce que mes collaborateurs appellent la Patrouille. Il s'agit d'une association extérieure à Prétabail, que nous avons formée entre amis, et dont le but est toute étude et toute action en vue d'améliorer la qualité de la vie. Plusieurs voudraient en faire partie, mais nous n'avons pas voulu que le poids de Prétabail y soit trop lourd. Au sein de Prétabail, j'ai aussi organisé des séminaires avec les 22 grands directeurs afin d'entamer une réflexion stratégique d'ensemble. J'ai lancé l'idée que le GFE pourrait influencer les pouvoirs publics. Cela a provoqué un mouvement de recul très net chez plusieurs. Ils commencent à peine à comprendre ce qu'est le crédit-bail et ne se sentent pas encore prêts pour le reste : la peur de l'inconnu.

Points de vue

La situation conflictuelle

Le malaise évoqué par Lucien Pfeiffer a cependant, selon l'avis d'un président démissionnaire du comité d'entreprise (voir l'annexe III), des racines différentes, et ses manifestions sont multiples. Il expose sa vision des faits :

En 1969, je suis entré à Prétabail pour participer à une expérience humaine. La première année, la dynamique de recherche dans l'entreprise, tant sur le plan économique que social, a été enthousiasmante, avec des controverses inévitables, mais enrichissantes. Peu à peu, le climat s'est dégradé du fait d'arbitrages de la direction non admis ou non compris.

En 1971, l'atmosphère interne de Prétabail était très mauvaise. Le lien entre le président et les membres de l'organisation étaient déjà tendus. Aussi, personne ne s'est présenté aux élections du Comité d'entreprise. Cela constituait une position politique et un terrible désaveu pour Lucien Pfeiffer. Il a convoqué une réunion pour répondre aux critiques dont il était l'objet. Il a convaincu les gens de sa bonne volonté et, de fil en aiguille, j'ai présenté une liste aux élections.

Il faut se souvenir de l'ambiance de cette époque ; on venait de connaître coup sur coup deux séries de licenciements, ou pseudo-licenciements. D'abord, l'équipe de l'Épargne avait été décapitée. Puis il y a eu le drame de la restructuration de Prétabail selon un schéma par fonction, plutôt que par produit, et l'exode de l'équipe immobilière. Aux niveaux moins élevés, le mouvement était des plus inquiétants. On reprochait à Pfeiffer d'avoir fait de la participation claironnée un leurre. On se concertait, mais sans influence réelle sur le contenu de la décision.

L'élection de 1971 donnait, au sein du Comité d'entreprise, des sièges aux deux listes non syndicales en présence : la mienne, qui se proposait de jouer le jeu de la charte, et une liste

429

minoritaire, plus revendicative. Nous avons essayé de faire vivre les structures de participation prévues par la charte : l'assemblée générale, les SPAG, le Comité d'entreprise, les commissions et les sous-commissions.

Le Comité d'entreprise avait un budget important, ce qui lui donnait un certain poids. Mon rôle était de mobiliser les gens : « Rien ne sert de bougonner dans les couloirs, il faut représenter le désir collectif. » Mais tous nos efforts étaient vains. La direction confisquait toujours ce que les gens élaboraient, souvent parce que le processus était trop lent à son gré. Ou encore, sous prétexte que « tout cela était enfantin, qu'il suffisait d'agir et d'être des hommes debout », une note de service arrivait un beau jour. C'est ce qui s'est passé, par exemple, pour les politiques d'information et de rémunération. Toute décision remettait en cause les grands principes. Les gens voyaient ou ressentaient bien que leurs aspirations n'étaient pas considérées comme pouvant s'opposer aux projets économiques jugés mégalomanes. Les gens entendaient parler de grosses têtes aux gros salaires qui rentraient, alors qu'eux faisaient tourner la boutique. Le Comité d'entreprise était dans une situation gênante, car il cautionnait cette attitude par sa présence.

La convention de 1971 a vu le personnel exprimer des préoccupations très matérielles : garde des enfants, garantie d'un treizième mois, etc. Réaction de la direction : « Nous ne sommes pas la Sécurité sociale ; nous ne biberonnerons pas. Il faut choisir entre les gosses et les astreintes du travail à Prétabail. Soyez des hommes debout. »

Progressivement, les normes les plus traditionnelles ont été violées. Par exemple, on n'avait jamais pointé chez Prétabail, et un jour, quelqu'un surveillait les entrées et les sorties. Émoi. Puis on a institué un pointage systématique. Autre exemple : le contrôle du standard téléphonique. On en arrive à un moment où rien de ce que nous cherchions à réaliser n'est plus possible, où la politique de Pfeiffer n'est plus crédible et tend à l'exploitation des motivations des hommes. À la suite d'incidents divers, une section syndicale se crée. Je remets ma démission en tant que secrétaire du Comité d'entreprise, puis une deuxième section syndicale se crée.

Depuis, les choses n'ont pas changé. Les gens font leur métier, c'est tout. Certains ne sont attirés que par le projet économique. Il y a en quelque sorte un délit d'opinion. Personne n'est à l'abri des licenciements et l'heure tragique est quasi permanente. On coupe toujours des têtes après avoir chanté les louanges de leurs propriétaires.

L'avenir est du type traditionnel. Délégués du personnel, syndicats, journées d'accueil des nouveaux, quelques grands moments d'assemblée du personnel raviveront un peu d'espérance dans le cœur des gens ; mais la déception qui suivra sera toujours plus grande. On embouchera les trompettes de la société de partenaires, on se gargarisera d'être les pionniers, mais l'on retombera toujours sur les mêmes difficultés. On ne pourra jamais faire fi du taux d'expansion pour s'adresser au projet humain. On ne verra jamais la fin des ambitions de Pfeiffer. Le projet économique, lui, pourra vivre s'il prend bien garde d'un environnement de plus en plus hostile. Encore faudra-t-il qu'il puisse compter sur des hommes sûrs.

L'homme, vu par les autres

Sa personnalité

Ainsi, la personnalité de Lucien Pfeiffer a profondément marqué la croissance et la structure du Groupe Prétabail. Certains traits de son caractère n'ont pas été sans susciter des réactions controversées autour de lui, chacun, collègues et employés, ayant sa propre perception de l'homme. Voici divers avis recueillis ici et là :
- Il fait partie de cette race d'hommes qui aime se battre et qui possède un pouvoir de persuasion capable de renverser des montagnes. C'est formidable de travailler avec lui, car on sait qu'il retrousse ses manches devant une difficulté, et qu'il a toutes les chances de la surmonter grâce à sa grande force de caractère.
- Ses moteurs sont sa volonté de puissance et son besoin passionné d'innover. Ces deux aspects sont d'ailleurs liés car sa volonté de puissance n'est pas au service de l'argent. Je crois que ce qui pourrait davantage l'intéresser, c'est de passer à l'histoire en tant

qu'innovateur. Il a donc besoin que son entreprise soit forte pour prouver ce qu'il préconise. Je l'imagine assez bien disant : « Le jour où j'aurai 15 000 chefs d'entreprises et que j'obtiendrai du ministère des Finances le droit à l'expérimentation, j'aurai réalisé le rêve de ma vie. »

- Très exigeant, il est d'une intelligence supérieure à la moyenne et il a une mémoire phénoménale. Mais il ne comprend pas toujours que les gens autour de lui n'ont pas les mêmes capacités. Par conséquent, il lui arrive de faire de vifs reproches. Je pense que l'exigence est un bien pour la prospérité de notre entreprise, mais elle peut aussi en perturber quelques-uns.

- L'action auprès de lui est souvent inefficace. On se trouve pris entre deux feux : agir selon sa conscience et risquer de se poser en adversaire de ses idées. Il faut donc être très sûr de soi parce qu'il n'a de cesse de vouloir vous convaincre.

- Au sein de Prétabail, il y a eu des conflits importants que j'ai toujours réprouvés à cause de l'image perçue de l'extérieur. Mais je n'ai pas toujours eu raison de le faire parce que Pfeiffer n'oublie jamais. Son caractère est d'ailleurs un obstacle au concept de participation ; les gens se découragent devant son attitude.

- Pfeiffer est parfois très idéaliste. En général, il prête plus de qualités aux hommes qu'ils n'en ont. Ainsi, chaque fois qu'une personne utilise mal les moyens qu'il lui donne, il tombe dans un pessimisme exagéré.

Croissance et gestion des ressources humaines

Par ailleurs, le style de gestion adopté par Lucien Pfeiffer a été remis en cause par certains de ses collaborateurs, et ce, en regard des grands principes qu'il préconisait, notamment la participation.

- Pfeiffer a des théories qui bouleversent les structures financières actuelles. Mais ma crainte est qu'on aille trop vite et dans tous les sens. Les cadres n'arrivent pas toujours à suivre, et parfois ils ne savent pas organiser la croissance du volume d'affaires qu'ils traitent. Même la direction a du mal à s'adapter au changement intervenant dans son rôle. Il n'y a pas longtemps, le président s'occupait de tout. Maintenant, il ne devrait s'occuper que du plus important. Or il lui arrive de surveiller les retards du personnel.

– Il ne faut pas que notre développement futur se fasse aux dépens du crédit-bail. Nous ne devons pas provoquer inutilement de problèmes avec les membres adhérents en misant trop sur les nouvelles activités. Je pense qu'on s'attaque aussi trop vite au marché étranger. Il ne s'agit pas d'un problème de ressources financières, mais de ressources humaines. Les gens en ont assez de toutes ces modifications d'organigramme ; des conflits naissent et des clans se forment. Peut-être l'idée directrice n'est-elle pas assez mûre ? On peut compter sur les doigts de la main ceux qui y adhèrent.

– Lucien Pfeiffer n'admet pas beaucoup l'erreur. Il a même remis en cause les compétences de cadres qui n'avaient pas su s'adapter au grossissement de leur service. Pfeiffer, alors, ne prend pas formellement la décision de se séparer d'eux, mais il leur rend la vie tellement difficile qu'un conflit finit par éclater. Leur départ équivaut ensuite à une trahison. Je crois que leur trahison consiste surtout à ne pas avoir montré assez de souplesse. Je suis sûr que Lucien ressent une certaine angoisse devant tout ce mouvement de personnel parce que cela confère une mauvaise image à l'entreprise. Il est pris entre le désir d'avoir l'équipe la plus compétente et celui d'avoir une bonne image.

– Quand je suis entré chez Prétabail, je me faisais des illusions ; j'ai vite pris conscience du décalage existant entre la journée d'accueil et la réalité. On ne sait pas établir d'équilibre entre l'humain et l'économique, qui bouffe tout. Au niveau humain, on en est resté aux bonnes œuvres. On a imaginé des schémas originaux, mais ça manque d'impulsion, de vie. Les gens sont trop méfiants. Je ne peux pas dire que j'ai le sentiment d'une réussite ; j'ai plutôt l'impression d'avoir tous les inconvénients de la participation, et aucun des ses avantages. Les gens attendent trop, alors le fossé entre réalité et parole devient énorme. Il y a de moins en moins de gens convaincus au sommet et les idées passent de plus en plus difficilement.

. – Lucien Pfeiffer a une influence fondamentale ; c'est un monument et, sans lui, il n'y aurait pas de Prétabail. Une grande partie des gens sont ici pour le salaire, et que Pfeiffer ait des idées lumineuses, ils s'en moquent. Je crois qu'il a lassé les gens avec ses théories de la participation. Les idées sont bonnes, l'application problématique. La contradiction existe dans l'homme : il veut la participation, mais il dit que le chef a raison contre tous. Dans certains cas c'est vrai, mais il ne faut pas en faire une doctrine. La participation ne doit pas descendre directement vers la base ; on a déjà tant de mal à la définir. Il lui faudra une génération pour faire passer ses idées.

Le système de gestion

Finalement, c'est aussi tout le système de gestion de Lucien Pfeiffer qui a été remis en question. Un gestionnaire explique :

Lorsque j'ai pris mes fonctions, je suis tombé de haut. Je me suis en effet rendu compte de nombreuses lacunes. Entre autres, les normes de production des conseillers Épargne, notion clé dans une telle entreprise, étaient trois fois trop élevées ; il m'a fallu pas mal de petits coups de barre à droite, puis à gauche, pour les normaliser.

Par ailleurs, on m'avait présenté un budget de 12 millions avec des frais communs. Je croyais qu'il existait un équipe d'hommes capables de donner un contenu à un tel budget, ainsi que des instruments de travail, tels que tableau de bord, procédure et politique, etc., mais il n'y avait rien de tout cela. Un budget se prépare huit mois à l'avance avec des instruments sur lesquels on peut s'appuyer pour connaître l'entreprise et l'environnement. Il faut un mouvement d'aller et retour des propositions et des directives entre le sommet et chacun des échelons responsables. Dans certaines sociétés, le budget accapare une grande partie du temps du patron. Or ici, la mise au point du budget s'est à peu près résumée à une note de service disant : « Les dépenses de chacun des services ne pourront excéder de 20 p. 100 les dépenses de l'an dernier. La direction de la Gestion prévisionnelle est chargée de mettre en œuvre cette décision. » J'ai été renversé ; pour moi, un budget est la mise en œuvre d'une stratégie élaborée par l'entreprise.

Ce fameux budget a été adopté après une discussion très dure car nous n'avions plus le temps d'étudier d'autres hypothèses ; il ne restait qu'à trancher dans le vif. Je dois cependant dire que l'évolution ultra-rapide de l'entreprise rend et rendra toujours particulièrement difficile l'élaboration d'un budget.

NOTES

1. Crédit-bail : « Forme de location portant sur des biens à usage professionnel, et dont le locataire peut, aux termes du contrat, devenir propriétaire (traduction de l'anglais *leasing*). *Acheter des locaux en crédit-bail.*

   Leasing : « Anglicisme. Système de financement du matériel industriel par location (vente à bail). *Entreprise, société de leasing,* société financière qui sert d'intermédiaire entre le vendeur et l'utilisateur. — *Équivalents français* : Crédit-bail ; location-vente (sans intermédiaire). » *Le Petit Robert 1,* 1984, p. 419 et 1080.

2. *L'argent contre l'entreprise,* Paris, Éditions Encre, coll. l'Atelier du possible, 1980.

ANNEXE I

Le développement du groupe Prétabail
en quelques chiffres

	Fin 1965	Fin 1966	Fin 1967	Fin 1968	Fin 1969	Fin 1970	Fin 1971	Fin 1974
Nombre d'adhérents	50	61	92	249	715	1 465	2 009	2 700
Montant des Immobilisations (Millions de F)	∈	2	13,5	73,8	251,3	430,6	646,8	<1 500
Loyers hors taxe perçus sur l'année considérée (Millions de F)	∈	0,217	1,68	5,35	33,94	49,87	77,19	?
Effectifs	4	8	18	34	90	153	210	1 750
Dont cadres	2	4	7	16	34	57	71	

ANNEXE II-A

Organigramme de la structure
du groupe Prétabail en décembre 1971

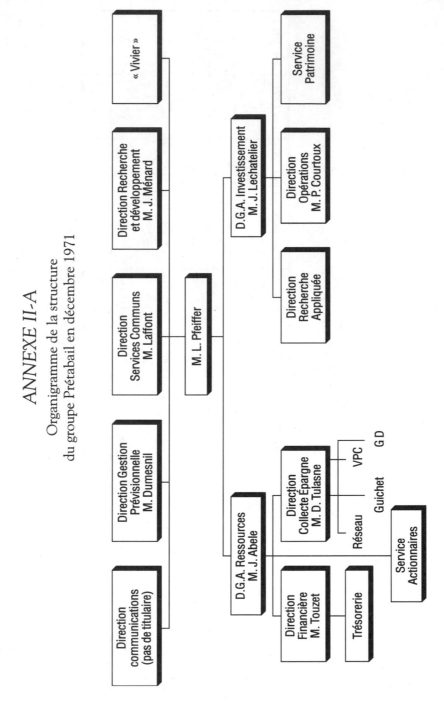

ANNEXE II-B

Organigramme de la structure du groupe Prétabail
en mai 1974

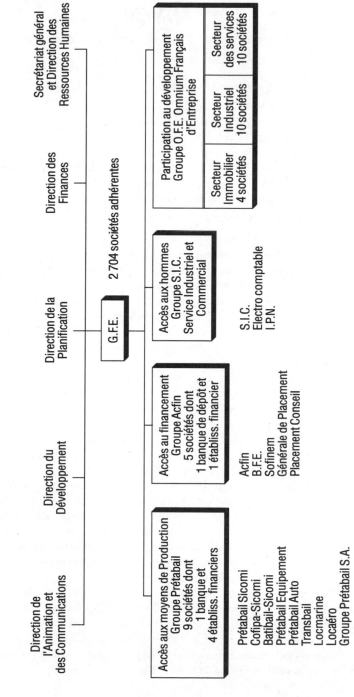

ANNEXE III
Lettre de démission d'un président du comité d'entreprise

Monsieur le Président et Cher Lucien,

J'ai le regret de te faire part de ma démission, à compter de ce jour, de délégué élu du Comité d'entreprise du GFE

J'expose ici les motifs principaux de ma décision.

Je suis entré à PRÉTABAIL pour participer à la réalisation du projet auquel tu m'as convié en juin 1969. Il s'agissait de réaliser une institution dans laquelle il serait tenté d'équilibrer les rapports entre les trois partenaires sociaux :

— les consommateurs de biens et services (ou clients)

— les apporteurs de capitaux

— les producteurs de biens et services (le personnel).

Si j'ai, bien entendu, accepté les finalités politico-économiques du projet, c'est aux finalités humaines que j'ai profondément adhéré.

Nous étions conviés à construire ensemble une équipe d'hommes responsables de leurs destins, individuels et collectifs, dans une association où chacun pourrait trouver — autant que faire se peut — le plein épanouissement de sa personne ; il s'agissait alors d'inventer de nouveaux modes de relations humaines dans l'entreprise.

Si, sur le plan des structures, ou même des procédures, de remarquables expérimentations sont faites au GFE, par contre, sur le plan de la participation *effective* des personnes et de leur « épanouissement », les résultats sont, pour le moins, de plus en plus décevants. Le jugement qui consiste à dire « puisque les moyens existent, il appartient aux intéressés de les utiliser » est sommaire. Le processus passe par les hommes et les hommes sont ce qu'ils sont, c'est-à-dire ce qu'en a fait, à ce jour, la société et le système dans lesquels ils s'insèrent. Néanmoins, leurs aspirations sont fondamentalement celles de tout un chacun et valent les nôtres.

Si la tendance est de poser davantage les problèmes en termes « revendicatifs » plutôt qu'en termes de « concertation »... à qui la faute ? *La participation ne se peut que si elle est crédible.* Elle n'est crédible que si les personnes sentent qu'elles sont considérées et si leurs convictions et aspirations sont prises *effectivement* en considération, c'est-à-dire si, pour elles, la participation à la vie collective n'est pas qu'une éthique mais est une réalité vivante et quotidienne, si elle permet réellement à chacun de prendre son propre sort en main, compte tenu des contraintes inévitables.

Or, le processus, pour que nous passions chacun de l'état « conditionné de mercenaire salarié » à celui de « partenaire associé » est long, subtil. L'homme dont le passé social n'est que luttes est bien normalement méfiant et incrédule, d'autant que le système dont, par ses luttes, il s'émancipe peu à peu, n'a de cesse que de récupérer à son profit la moindre aspiration qui naît de cette émancipation. Et puis, chacun aspire à un homme idéal, à une société idéale, mais ce n'est qu'un concept parmi celui des autres.

La Société que nous combattons est ainsi faite et l'homme est ainsi fait. C'est ainsi qu'il faut le prendre et ne pas vouloir le forger forcément à « son » image. C'est à chacun de s'assumer et de permettre aux autres de le faire.

Le dire est aisé. Le réaliser est dur, difficile, désespérant parfois. Au GFE, tout pourrait permettre de tenter de réaliser ou d'approcher ce rêve. Mais, si chacun y aspire, il ne le croit pas possible parce que, tout simplement, la condition fondamentale n'est pas remplie à son égard : *la confiance*. Il se sent soupçonné, l'objet d'un a priori de laxisme, de tricherie, de manque de conscience. Il se sent chargé, collectivement, des faiblesses de quelques-uns.

Traumatisé par l'écart qui existe entre les intentions déclarées — et d'autant plus crédibles qu'elles sont sincères — et les réalités quotidiennes, la désespérance s'installe, la concertation n'est plus qu'un mot, la procédure de prise de décision devient, de ce fait, un simulacre et, du coup, la participation n'est plus crédible.

Au GFE, le personnel, dans sa presque totalité, se considère — et il l'est — « debout », plein d'aspirations, de générosité envers la collectivité, acharné et passionné par son travail, consciencieux, « tripalement » attaché aux finalités et aux objectifs du Groupement, dévoué au service des adhérents, mais il n'admet pas d'être traité comme un mineur, un tricheur, un paresseux ou un « je m'en foutiste ». Entre l'utopique « homme debout » et le « marginal » qui voudrait n'avoir que la jouissance des apports des autres, il y a la quasi-totalité de ceux qui veulent, ensemble, assumer collectivement le prix de leurs aspirations.

Cette analyse est mienne. J'ai espéré — au-delà même de la dernière minute — que nous pourrions, avec du temps, construire un tout petit peu dans les faits ce que nous rêvons et disons. Ma conviction de pouvoir le faire est ébranlée au point de ne pas pouvoir continuer davantage à animer un système, au nom de mes collègues, auquel ils ne croient pas. Si, pour ma part, je le crois possible, je ne le crois pas réalisable dans le contexte actuel. En poursuivant, je serais malhonnête tant vis-à-vis de moi-même que du fait même des engagements que j'ai pris auprès de ceux que je suis censé représenter dans ce but. Je serais malhonnête à l'égard de ceux qui, ayant initié le projet, comptent sur ma conviction. Je ne peux admettre d'être plus longtemps l'éventuelle caution de la crédibilité — qui n'existe plus actuellement — de ce projet.

Amer constat ; échec amer. Mais ne désespère que celui qui désespère de l'Homme. Je ne suis pas de ceux-là.

Je te prie de croire, dans tout cela, que rien n'entame mon intime conviction de ta totale sincérité, ce qui n'en est que plus dur.

Amicalement,

Narcissisme et leadership : une perspective de relations d'objet [1]

par Manfred F.R. Kets de Vries et Danny Miller

> Si chacun de nous devait confesser son désir le plus secret, celui qui inspire tous ses desseins et toutes ses actions, on dirait : « Je veux être louangé ». Personne ne le fera ; il est moins déshonorant de commettre un crime que de révéler une faiblesse aussi humiliante et aussi pitoyable, découlant d'un sentiment de solitude et d'insécurité qui afflige également les fortunés et les infortunés. Personne ne sait exactement qui il est ou n'est certain de ce qu'il fait. Aussi convaincus que nous soyons de notre propre valeur, nous sommes dévorés par l'anxiété. Pour couronner le tout, nous souhaitons que notre doute soit mal fondé, nous souhaitons recevoir l'approbation de peu importe qui ou quoi...
>
> Corian, *Désir et honneur de la gloire*

Quand nous songeons aux leaders et au leadership, une foule d'images nous viennent en tête, souvent colorées de réactions émotives. Certains leaders font naître un sentiment de force, de pouvoir et de responsabilité. D'autres évoquent les forces de la terreur, la malveillance et la destruction. Nos perceptions de la « bonté » ou de la « méchanceté » d'un leader sont reflétées par les épithètes que nous leur accolons : Akbar le Grand ou Ivan le Terrible. Nous tenterons ici de démontrer que l'efficacité et l'inefficacité du leadership s'expliquent souvent par les dispositions narcissiques du leader. Nous examinerons et comparerons trois types de leaders et explorerons l'étiologie et les conséquences de leurs orientations narcissiques. Nous mettrons en lumière les relations entre le développement intrapsychique du leader (en utilisant la perspective des relations d'objet), son orientation narcissique subséquente et les manifestations concrètes de cette orientation sur son comportement comme leader. En aucun cas, notre méthode ne sera positiviste. Nous puisons dans notre expérience de psychanalystes, de professeurs de management et de consultants en gestion pour démontrer les liens existant entre les expériences infantiles, les types de narcissisme et le comportement du leader (Kets de Vries, 1980). La structure employée est basée sur nos expériences cliniques avec des individus occupant un poste de leader. Il va sans dire que nos conclusions doivent être considérées plus comme des hypothèses que comme des découvertes.

Leaders et suiveurs

La dynamique du leadership reste encore un casse-tête. Nous ne savons pas encore grand-chose à propos de ce qui fait un bon leader. Et ce n'est pas faute de recherche. Le regretté spécialiste Ralph Stogdill a eu cette phrase décourageante : « Il existe autant de définitions du leadership que de gens qui ont essayé de cerner le concept » (Bass, 1981, p. 7). Stogdill, dans son *Handbook of Leadership*, a recensé 72 définitions proposées par les spécialistes entre 1902 et 1967. Mais cette absence de consensus n'a pas découragé les chercheurs. La prolifération des écrits sur le leadership est reflétée par le nombre des articles répertoriés dans le *Handbook*. La première version du *Handbook* (1974) relevait 3 000 études ; sept ans plus tard, leur nombre excédait 5 000. Malheureusement, comme Mintzberg (1981) l'a suggéré, la popularité de la recherche sur le leadership n'a pas été suivie d'une plus grande pertinence. Il déclare : « Même les titres des théories — les nouvelles aussi bien que les anciennes — révèlent la nature de leur contenu : lourd et coupé de la réalité. Depuis le début, il semble y avoir convergence sur la périphérie au mieux, et trop souvent, sur les aspects insignifiants ou non pertinents » (p. 250). Mintzberg n'était pas le seul à critiquer l'abstraction excessive dans l'étude du leadership. Bass (1981, p. 26), dans sa nouvelle édition du *Handbook*, notait que « si une théorie du leadership doit être utilisée pour le diagnostic, l'entraînement et le développement, elle doit être solidement ancrée dans le réel — ancrée dans les concepts et les hypothèses utilisés par les managers, les dirigeants et les leaders qui émergent ».

Les théories contradictoires abondent. On retrouve les théories des grands hommes, les théories relatives aux traits de caractère, les théories environnementales, les théories personne-situation, les théories interaction-expectative et les théories perceptuelles et cognitives. À cause de cette confusion, certains spécialistes ont abandonné le sujet complètement ; ils se concentrent sur des problèmes plus spécifiques, tels le pouvoir ou la motivation. Cependant, d'autres chercheurs sont moins pessimistes, anticipant que l'abondance des résultats constitue les bases d'une théorie pertinente du leadership. Ils tentent d'échapper au labyrinthe des découvertes et des théories contradictoires en proposant un paradigme contingent (House et Baetz, 1979). Ils essaient d'expliquer les divergences, notant que « le leadership a un effet dans certaines conditions et pas du tout dans d'autres. Les relations causales entre le comportement du leader et les critères généralement acceptés de performance organisationnelle agissent dans les deux sens » (House et Baetz, 1979, p. 348). Mais en dépit de ses réels mérites, on peut se demander si ce paradigme contingent sera en lui-même suffisant pour insuffler une vie nouvelle à ce domaine trop souvent décrié.

Une plus grande caractérisation du leadership est nécessaire, qui tienne compte à la fois des dimensions cognitive et affective. Celles-ci sont amenées par la psychanalyse et la psychiatrie. La première analyse le « monde intérieur » des leaders et leurs personnalités et leurs caractères sont mis en relation avec leur comportement et leur situation. Nombre d'historiens et de biographes utilisent depuis longtemps cette approche. La recherche visant à déchiffrer le processus de pensée intrapsychique et les actions en résultant implique donc l'étude du « drame psychopolitique » (*psycho-political drama*) (Zaleznik et Kets de Vries, 1975), qui met en rapport la personnalité de manager à la fois avec le comportement (lié au rôle) et avec la scène administrative.

Ce que la plupart des leaders semblent avoir en commun, c'est la capacité de réveiller des émotions primitives chez ceux qui les suivent. Les leaders, particulièrement les leaders charismatiques, sont passés maîtres dans l'art de manipuler certains symboles. Les suiveurs, quand ils sont sous le « charme » de certains types de leaders, se sentent souvent puissamment forts et fiers, ou alors impuissants et profondément dépendants. Max Weber (1947) utilisa le mot « charisme » pour expliquer cette étrange influence qu'ont certains leaders sur les suiveurs. Selon lui, elle est constituée :

d'une certaine qualité de la personnalité individuelle en vertu de laquelle il se différencie des hommes ordinaires ; il est traité comme s'il était doué de pouvoirs ou de qualités supranaturelles, surhumaines ou exceptionnelles. Il n'est pas accessible aux hommes ordinaires mais est considéré comme exemplaire ou comme étant d'origine divine ; et sur ces bases, l'individu concerné est traité comme un leader (p. 358-359).

Nous n'avons pas à aller aussi loin que Weber ; mais quelle que soit cette étrange « qualité » qu'ont les leaders, certains ont le pouvoir de provoquer un comportement régressif chez leurs suiveurs. Ils possèdent l'inquiétante habileté d'exploiter, pas nécessairement consciemment, les sentiments inconscients de leurs subordonnés. Dans ce processus, certains suiveurs peuvent choisir un leader idéalisé, « omnipotent », qui répond à leurs besoins de dépendance. Cela peut conduire à une suspension destructive de leurs facultés rationnelles. Cette influence hypnotique peut également conduire au sacrifice du bien commun au profit de la folie personnelle. Les activités reliées aux tâches peuvent être supplantées par des rituels d'adulation. La forme tend à remplacer le contenu quand le suiveur devient un pion à manipuler, comme les spectateurs crédules du conte d'Andersen, *L'Habit neuf de l'empereur*. Dès lors, les exigences fonctionnelles relatives aux buts ou aux idéaux communs peuvent être négligées en faveur de gratifications narcissiques éphémères.

En dépit du potentiel régressif de certains leaders, il en est qui transcendent les détails insignifiants, qui créent un climat constructif, de participation et de responsabilisation. Ils suscitent l'initiative et incitent aux essais créateurs. Zaleznik (1977) songeait à eux quand il écrivit :

On entend souvent parler des leaders en termes riches de contenu émotif. Les leaders suscitent de forts sentiments d'identification et de différenciation, ou d'amour et de haine. Dans les structures dominées par un leader, les relations humaines apparaissent souvent agitées, intenses et parfois même désorganisées. Une telle atmosphère intensifie les motivations individuelles et produit des résultats inattendus. (p. 74)

James MacGregor Burns (1978) pensait probablement la même chose quand il compara le leadership transactionnel et le leadership transformateur. Alors que le premier type de leader motive ses subordonnés par des récompenses pour services rendus (économiques, politiques ou psychologiques), le second type connaît et exploite un besoin existant chez un subordonné potentiel. Mais au-delà de cela, le leader transformateur qui réussit cherche chez ses subordonnés les motifs potentiels, tente de satisfaire leurs besoins les plus élevés et éveille leur plein potentiel. Le meilleur des leaderships transformateur conduit à une stimulation et à une élévation mutuelles, qui transforment les subordonnés en leaders et les leaders en agents moraux (Burns, 1978, p. 4).

Pour conclure, le leadership peut être pathologiquement destructeur ou très inspirant. Qu'est-ce qui, chez les leaders eux-mêmes, engendre cela ? Qu'est-ce qui différencie les styles de leadership ? Pour nous, le degré de narcissisme et son origine sont primordiaux.

La disposition narcissique

Quand on étudie les leaders, on s'aperçoit vite que l'une des composantes critiques de leur orientation est la qualité et l'intensité de leur développement narcissique. Les leaders gravitent surtout autour d'une constellation narcissique de la personnalité. Freud (1921, p. 123-124), dans son étude des relations entre leaders et subordonnés, confirmait déjà cela en disant que « le leader n'a pas besoin de l'amour des autres ; il peut avoir une nature dominatrice, absolument narcissique, être sûr de lui et indépendant ». Plus tard, il ajouta une personnalité narcissique libidinale : un individu principalement occupé de sa survie, indépendant et impossible à intimider. Une grande agressivité est alors possible, qui se manifeste parfois par le fait que le leader se tient toujours prêt au travail. Ces gens impressionnent les autres par leur forte personnalité. Ils peuvent agir comme bastions idéologiques et moraux pour les autres ; en d'autres termes, en véritables leaders (Freud, 1931, p. 21).

Dans un contexte semblable, Wilhelm Reich parlait d'une personnalité phallique narcissique, qu'il décrivit comme étant « sûre d'elle-même, souvent arrogante, vigoureuse et souvent impressionnante... Ces gens directs tendent à atteindre les postes de pouvoir et n'apprécient pas la subordination... Si leur vanité est blessée, ils réagissent différemment : une froide réserve, une dépression profonde ou une vive agressivité » (Reich, 1949, p. 201).

Le narcissisme devint un important sujet d'étude quand de nouveaux développements apparurent dans la théorie psychanalytique.

L'introduction de la théorie de la relation d'objet et de la psychologie du moi fut particulièrement fructueuse. Les mises au point majeures sur le narcissisme furent formulées par des cliniciens comme Otto Kernberg (1975) et Heinz Kohut (1971)[2].

Dans le cadre de cet article, nous n'insisterons pas sur les controverses théoriques, à savoir si le narcissisme est surtout le résultat d'une régression, ou arrêt du développement, ou s'il se développe suivant un schéma qui lui est propre. Notre objectif est d'explorer les relations existant entre le narcissisme et le leadership, reconnues à la fois par Kernberg et Kohut. Par exemple, Kernberg dit que « parce que les personnalités narcissiques sont souvent motivées par des besoins intenses de pouvoir et de prestige à assumer des postes d'autorité et de leadership, les individus doués de ces caractéristiques se retrouvent souvent dans les hauts postes de leadership » (Kernberg, 1979, p. 33). Kohut, en mettant l'accent sur les leaders comme objets d'identification, mentionne que « certains types de personnalités narcissiques, avec leur confiance en eux et leur conviction apparemment absolues, se prêtent eux-mêmes à ce rôle » (Kohut, 1971, p. 316).

Le narcissisme est souvent la force conductrice alimentant le désir d'obtenir un poste de leadership. Les individus doués des caractéristiques d'une forte personnalité narcissique sont peut-être plus disposés à entreprendre le processus ardu menant à un poste de pouvoir. Un point central de notre argumentation est que le type de comportement rencontré chez un leader reflétera vraisemblablement la nature et le degré de ses tendances narcissiques.

Même si la personnalité narcissique est connue depuis longtemps, elle n'a été soumise à un examen critique minutieux que récemment. Par exemple, la dernière version du *DSM III* (*Manuel diagnostique et statistique des troubles mentaux*) énumère un grand nombre de critères décrivant les désordres de la personnalité narcissique. On y trouve des relents de maladie mentale et d'affaiblissement du fonctionnement. Parmi les symptômes énumérés, on retrouve les extrêmes de la grandiloquence, de l'exploitation, de l'exhibitionnisme, etc. Nombre de ces caractéristiques, bien que dans une moindre mesure, sont également applicables à des individus narcissiques adoptant un mode de fonctionnement plus « normal ».

Les narcissiques sentent qu'ils doivent se fier à eux-mêmes plutôt qu'aux autres pour l'assouvissement de leurs besoins. Ils sont persuadés qu'ils ne peuvent se fier sur l'amour ou la loyauté de personne. Ils croient se suffire à eux-mêmes ; mais dans leur for intérieur, ils ressentent un sentiment de perte et de vide. Pour faire face à ces sentiments, et peut-être pour masquer leur insécurité, les narcissiques se préoccupent d'établir leur compétence, leur pouvoir, leur beauté, leur statut, leur prestige et leur supériorité. Parallèlement à cela, les narcissiques désirent que les autres partagent la haute estime qu'ils ont d'eux-mêmes et qu'ils satisfassent leurs besoins. Ce qui étonne du comportement de ces gens, c'est l'exploitation qu'ils font des autres. Les narcissiques vivent dans l'illusion qu'ils doivent être servis, que leurs désirs ont préséance sur ceux des autres. Ils croient mériter des égards particuliers.

On doit souligner cependant que ces caractéristiques apparaissent à des degrés d'intensité différents. Une certaine dose de narcissisme est nécessaire pour fonctionner efficacement. Nous présentons tous des signes de comportement narcissique. Parmi les individus présentant des tendances narcissiques limitées, on en trouve de très doués et capables de grandes contributions à la société. Ce sont les individus gravitant aux extrêmes qui donnent au narcissisme sa mauvaise réputation. Ces extrêmes présentent des excès de rigidité, d'étroitesse, de résistance et de la difficulté à entrer en relation avec l'environnement. Les répercussions du narcissisme dans la gestion des organisation peuvent être à la fois dramatiques et décisives.

Trois types de narcissismes : étiologie, défenses et manifestations

Nous présenterons trois types d'orientations narcissiques, en commençant par la plus pernicieuse ou pathologique pour terminer par la plus fonctionnelle. Il s'agit des types réactif, auto-illusoire (*self-deceptive*) et constructif. Nous établirons d'abord l'étiologie générale et les défenses communes aux trois types, en utilisant la perspective des relations d'objet. Nous discuterons ensuite des manifestations comportementales de chacun des types en situation de leadership. Chaque type est basé sur des exemples tirés de nos expériences cliniques. Ils illustrent comment des cadres de formations différentes présentent un comportement narcissique dans diverses situations de leadership. Un tableau joint en annexe résume les conclusions auxquelles nous sommes arrivés pour chacun des trois types.

Les relations d'objet et l'étiologie du narcissisme

On peut dire des leaders qu'ils occupent des positions différentes sur une échelle allant du narcissisme sain à la pathologie. Nous n'avons pas affaire à des catégories distinctes. Les facteurs distinguant la santé du dysfonctionnement sont les dynamiques intrapsychiques et interpersonnelles du leader.

Avec le temps, la plupart des gens développent des façons relativement stables de représenter leurs expériences et celles des autres. On appelle « objets internes » ces représentations psychiques dans le monde intérieur de l'individu. Ils sont une accumulation de perceptions. Ils sont composés de fantasmes, d'idéaux, de pensées et d'images qui composent une sorte de carte cognitive du monde (Klein, 1948; Fairbairn, 1952; Jacobson, 1964; Guntrip, 1969; Mahler, Pine et Bergman, 1975; Kernberg, 1976). Les termes « relations d'objet » renvoient alors à des théories, ou à des aspects de théories concernant les rapports entre les individus réels, extérieurs, les images mentales retenues de ces gens et la signification de ces reliquats mentaux pour le fonctionnement psychique (Greenberg et Mitchell, 1983). Nos interactions avec les gens réels ne dépendent pas seulement de notre façon de les voir, mais également de notre vision de ce qu'ils sont intérieurement. Ces représentations psychiques influencent profondément nos états affectifs, aussi bien que notre comportement. Les bons objets internes ont une fonction génératrice et fortifiante et sont source de vitalité pour affronter les difficultés de la vie. Ils constituent les fondements d'un fonctionnement sain. Mais leur absence accroît les divers dysfonctionnements. C'est là qu'est l'origine du narcissisme pathologique. Naturellement, les premiers « objets » sont les parents; leur éducation suscite différents types de « mondes intérieurs ». Les parents n'étant pas toujours cohérents dans leurs rapports avec leurs enfants, ce monde peut être très complexe et agité. Nous aborderons maintenant l'étiologie ou les premières relations d'objet des trois types de leaders narcissiques.

Le narcissisme réactif

Dans sa description des leaders messianiques et charismatiques, Kohut (1971) soutient que de tels leaders souffrent d'une pathologie du développement narcissique. Il l'attribue à l'échec d'intégrer, au cours de la petite enfance, deux importantes sphères du moi : le moi grandiose et l'image parentale idéalisée (Kohut, 1978, p. 826). La première construction mentale renvoie aux premiers sentiments de grandiose omnipotence, quand un enfant désire exhiber ses capacités en développement et veut être admiré pour celles-ci. La seconde construction s'applique aux désirs, également illusoires, des pouvoirs idéalisés attribués aux parents, au désir de fusionner avec une personne idéalisée. Typiquement, l'enfant passe graduellement de : « Je suis parfait et tu m'admires » à « Tu es parfait et je fais partie de toi ».

Les études cliniques indiquent que ces premières expériences, qui font partie du développement de tout le monde, s'atténuent et se neutralisent dans le cours d'un développement suivant les phases appropriées (Winnicott, 1975). Par ce processus, l'enfant devient graduellement capable de réduire les frustrations causées par l'échec des parents à remplir ses attentes archaïques. Avec l'expérience, il devient peu à peu capable de comprendre la différence entre l'idéal de perfection et le fait d'être tout simplement « assez bon ». Il apprend que le parent n'est ni complètement bon ni entièrement mauvais. Une image plus équilibrée et plus intégrée du parent est intériorisée, permettant une appréciation plus réaliste. Cette fusion de la dichotomie originelle « bon et méchant » est considérée essentielle pour le développement de la confiance et la permanence, la « constance » ou la fiabilité des figures parentales (Klein 1948). Ce premier succès dans la création d'attachements interpersonnels sûrs joue dans l'assurance de l'estime de soi et pour des relations stables. Kohut (1971) appelle ce processus « l'intériorisation transmuable » (*transmuting internalization*). Il le considère comme étant la base du développement d'une structure psychique permanente et durable.

Malheureusement, le développement suivant les phases appropriées n'a pas toujours lieu. Le comportement des parents peut être perçu, même dans les premiers stades de développement, comme froid et peu empathique. Les parents peuvent ne pas être assez sensibles aux besoins de leur enfant. Dans ce cas, les enfants acquièrent un sens du moi déficient et sont incapables de maintenir leur estime d'eux-mêmes à un niveau stable. Conséquemment, les besoins de l'enfance ne sont ni modifiés ni neutralisés, mais continuent à prévaloir. Ce qui a pour résultat un désir persistant et une recherche de reconnaissance narcissique durant toute la vie adulte. La voie du narcissisme « réactif » est dès lors toute tracée. Dans un article devenu classique, Kohut et Wolf (1978) font référence au moi sous-stimulé et fragmenté qui résulte de réponses parentales trop peu stimulantes et trop peu intégrantes durant l'enfance.

Ce qui reste à l'enfant d'interactions aussi déficientes peut être un sentiment persistant d'impuissance. Pour faire face à ce sentiment, certains individus se créent une image de « différence » (*specialness*). On peut considérer cette attitude comme compensatoire, un refuge réactif contre le sentiment toujours présent de n'avoir pas été aimé par le parent. Cette illusion d'être unique affectera fondamentalement la façon dont l'individu établit des rapports avec son environnement externe. Toute contradiction entre les capacités et les désirs contribuera à l'anxiété et à fausser l'analyse de la réalité, à l'incapacité de distinguer les désirs de la perception ou, en d'autres mots, de distinguer le « dedans » du « dehors ». Les individus orientés « réactivement » auront tendance à déformer les événements extérieurs pour éviter l'anxiété et un sentiment de perte et de déception. Cette attitude peut avoir de graves conséquences s'ils occupent des postes de leaders. Le narcissisme réactif causé par des parents ne répondant pas émotionnellement est le type le plus sérieux. Cela deviendra plus évident quand nous parlerons des défenses et des symptômes.

En faisant ces déductions, nous devons garder en tête que les premières expériences en elles-mêmes ont rarement un impact direct sur le fonctionnement de l'adulte. Il y a de nombreuses expériences médiatrices au cours de la vie d'un individu. Les premières expériences jouent cependant un rôle important dans la formation du noyau de la personnalité, lequel influence le type d'environnement recherché par l'individu. Cela a un impact sur l'expérience qui, à son tour, influencera la personnalité. Nous parlons donc d'un cycle interactif entre la personnalité, le comportement et la situation (Erikson, 1963 ; McKinley Runyan, 1982).

Le narcissisme auto-illusoire (self-deceptive)

On trouve souvent un second type de leader narcissique ayant connu un développement de la petite enfance très différent. Ces individus ont été conduits, par l'un ou par les deux parents, à croire qu'ils étaient absolument aimables et parfaits, sans égard pour ce qu'ils faisaient et en dépit de toute base réelle. Ces leaders ont probablement souffert de ce que Kohut et Wolf (1978) décrivent comme un moi sur-stimulé et surchargé. Parce que les réponses fournies par les figures de la petite enfance n'étaient pas adaptées à l'âge de l'enfant, celui-ci n'a pas appris à modérer l'image grandiose de son moi ou l'image parentale idéalisée. Les idéaux de perfection étaient trop élevés pour lui permettre d'intérioriser des objets internes apaisants et stabilisants. Ces enfants sont devenus les mandataires de leurs parents, chargés de réaliser les espoirs parentaux inaccomplis. Ce qui peut sembler de l'indulgence de la part des parents est en fait exactement le contraire. Les parents utilisent leurs enfants pour combler leurs propres besoins, les surchargeant de leurs désirs implicites. Quand des parents imposent leurs espoirs irréalistes à leurs enfants, ils engendrent des illusions. Ils trompent leurs enfants quant à leurs capacités réelles.

Ces convictions irréalistes peuvent parfois constituer l'élan original qui différencie ces individus des autres et qui leur permet de réussir. C'est peut-être ce que Freud (1917, p. 156) avait en tête quand il nota que « si un homme a été l'enfant chéri incontesté de sa mère, il garde toute sa vie durant un sentiment de triomphe, de confiance dans le succès, sentiment dont il n'est pas rare qu'il mène au succès réel ». Dans les quelques rares cas où ces encouragements ont des résultats, l'enfant peut être suffisamment doué pour se montrer à la hauteur des attentes exagérées de ses parents. Une personne, qui dans des circonstances plus normales aurait vécu une vie ordinaire, utilisera les attentes imposées durant l'enfance comme base de l'excellence.

En général cependant, le caractère illusoire des convictions irréalistes des parents conduira à certains problèmes. Une image de soi exaltée est généralement difficile à maintenir à la lumière de circonstances externes comme la déception et l'échec. Ainsi, même si les premiers objets intériorisés sont bienveillants, des rencontres interpersonnelles inquiétantes ayant lieu quand l'enfant se risque à sortir de l'environnement familial protecteur lui fourniront un élément d'instabilité, de faiblesse. L'image surévaluée de soi, recueillie d'un parent idéalisé, devient plus réaliste au contact de pairs plus honnêtes et plus critiques. Malgré tout, les traumatismes des premières déceptions peuvent laisser une image de soi fragile et altérée. Les narcissiques auto-illusoires (*self-deceptive*) ont vraisemblablement à souffrir de difficultés interpersonnelles, dues à leur désir de se montrer à la hauteur des illusions parentales. Ils tendent à démontrer une superficialité émotionnelle et une pauvreté de l'affectivité. Leur comportement présente un caractère de « faim d'idéal », résultant de difficultés dans la formation de l'identité.

Conceptuellement, nous devons être capables de différencier l'étiologie du narcissisme réactif et celle du narcissisme auto-illusoire (*self-deceptive*). Dans la pratique cependant, la distinction est plus difficile à faire. Les parents peuvent avoir répondu différemment à l'enfant en croissance. Un parent peut avoir adopté une attitude de rejet, froide et hostile, alors que l'autre peut avoir été encourageant. Dès lors, des gradations différentes d'objets internes, bienveillants et malveillants, peuvent s'être créées et on doit en tenir compte dans les mélanges de styles narcissiques. En plus, au lieu d'être frustré quand les attentes des parents ne s'accordent pas à la réalité externe, l'enfant peut parfois s'évertuer, avec succès, à amener ses capacités à la hauteur dont on le croit capable, comme Freud le note de manière poignante. En outre, comme nous l'avons souligné, les expériences survenant plus tard dans la vie peuvent avoir des effets adoucissants ou atténuants.

Le narcissisme constructif

Miller (1981), quand elle décrit les relations d'objet de la petite enfance conduisant au narcissisme sain ou constructif, dit :

> Les impulsions agressives ont été neutralisées parce qu'elles n'ont pas troublé la confiance et l'estime des parents.
>
> La lutte pour l'autonomie n'a pas été perçue comme une attaque (par les parents).
>
> L'enfant avait le droit d'expérimenter et d'exprimer des impulsions « ordinaires » (comme la rage, la jalousie, le défi) parce que ses parents n'attendaient pas de lui qu'il soit « spécial » ; qu'il reproduise leurs attitudes morales, par exemple.
>
> Il n'avait pas à plaire à qui que ce soit (dans des conditions optimales) ; l'enfant pouvait développer et montrer ce qui était actif en lui durant chaque phase de son développement...
>
> Parce que l'enfant pouvait montrer des sentiments ambivalents, il pouvait apprendre à considérer à la fois lui-même et le sujet (l'autre) comme étant « bon et méchant » ; il n'avait pas à séparer le « bon » objet du « mauvais » objet. (p. 33-34).

Les narcissiques constructifs n'agissent pas de manière réactive ou auto-illusoire (*self-deceptive*). Ils n'éprouvent pas le même besoin de déformer la réalité pour traiter avec les frustrations de la vie. Ils ne sont pas aussi enclins à l'anxiété. Ils utilisent moins souvent des défenses primitives, sont moins éloignés de leurs sentiments, de leurs désirs ou de leurs pensées. En fait, ils dégagent souvent une sensation de vitalité positive, dérivée de la confiance qu'ils ont en leur propre valeur. Ces gens ont intériorisé des objets relativement stables et bienveillants, qui les soutiennent devant l'adversité. Ils sont prêts à exprimer leurs désirs et à assumer leurs actions, sans tenir compte des réactions des autres. Quand ils sont déçus, ils n'agissent pas par dépit mais sont capables de s'engager dans une action réparatrice. Donc ils ont la patience d'attendre, de chercher le moment où l'on aura besoin de leurs talents (Erikson, 1978). La hardiesse dans l'action, l'introspection et la considération sont monnaie courante.

Les systèmes de défense

Comment ces trois types de leaders narcissiques utilisent-ils leurs systèmes de défense ? Nous avons été très surpris, dans l'observation de leur comportement, par le fait que les défenses des deux premiers types ont tendance à être très primitives (Kernberg, 1975). Un processus mental appelé « clivage » est au centre des systèmes de défense. Toutes les autres défenses peuvent être considérées comme des dérivés de ce mécanisme très primitif.

Ce que nous voulons dire par clivage, c'est cette tendance à tout voir comme étant idéal (entièrement bon) ou menaçant (entièrement mauvais). Quand un individu n'a pas suffisamment intégré ou synthétisé les caractères opposés des objets internes, ces représentations demeurent séparées, afin d'éviter la contamination du « bon » par le « mauvais ». Les individus dotés de cette tendance au clivage ont des représentations affective et cognitive d'eux-mêmes et des autres dramatiquement simplifiées. Ils sont incapables d'évaluer la complexité et l'ambiguïté réelles des relations humaines. Les relations sont polarisées entre une haine, une peur ou une agression débridées d'une part, et l'omnipotence et la sur-idéalisation d'autre part. Le clivage évite les conflits et préserve le sentiment illusoire d'être bon. On attribue aux autres tout le mal. Le prix à payer pour le maintien de ce sentiment illusoire de bonté est, bien entendu, une conception faussée de la réalité.

L'idéalisation et la dévaluation primitives sont étroitement liées à cette défense. Premièrement, il y a ce besoin de créer des représentations irréalistes des autres, représentations de « toute-bonté » et de toute-puissance. Ce processus peut être vu comme une protection contre les objets menaçants. Un sentiment intense d'impuissance et d'insignifiance crée le besoin de protecteurs tout-puissants. À long terme cependant, personne ne peut maintenir ces attentes exagérées. Quand les besoins ne sont pas assouvis, une dévaluation vindicative de la figure idéalisée survient.

La projection et l'identification projective (Ogden, 1982) sont d'autres dérivés du clivage. Ces mécanismes servent à se défendre contre de mauvais objets internes persécuteurs. L'individu tente de se débarrasser d'aspects indésirables de lui-même. Conséquemment, les représentations internes de soi et des autres sont extériorisées et attribuées (projetées) aux autres. On rejette toujours la responsabilité sur quelqu'un ou quelque chose d'autre. Jamais n'apparaît un sens de responsabilité personnelle. Encore une fois, tout cela est associé à des distorsions de la réalité.

Comme on peut le voir au tableau qui figure en annexe, la fréquence, la sévérité et l'intensité de ces mécanismes de défense varient selon les types de narcissisme. Le type réactif présente la fréquence et l'intensité les plus élevées alors que le type constructif présente les plus basses.

Les symptômes du narcissisme

Les symptômes les plus extrêmes de cet héritage du développement et de ces défenses sont résumés dans le *DSM III* (*Manuel diagnostique et statistique des troubles mentaux*) ; y sont énumérés, pour les désordres de la personnalité narcissique, les critères diagnostiques suivants :

A. Sentiment grandiose de sa propre importance ou de son caractère exceptionnel, par exemple surestimation de ses réalisations et de ses capacités, focalisation sur le caractère spécifique de ses problèmes personnels.

B. Préoccupation par des fantaisies de succès sans limites, de pouvoir, d'éclat, de beauté ou d'amour idéal.

C. Exhibitionnisme : réclame constamment attention et admiration.

D. Indifférence froide ou sentiments marqués de colère, d'infériorité, de honte, d'humiliation ou de vide devant la critique, l'indifférence d'autrui ou l'échec.

E. Au moins deux des manifestations suivantes sont caractéristiques des perturbations des relations interpersonnelles :

(1) sentiment d'« avoir droit » : attendre de faveurs spéciales sans assumer les responsabilités correspondantes, par exemple manifestations de surprise et de colère lorsque autrui n'agit pas selon ses propres désirs ;
(2) exploitation des relations interpersonnelles : abus d'autrui pour satisfaire ses propres désirs ou pour se faire valoir, dédain pour l'intégrité et les droits des autres ;
(3) relations oscillant de façon caractéristique entre les positions extrêmes d'idéalisation et de dévalorisation d'autrui ;
(4) manque d'empathie : incapacité à ressentir les sentiments d'autrui, par exemple, est incapable d'apprécier la détresse d'une personne gravement malade.

Encore une fois, il est important de réaliser que les deux premiers types de leaders narcissiques tout particulièrement présenteront plusieurs de ces indications cliniques, mais chacun à des degrés différents. Selon notre expérience, les narcissiques réactifs seront froids, cruels, grandioses et exhibitionnistes. Ils démontreront un désir de dominer et de contrôler et seront extrêmement exploiteurs. Les narcissiques auto-illusoire (*self-deceptive*) seront plus doux ; ils veulent être aimés et sont moins tyranniques. Mais encore ici, ils manquent d'empathie, sont obsédés surtout par leurs propres besoins et on leur prête un côté discrètement machiavélique. Leur comportement a un caractère de « comme si » parce qu'ils n'ont pas de fort sentiment de conviction et d'identité (Deutsch, 1965). Finalement, les leaders narcissiques constructifs sont également très ambitieux ; ils peuvent être manipulateurs et hypersensibles à la critique. Mais leur confiance en eux, leur faculté d'adaptation et leur humour sont assez forts pour leur permettre de travailler à de vrais accomplissements. Ils n'ont pas de problème avec les autres à cause de la perspicacité dont ils font preuve dans leurs relations.

Fonctionnement organisationnel

Le leader réactif

Nous allons décrire deux situations de gestion où nous avons vu la personnalité narcissique réactive (NR) en action. La première concerne le leadership ou les relations interpersonnelles. La seconde a trait à leurs efforts dans l'examen de l'environnement, l'analyse, et la prise de décision. Le narcissique réactif peut être un tyran extrêmement exigeant. Sa grandiosité et son exhibitionnisme le font graviter du côté de subordonnés flatteurs. Les arguments des autres sont ignorés s'ils vont à l'encontre des idées du patron. Le narcissique réactif ne semble pouvoir tolérer que les subordonnés pleins de sollicitude ; les autres sont « évacués ». Une forte tendance machiavélique court à travers toutes ces situations : dans la poursuite de son propre avancement, le leader se soucie peu de blesser et d'exploiter les autres. Les subordonnés jouent diplomatiquement afin de survivre. C'est le leader NR qui connaît la plus grande absence d'empathie. Il ignore complètement les besoins de ses subordonnés aussi bien que ceux de ses pairs, réservant son attention aux propos le concernant lui, et lui seul. Les fluctuations dans son attitude envers les gens sont extrêmes. Conséquemment, le roulement d'employés est très élevé. Les projets nécessitant un travail d'équipe ou l'initiative de subordonnés sont sérieusement menacés.

Le leader NR présente des dysfonctionnements caractéristiques dans la prise de décision importante pour son organisation. Il a tendance à peu scruter et à peu analyser l'environnement, interne ou externe, avant la prise de décision. Le leader NR croit qu'il peut manipuler et agir sur son environnement de telle façon qu'il n'a pas à l'examiner de très près. L'environnement étant « au-dessous » de lui, il le perçoit comme ne posant pas de défi qu'on ne peut aisément résoudre. Sa grandiosité, son exhibitionnisme, sa préoccupation pour ses fantasmes de succès sans limite font entreprendre au leader NR des projets extrêmement audacieux. Le caractère de son style de leadership est transformateur plutôt que transactionnel. Il désire attirer l'attention d'un auditoire invisible, démontrer sa maîtrise et son intelligence supérieure. Les projets sont entrepris sur une grande échelle mais sont souvent voués à l'échec. Premièrement, leur taille reflète plus les désirs du leader que les réalités de la situation, trop de ressources sont mises en jeu pour trop peu de raisons. Deuxièmement, le leader n'écoute ni ses conseillers, ni ses pairs, ni ses subordonnés. Il considère qu'il est le seul suffisamment informé pour juger. Un forum potentiellement critique est alors perdu. Troisièmement, même quand il est clair que le projet ne fonctionne pas comme prévu, le leader NR est réticent à admettre l'évidence. Il n'avouera pas avoir fait des erreurs et devient particulièrement rigide et sensible aux critiques. Alors, il amorce un mouvement difficile à renverser (Miller & Friesen, 1980, 1984). Quand le leader réalise enfin à quelle vitesse la situation se détériore, sa tendance au clivage le porte à blâmer les autres. Il ne se considère jamais responsable de quoi que ce soit de négatif.

Le leader auto-illusoire (self-deceptive)

Ces individus ont nombre de traits en commun avec les dirigeants narcissiques réactifs ; mais ces traits sont moins évidents dans une situation de gestion. Nous pouvons encore une fois explorer les genres de leadership, l'examen de l'environnement et la prise de décision. Comme leaders, les dirigeants narcissiques *self-deceptive* (SD) sont plus accessibles que leurs homologues NR. Ils se préoccupent plus de leurs subordonnés, sont plus réceptifs aux opinions d'autrui et ne sont pas aussi exploiteurs que les NR. Cependant, ils présentent aussi une hypersensibilité à la critique, une grande insécurité et un profond besoin d'être aimés. Les leaders SD seront plus tolérants à l'égard des opinions divergentes ; ils semblent réagir avec sympathie quand elles sont exprimées. Mais ils auront tendance à être moins ouverts aux critiques habituelles et à promouvoir des subordonnés plus faibles plutôt que leurs pairs plus bruyants.

Le leader SD exprimera souvent son intérêt à l'égard des préoccupations de ses subordonnés ; cette attitude découlera cependant plus du désir de sembler sympathique que d'un intérêt véritable. Il désirera faire le geste approprié mais n'en sera pas très enthousiasmé. Une exception toutefois : les cas où le leader s'attache à un subordonné qu'il a idéalisé. Il fera tout en son pouvoir pour « attacher » cette personne, pour l'amener à satisfaire à sa propre image. Il n'est pas étonnant de constater que ce trésor de subordonné, généralement assez faible, idolâtre son patron. Toute initiative personnelle serait considérée comme une trahison. L'idéalisation du leader deviendrait vite dévaluation, accompagnée de résultats prévisibles pour l'avenir du subordonné dans l'organisation.

Le leader SD, contrairement à son homologue NR, peut être avide de découvrir les opportunités, et particulièrement les menaces, dans son environnement. Étant peu sûr de lui, il procède à un examen minutieux des environnements interne et externe afin de s'assurer qu'il sera capable de contrer les menaces et d'éviter les erreurs coûteuses. Les concurrents sont surveillés, on interroge les clients et des systèmes d'information sont établis. On prend le temps d'analyser et d'évaluer, tellement que cela paralyse parfois l'action.

Le leader SD connaît un haut degré d'anxiété dans la prise de décisions stratégiques. Il veut faire le meilleur travail possible — ainsi il sera admiré et respecté — mais il met en doute ses capacités à le faire. Il craint l'échec. Cela le rend beaucoup plus conservateur que le dirigeant narcissique réactif. Le dirigeant SD étudie la situation en profondeur et sollicite l'opinion des autres. La prise de décision se fait en tenant compte d'échanges de divers types, contrairement au style transformateur pernicieux du leader réactif. L'orientation du leader SD est donc principalement de nature transactionnelle. Naturellement, les gestionnaires conservateurs sont vraisemblablement plus écoutés que les gestionnaires aventureux. Ils ont tendance à faire traîner les choses un peu trop longtemps ; leur perfectionnisme et leur hésitation peuvent entraîner une stagnation organisationnelle. Il faut noter que le leader réactif travaillait pour impressionner la galerie (milieu politique, communauté d'affaires), pour être vénéré, pour réaliser des rêves audacieux et impossibles. Le leader SD désire seulement être aimé et admiré par son entourage. Également, ses symptômes varieront d'intensité selon son degré d'anxiété, beaucoup plus que ceux du leader RN.

Le leader constructif

Ces leaders ne sont pas étrangers à la manipulation et ne sont pas au-dessus d'actes occasionnels d'opportunisme. Mais en général, ils s'en tirent bien avec leurs subordonnés. Ils ont un haut degré de confiance en leurs capacités et sont très orientés vers le travail et l'objectif à atteindre. Parfois, on les perçoit comme manquant de chaleur ou de considération.

Même si les leaders constructifs aiment être admirés, ils ont une vision réaliste de leurs capacités et de leurs limites. Ils ont une attitude d'échange et reconnaissent la compétence des autres. Les leaders constructifs écoutent bien et apprécient les opinions de leurs subordonnés même s'ils sont heureux d'assumer l'ultime responsabilité des actions collectives. Ils sont prêts à prendre position et à maintenir leurs décisions. Cette attitude peut parfois mener les subordonnés à se plaindre du fait que ces leaders sont peu sociables et peu coopératifs. En fait, ces leaders manquent parfois de véritable empathie et peuvent être enclins à utiliser les autres comme de simples instruments pour atteindre leurs propres objectifs.

Ces leaders ont un sentiment d'autodétermination qui les rend confiants. Ils ont la capacité d'inspirer les autres et de créer une cause commune, transcendant les intérêts personnels. Leur sens de la direction peut cependant se refléter par de la froideur, de l'arrogance ou une insensibilité obstinée aux besoins des autres. Des sujets abstraits comme « le bien de l'entreprise » ou « l'aide au travailleur » peuvent remplacer la réciprocité dans les relations interpersonnelles et dans la formation d'une équipe. En général cependant, les leaders constructifs ont un sens de l'humour leur permettant de replacer les choses dans leur contexte. Leur indépendance conduit à la créativité et à la vision nécessaires pour engager les subordonnés à entreprendre des projets ambitieux. Puisqu'il n'a pas la rigidité des deux autres types de leadership, celui-ci présente à la fois des caractères transformateurs et transactionnels.

Leurs styles de prise de décision varient beaucoup. Il s'agit plus de reflets de la situation de la firme que des marottes du dirigeant. Leur flexibilité leur donne la possibilité d'effectuer une bonne dose d'analyse, d'examen de l'environnement et de consultation avant la prise de décisions stratégiques de grande envergure. Elle leur permet aussi de faire face plus aisément aux situations de routine, comme la distribution du travail aux subordonnés. Ils évitent les extrêmes, l'audace et le conservatisme, agissant plutôt dans un « registre moyen ».

Les correctifs organisationnels

Les leaders narcissiques constructifs posent peu de problèmes organisationnels. Mais que peuvent faire les gestionnaires sains d'une entreprise à propos des deux autres types de leaders dysfonctionnels ? Quand l'organisation est centralisée et que le leader narcissique domine, une piètre performance suivie d'un congédiement par un conseil d'administration fort peuvent être les seuls catalyseurs de changements. Mais ces influences sont réduites à zéro quand un leader a un contrôle financier important. Les perspectives sont cependant meilleures quand le pouvoir organisationnel est plus généralement distribué ou quand le narcissique occupe un poste moins élevé (Kets de Vries et Miller, 1984).

En fait, il existe nombre de mesures organisationnelles permettant de minimiser les dommages causés par les leaders narcissiques des niveaux inférieurs. Le premier serait de prendre conscience de leur

existence. Il ne faut pas perdre de vue que les seules indications correspondant à chacun des types névrosés ne suffisent pas à justifier un
diagnostic de narcissisme. Mais quand ceux-ci se combinent et forment
un syndrome, cela peut indiquer un dérèglement.

Il est très difficile de changer la personnalité narcissique. Il faut
d'abord mettre l'individu hors d'état de nuire ou réduire son influence.
Nombre de mécanismes structuraux peuvent être utilisés pour ce faire.
Par exemple, le pouvoir peut être distribué plus généralement dans
l'organisation de façon à ce que plusieurs personnes participent aux
décisions stratégiques. Les gestionnaires de niveau inférieur peuvent de
plus être incités à prendre les décisions de routine. Des comités spéciaux, des groupes de travail et des conseils exécutifs peuvent être des
forums utiles où plusieurs gestionnaires expriment leur point de vue ;
cela offre une chance aux leaders narcissiques (et spécialement à leurs
subordonnés) d'apprendre des autres, leur influence étant ainsi réduite.
Les perspectives irréalistes et monolithiques sont alors contrées.

Des évaluations régulières du leader, par lesquelles les subordonnés
ont une chance d'exprimer à un tiers leurs opinions sur leur patron,
peuvent aussi être utiles. Quand l'insatisfaction fait le consensus, particulièrement si cela coïncide avec de piètres performances au niveau de
l'unité administrative, il est peut-être temps de muter ou de congédier le
leader. Une telle politique d'évaluation peut réduire une exploitation
narcissique manifeste.

Quand les preneurs de décisions d'une entreprise deviennent
conscients des propensions narcissiques de certains gestionnaires, ils
peuvent utiliser cette information dans l'exécution de leur politique de
personnel. C'est particulièrement vrai quand vient le moment d'affecter
des subordonnés à un leader narcissique. Un des plus grands dangers est
d'engager des gestionnaires peu sûrs d'eux et inexpérimentés pour travailler avec des leaders narcissiques. Ces employés auront trop peu de
force et de fermeté pour s'en tirer et encore moins de potentiel pour agir
comme contrepoids. Au contraire, il peut être utile de choisir des
personnalités fortes, sûres d'elles et solides pour travailler avec le dirigeant enclin au narcissisme ; des gens n'ayant pas peur d'exprimer leur
opinion et pouvant contribuer à introduire plus de « réalisme » dans le
processus de prise de décision.

Il est particulièrement important d'être attentif aux signes de narcissisme excessif dans le recrutement et l'attribution de promotions. Des
tests psychologiques effectués par des cliniciens et des interviews avec

les supérieurs précédents et les anciens subordonnés peuvent révéler un leader narcissique. Le meilleur moyen de traiter avec ces gestionnaires est d'éviter de les engager ; ou à défaut de cela, de s'abstenir de leur donner trop de pouvoir.

NOTES

1. Cet article a été publié dans *Gestion*, novembre 1988, volume 13, n° 4, p. 41-50. Il a été traduit de *Human Relations*, volume 38, n° 6, p. 583-601 et reproduit avec autorisation.

2. Pour être plus précis, Kernberg relativisa l'idée de l'arrêt du développement, ou fixation, des stades narcissiques précoces de l'enfance. Il insista plutôt sur le fait que les formes pathologiques de l'amour de soi et de l'amour de l'objet sont dérivées des relations d'objet pathologiques ; elles-mêmes étant des relations insatisfaisantes avec les autres personnes ayant une importance. Kohut soutint que les personnalités narcissiques restent « fixées à des configurations du moi archaïques grandioses et/ou à des objets archaïques, surestimés, narcissiquement "investis" » (Kohut, 1971, p. 3). Selon lui, la pathologie du développement narcissique est un résultat de l'échec à intégrer les sphères majeures du développement du moi qu'il appelle le « moi grandiose » et « l'image idéalisée des parents ». Ces concepts un peu mystérieux sont expliqués plus loin, dans ce texte.

ANNEXE

Variétés « idéales » de narcissisme

Réactif	Auto-illusoire	Constructif
PREMIÈRES RELATIONS D'OBJET (étiologie)		
• Parents rejetants, peu à l'écoute	• Parents surchargeants	• Soins « bien équilibrés » (*good enough*)
• Absence d'attachement	• Absence d'attachement solide	• Sentiment d'acceptation
RÉACTIONS DÉFENSIVES (clivage, identification projective, idéalisation/dévaluation)		
• Envahissantes	• Manifestations ; variations de fréquence et intensité varient	• Rares
• Sévères		• Douces
• Fréquentes		• Peu fréquentes
Symptomatologie	**Exploitation**	**Manipulation**
• Exhibitionnisme	• Absence d'empathie	• Sens de l'humour
• Grandiosité	• Machiavélisme	• Créativité
• Inhumanité	• Peur de l'échec	• Confiance en soi
• Froideur	• « Faim d'idéal »	• Ambition
• Considère avoir des droits (veut dominer)	• Préoccupé par ses propres besoins (désire être aimé)	• Énergie
• Soif de domination		• Acharnement
		• Fierté (veut dominer)
MANIFESTATIONS DANS LE FONCTIONNEMENT ORGANISATIONNEL		
1. Leadership		
• Orientation transformatrice	• Orientation transactionnelle	• Orientation transformatrice et transactionnelle
• Mode d'expulsion	• Mode d'attachement	• Mode de réciprocité
• Ne tolère que les flatteurs	• Préfère les subordonnés non critiques	• Méritocratique
• Tyran cruel	• Diplomate	• Inspirant
• Ignore les besoins des subordonnés	• Considère les subordonnés comme des instruments	• Joue le rôle de mentor
• Enragé par la critique	• Blessé par la critique	• Apprend de la critique
2. Prise de décision		
• Projet spectaculaire, majeurs et risqués	• Conservateur, peu enclin au risque, trop prudent	• Consultatif dans la collecte d'information mais indépendant dans la prise de décision
• Ne consulte personne	• Consulte trop de monde	• Dirigé intérieurement
• Écrase les opposants	• Indécision	
• Utilise des boucs émissaires		
• N'admet pas la défaite		

BIBLIOGRAPHIE

American Psychiatric Association, *DSM III, Manuel diagnostique et statistique des troubles mentaux*, Paris, Masson, 1986, 3e tirage.

Bass, B.B., *Stogdill's Handbook of Leadership*, New York, The Free Press, 1981.

Burns, J. M., *Leadership*, New York, Harper and Row, 1978.

Deutsch, H., *Neuroses and Character Types*, New York, International Universities Press, 1965.

Erikson, E. H., *Childhood and Society*, New York, W. W. Norton and Co., 1963.

Erikson, E. H., *Life History and the Historical Moment*, New York, W. W. Norton and Co., 1978.

Fairbairn, W.R.D., *An Object-Relations Theory of Personality*, New York, Basic Books, 1952.

Freud, S., *A Childhood Recollection from Dichtung und Wahrheit, The Standard Edition of the Complete Psychological Works of Sigmund Freud* (Vol. XVII), London, The Hogarth Press and the Institute of Psychoanalysis, 1917.

Freud, S., *Group Psychology and the Analysis of the Ego, The Standard Edition of the Complete Psychological Works of Sigmund Freud* (Vol. XVIII), London, The Hogarth Press and the Institute of Psychoanalysis, 1921.

Freud, S., *Libidinal Types, The Standard Edition of the Complete Psychological Works of Sigmund Freud* (Vol. XXI), London, The Hogarth Press and the Institute of Psychoanalysis, 1931.

Greenberg, J.R. et Mitchell, S.A., *Object Relations in Psychoanalytic Theory*, Cambridge, Massachusetts, Harvard University Press, 1983.

Guntrip, H., *Schizoid Phenomena, Object Relations and the Self*, New York, International Universities Press, 1969.

House, R.J. et Baetz, M.L., « Leadership : Some empirical generalizations and new research directions », *Research in Organizational Behavior*, 1, 1979, p. 341-423.

Jacobson, E., *The Self and the Object World*, New York, International Universities Press, 1964.

Kernberg, O., *Borderline Conditions and Pathological Narcissism*, New York, Jason Aronson, 1975.

Kernberg, O., *Object Relations Theory and Clinical Psychoanalysis*, New York, Jason Aronson, 1975.

Kernberg, O., « Regression in organizational leadership », *Psychiatry*, 42, 1979, p. 29-39.

Kets de Vries, M.F.R., « Leadership in a Narcissistic Age. Faculty of Management », *McGill University Working Paper*, 1980.

Kets de Vries, M.F.R. et Miller, D., *The Neurotic Organization : Diagnosing and Changing Counterproductive Styles of Management*, San Francisco, Jossey Bass, 1984.

Klein, M., *Contributions to Psychoanalysis, 1921-1945*, London, The Hogarth Press, 1948.

Kohut, H., *The Analysis of the Self*, New York, International Universities Press, 1971.

Kohut, H. « Creativeness, charisma, group psychology », in Paul H. Ornstein, *The Search for the Self* (Vol. 2), New York, International Universities Press, 1978.

Kohut, H. et Wolf, E.S., « The Disorders of the Self and their Treatment : An Outline », *The International Journal of Psychoanalysis*, 59, 1978, p. 413-426.

Mahler, M.S., Pine, F. et Bergman, A., *The Psychological Birth of the Human Infant*, New York, Basic Books, 1975.

McKinley Runyan, W., *Life Histories and Psychobiography*, New York, Oxford University Press, 1982.

Miller, A., *Prisoners of Childhood*, New York, Basic Books, 1981.

Miller, D. et Friesen, P.H., « Momentum and revolution in organizational adaptation », *Academy of Management Journal*, 24, 1980, p. 591-614.

Miller, D. et Friesen, P.H., *Organizations : A Quantum View*, Englewood Cliffs, N.J., Prentice-Hall, 1984.

Mintzberg, H., « If you're not serving Bill and Barbara, then you're not serving leadership », in J.G. Hunt, U. Sekaran, & C.A., Schriesheim, *Leadership : Beyond Establishment Views*, Carbondale Illinois, Southern Illinois University Press, 1981.

Ogden, T.H., *Projective Identification and Psychotherapeutic Technique*, New York, Jason Aronson, 1982.

Reich, W., *Characteranalysis*, New York, Farrar, Strauss and Giroux, 1949.

Weber, M., *The Theory of Social and Economic Organizations*, New York, Oxford University Press, 1947.

Winnicott, D.W., *Through Paediatrics to Psycho-analysis*, New York, Basic Books, 1975.

Zaleznik, A., « Managers and leaders : Are they different ? » *Harvard Business Review*, 55, 1977, p. 67-78.

Zaleznik, A. et Kets de Vries, M.F.R., *Power and the Corporate Mind*, Boston, Houghton Mifflin, 1975.

Index des noms

Index des sujets

érotique (fantasme) 149-179.
    et Gandhi 74, 149, 153.
    et leadership de Gandhi 178.

érotisme
    et *Kamasutra* 169.

esprit d'équipe
    et Hidalgo 377-380.

« esprit du monde »
    selon Coleridge 99.

État-providence
    et Mackengie King 219.

étude de cas
    contenu de l' 21.
    écriture de l' 21
    et la méthode des cas 34.

fables (interprétation des)
    et Vico 90.

« fait social total »
    et le langage 121.
    selon Mauss 120.

famille
    et Pfeiffer 419, 420.

« fantasia »
    selon Vico 90.

fantasme
    conscient 18.
    enfance et vie adulte 146, 147.
    et action du leader 37, 178.
    et Altman 55.
    et connaissance 56.
    et création 56.
    et idéologie nazie 102.
    et imagination 102.
    et pratique du leader 53-56.
    et vision du monde 53.
    inconscient 18, 22-24, 53-56, 60-62, 80-83, 143, 147.
    inconscient, et l'enfant 263, 264.
    universel 61.
    V. aussi le GLOSSAIRE.

fonctionnement organisationnel
    et leader constructif 460, 461.
    et leader réactif 457, 458.

    et leader *self-deceptive* 459, 460.

formation réactionnelle
    et l'affect 133.
    V. aussi le GLOSSAIRE.

« *fort-da* »
    (le jeu) 128.

fuite des idées
    V. le GLOSSAIRE.

gémellité
    et Hidalgo 373, 393-396, 403, 405.

herméneutique 126.
    et Hermès 126.
    et l'oracle de Delphes 126.
    et psychanalyse 126.

Hermès
    et l'herméneutique 126.

histoire de cas 66-77.
    comme méthode de recherche et pédagogique 36-39.
    contenu de l' 21-22.
    écriture de l' 21, 54, 70, 71, 143.
    et chercheur 22.
    et méthode des cas 34.
    et psychanalyse 21.
    et sélection des leaders étudiés 23.
    lecture de l' 21.

humanisme
    et Hidalgo 377, 382, 385, 390, 400, 405.

hubris
    V. danger de l'hubris.

hypocondrie
    et King 198.

Icare
    V. paradoxe d'Icare.

idéalisation 283.
    dans le développement psychique 25.
    de soi 25.
    et projection 284.
    et narcissisme 284.
    relation leader/adhérents 284.
    V. aussi le GLOSSAIRE.

Glossaire

Sources :

(H.S.)   Segal, Hanna (1969)
         Introduction à l'œuvre de Melanie Klein, Paris, PUF, p. 145-148.

(L. P.) Laplanche, J. et Pontalis, J.B. (1967)
         Vocabulaire de la psychanalyse, Presses universitaires de France, 523 p.

(D.A.)   Anzieu, Didier (1959)
         L'auto-analyse de Freud et la découverte de la psychanalyse, PUF, Paris,
         554 p.

(E. F.) Fromm, Erich (1975)
         Le langage oublié, Payot, Paris, 213 p.

(D. A.) Anzieu, Didier (1986)
         Le moi peau, Dunod, Paris, 254 p.

(M. K.) Klein, Melanie (1968)
         Envie et gratitude (et autres essais), Paris, Gallimard, p. 221-224.

(ACSM)   Association canadienne pour la santé mentale (1979)
         Vocabulaire psychiatrique, 7e impression, 73 p.

ACTING-OUT

V. passage à l'acte.

AFFECT

Tonalité émotive. « Affect » et « émotion » sont employés souvent de façon interchangeable. (ACSM)

AGRESSION

Se dit, en psychiatrie, d'une attaque violente sur les plans physique, verbal ou symbolique. (ACSM)

AGRESSIVITÉ

Disposition conduisant à l'agression verbale, symbolique ou physique. L'agressivité constructive vise à la protection et à la préservation de l'individu ; provoquée par les menaces réelles du milieu ; implique une saine affirmation de soi, nécessaire à la protection de ses droits légitimes.

L'agressivité destructrice n'est pas motivée par un besoin réel de se protéger.

L'agressivité tournée contre soi correspond à l'expression anglaise « inward aggression ». (ACSM)

La psychanalyse a donné une importance croissante à l'agressivité, en la montrant à l'œuvre très tôt dans le développement du sujet et en soulignant le jeu complexe de son union et de sa désunion avec la sexualité. Cette évolution des idées culmine avec la tentative de chercher à l'agressivité un substrat pulsionnel unique et fondamental dans la notion de pulsion de mort. » (L.P., 1967, p. 13).

AMBIVALENCE

Coexistence de pulsions, de désirs, de sentiments ou d'émotions opposés à l'égard d'une même personne, d'un même objet ou d'une même fin. On peut être partiellement ou tout à fait conscient de cette ambivalence ou n'être conscient que d'un de ses aspects. (ACSM)

ANGOISSE

Appréhension, tension ou état de malaise résultant de l'anticipation d'un danger dont la provenance est en grande partie inconnue ou même non reconnue. L'angoisse est avant tout d'origine intra-psychique ; la peur est une réaction affective à un stimulus ordinairement extérieur reconnu et perçu comme un danger ou une menace. La peur et l'angoisse s'accompagnent de manifestations physiologiques semblables. L'angoisse devient pathologique quand elle compromet considérablement le rendement d'un individu, la réalisation de ses objectifs et son bien-être intérieur. (ACSM)

« Est considérée comme la réponse du moi à l'action de la pulsion de mort. Lorsque celle-ci est déviée, l'angoisse prend trois formes principales :

Angoisse paranoïde : due à la projection de la pulsion de mort dans un objet ou dans des objets, qui sont alors vécus comme des persécuteurs. Elle est la peur que ces persécuteurs n'anéantissent le moi et l'objet idéal. Cette angoisse se manifeste dans la position paranoïde-schizoïde.

Angoisse dépressive : La peur que la propre agression n'anéantisse ou n'ait anéanti le bon objet. Elle est ressentie par rapport à l'objet aussi bien que par rapport au moi, lequel, identifié à l'objet, se sent menacé. Elle se manifeste dans la position dépressive, lorsque l'objet est perçu comme total et que le nourrisson ressent sa propre ambivalence. »

Angoisse de castration : « Surtout de type paranoïde provenant de la projection faite par l'enfant de sa propre agressivité, mais pouvant contenir aussi des éléments dépressifs comme, par exemple, la peur qu'on ne perde son propre pénis comme organe de réparation. » (H.S., 1969, p. 125-126)

ANGOISSE DE PERSÉCUTION

V. angoisse paranoïde.

ANNULATION RÉTROACTIVE

Mécanisme de défense inconscient et primitif par lequel une action inconsciente déjà accomplie mais inadmissible est symboliquement abolie par une action contraire, habituellement de façon répétitive, dans l'espoir d'annuler la première action et de réduire ainsi l'angoisse. (ACSM)

ASSOCIATION LIBRE

Durant le traitement psychanalytique, verbalisation spontanée par le sujet de tout ce qui lui vient à l'esprit. (ACSM)

BÉNÉFICE SECONDAIRE

Utilisation de la maladie pour retirer des avantages d'ordre extérieur ; l'intérêt et les soins de l'entourage ou un gain pécuniaire, comme une indemnité en cas d'invalidité, constituent des exemples de bénéfice secondaire. (ACSM)

ÇA

Une des trois instances distinguées par Freud dans sa deuxième théorie de l'appareil psychique. Le ça constitue le pôle pulsionnel de la personnalité ; ses contenus, expression psychique des pulsions, sont inconscients, pour une part héréditaires et innés, pour l'autre refoulés et acquis.

Du point de vue économique, le ça est pour Freud le réservoir premier de l'énergie psychique ; du point de vue dynamique, il entre en conflit avec le moi et le surmoi qui, du point de vue génétique, en sont des différenciations. (L.P., 1967, p. 56)

CATHARSIS

1) Libération thérapeutique de certaines idées par verbalisation et dégagement d'affect approprié.

2) L'envahissement partiel du champ de la conscience par du matériel inconscient (refoulé, oublié). (ACSM)

CATHEXIS

V. investissement.

CLIVAGE

« Peut concerner le moi et l'objet. Les clivages qui apparaissent le plus tôt sont ceux qui se font entre le bon et le mauvais soi, entre le bon et le mauvais objet. La déviation de la pulsion de mort inclut un clivage entre la partie ressentie comme contenant les pulsions destructives et celle qui est ressentie comme contenant la libido. » (H. S., 1969, p. 145)

CLIVAGE DE L'OBJET

« Mécanisme décrit par Melanie Klein et considéré par elle comme la défense la plus primitive contre l'angoisse : l'objet, visé par les pulsions érotiques et destructives est scindé en un "bon" et un "mauvais" objet qui auront alors des destins relativement indépendants dans le jeu des introjections et des projections. Le clivage de l'objet est particulièrement à l'œuvre dans la position paranoïde-schizoïde où il porte sur des objets partiels. Il se retrouve dans la position dépressive où il porte alors sur l'objet total.

Le clivage des objets s'accompagne d'un clivage corrélatif du moi en "bon" moi et "mauvais" moi, le moi étant pour l'école kleinienne essentiellement constitué par l'introjection des objets. » (L. P., 1967, p. 67)

CLIVAGE DU MOI

« Terme employé par Freud pour désigner un phénomène bien particulier qu'il voit à l'œuvre surtout dans le fétichisme et les psychoses : la coexistence, au sein du moi, de deux attitudes psychiques à l'endroit de la réalité extérieure en tant que celle-ci vient contrarier une exigence pulsionnelle : l'une tient compte de la réalité, l'autre dénie la réalité en cause et met à sa place une production du désir. Ces deux attitudes persistent côte à côte sans s'influencer réciproquement. » (L. P., 1967, p. 67)

COMPENSATION

1) Mécanisme de défense inconscient dont le rôle est de suppléer à des insuffisances réelles ou imaginaires.

2) Tentative consciente de suppléer à des déficiences réelles ou imaginaires dans les domaines de l'intégrité physique, du rendement, des capacités et des qualités personnelles. Ces deux modes de compensation se trouvent fréquemment réunis chez le même individu. (ACSM)

COMPLEXE

Ensemble d'idées associées ayant une forte tonalité affective, généralement inconscientes et susceptibles d'exercer une influence marquée sur les attitudes et sur les associations d'idées. (ACSM)

COMPLEXE D'ŒDIPE

(Freud) Attachement de l'enfant au parent du sexe opposé, s'accompagnant de sentiments d'envie et d'agression à l'égard du parent du même sexe. Ces sentiments sont, en grande partie, refoulés (relégués dans l'inconscient), par crainte de mécontenter le parent du même sexe ou de s'attirer ses représailles. À l'origine, ce terme s'appliquait uniquement au complexe de l'enfant mâle. (ACSM)

COMPLEXE D'ŒDIPE INITIAL

« Relation œdipienne vécue par le nourrisson depuis le début de la position dépressive. Il est ressenti en termes prégénitaux avant que la génitalité ne soit atteinte. » (H. S., 1969, p. 146)

COMPULSION À LA RÉPÉTITION

Concept psychanalytique, considéré par Freud comme plus fondamental que le principe du plaisir, qui rend compte du besoin de revivre sans cesse des expériences affectives antérieures. C'est, selon Ernest Jones, « ... une impulsion aveugle à revivre des expériences et des événements antérieurs indépendamment de leur aspect plaisir-déplaisir. » (ACSM)

CONFLIT PSYCHIQUE

« On parle en psychanalyse de conflit lorsque, dans le sujet, s'opposent des exigences internes contraires. Le conflit peut être manifeste (entre un désir et une exigence morale par exemple, ou entre deux sentiments contradictoires) ou latent, ce dernier pouvant s'exprimer de façon déformée dans le conflit manifeste et se traduire notamment par la formation de symptômes, des désordres de la conduite, des troubles du caractères, etc. La psychanalyse considère le conflit comme consti-tutif de l'être humain et ceci dans diverses perspectives : conflit entre le désir et la défense, conflit entre les différents systèmes ou instances, conflit entre les pulsions, conflit œdipien enfin où non seulement se confrontent des désirs contraires, mais où ceux-ci s'affrontent à l'interdit. » (L. P., 1967, p. 90)

CONNAÎTRE

« C'est briser l'écorce pour atteindre le noyau. » (D. A., 1985, p. 8-9)

CONTRE-TRANSFERT

Ensemble des réactions inconscientes de l'analyste à la personne de l'analysé et plus particulièrement au transfert de celui-ci. (L.P., 1967, p. 103)

CRÉER

« C'est ne pas pleurer ce qu'on a perdu et qu'on sait irrécupérable, mais le remplacer par une œuvre telle qu'à la construire on se reconstruit soi-même. » (D. A., 1959, p. 20-21)

CULPABILITÉ

« Sensation douloureuse d'avoir endommagé l'objet ou des objets aimés. Elle commence pendant la position dépressive, lorsque le nourrisson se rend compte de son ambivalence envers ses parents, perçus comme des objets totaux. Les parents aimés de façon ambivalente et introjectés pendant la position dépressive forment le noyau du surmoi. » (H. S., 1969, p. 146)

CURE PSYCHANALYTIQUE

V. psychanalyse.

DÉFENSES MANIAQUES

« Se développent pendant la position dépressive comme une défense contre l'angoisse dépressive, la culpabilité et la perte. Elles s'appuient sur un déni tout-puissant de la réalité psychique, et les relations d'objet se caractérisent par le triomphe, le contrôle et le mépris. » (H. S., 1969, p. 147)

DÉNÉGATION

Mécanisme psychologique inconscient : il consiste à nier certains éléments importants d'un conflit affectif pour le résoudre ou réduire l'angoisse qu'il provoque.

Une pensée, un désir, un besoin ou des réalités du monde extérieur peuvent faire l'objet de cette dénégation. Ce qui serait consciemment intolérable est simplement désavoué par la négation automatique et inconsciente qui sert de protection. (ACSM)

DÉPRESSION

« État mental dans lequel des sentiments douloureux de la position dépressive sont partiellement ou entièrement vécus. Il peut s'agir d'une réaction normale à des expériences vécues de perte, ou d'une réaction pathologique de forme névrotique ou psychotique. » (H. S., 1969, p. 146)

DÉPRESSION ANACLITIQUE

Une atteinte aiguë et frappante du développement physique, social et intellectuel chez le nourrisson survenant parfois à la suite de la séparation subite de la mère ou de son substitut. (ACSM)

DÉSIR

Dans la conception dynamique freudienne, un des pôles du conflit défensif : le désir inconscient tend à s'accomplir en rétablissant, selon les lois du processus primaire, les signes liés aux premières expériences de satisfaction. La psychanalyse a montré, sur le modèle du rêve, comment le désir se retrouve dans les symptômes sous la forme de compromis. (L.P., 1987, p. 120)

DÉTERMINISME

Principe à la base de très nombreux systèmes scientifiques. En psychiatrie, ce principe postule l'existence de causes, connues ou inconnues, qui rendent compte de toute activité mentale ou de toute conduite affective. Le hasard seul ne saurait expliquer ces activités ou ces conduites. (ACSM)

ÉMOTION

V. affect.

EMPATHIE

Conscience objective et clairvoyante des sentiments, émotions et comportements d'une autre personne, ainsi que de leur signification et de leur importance. Ne pas confondre avec la sympathie qui d'habitude manque d'objectivité. (ACSM)

ENVIE INITIALE

« Première envie ressentie par le nourrisson, surtout par rapport au sein qui le nourrit. Elle peut être la toute première manifestation extérieure de la pulsion de mort en ce sens qu'elle attaque ce qui est ressenti comme la source de vie. » (H. S., 1969, p. 146)

ÉPREUVE DE RÉALITÉ

« Processus postulé par Freud, permettant au sujet de distinguer les stimuli provenant du monde extérieur des stimuli internes, et de prévenir la confusion possible entre ce que le sujet perçoit et ce qu'il ne fait que se représenter, confusion qui serait au principe de l'hallucination. » (L. P., 1967, p. 138)

FANTASME

« Scénario imaginaire où le sujet est présent et qui figure, de façon plus ou moins déformée par les processus défensifs, l'accomplissement d'un désir et, en dernier ressort, d'un désir inconscient. Le fantasme se présente sous des modalités diverses : fantasmes conscients ou rêves diurnes, fantasmes inconscients tels que l'analyse les découvre comme structures sous-jacentes à un contenu manifeste, fantasmes originaires. » (L. P., 1967, p. 152)

FANTASME ORIGINAIRE

« Structures fantasmatiques typiques (vie intra-utérine, scène originaire, castration, séduction) que la psychanalyse retrouve comme organisant la vie fantastique, quelles que soient les expériences personnelles des sujets ; l'universalité de ces fantasmes s'explique, selon Freud, par le fait qu'ils constitueraient un patrimoine transmis phylogénétiquement. » (L. P., 1967, p. 157)

FORMATION RÉACTIONNELLE

Mécanisme de défense inconscient par lequel le sujet adopte des attitudes et une conduite opposées à des impulsions qu'il désavoue (consciemment ou inconsciemment). Par exemple, un zèle moral exagéré peut être le résultat de fortes tendances asociales refoulées. (ACSM)

FUITE DES IDÉES

Passage précipité d'une idée à une autre sans en compléter l'expression verbale. Les idées semblent associées par leur continuité, elles sont fragmentaires et déterminées par des associations fortuites. Se rencontre ordinairement durant la phase maniaque de la psychose maniaco-dépressive. (ACSM)

IDÉALISATION

Mécanisme de défense inconscient caractérisé par une surestimation des qualités d'autrui. (ACSM)

« Mécanisme schizoïde rattaché au clivage et au déni. Les caractéristiques indésirables d'un objet sont déniées et la propre libido du nourrisson est projetée dans l'objet. Bien que faisant partie surtout de la position paranoïde-schizoïde, l'idéalisation peut être employée comme une partie des défenses maniaques contre des angoisses dépressives. » (H. S., 1969, p. 146)

IDENTIFICATION

« Processus psychologique par lequel un sujet assimile un aspect, une propriété, un attribut de l'autre et se transforme, totalement ou partiellement, sur le modèle de celui-ci. La personnalité se constitue et se différencie par une série d'identifications. » (L.P., 1967, p. 187)

IDENTIFICATION PRIMAIRE

« Mode primitif de constitution du sujet sur le modèle de l'autre, qui n'est pas secondaire à une relation préalablement établie où l'objet serait d'abord posé comme indépendant. L'identification primaire est étroitement corrélative de la relation dite d'incorporation orale. » (L. P., 1967, p. 192)

IDENTIFICATION
« Est toujours considérée comme un aboutissement des processus d'introjection ou de projection. » (H. S., 1969, p. 146)

IDENTIFICATION INTROJECTIVE
« Résultat de l'introjection de l'objet dans le moi, qui s'identifie alors avec une partie ou la totalité des caractéristiques de l'objet. » (H. S., 1969, p. 146)

IDENTIFICATION PROJECTIVE
« Résultat de la projection de parties du soi dans un objet. Elle peut aboutir à ce que l'objet soit perçu comme ayant acquis les caractéristiques de la partie du soi projetée en lui, mais elle peut aussi conduire le soi à s'identifier avec l'objet de sa projection. L'identification projective pathologique est un résultat d'une désintégration minime du soi ou de parties du soi, qui sont alors projetées dans l'objet et désintégrées à leur tour ; le résultat en est la création d'« objets bizarres ». (H. S., 1969, p. 146-147)

IMAGINAIRE
Univers fantasmatique sous-jacent à la pensée et à l'action d'un sujet et qui structure aussi bien son rapport à son monde intérieur qu'au monde extérieur. Le mot renvoie au processus et au produit de l'imagination, aussi bien dans sa dimension cognitive (les idées, les pensées, les conceptions, la vision, etc.) que dans sa dimension affective (les affects, les désirs, les défenses psychologiques, les ambitions, les engagements profonds, etc.), les deux dimensions étant indissolublement liées. On parle volontiers aujourd'hui de l'imaginaire d'un auteur, d'un artiste, d'un chercheur, d'un gestionnaire, d'un leader ou même d'une collectivité. (voir p. 15)

INCONSCIENT
Concept de la théorie freudienne se rapportant au secteur du psychisme ou des fonctions mentales dont le contenu ne parvient que rarement à la conscience. C'est un réservoir d'éléments qui ne sont jamais devenus conscients (par refoulement primaire) ou qui n'ont été conscients que pour un instant avant d'être refoulés (par refoulement secondaire). (ACSM)

INCORPORATION
Mécanisme psychique inconscient et primitif caractérisé par l'absorption et l'assimilation symbolique d'une partie ou de la totalité d'une autre personne. Exemple : phantasme infantile d'ingestion du sein maternel qui devient ainsi partie intégrante de soi-même. (ACSM)

INSIGHT
V. prise de conscience.

INTROJECTION
Mécanisme de défense caractérisé par l'incorporation symbolique d'objets extérieurs aimés ou détestés. Le mécanisme inverse est la projection. L'introjection peut constituer une mesure défensive contre la prise de conscience d'impulsions hostiles intolérables. Au cours d'une dépression profonde, par exemple, le sujet peut, d'une façon inconsciente, diriger contre lui-même (i.e. contre l'objet qu'il a introjecté en

lui-même) la haine ou l'agressivité inacceptable ressentie contre cet objet. L'introjection s'apparente au mécanisme plus primitif d'incorporation. (ACSM)

INVESTISSEMENT

Processus affectif liant le sujet à un objet significatif (une idée, un objet et le plus souvent une personne). (ACSM)

LAPSUS LINGUÆ

Emploi, dans la conversation, d'un mot pour un autre. La substitution serait attribuable à des facteurs inconscients. (ACSM)

LIBIDO

Énergie psychique ou pulsions habituellement associées à l'instinct sexuel. (Dans ce contexte, la sexualité comprend la recherche du plaisir et de l'objet d'amour). Au sens large, la libido désigne toute énergie psychique associée aux instincts en général. (ACSM)

LOI DU TALION

Correspondant à l'expression biblique « œil pour œil, dent pour dent », elle désigne, en psychiatrie, une croyance primitive, imaginaire et souvent inconsciente, en des représailles inévitables, et équivalentes pour des pensées ou des sentiments hostiles. (ACSM)

MASOCHISME

« Perversion sexuelle dans laquelle la satisfaction est liée à la souffrance ou à l'humiliation subie par le sujet. Freud étend la notion de masochisme au-delà de la perversion décrite par les sexologues, d'une part en reconnaissant des éléments dans de nombreux comportements sexuels et des rudiments dans la sexualité infantile, d'autre part en décrivant des formes qui en dérivent, notamment le "masochisme moral" dans lequel le sujet, en raison d'un sentiment de culpabilité inconscient, recherche la position de victime sans qu'un plaisir sexuel soit là directement impliqué. » (L. P., 1967, p. 231)

MÉCANISME DE DÉFENSE

Processus intra-psychique inconscient, à caractère défensif, utilisé pour résoudre un conflit affectif ou pour dissiper l'angoisse. Des efforts conscients sont souvent faits pour des motifs identiques, mais dans le cas des mécanismes de défense, les motivations ne sont pas conscientes. (ACSM)

MOI

Le soi conscient, le « je ». Selon Freud, c'est cette partie centrale de la personnalité qui est en rapport avec la réalité et sous l'influence des forces sociales. Le moi modifie la conduite par des compromis en grande partie inconscients entre les pulsions instinctuelles primitives (le ça) et les exigences de la conscience (le surmoi). Le moi constitue le médiateur aussi bien que le lieu de rencontre entre les pulsions inconscientes et les normes du sujet et de la société. (ACSM)

MONDE INTÉRIEUR

Provient d'un fantasme inconscient dans lequel des objets sont introjectés et où un monde intérieur complexe est construit dans le moi. Là, les objets internes sont ressentis comme ayant une relation dynamique les uns avec les autres et aussi avec le moi. » (H. S., 1969, p. 147)

NARCISSISME

Amour d'une image idéalisée de soi (des autres et du monde), construite pour ne pas voir la réalité de soi (des autres et du monde), nécessairement défectueuse. (voir p. 284)

NÉVROSE :

Mésadaption affective provoquée par des conflits inconscients non résolus. Les névroses et les psychoses constituent les deux principaux groupes de troubles affectifs. La névrose est habituellement moins grave que la psychose, ne présentant que très peu de perte de contact avec le réel. Il peut arriver que la pensée et le jugement soient atteints. La névrose constitue une tentative de solution de conflits affectifs inconscients qui entraîne une diminution du rendement de l'individu dans la vie. On classifie les névroses selon les symptômes prédominants. (ACSM)

OBJETS INTERNES

« Objets introjectés dans le moi. » (H. S., 1969, p. 147)

OBJET PARTIEL

« Type d'objets visés par les pulsions partielles sans que cela implique qu'une personne, dans son ensemble, soit prise comme objet d'amour. Il s'agit principalement de parties du corps, réelles ou fantasmées (sein, fèces, pénis), et de leurs équivalents symboliques. Même une personne peut s'identifier à ou être identifiée à un objet partiel. » (L. P., 1967, p. 294)

Objet idéal

« Sein ou pénis, cet objet est ressenti par le nourrisson dans la position paranoïde-schizoïde à la suite du clivage et du déni de la persécution. Toutes les bonnes expériences vécues par le nourrisson, réelles ou fantasiées, sont attribuées à cet objet idéal, qu'il aspire à posséder et auquel il désire s'identifier. » (H. S., 1969, p. 147)

Mauvais objet

« Provient du clivage qui se fait dans la position paranoïde-schizoïde. Le nourrisson projette en lui toute son hostilité, et toutes les mauvaises expériences sont attribuées à son action. » (H. S., 1969, p. 147)

V. persécuteurs.

Bon objet

« Se dit couramment du sein ou du pénis tels qu'ils sont ressentis dans la position dépressive en rapport avec les bonnes expériences. Il est senti comme une source de vie, d'amour et de bonté, mais il n'est pas idéal. Ses mauvaises qualités sont reconnues et il peut être vécu comme frustrant, contrairement à l'objet idéal ; il est senti comme vulnérable en face des agressions et par conséquent il est souvent ressenti comme endommagé ou détruit. Le bon sein et le bon pénis sont considérés comme appartenant respectivement à la bonne mère et au bon père, mais ils peuvent exister avant que la relation à l'objet total soit complètement établie. » (H. S., 1969, p. 147)

OBJETS TOTAUX

« Les personnes perçues dans leur totalité. La perception de la mère comme objet total caractérise la position dépressive. L'objet total contraste aussi bien avec l'objet partiel qu'avec les objets clivés en deux parties, une idéale et une persécutrice. L'ambivalence et la culpabilité sont éprouvées par rapport aux objets totaux. » (H. S., 1969, p. 147-148)

PASSAGE À L'ACTE

Expression en acte de conflits émotifs inconscients de haine ou d'amour. Le sujet ne perçoit pas le lien entre son comportement et les conflits ou sentiments qui s'y rattachent. Ce mécanisme peut souvent s'avérer dommageable, mais à l'intérieur d'une situation contrôlée (thérapie par le jeu chez les enfants) peut devenir thérapeutique. (ACSM)

PERLABORATION

Le terme de *working-through*, utilisé [par Melanie Klein et les théoriciens des relations d'objet], ne saurait être rendu en français par un seul vocable car il est pris dans deux sens différents.

D'une part, Melanie Klein l'emploie comme équivalent du terme *Durcharbeitung* par quoi Freud désignait un certain processus du travail analytique. Dans le *Vocabulaire de la psychanalyse* (1967), Laplanche et Pontalis proposent « perlaboration » pour traduire *Durcharbeitung*, « processus par lequel l'analyse intègre une interprétation et surmonte les résistances qu'elle suscite. Il s'agit d'une sorte de travail psychique qui permet au sujet d'accepter certains éléments refoulés et de se dégager de l'emprise des mécanismes répétitifs [...] La perlaboration est indiscutablement décrite comme le travail effectué par l'analysé. Les auteurs qui, après Freud, ont insisté sur la nécessité de la perlaboration n'ont pas manqué de souligner la part qu'y prenait toujours l'analyste. » Aussi, chaque fois que Melanie Klein se réfère au *working-through* du travail analytique, [on utilise le mot français] perlaboration.

Pourtant le *working-through* apparaît aussi dans ces textes avec un sens différent. Il s'agit alors d'une « élaboration psychique » particulière s'effectuant au cours de l'évolution du sujet : ensemble de processus qui permettent de résoudre et de dépasser certaines positions affectives de la prime enfance, comme la position dépressive. En cela ce travail n'est pas suscité ni maintenu par l'intervention de l'analyste, mais représente un mode évolutif « spontané », dont la réussite ou l'échec dépend des divers facteurs, externes ou internes rencontrés. On peut considérer ce processus comme un remaniement des affects et des relations d'objet qui amènent la réduction du clivage intrapsychique et qui favorisent l'intégration du moi. À ce titre, il nous a paru nécessaire d'en marquer la différence, mais aussi la parenté avec la perlaboration en cours d'analyse ; nous avons donc choisi de désigner un tel processus par le terme de translaboration. Cette translaboration, qui se rapproche de l'élaboration psychique — ainsi qu'elle se trouve décrite dans le *Vocabulaire* —, en reste cependant distincte car Mélanie Klein ne semble pas se référer aux « opérations d'un appareil psychique » mais à un dépassement de positions affectives grâce à un certain potentiel évolutif dans la perspective d'une maturation psychique. (M. K., 1968, p. 224)

PERSÉCUTEURS

« Objets dans lesquels une partie de la pulsion de mort a été projetée. Ils engendrent l'angoisse paranoïde. » (H. S., 1969, p. 149)

V. aussi Objet (mauvais).

PERSONNALITÉ OBSESSIONNELLE

Type de caractère qui présente plusieurs des traits de personnalité et des mécanismes de défense des obsédés, tels qu'un sens exagéré de l'ordre, des tracasseries pour des riens, de l'indécision et du perfectionnisme. Ces caractéristiques peuvent ou non présenter assez d'intensité pour entraver la vie quotidienne, restreindre les possibilités de satisfaction normale et d'adaptation sociale. (ACSM)

PERSONNALITÉ PASSIVE-AGRESSIVE

Personnalité qui présente un comportement agressif exprimé de manière passive : bouderie, entêtement, temporisation, opposition. On peut la considérer comme un trouble du caractère. (ACSM)

POSITION DÉPRESSIVE

« Selon Melanie Klein : modalité des relations d'objet consécutive à la position paranoïde ; elle s'institue aux environs du quatrième mois et est progressivement surmontée au cours de la première année, encore qu'elle puisse être retrouvée dans le cours de l'enfance et réactivée chez l'adulte, notamment dans le deuil et les états dépressifs. Elle se caractérise par les traits suivants : l'enfant est désormais capable d'appréhender la mère comme l'objet total ; le clivage entre "bon" et "mauvais" objet s'atténue, les pulsions libidinales et hostiles tendant à se rapporter au même objet ; l'angoisse, dite dépressive, porte sur le danger fantasmatique de détruire et de perdre la mère du fait du sadisme du sujet ; cette angoisse est combattue par divers mode de défense (défenses maniaques ou défenses plus adéquates : réparation, inhibition de l'agressivité), et surmontée quand l'objet aimé est introjecté de façon stable et sécurisante. » (L. P., 1967, p. 316)

POSITION PARANOÏDE[-SCHIZOÏDE]

Selon Melanie Klein, « modalités des relations d'objet spécifique des quatre premiers mois de l'existence, mais qu'on peut retrouver ultérieurement dans le cours de l'enfance, et, chez l'adulte, notamment dans les états paranoïaque et schizophrénique. Elle se caractérise par les traits suivants : les pulsions agressives coexistent d'emblée avec les pulsions libidinales et sont particulièrement fortes ; l'objet est partiel (principalement le sein maternel) et clivé en deux, le "bon" et le "mauvais" objet ; les processus psychiques prévalents sont l'introjection et la projection ; l'angoisse intense est de nature persécutive (destruction par le "mauvais" objet). » (L. P., 1967, p. 318)

PRINCIPE DE PLAISIR

« Un des deux principes régissant, selon Freud, le fonctionnement mental : l'ensemble de l'activité psychique a pour but d'éviter le déplaisir et de procurer le plaisir. En tant que le déplaisir est lié à l'augmentation des quantités d'excitation et le plaisir à leur réduction, le principe de plaisir est un principe économique. » (L. P., 1967, p. 332)

PRINCIPE DE RÉALITÉ

« Un des deux principes régissant selon Freud le fonctionnement mental. Il forme couple avec le principe de plaisir qu'il modifie : dans la mesure où il réussit à s'imposer comme principe régulateur, la recherche de la satisfaction ne s'effectue plus par les voies les plus courtes, mais elle emprunte des détours et ajourne son résultat en fonction des conditions imposées par le monde extérieur. (L. P., 1967, p. 336)

Ce processus de compromis, qu'on observe tant au cours du développement normal que dans le traitement psychiatrique, s'appelle, en termes techniques, « l'épreuve de la réalité ». (ACSM)

PRISE DE CONSCIENCE

C'est la compréhension de soi. Un des objectifs principaux de la psychothérapie ; degré de compréhension que possède un individu sur l'origine, la nature et les mécanismes de ses attitudes et de son comportement. À un moindre degré, l'admission par un malade de sa maladie mentale. (ACSM)

PROJECTION

A) Terme utilisé dans un sens très général en neurophysiologie et en psychologie pour désigner l'opération par laquelle un fait neurologique ou psychologique est déplacé et localisé à l'extérieur, soit en passant du centre à la périphérie, soit du sujet à l'objet. Ce sens comporte des acceptions assez différentes.

B) Dans le sens proprement psychanalytique, opération par laquelle le sujet expulse de soi et localise dans l'autre, personne ou chose, des qualités, des sentiments, des désirs, voire des « objets », qu'il méconnaît ou refuse en lui. Il s'agit là d'une défense d'origine très archaïque et qu'on retrouve à l'œuvre particulièrement dans la paranoïa mais aussi dans des modes de pensée « normaux » comme la superstition. (L.P., 1967, p. 344)

PSYCHANALYSE

Discipline fondée par Freud et dans laquelle, avec lui, on peut distinguer trois niveaux :

A) Une méthode d'investigation consistant essentiellement dans la mise en évidence de la signification inconsciente des paroles, des actions, des productions imaginaires (rêves, fantasmes, délires) d'un sujet. Cette méthode se fonde principalement sur les libres associations du sujet qui sont le garant de la validité de l'interprétation. L'interprétation psychanalytique peut s'étendre à des productions humaines pour lesquelles on ne dispose pas de libres associations.

B) Une méthode psychothérapique fondée sur cette investigation et spécifiée par l'interprétation contrôlée de la résistance, du transfert et du désir. À ce sens se rattache l'emploi de psychanalyse comme synonyme de cure psychanalytique ; exemple : entreprendre une psychanalyse (ou : une analyse).

C) Un ensemble de théories psychologiques et psychopathologiques où sont systématisées les données apportées par la méthode psychanalytique d'investigation et de traitement. (L.P., 1967, p. 350-351)

PSYCHODYNAMIQUE

Ensemble de connaissances systématiques portant sur la nature du comportement humain et ses motivations, et mettant l'accent sur l'importance fonctionnelle de l'affectivité. La psychodynamique reconnaît le rôle des motivations inconscientes de la conduite humaine : elle vise à prédire le comportement et pose comme postulat que la personnalité totale et ses réactions probables sont, à un moment donné, le produit de l'interaction entre la constitution génétiquement déterminée et l'influence des facteurs du milieu jouant depuis le moment même de la conception. (ACSM)

PSYCHOGENÈSE

Explication de l'origine ou de la cause d'un symptôme ou d'un état morbide par des facteurs non organiques, mais psychiques ou mentaux. (ACSM)

PSYCHOSOMATIQUE

Terme utilisé pour décrire l'interaction constante et indissociable entre le psychisme (esprit) et le soma (corps). Qualifie le plus souvent un état morbide dont les manifestations sont avant tout physiques mais qui comporte une étiologie affective au moins partielle. (ACSM)

PULSION DE MORT

« Dans le cadre de la dernière théorie freudienne des pulsions, désigne une catégorie fondamentale de pulsions qui s'opposent aux pulsions de vie et qui tendent à la réduction complète des tensions, c'est-à-dire à ramener l'être vivant à l'état anorganique. Tournées d'abord vers l'intérieur et tendant à l'autodestruction, les pulsions de mort seraient secondairement dirigées vers l'extérieur, se manifestant alors sous la forme de la pulsion d'agression ou de destruction. » (L. P., 1967, p. 371)

RÉALITÉ PSYCHIQUE

« Celle du monde interne, incluant des pulsions et des objets internes. » (H. S., 1969, p. 149)

« Terme souvent utilisé par Freud pour désigner ce qui, dans le psychisme du sujet, présente une cohérence et une résistance comparables à celle de la réalité matérielle ; il s'agit fondamentalement du désir inconscient et des fantasmes connexes. » (L. P., 1967, p. 391)

REFOULEMENT

Mécanisme de défense inconscient ; dénominateur commun et précurseur de tous les mécanismes de défense et consistant en un rejet involontaire dans l'inconscient d'idées et d'impulsions intolérables qui ne sont pas habituellement susceptibles de rappel volontaire, mais qui peuvent se manifester sous forme déguisée par l'utilisation d'un des divers mécanismes de défense. Le refoulement est particulièrement actif dans les premières années de la vie. (ACSM)

RELATION D'OBJET

Terme très couramment employé dans la psychanalyse contemporaine pour désigner le mode de relation du sujet avec son monde, relation qui est le résultat complexe et total d'une certaine appréhension plus ou moins fantasmatique des objets et de tels types privilégiés de défense. (L. P., 1967, p. 404)

RÉPARATION

« Mécanisme, décrit par Mélanie Klein, par lequel le sujet cherche à réparer les effets sur son objet d'amour de ses fantasmes destructeurs. Ce mécanisme est lié à l'angoisse et à la culpabilité dépressives : la réparation fantasmatique de l'objet maternel externe et interne permettrait de surmonter la position dépressive en assurant au moi une identification stable à l'objet bénéfique. » (L. P., 1967, p. 409)

RÊVE DIURNE (RÊVERIE)

« Freud donne ce nom à un scénario imaginé à l'état de veille, soulignant ainsi l'analogie d'une telle rêverie avec le rêve. Les rêves diurnes constituent, comme le rêve nocturne, des accomplissements de désir ; leurs mécanismes de formation sont identiques, avec prédominance de l'élaboration secondaire. » (L. P., 1967, p. 426)

ROMAN FAMILIAL

Expression créée par Freud pour désigner des fantasmes par lesquels le sujet modifie imaginairement ses liens avec ses parents (imaginant, par exemple, qu'il est un enfant trouvé). De tels fantasmes trouvent leur fondement dans le complexe d'Œdipe. (L. P., 1987, p. 427)

SENS DE LA RÉALITÉ

« Faculté d'éprouver la réalité psychique comme telle et de la distinguer de la réalité externe. Le sens de la réalité inclut l'expérience vécue du monde interne et du monde externe et la corrélation entre eux. » (H. S., 1969, p. 148)

SOI (SELF)

Se distingue du moi (ego), du ça (id) et du surmoi (super ego). Le Soi désigne la totalité de la personne. « Le soi couvre l'ensemble de la personnalité et comprend non seulement le moi mais toute la vie pulsionnelle que Freud a désignée par le terme de ça », dit M. Klein in *Envie et Gratitude*, Gallimard, 1968, p. 100. (H. S., 1969, p. 148)

SUBLIMATION

Mécanisme de défense inconscient par lequel des pulsions instinctuelles inacceptables à la conscience s'expriment de façon dérivée et approuvée par l'individu et la société. (ACSM)

SURDÉTERMINATION

En langage psychiatrique, ce terme indique une causalité multiple responsable d'une seule réaction émotive ou d'un unique symptôme. Le symptôme manifeste la convergence et la condensation de besoins, de pulsions et de défenses de nature inconsciente. (ACSM)

SURMOI

Dans la théorie freudienne, structure de l'appareil psychique qui se constitue dans les premières années de la vie par une identification inconsciente à des personnages importants ou respectés, notamment les parents. Leurs désirs réels ou imaginaires s'inscrivent dans les critères personnels de la conduite, contribuant ainsi à la formation de la « conscience morale », et conservant leur caractère anachronique et excessivement punitif dans certains cas, surtout chez les névrosés. (ACSM)

SYMBOLE
« Un symbole est une chose qui en représente une autre
- le monde extérieur représente le monde intérieur ;
- l'expérience extérieure exprime l'expérience intérieure ;
- le corps exprime l'âme. » (E. F., 1975, p. 15)

TRANSFERT
Désigne, en psychanalyse, le processus par lequel les désirs inconscients s'actualisent sur certains objets dans le cadre d'un certain type de relation établi avec eux et éminemment dans le cadre de la relation analytique.

Il s'agit là d'une répétition de prototypes infantiles vécue avec un sentiment d'actualité marqué.

C'est le plus souvent le transfert dans la cure que les psychanalystes nomment transfert, sans autre qualificatif.

Le transfert est classiquement reconnu comme le terrain où se joue la problématique d'une cure psychanalytique, son installation, ses modalités, son interprétation et sa résolution caractérisant celle-ci. (L. P., 1967, p. 492)

TRANSLABORATION
V. perlaboration.

Le point et la suite...

Dans ce premier tome, nous exposons d'abord la méthode et le cadre conceptuel sous-jacents à cette recherche sur le leadership. Sur le plan méthodologique, les chercheurs qui participent à cet ouvrage sont à l'affût de tout le matériel qui permet de comprendre le plus en profondeur la personnalité des leaders étudiés. Les sources d'information publiques sont utilisées quand c'est possible, mais on a surtout essayé de recueillir un matériel de première main, directement auprès des leaders, soit par entrevues ou par observation prolongée, ce qui n'exclut pas l'utilisation d'autobiographies ou de journaux intimes quand ils sont accessibles, ou l'utilisation du témoignage des proches. Toutes ces sources constituent un matériel de recherche très parlant et très significatif qu'on peut traiter avec l'esprit et l'approche cliniques.

C'est au moyen de narrations, c'est-à-dire d'histoires de cas, que les chercheurs tentent d'organiser d'une façon sensible et compréhensible le matériel recueilli pour ensuite le communiquer à une communauté de praticiens et de chercheurs afin de le soumettre ainsi à l'épreuve de leur compréhension intersubjective. Il s'agit d'une recherche scientifique, même si nous sommes bien conscient que la démarche proposée relève d'une science interprétative, non d'une science exacte. Malgré les limites évidentes dont nous avons parlé en introduction, une grille de recherche et d'analyse à la fois phénoménologique (la subjectivité) et psychanalytique (la réalité intérieure objectale) donne au lecteur la possibilité de comprendre, de sentir et de suivre notre cheminement, et de prendre part à notre compréhension du phénomène du leadership.

Nous sommes évidemment intéressé à connaître les œuvres des leaders et leurs principales réalisations. C'est par là qu'ils laissent leur marque et qu'ils changent le monde. Cependant, dans le cadre de cet ouvrage, nous voulons surtout découvrir ce qui peut se passer en profondeur chez le leader, c'est-à-dire la dynamique de sa vie intérieure et ce qui constitue la « vérité » sous-jacente à son action extérieure. Même s'il s'agit d'une entreprise risquée et que cette vérité reste toujours partiellement secrète, nous avons tenté de mettre en mots le fantasme inconscient qui sous-tend son action. Quand on croit à l'importance cruciale de ce qu'il peut y avoir sous les apparences des pratiques de leadership, c'est là une démarche inévitable.

Ce n'est pas parce qu'une partie de la vérité du leadership se situe dans l'ombre et l'obscurité qu'il ne faut pas s'y intéresser et tenter d'y jeter un peu de lumière. Il est cependant vital, pour qui veut s'adonner à cette recherche, de ne pas avoir peur au départ de l'ombre et de la face cachée des phénomènes humains complexes. Même si on ne parviendra jamais à produire toute la lumière et toute la vérité sur le leadership, l'entreprise est non seulement valable mais nécessaire. Il faut continuer d'explorer l'ombre et la noirceur quand on croit que c'est là que se cache une partie de la vérité. Les chercheurs cliniques apprennent rapidement que le désir de tout savoir avec certitude sur le domaine des fantasmes et de l'affectivité relève justement du désir. On peut néanmoins en arriver à une connaissance partielle fiable.

Après avoir présenté notre méthode, nous examinons en deuxième partie le thème de l'agressivité et de la culpabilité en fonction du leadership. Si l'agressivité est une dimension humaine fondamentale, elle est particulièrement présente chez les leaders qui proposent des visions nouvelles, des visions qui (nous) changent et (nous) transforment. À partir de trois histoires de cas, on a pu voir comment l'agressivité, présente dès le début du développement psychique, pouvait jouer un rôle particulièrement important chez les personnes exceptionnelles que sont les leaders. Il semble que, pour au moins deux d'entre eux, l'agressivité et la culpabilité aient marqué aussi bien le domaine très privé de leur sexualité que le domaine très public de leur action politique.

Dans la troisième partie, nous abordons la question de l'idéalisation et du narcissisme qui, comme l'agressivité et la culpabilité, occupent une place centrale, tant chez les leaders que chez leurs adeptes. L'idéalisation est ce qui permet d'expliquer, en partie du moins, la force de la relation qui existe entre les leaders et leurs subordonnés. Si toutes les relations interpersonnelles sont à la fois réelles et « imaginées », cela semble particulièrement vrai de l'investissement dont sont l'objet les relations de leadership. Cinq histoires de cas nous permettent de comprendre un peu mieux les grandeurs et les misères de l'idéalisation dans l'exercice de la direction et du leadership. Chacune de ces parties se termine par un texte théorique qui offre au lecteur quelques pistes favorisant une compréhension plus en profondeur, tant du leadership que de la complexité de la nature humaine.

Le tome II (la quatrième partie), dont on trouve le contenu dans la table des matières au début du présent volume, aborde l'importante question des affects qui sont à l'œuvre dans l'exercice du leadership. Quand on sait les excès auxquels peuvent donner lieu les affects chez les gens ordinaires, on comprend mieux, en étudiant le leadership, que cet aspect fondamental de la personnalité soit associé au contrôle. Encore une fois, c'est par le biais d'histoires de cas que le lecteur peut explorer diverses manifestations de cette problématique du contrôle dans le leadership. À la fin du tome II, un texte théorique propose au lecteur des pistes de réflexion visant à enrichir et à approfondir sa compréhension subjective de cette problématique des affects et du contrôle.

Enfin, le tome III est consacré à la cinquième partie de l'ouvrage. Le leadership constructif ou humaniste ne peut passer à côté de la capacité de faire des deuils. Accepter qu'on soit mortel et qu'on ne soit pas tout-puissant est difficile pour tout être humain. Même quand on cherche le dépassement et la grandeur, il n'y a pas de véritable création sans cette capacité. C'est de cette capacité de faire des deuils que parle Anzieu quand il affirme que créer « c'est ne pas pleurer ce qu'on a perdu et qu'on sait irrécupérable, mais le remplacer par une œuvre telle qu'à la construire on se reconstruit soi-même ». Si cela est vrai de nous tous, on souhaite qu'il en soit ainsi pour les leaders qui déterminent en grande partie le destin des entreprises, des organisations publiques, des nations et partant, d'une foule de personnes.

Finalement, même s'il est publié en trois tomes pour des raisons de commodité, cet ouvrage forme un tout. Comme nous l'écrivions en introduction, l'agressivité, l'idéalisation, le contrôle et le deuil constituent des dimensions profondes de la personnalité. On peut également les voir comme positions dans le développpement psychique. Il nous apparaît que les diverses manifestations de ces dimensions sont nécessaires pour comprendre toute la complexité du phénomène du leadership. Nous invitons donc le lecteur à poursuivre son investigation avec nous.

Laurent Lapierre

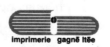

imprimerie gagné ltée

IMPRIMÉ AU CANADA